"中原发展研究院智库丛书"的编撰和出版得到了中原发展研究基金会及郑州宇通集团公司、河南投资集团公司、河南民航发展投资有限公司、河南铁路投资有限责任公司、中原信托公司、中原证券公司、河南恒通化工集团公司等企业的赞助,也得到了深圳海王集团公司、北京汉唐教育集团公司、河南省财政税务高等专科学校等的专项资助。

中原发展研究院
智 库 丛 书

中原经济区金融竞争力报告
(2014)

主　　　编◎耿明斋
执 行 主 编◎李燕燕

社会科学文献出版社
SOCIAL SCIENCES ACADEMIC PRESS (CHINA)

"中原发展研究院智库丛书"编委会

主　任：张大卫
副主任：耿明斋
成　员（按姓氏笔画排序）：

万　隆　　王训智　　王宇燕　　王雪云　　王照平　　朱连昌　　朱孟洲
朱焕然　　任沁新　　刘　伟　　汤玉祥　　孙有才　　肖新明　　李和平
李燕燕　　杨盛道　　冷　俊　　宋丙涛　　宋贺臣　　张大卫　　张　琼
张庆义　　张学功　　张明超　　郑祖玄　　赵水根　　宗长青　　胡五岳
段建新　　秦群立　　徐衣显　　娄源功　　耿明斋　　黄曰珉　　菅明军
盛国民　　焦锦淼　　谢亚伟　　蒿慧杰

总　序*

  由苏联开启，曾经波及半个地球，涵盖几十个国家的计划经济体制模式，是基于某种理论逻辑构建的。而针对这种体制所进行的市场化改革，却是基于经济发展的现实需要。最初，为了证明这种改革的正当性，人们往往采取对理论进行重新解释甚至不惜曲解的办法。而守护原有理论正当性和纯洁性的学者则将这些理论与已经变化了的现实相对照，指出现实中某些变化的非合法性，要求纠正并向原有的符合理论模式的体制回归。1990年底，我参加了某个当时被认为是全国经济学界最重要的学术会议，强烈地感受到上述两派学者的分歧，也突然悟到他们都有一个共同的错误，即把现实放到了一个从属的地位，将现实的合法性归入某种理论框架，试图用理论的合法性来解释现实的合法性。这显然颠倒了理论与现实的关系。

  其实，现实的合法性来源于自身，并不需要用理论来证明。因此，经济研究还有另外一条更为正确的途径，那就是从现实出发，从实际中我们所遇到的问题出发，先弄清楚问题是什么，然后再去寻找可以解释问题的理论。如果找不到现成的可以解释问题的理论，那就说明理论本身有问题，理论发展和创新的突破口也就找到了。自那以后，我就一头扎进了现实中，自觉走上了从现实出发、从问题出发的研究轨道。

  还有一个问题也是经过长期琢磨和争论才弄清楚并坚持下来的，那就是我们研究的切入点和主攻方向究竟是涉及全局还是局部的问题；究竟是关注看起来更大、更重要但距离我们更遥远的事情，还是看起来更小也没那么重要但意义更深远的身边的事情。我们最终选择了后者，那就是发生在我们身边的看起

---

* 由《中原经济区竞争力报告（2012）》总序改写而成。

来渺小但对整个中国的现代化进程都具有深远影响的事情,即传统平原农区工业化与经济社会转型。时间已经证明当初我们的选择是正确的,相信其将继续证明我们的正确性。

十多年来,我们围绕传统平原农区工业化与经济社会转型这个主题进行了卓有成效的探索,主持了"欠发达平原农业区产业结构调整升级与工业化发展模式研究""传统平原农区工业化与社会转型路径研究""黄河中下游平原农区工业化与社会转型路径研究""中西部地区承接产业转移的重点与政策研究"等多项重大、重点、一般国家社科基金项目,以及一系列教育部、省政府、相关地方政府和企业委托项目的研究,完成了《关于建设中原城市群经济隆起带若干问题的思考》《河南省协调空间开发秩序和调整空间结构研究》《鹤壁现代城市形态发展战略规划》等多个区域发展研究报告,出版了包括《传统农区工业化与社会转型丛书》在内的专著数十种。2004年初提出论证并被河南省委、省政府采纳,写入河南省"十一五"和"十二五"规划及历次省域经济发展重要文件的"郑汴一体化"战略,成为我们这个团队的品牌之作。

为了更好地凝练方向,聚集人才,积累资料和成果,早在1994年1月,我们就成立了"改革发展研究院"。2009年9月,更是促成了河南省人民政府研究室与河南大学合作共建了"中原发展研究院"①。中原发展研究院的宗旨是更好地践行从现实出发、从身边的问题做起的研究理念,围绕传统平原农区工业化与经济社会转型这个主轴,以河南这个典型区域为对象,从宏观到微观、从经济结构到社会结构,把每个细枝末节都梳理清楚,在更基础的层面把握经济和社会演进的方向,为政府提供有科学依据的决策建议,为经济学术尤其是发展经济学、制度经济学和区域经济学提供有价值的思想素材,在传统的政府系列和高校及科研院所之外打造一个高端的智库机构。

2011年9月,适逢中原发展研究院成立两周年之际,《国务院关于支持河南省加快建设中原经济区的指导意见》(国发〔2011〕32号)的出台,标志着

---

① 2013年河南省发展和改革委员会也加入了共建序列。

中原经济区正式上升为国家战略,同时,也意味着以河南省,即以中原为研究对象的中原发展研究院真正是应时而生的。中原发展研究院多位学者作为全程深度参与中原经济区上升国家战略研究谋划团队的核心成员,从一开始就意识到,作为较早就有意识地将自己的研究领域锁定在河南也就是中原的专业团队,我们应该为中原经济区的研究和建设做点什么。为此,从2011年3月开始,中原发展研究院启动了一项计划,就是全面梳理中原经济区经济社会发展的现状,比较其优势和劣势,分析其发展过程中遇到的问题,提出解决问题的思路,构成一个能够反映中原经济区经济社会发展运行状况的完整体系,成果以《中原经济区竞争力报告》为题,作为中原发展研究院的系列年度出版物,每年一本。首本于2012年4月面世,第二本2013年度报告当年4月出版,第三本2014年度报告也将如期出版。

2012年,适逢河南大学百年庆典,深圳海王集团总裁刘占军博士和北京汉唐教育集团张晓彬董事长两位校友得知我们的研究计划后,不仅非常赞赏,而且乐于施以援手,分别资助了《中原经济区发展指数研究报告》和《中原经济区金融竞争力报告》两个项目,首份报告已由人民出版社于2013年11月出版。

上述三份报告的编撰和出版,不仅使我们收获了知识和经验,也为我们赢得了社会声誉。2013年6月,我们又获得了新一轮高水平大学建设工程项目,即2011工程项目——新型城镇化与中原经济区建设河南省协同创新中心——的支持,并以中原发展研究院为依托单位。为了将"中原发展研究"这一主题做深做细做透,2013年下半年我们就开始酝酿谋划更大规模的研究出版计划。该计划的基本思路是:在继续编撰出版《中原经济区竞争力报告》和《中原经济区发展指数研究报告》这两份综合性报告的基础上,将"中原发展"问题按不同的经济社会活动领域分解成若干个专题,分别进行研究,并于每年定期出版专题报告,形成系列,冠以"中原发展研究院智库丛书"名称统一由社会科学文献出版社出版。截至目前,已经编撰完成、正在编撰和即将启动编撰并于2014年出版的专题报告有:《中原经济区财政发展报告》《中原经济区金融发展报告》《中原经济区工业化发展报告》《中原经济区城镇化发展报告》《中原经济区农业现代化发展报告》《中原经济区文化产业发展报告》《中原经济区社会发展报告》《郑州航空港经济综合实验区发展报告》《中国政府职能转换报告》等,加上上述两份综合性报告,形成总规模达11种的研究报告系列。①

"中原发展研究院智库丛书"实际上是自20世纪90年代初开启的传统平原农区工业化与经济社会转型研究的继续和升华,也是前述国家社科基金重大招标项目"中西部地区承接产业转移的重点与政策研究"(项目编号:11&ZD050)、国家社科基金重点项目"欠发达平原农业区产业结构调整升级与工业化发展模式研究"(项目编号:01AJY002)、国家社科基金重点项目"中西部地区承接产业转移的政策措施研究"(项目编号:09AZD024)、国家社科基金一般项目"传统平原农区工业化与社会转型路径研究"(项目编号:08BJL040)、河南省社科基金重大项目"中原经济区新型城镇化引领'三化'协调发展推进路径研究"(项目编号:2012A002),及教育部重点研究基地重大项目"黄河中下游平原农区工业化与社会转型路径研究"(项目编号:06JJD770009)等多个研究课题的一系列重要成果的有机组成部分,同时也融汇了中央相关部委、河南省委省政府及相关部门、相关基层政府与企业委托的各类专项研究课题及提交报告和政策建议的内容。新型城镇化与中原经济区建设河南省协同创新中心若干创新团队的相关成果也将在智库丛书中呈现。

需要特别说明的是,该项研究和出版计划得到了郑州宇通集团公司、河南投资集团公司、河南民航发展投资公司、河南铁路投资公司、中原信托公司、中原证券公司、河南恒通化工集团公司等企业及河南省中原发展研究基金会的赞助,也得到了深圳海王集团公司、北京汉唐教育集团公司、河南省财政税务高等专科学校等的专项资助,同时,河南省发展和改革委员会、河南省财政厅也以政府购买服务的方式给予了支持,在此一并表示感谢,对这些企业及政府

---

① 2013年度开始编撰出版的《中原经济区金融竞争力报告》,自2015年度开始,名称将改为《中原经济区金融发展报告》。"中原发展研究院智库丛书"所含专题报告,可视人力、财力情况及需要随时增加。

部门领导强烈的社会责任感和使命感表示深深的敬意。

"中原发展研究院智库丛书"为年度出版物,其所含所有报告均为每年一期,连续出版。

该丛书是中原发展研究院的重点项目和拳头产品,我们为其的研究和撰写投入了大量精力,力求无憾。但因项目工程浩大,问题和瑕疵必然在所难免。期待着关心中原经济区建设的各级领导和专家及广大读者提出宝贵意见,以使该丛书能够不断改进,日臻完善。

耿明斋

2014 年 3 月 21 日

前　言

金融竞争力是研究经济主体的金融竞争能力与发展态势。"十一五"和"十二五"期间，河南省金融发展势头良好，金融业运行总体平稳，金融服务水平不断提高，融资多元化发展，融资结构明显改善，金融对经济发展的支持力度不断增强。但是，河南省金融也存在明显的问题：在银行业方面，河南省的银行业金融资产规模处于全国中等水平，资产规模大、安全性强，但赢利性偏弱，特别是以贷存比增速为代表的金融效率明显落后于全国平均水平；在资本市场方面，虽然河南省的上市公司规模增幅在全国范围内处于相对优势地位，但在上市公司规模上，河南省仍处于相对劣势的地位。因此，可以得出河南省的金融发展状况与经济社会发展的要求还存在相当大的差距的结论。中原经济区建设上升为国家战略，学界对中原经济区的关注和研究成果也与日俱增，不过至今尚没有学者就中原经济区的金融运行及发展情况进行研究并撰写报告。在金融发展日益重要的今天，研究中原经济区金融发展，寻找中原经济区金融发展的基本规律，总结过去并砥砺未来，变得尤为重要。

本报告以中原经济区金融发展为研究对象，以金融竞争力为切入点，借鉴以世界经济论坛（WEF）、国际管理发展学院（IMD）为代表的区域竞争力主流研究方法，通过建立科学、全面的指标评价体系及多渠道搜集数据，使用学界流行的 SPSS 软件和因子分析方法对数据进行处理，最终合成了评价各省辖市金融竞争力的综合性指标，目的是揭示中原经济区各省辖市金融竞争力的相对优势、劣势，以衡量区域金融的发展程度和发展质量，为各级政策制定者提供区域金融发展战略的决策依据。

本报告共分两篇——综合篇和区域篇。综合篇详述了报告的模型及指标体系、数据来源及技术路线，同时在对河南省金融发展进行概述的基础上，分章节从金融生态、金融规模及金融效率三个方面对河南省的金融竞争力进行了分析评价，并最终给出了河南省 18 个地市金融竞争力的排名情况。在区域篇中，各地市（县、区）各成一章，分别从金融生态、金融规模及金融效率三个方面对各地市（县、区）的金融竞争力进行了分析。其中，河南省 18 个地市与外省各地市的分析方法不尽相同：河南省地市的分报告以分析排名为主，而外省地市由于部分数据不可得以及统计口径不一致，未能参与排名，只对近几年的金融发展数据进行了分析。报告所涉及的大部分数据来自国家统计系统编制的统计年鉴及发布的统计公报；部分证券市场数据来源于各上市公司披露的年报及权威股票网站上的实时数据；另有部分比率指标是通过可得数据简单运算后得到的。

"中原经济区金融竞争力报告"项目于 2014 年 1 月正式启动，由河南省中原发展基金会和北京汉唐教育集团资助，是国家社科基金项目"传统农区土地流转的经验研究"

（10BJL030）、省部共建人文社科重点研究基地项目"中西部传统农区工业化与国民福利提升的路径研究"（12JJD880005）、河南省社科重大项目"促进土地流转，实现土地集约利用，加快发展新型农业现代化研究"等研究课题的有机组成部分。由中原发展研究院院长耿明斋教授任主编，由郑州大学商学院副院长、郑州大学金融研究中心主任李燕燕教授任执行主编。为了公正、客观地对中原经济区的金融发展做出评价，在报告的编纂过程中，研究人员就指标体系的构建、报告的技术路线及数据处理方法进行了反复讨论，历时两个月，最终完成了该报告。研究及撰写人员凭借对金融研究的热情，投入了大量精力，力求完善，但组织编纂经验不足，问题和瑕疵在所难免。希望关心中原经济区建设和发展的各级领导、专家及广大读者能不吝赐教。

编　者

2014 年 5 月 5 日

目 录

综合篇（河南部分）

第1章 绪论	003
第2章 河南省金融发展综述	011
第3章 河南省金融生态竞争力评价分析	026
第4章 河南省金融规模竞争力评价分析	036
第5章 河南省金融效率竞争力评价分析	044
第6章 河南省金融竞争力综合评价分析	052

区域篇（河南部分）

第7章 郑州市2013年金融竞争力研究报告	079
第8章 开封市2013年金融竞争力研究报告	089
第9章 洛阳市2013年金融竞争力研究报告	099
第10章 平顶山市2013年金融竞争力研究报告	110
第11章 安阳市2013年金融竞争力研究报告	120
第12章 鹤壁市2013年金融竞争力研究报告	130
第13章 新乡市2013年金融竞争力研究报告	141
第14章 焦作市2013年金融竞争力研究报告	152
第15章 濮阳市2013年金融竞争力研究报告	162
第16章 许昌市2013年金融竞争力研究报告	172
第17章 漯河市2013年金融竞争力研究报告	182
第18章 三门峡市2013年金融竞争力研究报告	192
第19章 商丘市2013年金融竞争力研究报告	202

第20章	周口市2013年金融竞争力研究报告	212
第21章	驻马店市2013年金融竞争力研究报告	222
第22章	南阳市2013年金融竞争力研究报告	233
第23章	信阳市2013年金融竞争力研究报告	243
第24章	济源市2013年金融竞争力研究报告	253

区域篇（山西、河北、山东、安徽部分）

第25章	运城市2013年金融竞争力研究报告	267
第26章	晋城市2013年金融竞争力研究报告	274
第27章	长治市2013年金融竞争力研究报告	281
第28章	邢台市2013年金融竞争力研究报告	288
第29章	邯郸市2013年金融竞争力研究报告	295
第30章	聊城市2013年金融竞争力研究报告	302
第31章	菏泽市2013年金融竞争力研究报告	309
第32章	泰安市东平县2013年金融竞争力研究报告	316
第33章	淮北市2013年金融竞争力研究报告	322
第34章	宿州市2013年金融竞争力研究报告	329
第35章	蚌埠市2013年金融竞争力研究报告	336
第36章	亳州市2013年金融竞争力研究报告	343
第37章	阜阳市2013年金融竞争力研究报告	350
第38章	淮南市凤台县2013年金融竞争力研究报告	357
第39章	淮南市潘集区2013年金融竞争力研究报告	363

后　记　369

综合篇（河南部分）

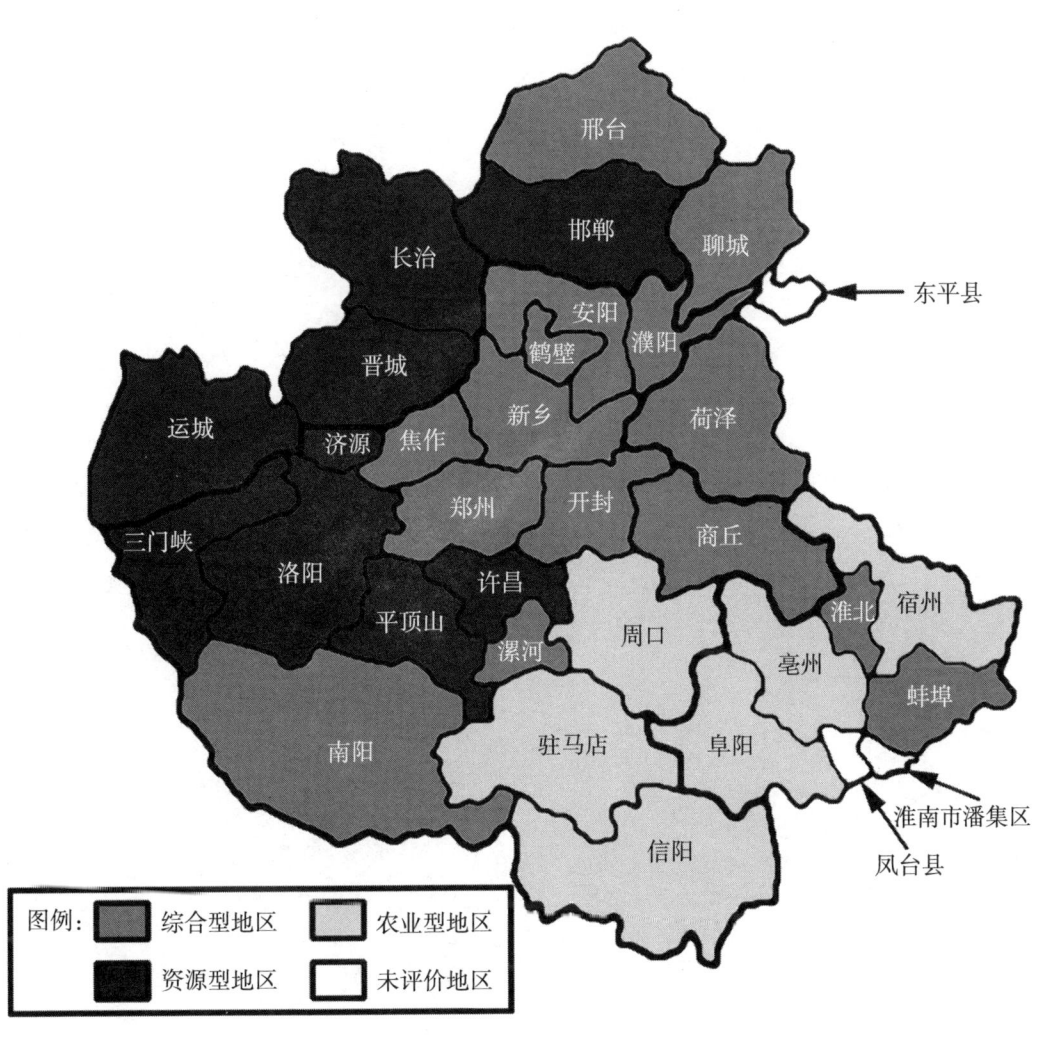

第 1 章
绪论

中原经济区是以河南省为主体、涵盖 5 省的 30 个省辖市和 3 个县（区）的经济区域，是国家明确规划的重点开发区域，是中部崛起的重要基地，也是中部地区经济发展的重要引擎。自 2011 年中原经济区建设纳入国家战略以来，中部经济的发展也借助这一契机有了突飞猛进的发展，该区域金融业的发展也正逢其时，迎来了新的机遇。

促进区域金融业的发展不仅可以推动区域经济的全面发展，而且能利用其独有的区位优势，集聚各方资源，在促进该区域金融成长的同时，更好地服务于周边地区金融业，形成扩散式发展的良好局面。在此背景之下，研究分析中原经济区的金融竞争力具有重要意义。

本报告正是在此背景之下，对中原经济区各主体功能区的金融竞争力进行了细分，对其主体河南省的 18 个地市进行了数据分析后的排名，评价中原经济区各地市、县（区）金融竞争力的优势、劣势和增长点，并对中原经济区各地市、县（区）的金融竞争力水平进行了衡量、评价。

1.1 研究意义

在竞争性和开放性的金融市场中，金融竞争力在企业竞争力、产业竞争力、区域竞争力乃至国家经济竞争力中都起着决定性的作用。本报告中金融竞争力并非仅指某一部门或某一企业的竞争力，而是涵括了金融生态竞争力、金融规模竞争力和金融效率竞争力等各方面的综合竞争力指标，具有很强的动态性、对比性和综合性。

在 2013 年国务院正式批复《郑州航空港经济综合实验区发展规划（2013～2025 年）》的新形势下，河南省的物流运输、会展等产业正逐步迈向全国前列。与此同时，河南省金融业在其他相关产业的发展中起着重要的支撑作用。因此，分析比较其区域金融竞争力中的短板和优势，对金融业和其他产业的发展乃至区域经济实力的提升都有重要的现实意义。

第一，有助于加强对中原经济区金融竞争力现状的认识。长足的发展要以对现状的清晰认知为前提，只有认识了目前的发展状况、明确了目前所处的发展阶段，才能以实际情况为依托，为进一步的提升奠定基础。应用区域金融竞争力这一分析工具，能够较为全面、客观地揭示中原经济区金融竞争力的基本概况和所处区位，从而为经济区内各部门、企业、社会团体和居民等相关者提供直观认识，从而为各方对中原经济区的建设提出建议时提供参考。

第二，有助于加深对中原经济区金融业发展潜力点的发掘。对中原经济区内各省辖市、县（区）的金融竞争力指数进行分析处理之后，对其各级指标数据进行比较和排名（以河南省为主），以及对中原经济区涵盖的其他地市、县（区）进行比较分析，能够清晰地揭示中原经济区内各地市、县（区）金融竞争力的相对优势、劣势，衡量区域金融的发展程度和发展质量，为各级政策制定者提供区域金融发展战略的发展方向和决策依据，同时可以评价各级政府的金融发展业绩。

第三，有助于发现中原经济区内部的竞合关系。在对中原经济区内的各地市、县（区）金融竞争力进行比较分析之后，基于对其相对优势、劣势的判断，可以有效地发现其相互间的竞争关系和互补关系，合理选择发展竞合关系，为区域内各地市、县（区）制定优势互补、强强联合、互利共赢的金融发展战略提供借鉴，进而推动整个区域的金融发展和结构的优化升级。

1.2 总体构建

1.2.1 研究思路

目前，国内研究金融竞争力主要有三种思路：一是从理论层面进行研究，即结合相关理论，研究和解释金融竞争力的概念，并构建评价体系；二是从实证层面进行分析，选择评价指标体系，利用计量统计分析方法对金融竞争力进行分析比较；三是从政策或者现实层面进行研究，即针对金融竞争力的不足，提出有效增强金融竞争力的政策建议。

本报告的整体思路是先确定研究对象及目标，并设计出金融竞争力模型，结合实际情况构建评价指标体系，采用因子分析法对搜集的数据进行处理，进而对中原经济区各地市、县（区）的金融竞争力进行分析，并得出结论。具体思路如图1-2-1所示。

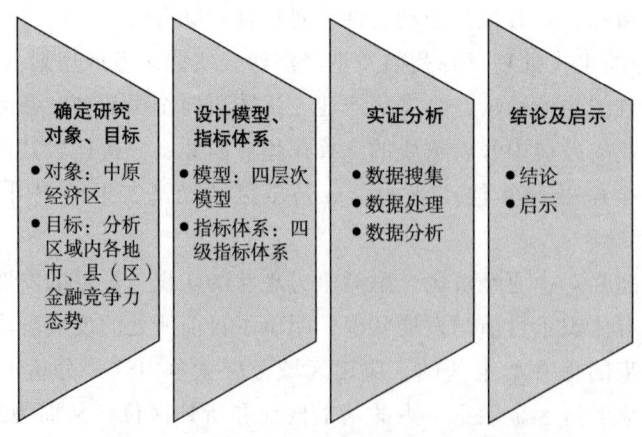

图1-2-1 中原经济区金融竞争力研究思路

1.2.2 模型化描述

金融竞争力表现为一个地区所拥有、控制或可利用的金融资源的数量，获得这些资源的便利性、成本，金融产业的发展状况，经济发展情况，资源利用效率，金融人才的竞争力，以及制度环境因素和开放程度等。从金融生态、金融规模、金融效率三个方面来描述，本研究认为中原经济区金融竞争力概念的模型化表示法可如图 1-2-2 所示。其中，金融生态竞争力指标主要由区域经济实力、区域开放程度和区域服务水平来衡量；金融规模竞争力主要由银行业、证券业和保险业的规模来衡量；金融效率竞争力主要由宏观和微观两个层面的金融效率来衡量。

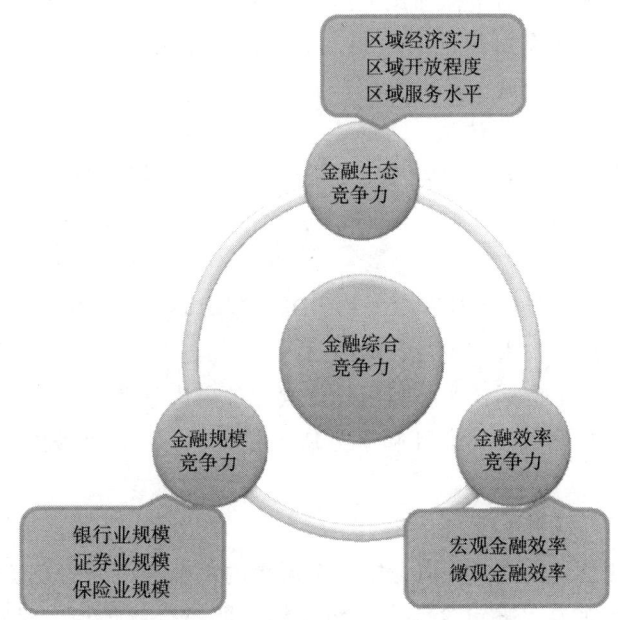

图 1-2-2 中原经济区金融竞争力模型

1.2.3 指标体系设计

1. 指标体系的设计原则

（1）全面性原则

根据前面模型化的描述，金融竞争力的内涵非常丰富，包含金融生态、金融规模、金融效率三个层面的内容。决定金融竞争力的因素不仅取决于一个地区的社会、经济发展水平，而且取决于该地区金融资源的现实状况、金融人才的竞争力，以及各种金融服务机构的社会支撑服务水平及质量等。综合来看，任何一方面因素的缺少或不完善都可能会影响最终评价的客观性和实用性。因此，在指标体系设计的过程中需要考虑各方面因素，进行全面设计。

（2）可操作性原则

在遵循全面性原则的基础上，还需考虑两方面因素：一是本着数据的可得性，大部分数据可通过统计年鉴和各地市、县（区）的统计公报获得；二是指标的宜量化性，尽量使用定量指标。

（3）层次性原则

指标选取既要体现总量水平，又要体现个体水平，并且需要注意各指标间的相互协调、相互补充。

2. 中原经济区金融竞争力指标的选择

中原经济区金融竞争力的评价体系包括金融生态竞争力、金融规模竞争力和金融效率竞争力三个二级指标，每个二级指标又分解为若干个三级指标，每个三级指标再分解为若干个四级指标。在四级指标选取方面，研究人员本着全面性、可操作性、层次性等原则选取数据，包括总量指标、均值指标和比值指标，以力求全方位对中原经济区金融竞争力进行评估。但是由于受到数据可得性的限制，部分指标在选取时，不得已选择了次优的指标，不过这并不影响研究结论的获得。

（1）金融生态竞争力指标体系

二级指标金融生态竞争力，用以考察一个区域内部金融生态环境的情况，分析整个经济环境对金融产出能力的影响。它包含3个三级指标，即区域经济实力、区域开放程度和区域服务水平。

①区域经济实力衡量指标：GDP、人均GDP、财政收入、固定资产投资、人均固定资产投资、城镇人均可支配收入、农村人均纯收入。

②区域开放程度衡量指标：实际利用外资额、进出口总额。

③区域服务水平衡量指标：会计师事务所数量、律师事务所数量和资产评估事务所数量。

（2）金融规模竞争力指标体系

二级指标金融规模竞争力，用以考察一个区域内部金融市场的规模情况，分析金融市场对金融资产的容纳能力。它包含3个三级指标，即银行业规模、保险业规模和证券业规模。

①银行业规模衡量指标：金融系统存款余额、金融系统贷款余额和城乡居民储蓄余额。

②保险业规模衡量指标：保险公司保费收入和保险赔付额。

③证券业规模衡量指标：上市公司总资产和本地区股本总数。

（3）金融效率竞争力指标体系

二级指标金融效率竞争力，用来考察一个区域内部金融运行效率的情况，分析整个金融运行中的成本和收益情况。它包含2个三级指标，即宏观金融效率和微观金融效率。

①宏观金融效率衡量指标：经济储蓄动员力、储蓄投资转化系数。

②微观金融效率衡量指标：贷存比、保险深度、证券市场效率。

3. 中原经济区金融竞争力评价体系框架

根据前文分析，中原经济区金融竞争力评估指标体系可总结为表1-2-1。

表1-2-1 中原经济区金融竞争力评估指标体系

一级指标	二级指标	三级指标	四级指标
金融综合竞争力	金融生态竞争力	区域经济实力	GDP
			人均GDP
			财政收入
			固定资产投资
			人均固定资产投资
			城镇人均可支配收入
			农村人均纯收入
		区域开放程度	实际利用外资额
			进出口总额
		区域服务水平	会计师事务所数量
			律师事务所数量
			资产评估事务所数量
	金融规模竞争力	银行业规模	金融系统存款余额
			金融系统贷款余额
			城乡居民储蓄余额
		保险业规模	保险公司保费收入
			保险赔付额
		证券业规模	上市公司总资产
			本地区股本总数
	金融效率竞争力	宏观金融效率	经济储蓄动员力
			储蓄投资转化系数
		微观金融效率	贷存比
			保险深度
			证券市场效率

1.3 数据来源及数据处理

1.3.1 数据来源

本报告包含河南省18个地市以及省外的15个地市（区、县）的研究数据，涵盖了中原经济区的所有地市（区、县），2012年研究数据主要来源于国家统计系统发布的统计年鉴，而《中原经济区金融竞争力报告（2013）》中2012年数据来源于当地统计部门发布的统计公报，由于公报中采用初步统计数，和年鉴中数据略有差异，另外，本报告中新添加了四级指标，因此两份报告中2012年各级指标排名可能会有所不同。本报告中2013年研究数据来源于当地统计部门发布的统计公报，证券市场的相关数据来自国内证券市场上市公司的公报及证券交易网站公布的一些实时信息，多数四级指标能够从官方统计资料中直接获得，部分四级指标需要对统计数据进行简单运算得到。

1.3.2 数据预处理

由于原始数据具有不同的单位和不同的变异程度，直接使用会出现不可比问题，所以在进行分析之前，需要先使用无量纲化处理方法将原始数据标准化。经过标准化处理，原始数据均转换为无量纲化指标测评值，即各指标值都处于同一个数量级上，这就消除了单位和变量自身变异的影响。

本报告采用"Z – score 标准化"，这种标准化方法基于原始数据的均值和标准差进行数据的标准化，新数据 =（原始数据 – 样本均值）/样本标准差。经过处理的数据符合标准正态分布，均值为 0，标准差为 1。

1.3.3 多指标综合评价方法的选择

金融竞争力评价体系下有多个指标，为了更全面地体现各指标对金融竞争力的影响，本报告将采取多指标综合评价法对其进行分析。多指标综合评价法可以分为两类：一类是主观赋权法，专家根据经验进行主观判断，衡量各指标的相对重要性，得到指标权重，然后再对指标进行综合评估；另一类是客观赋权法，根据指标数据提供信息量的大小和指标间的相关性来确定权重，进行综合评价。

通过对原始数据进行初步分析，本报告发现不同指标对金融竞争力的评价侧重点各不相同，但又有一些信息重叠。通过综合比较，因子分析法属于客观赋权法，不依赖于专家判断，能够克服主观随意性大的弊端，并且通过对原始指标的信息进行重新组构，能够反映原有指标大部分的信息，而且能够解决部分原始指标存在的相关关系问题。因此，本研究报告选择因子分析法。

1.4 技术路线

1.4.1 因子分析法的基本原理

因子分析法是用少数几个因子来描述许多变量之间的联系，以较少几个因子来反映原资料的大部分信息的统计学分析方法。它是主成分分析法的推广和发展。在保证数据信息丢失最少的原则下，通过变量相关系数矩阵或协方差矩阵内部结构的研究，本报告可对高维变量空间进行降维处理，将具有错综复杂关系的变量综合为数量较少的几个因子，以再现原始变量和因子之间的相互关系。它通过分析事件的内在关系，抓住主要矛盾，找出关键因素，使多变量的高维系统变为低维系统，使复杂问题变得易于研究和分析。

1.4.2 因子分析法的步骤

因子分析是通过研究相关矩阵或协方差矩阵内部依存关系，将多个变量 $X =$

$(X_1, \cdots, X_p)'$ [可以观测的随机变量 $E(X) = \mu$, $D(X) = \sum$], 综合为少数几个因子 $F = (F_1, \cdots, F_m)$, $m < p$, 其中, $E(F) = 0$, $D(F) = I_m$ (不可观测的潜在变量)。又设 $\varepsilon = (\varepsilon_1, \cdots, \varepsilon_p)'$ 与 F 互不相关, 且 $E(\varepsilon) = 0$, $D(\varepsilon) = \mathrm{diag}(\sigma_1^2, \cdots, \sigma_p^2) \equiv 0$, 以再现指标与因子之间的相关关系。

因子分析法共分六个步骤, 具体步骤如下。

(1) 原始数据进行标准化变换

本报告对原始数据采用"Z-score标准化"处理, 标准化方法在章节数据预处理中已提及, 此处不再赘述。

(2) 求相关矩阵或协方差矩阵 R 的特征值和特征向量

根据标准特征方程 $|R - \lambda_i| = 0$, 求出相关矩阵或协方差矩阵 R 的特征向量矩阵 A 和特征值 $\lambda_1 \geq \lambda_2 \geq \cdots \geq \lambda_p \geq 0$, 并使 $F = A'X$, 其中, F 为主因子矩阵。

(3) 建立因子模型, 并估计有关参数

在因子分析中, 一般将 A、F 分解为两部分:

$$A = [\underset{pm}{A_1} \quad \underset{p(p-m)}{A_2}], m < p$$
$$F = [\underset{pm}{F_1} \quad \underset{p(p-m)}{F_2}], m < p$$

则因子模型为 $X = AF = A_1F_1 + A_2F_2 = A_1F_1 + \varepsilon$。其中, X 为综合评价指标体系中 p 个指标 (可观测) 构成的列向量, A_1 为因子载荷矩阵, F_1 为 m 个因子构成的不可观测向量, ε 为特殊因子。因子模型可具体写成:

$$\begin{cases} X_1 = A_{11}F_1 + A_{12}F_2 + \cdots + A_{1m}F_m + A_1\varepsilon_1 \\ X_2 = A_{21}F_1 + A_{22}F_2 + \cdots + A_{2m}F_m + A_2\varepsilon_2 \\ \cdots \quad \cdots \quad \cdots \quad \cdots \quad \cdots \\ X_p = A_{p1}F_1 + A_{p2}F_2 + \cdots + A_{pm}F_m + A_p\varepsilon_p \end{cases}$$

式中, $F_1, F_1, \cdots, F_m$ 为主因子, 是分别反映某一方面信息的不可观测的潜在变量; A_{ij} 为因子载荷系数, 是第 i 个指标在第 j 个因子上的负荷, 若某指标在某因子中作用大, 则该因子载荷系数就大, 反之亦反; $\varepsilon_1, \cdots, \varepsilon_p$ 称为 X 的特殊因子, 实际建模中可忽略。公共因子一般对 X 的每一个分量 X_i 都有作用, 而 ε_i 只对 X_i 起作用。

待估计的参数包括最小因子数 (又称因子的最小秩)、公共方差、因子贡献率、因子载荷系数等。应选择合适的参数估计方法对参数进行估计。

(4) 确定因子贡献率及累计贡献率

第 j 个因子的贡献率为 d_j。贡献率给出了每个因子的变异程度占全部变异程度的百分比, 表示该公共因子反映原始指标的信息量。贡献率越大, 该因子相对越重要。累计贡献率表示相应几个公共因子累计反映原始指标的信息量, 因子的累计贡献率可以作为主因子的个数 m 的选择依据, 一般选择累计贡献率大于等于85%的因子的个数作为主因子个数。

(5) 因子载荷矩阵变换

建立因子分析模型的目的不仅是找出主因子, 而且是要知道每个主因子的意义, 以便对实际问题进行分析。由因子模型矩阵得到的初始因子载荷矩阵,如果因子负荷的大小相差不大,对因子的解释可能有困难,因此,为得出较明确的分析结果,往往要对因子载荷矩阵进行旋转。通过旋转坐标轴,使每个因子负荷在新的坐标系中能按列向 0 或 1 两极分化,同时也包含按行向两极分化。旋转的方法有正交旋转和斜交旋转两种,选择的旋转方法不同,结果也就不同,一般以能得到明确的分析结果为最终计算结果。

(6) 构造综合评价模型,计算总得分值

通过旋转和计算,得到新的较为理想的因子载荷矩阵 A_1 和因子得分系数矩阵 B。综合评价模型为

$$Score = \sum_{j=1}^{m} d_j f_j = \sum_{j=1}^{m} \sum_{i=1}^{p} d_j b_{ij} x_i$$

其中,d_j 为因子贡献率;f_j 为因子得分,b_{ij} 为因子得分系数,由转换后的因子载荷 A_1 求逆得到;x_i 为已标准化的指标值。

1.4.3 方法评价

因子分析通过对反映事物不同侧面的许多指标进行综合,将其合成少数几个主因子,进而计算出综合得分,便于我们对被研究事物的全面认识,进而找出影响事物发展现状及趋势的决定性因素,达到对事物的更深层次认识。这种方法具有如下优点。

第一,因子分析法根据评价指标中存在一定相关性的特点,用较少的指标来代替原来较多的指标,并使这些较少的指标尽可能地反映原来指标的信息,从根本上解决指标间的信息重叠问题,大大简化原指标体系的指标结构。

第二,在因子分析法中,各综合因子的权重不是人为确定的,而是根据综合因子的贡献率确定的。所用权数属于信息量权数,它从指标所含区分样本的信息量来确定指标的重要程度,是伴随数学变换过程内生的,并随着样本集合的变化而变化,这种信息量权数有助于客观地反映样本间的现实关系。这也就克服了评价方法中人为确定权数的缺陷,使得综合评价结果唯一,而且客观合理。

第三,因子分析法用较少的综合指标对企业经济效益进行分析评价,容易抓住主要矛盾,找出主要因素,使复杂的问题简化。同时,利用因子分析法可以对初始载荷因子进行旋转,更为明确地解释各主因子的含义,从而找出影响各企业经济效益的主要方面及提高经济效益的对策取向。当然,因子分析法也存在以下不足:它是根据样本指标来进行综合评价的,所以评价的结果跟样本量的规模有关;它假设指标之间的关系都为线性关系,但在实际应用时,若指标之间的关系并非线性关系,那么就有可能导致评价结果的偏差;另外,因子分析法对主因子的选取会造成部分信息的损失。

虽然因子分析法还存在一些缺点,但是不可否认它在综合评价中的重要作用,目前已有不少文献用因子分析法来解决综合评价问题。

第 2 章
河南省金融发展综述

河南位于中国中东部、黄河中下游，东接安徽、山东，北接河北、山西，西接陕西，南临湖北，呈望北向南、承东启西之势。河南地理位置优越，是我国经济由东向西推进、梯次发展的中间地带，是全国重要铁路、公路的大通道和枢纽。河南是全国重要的经济大省，2013 年全省生产总值居全国第 5 位、中部六省的首位。全省有 18 个省辖市 21 个县级市 88 个县，总人口为 10601 万，总面积为 16.7 万平方千米。

河南省经济始终保持平稳较快发展的态势，金融业运行总体平稳，金融服务水平不断提高，金融机构资产规模稳步增长，信贷结构不断优化，金融市场功能继续完善，金融生态建设取得新进展。另外，面对日益复杂的国内外经济金融形式，全省抓住机遇，积极应对挑战，推进金融改革的不断深化，提高金融业对经济的贡献率。本章详细阐述了河南省的金融发展情况，并结合河南省在全国主要金融竞争力相关指标的变动趋势和排位情况，来评估河南省金融竞争力的动态和空间水平，发现其优劣势，明确其进一步发展的方向。

2.1 河南省金融发展情况概述

2008～2013 年河南省金融发展相关数据的变化情况如表 2-1-1 所示。

表 2-1-1　河南省 2008～2013 年金融发展相关数据

年份	GDP（亿元）	进出口总额（亿美元）	存款余额（亿元）	贷款余额（亿元）	保费收入（亿元）	上市公司市值（亿元）	贷存比（％）
2008	18407.80	174.79	15340.10	10439.70	519.00	739.12	68.05
2009	19367.30	134.36	19175.06	13437.43	565.00	2503.00	70.08
2010	22942.68	177.91	23148.83	15871.30	793.28	4351.00	68.56
2011	27232.00	326.40	26774.80	17648.90	839.80	3500.00	65.92
2012	29810.14	517.50	31648.50	20033.81	841.13	4175.12	63.30
2013	32155.86	599.51	37049.49	23100.87	916.52	4412.76	62.35

资料来源：本章数据均整理自《2013 年中国金融统计年鉴》和 2013 年各地区国民经济和社会发展统计公报。

1. 全省经济增长势头强劲，对外开放程度不断加深

2008～2013 年，河南省 GDP 逐渐增加；从 2011 年开始，进出口总额增长迅猛，河南省经济实力越发增强，对外开放进程加快，金融外向程度持续增强。如图 2-1-1 所示，河南省 GDP 的增长趋势与进出口总额的变动趋势基本保持一致。GDP 的增长速度平缓，2013 年达到了 32155.86 亿元；全省进出口总额在 2008～2010 年有所波动，2009 年为最低点，2010～2013 进入了高速增长阶段，进出口总额增幅较大，2013 年较上年增长了 15.85%。河南省对外贸易的规模不断增大，对外贸易结构不断优化，进一步带动了经济的增长，使得全省逐渐走向一个开放的不断进步的经济环境，这必将带动河南省金融的外向发展。

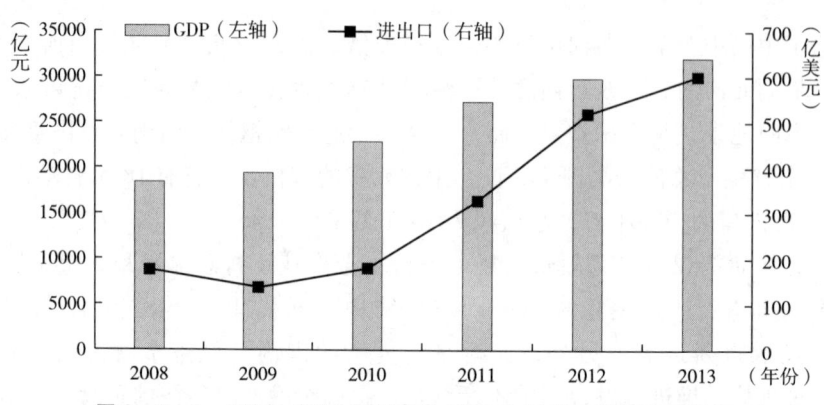

图 2-1-1　2008～2013 年河南省 GDP 和进出口总额变动情况

2. 全省银行业规模扩大，赢利放缓

如图 2-1-2 所示，河南省存款余额逐渐增加，2012 年超过 3 万亿元，2013 年继续保持强劲的增长势头；贷款余额从 2008 年的 10439.70 亿元增加到 2013 年的 23100.87 亿元。从资金运用效率上看，存贷余额总体呈下降的趋势，同时存贷差额有所扩大，说明银行金融资产安全性和稳定性上升，赢利性相对降低，银行业加强了对资金安全的追求，谨慎吸纳储蓄。由此可见，河南省银行业运行平稳，安全性较高，资金还有较大的利用空间，金融稳定性趋强。

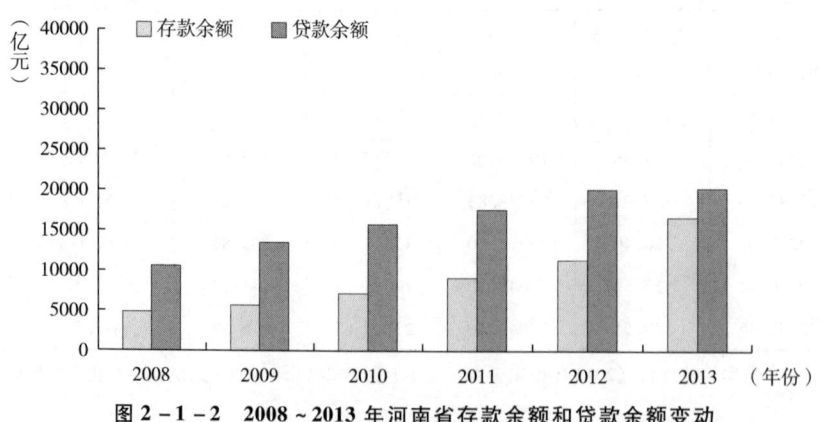

图 2-1-2　2008～2013 年河南省存款余额和贷款余额变动

3. 全省股票市场有所波动，保险市场快速发展

截至 2013 年底，河南共有上市公司 65 家，总市值 4412.76 亿元，同比增加 10.26%；

证券、基金经营机构 228 家；期货经营机构 76 家；证券期货投资者 430.94 万户，同比增加 2.19%；河南资本市场实现融资 467.38 亿元。

2008 年受国际金融危机影响，河南省证券市场跌入低谷，2009 年以来由于全省上市公司的并购重组和再融资业务的发展，资本市场发展迅速，中原经济区战略深入金融领域，上市公司市值快速增加。2011 年，受到宏观国际经济环境和国内经济形势的影响，市值有所回落，但总体呈上升趋势。保险市场方面，河南省保险机构的规模不断扩大，2008 年以来全省保费收入持续增加，占 GDP 的比重也越来越大，如图 2-1-3 所示。

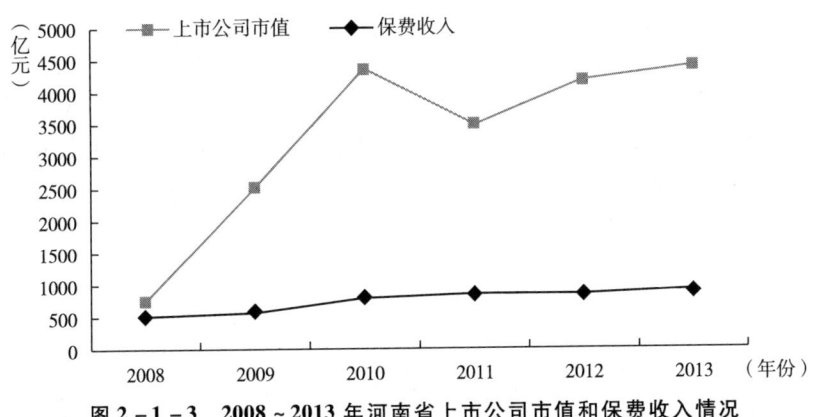

图 2-1-3　2008~2013 年河南省上市公司市值和保费收入情况

总之，2008~2013 年，河南省经济环境良好，对外开放程度加深，证券市场和保险市场规模不断扩大，银行资产安全性上升，证券业在波动中有所增长，保费收入持续增加，保险业稳定地发挥了保障功能。

2.2　河南省经济运行情况概述

2.2.1　河南省经济运行情况

经济的发展一致被认为是金融业发展的基础和强力支撑。根据分析，河南省的经济实力在全国都占有优势，2008~2013 年，全省 GDP 总量连续保持全国第 5 位、中部六省第 1 位。河南省不仅是人口大省、工业农业大省，而且是经济大省。2013 年，河南省生产总值同比增长 7.87%，工业生产稳中有升，固定资产投资保持平稳增长，进出口总额增势强劲，产业结构改善，服务业发展较快。

1. 河南省生产总值及增速

2008~2013 年，河南省经济增长迅猛，GDP 总量远远领先于全国平均水平，显示了较强的经济实力和竞争力。2013 年全国 GDP 平均水平为 19775.33 亿元，低于河南省的 32155.86 亿元，相差 12380.53 亿元（见图 2-2-1）。

从图 2-2-2 可以看出，河南省 GDP 增速在 2010 年和 2011 年达到最高水平，此后

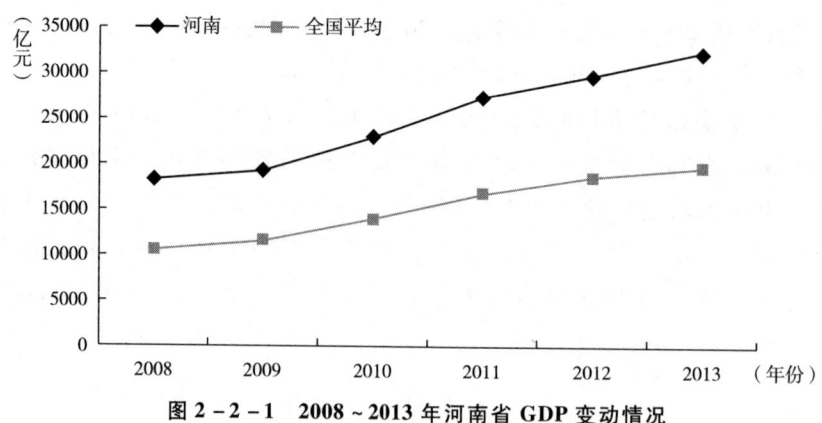

图 2-2-1 2008~2013 年河南省 GDP 变动情况

增速减缓,全国 GDP 平均增速也呈现一致的趋势。2009~2012 年,河南省 GDP 增速均落后于全国平均水平,而 2013 年河南省 GDP 增速高于全国平均水平。说明河南省经济增长潜力较大,增长势头强劲。

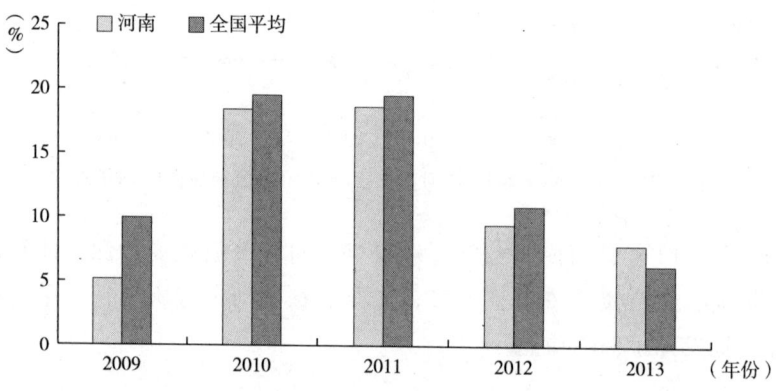

图 2-2-2 2009~2013 年河南省 GDP 增速与全国平均水平比较

2. 河南省 GDP 总量在全国及中部六省的排位变化

2008~2013 年,河南 GDP 总量在全国及中部六省的排位状况变化如表 2-2-1、2-2-2 所示。

表 2-2-1 河南省 GDP 总量在全国范围的排位情况

年 份	2008	2009	2010	2011	2012	2013
排 位	5	5	5	5	5	5

表 2-2-2 河南省 GDP 总量在中部六省的排位情况

年 份	2008	2009	2010	2011	2012	2013
排 位	1	1	1	1	1	1

我们看到,河南省的 GDP 总量在全国范围内处于较优势地位,保持在第 5 位,比较靠前。在中部六省范围内,河南省始终保持在首位,以其雄厚的经济基础在中原大地上绽

放光辉。

河南省的金融业是以实体经济为基础而逐渐发展起来的,雄厚的经济基础必然会带动金融业的蓬勃发展,我们相信未来河南省提升金融竞争力的潜力比较大,金融业必定以稳定、高效的态势持续发展壮大,并反过来促进实体经济的发展。

2.2.2 河南省经济对外开放情况

2013年,河南省实现进出口总额599.51亿美元,再创历史新高,与2012年相比增长15.85%。外贸进出口规模继续保持中部六省第1位,进出口规模排在全国第12位,进出口总额增速排在全国第9位。全年河南省对外贸易持续快速增长,对经济带动作用强。近年来,河南省始终把扩大招商引资作为发展开放型经济的重中之重,利用外资的规模不断扩大,质量不断提高;同时,全省引进了一大批先进技术、关键设备和管理人才,加快了企业创新,促进了经济发展。

作为中部大省,河南有人口、资源、交通等诸多优势,更要在发展贸易和引进外资的同时,优化进出口结构,提高外资的利用效率。河南的对外开放平台建设进步很快,申建了中部首个综合保税区,引来了全球最大代工企业富士康,外资进入的步伐也逐渐加快。河南省外向型经济实现跨越式发展,如郑州航空港经济综合实验区自2007年成立以来,发展迅猛,给河南经济注入了新的活力和增长动力,成为内陆地区对外开放重要门户、中原经济区核心增长极。

1. 河南省进出口总额及增速分析

2008~2013年,河南省进出口总额总体呈增加趋势,但还远低于全国平均水平,2013年河南进出口总额为599.51亿美元,仅为全国进出口平均水平的41%。

全省的进出口规模与全国大部分省份相比还有一定的差距,经济对外开放程度有待于进一步加深。具体变化情况如图2-2-3所示。

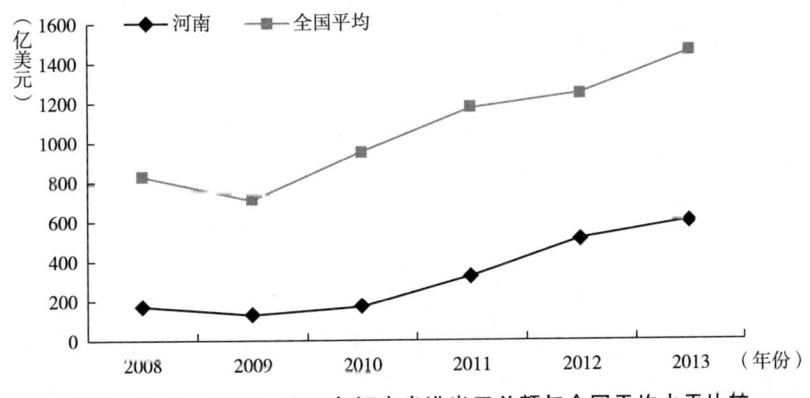

图2-2-3 2008~2013年河南省进出口总额与全国平均水平比较

另外,从进出口总额增速的情况来看,2009~2013年河南省进出口总额的增速有较大波动,从2009年的负增长上升到2010年的32.41%,接着呈现先上升后下降的趋势,2013年进出口增速为15.85%。另外,我们看到,2011年和2012年,全省进出口总额增速明显高于全国平均水平,而其他年份增速低于全国平均水平,显示了河南省进出口总额增长的不稳定性。河南省进出口总额历年增速情况如图2-2-4所示。

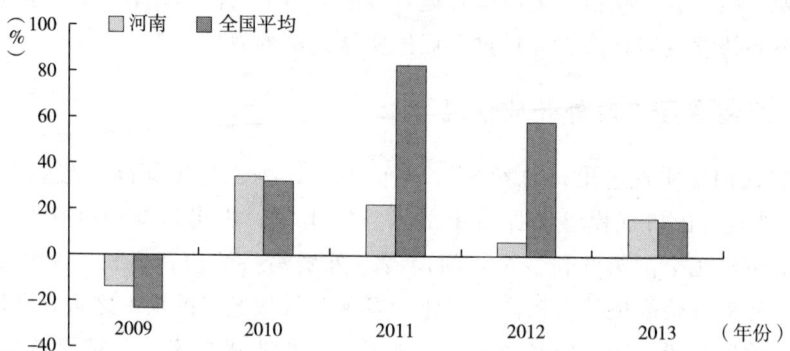

图2-2-4 2009~2013年河南省进出口总额增速与全国平均水平比较

2. 河南省进出口总额在全国及中部六省的排位变化

随着国际国内经济环境的变化和河南省自身开放的推进,全省进出口总额在全国的排位呈升高的趋势。2013年,河南进出口总额在全国各个省份中排在第12位,处于较优势地位。历年进出口总额排位情况如表2-2-3所示。

表2-2-3 河南省进出口总额在全国的排位情况

年 份	2008	2009	2010	2011	2012	2013
排 位	16	17	16	14	12	12

此外,河南省进出口总额增速在全国的排位情况如表2-2-4所示。2009年和2010年,全省进出口总额增速在全国仅排在第22位和第24位,处于较劣势地位,而2011年全省以83.5%的增速水平居全国第2位,增长势头强劲。2013年河南省进出口总额增长率为15.85%,比2012年在全的国排位下滑了6位,为第9位。

表2-2-4 河南省进出口总额增速在全国的排位情况

年 份	2009	2010	2011	2012	2013
排 位	22	24	2	3	9

中部六省总体在进出口总额方面与全国平均水平有较大差距,对外开放程度亟待加强。2012~2013年,河南省在中部六省中的区域开放程度有了明显提高,2012~2013年进出口总额在中部六省中遥遥领先,排名稳居第一。在进出口总额增速方面,2013年全省进出口总额增速略低于安徽省,排在中部六省第2位,虽然较2012年名次有所下滑,但增长势头强劲。郑州航空港经济综合实验区近几年取得了较好的成绩,是未来河南区域开放程度进一步提升的动力之源。河南省进出口总额及其增速在中部六省的排位如表2-2-5、表2-2-6所示。

表 2-2-5 河南省进出口总额在中部六省的排位情况

年　份	2008	2009	2010	2011	2012	2013
排　位	3	3	4	2	1	1

表 2-2-6 河南省进出口总额增速在中部六省的排位情况

年　份	2009	2010	2011	2012	2013
排　位	4	6	1	1	2

2.3 河南省金融市场发展情况

2.3.1 河南省银行业发展情况

2013 年，河南省银行业规模继续壮大，营业网点和从业人员持续增长，各项存贷款稳定增长，赢利能力有所提高，风险控制和成本控制能力增强。从 2008～2013 年河南省银行业贷存比降低的趋势我们看到，全省银行业资金使用率降低，更加注重稳定赢利性和安全性。2011～2013 年，河南省金融系统贷存比指标低于全国平均水平，在 2013 年相差 9.5 个百分点。在中部六省范围内，河南省贷存比在 2008～2009 年处于中部前列，2010～2013 年排位有所降低，2013 年排在第 5 位。因此，今后河南省在保障银行系统安全性的基础上，应该进一步提高资金的使用效率。

1. 存贷款余额总量及增速分析

河南经济持续增长，居民收入和储蓄相应增加，金融机构吸收存款的能力不断提升。从图 2-3-1 可以看出，2008～2010 年，全省金融机构存款余额的总量与全国平均水平总体持平，2011～2013 年全省存款余额超过全国平均水平，并有高速增长的趋势。

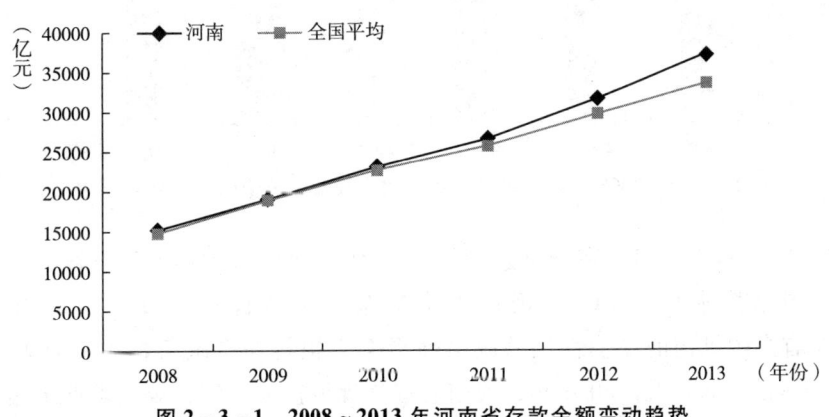

图 2-3-1 2008～2013 年河南省存款余额变动趋势

在贷款方面，河南省的贷款总额不断增加，2008～2010 年贷款余额略高于全国平均水平，2011～2013 年贷款余额略低于全国平均水平。河南省加强对信贷的监管和调控，全省不良贷款比率持续下降。据统计，2013 年底，全省银行业金融机构不良贷款余额为432.04亿元,比年初减少13.01亿元,不良贷款率为1.84%,比年初下降0.35个百分点。而且全省加强对小微企业和涉农贷款的支持和落实,制定了最低的目标,进一步优化了贷款的结构,促进了经济整体发展。历年河南省贷款总额变化趋势如图2-3-2所示。

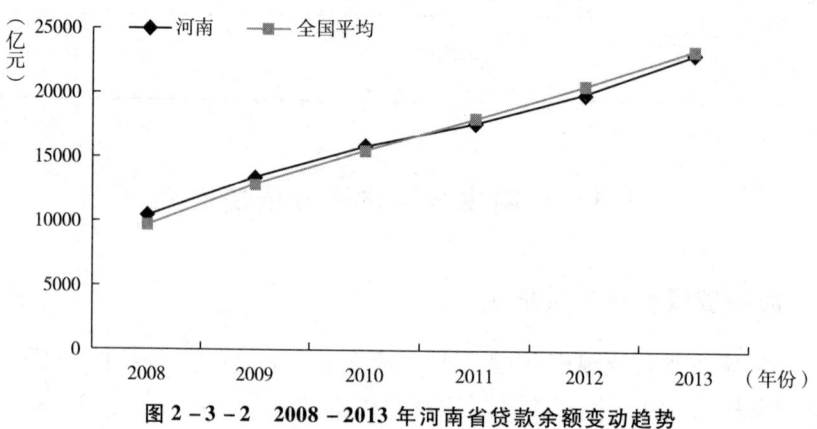

图2-3-2　2008-2013年河南省贷款余额变动趋势

从图2-3-3可以看出,在存款余额增速方面,河南省2009年增速低于全国平均水平,2008年和2010～2013年增速高于全国平均水平。河南省贷款的发展态势良好,有利于资金的高效利用和合理配置。

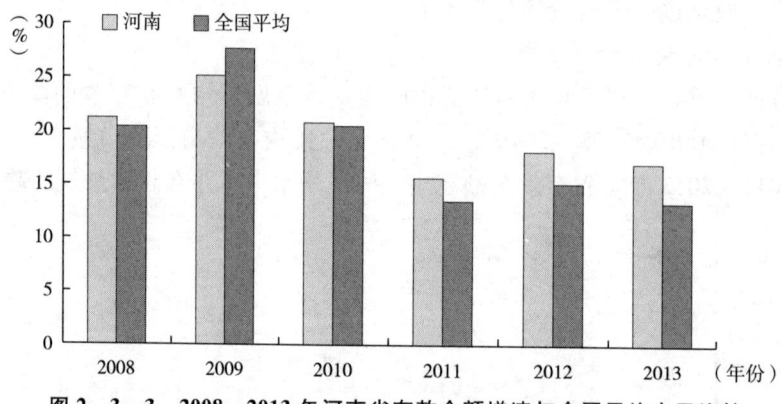

图2-3-3　2008～2013年河南省存款余额增速与全国平均水平比较

从图2-3-4可以看出,在贷款余额增速方面,2008～2012年河南省贷款余额的增速均低于全国平均水平,2013年河南省贷款余额增速首次超过全国平均水平,为15.31%。全省金融机构的谨慎性经营政策使得全省银行业金融机构不良贷款保持"双降",稳健经营的能力提升。2013年,河南省信贷规模扩大,贷款规模发展迅猛,对经济的带动力提升。

2. 河南省存贷款余额增速在全国和中部六省的排位变化情况

在以全省存款余额增速为代表的金融资产规模发展速度方面,河南省在全国范围内的排名逐渐上升,2013年排在第6位,处于较优势地位。具体排名见表2-3-1。

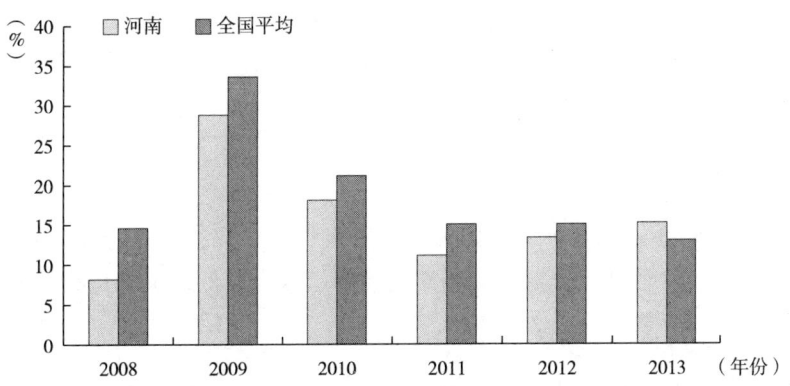

图 2-3-4 2008~2013 年河南省贷款余额增速与全国平均水平比较

表 2-3-1 河南省存款余额增速在全国的排位情况

年 份	2009	2010	2011	2012	2013
排 位	23	20	12	9	6

在以河南省贷款余额增速为代表的金融资产规模发展速度方面，河南省在全国范围内的排位总体提升，2013 年排在第 16 位，是 2009~2013 年的最好名次，显示了全省金融机构的潜力和实力。具体排位见表 2-3-2。

表 2-3-2 河南省贷款余额增速在全国的排位情况

年 份	2009	2010	2011	2012	2013
排 位	29	28	28	24	16

综合来看，河南省银行业金融资产规模发展速度不断加快，在全国范围内有相对优势。河南银行业资产规模大、安全性强，但赢利性偏弱，而且受直接融资的发展和互联网金融的冲击，银行存贷款业务不可避免地会受到影响，特别是存款的分流现象明显，资金流出的趋势不可忽视。这对全省的银行业都是巨大的挑战和机遇。

另外，在中部六省的范围内，以河南省存款余额增速为代表的金融资产规模发展速度方面，全省的排位攀升，2013 年存款余额增速在中部六省的排名处于首位（见表 2-3-3），有绝对领先优势，说明河南省金融机构吸纳存款的能力逐渐增强。

表 2-3-3 河南省存款余额增速在中部六省的排位情况

年 份	2009	2010	2011	2012	2013
排 位	5	4	4	2	1

在中部六省范围内，以历年河南省贷款余额增速为代表的金融资产规模发展速度方面，河南省基本处于相对劣势地位，2009~2013 年全省贷款余额增速均排在中部六省的末位，2013 年略微提升，处于第 4 位，说明全省金融机构贷款余额的增长态势较为缓慢。

表2-3-4　河南省贷款余额增速在中部六省的排位情况

年份	2009	2010	2011	2012	2013
排位	6	6	6	6	4

3. 河南省贷存比分析

从图2-3-5可以看到，2008~2013年，河南省贷存比持续下降，2010~2013年均低于全国平均水平，说明河南省金融资产安全性高、赢利性低，金融机构加大了对风险的管理和经营稳健性的需求。

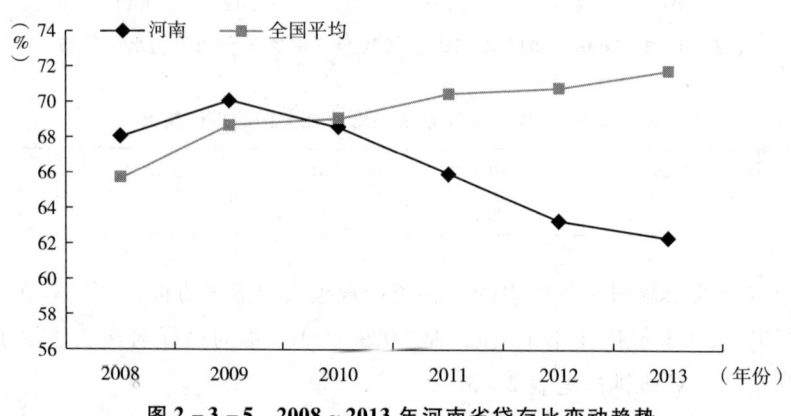

图2-3-5　2008~2013年河南省贷存比变动趋势

贷存比的增速能从一定程度上反映金融机构资金运用效率。历年河南省的银行业贷存比增速均低于全国平均水平，2010~2013年下降趋势更加明显，贷存比增速为负值，对中原经济区金融业整体竞争力有一定的影响。2009~2013年，全省贷存比增速与全国平均水平比较如图2-3-6所示。

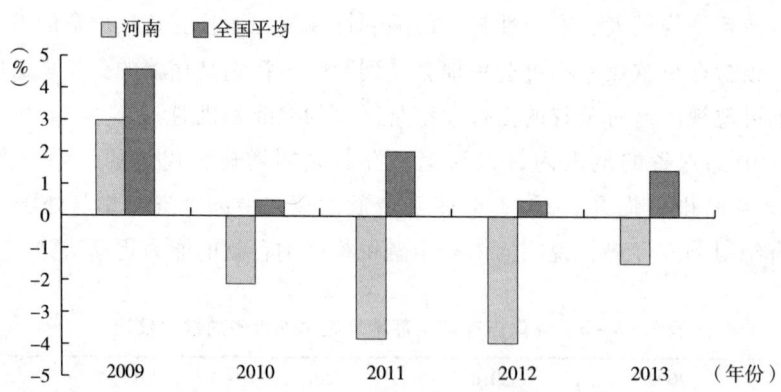

图2-3-6　2009-2013年河南省贷存比增速与全国平均水平比较

4. 河南省贷存比在全国及中部六省的排位变化

在以贷存比为依据的金融效率方面，河南省在全国范围处于相对劣势地位，以商业银行为代表的金融机构追求稳健经营和安全性，力图控制风险，对资产运用较不充分，整体贷款总量水平在中部六省乃至全国范围内较低。2013年,河南省贷存比为54.61%,在全国范围内排在第26位,比较靠后,与排名第一的宁夏差距较大(见表2-3-5)。

表2-3-5 河南省贷存比在全国的排位情况

年 份	2008	2009	2010	2011	2012	2013
排 位	14	15	17	19	24	26

另外,在以贷存比增速为代表的金融效率改善方面,河南在全国范围内处于劣势,2011年以后,河南金融系统贷存比逐渐下降,落后于全国平均水平。2013年,河南贷存比增速在全国范围内排在第27位,还有较大的提升空间。其历年排名情况如表2-3-6所示。

表2-3-6 河南省贷存比增速在全国的排位情况

年 份	2009	2010	2011	2012	2013
排 位	25	28	30	31	27

从表2-3-7看出,在中部六省范围内,河南省贷存比在2008~2013年的排名逐渐下降,从2008年的第1位下降到2012年的第5位,并在2013年保持位次不变。河南省贷存比在中部六省范围内仅仅高于山西省,处于较劣势地位。

表2-3-7 河南省贷存比在中部六省的排位情况

年 份	2008	2009	2010	2011	2012	2013
排 位	1	2	3	4	5	5

从表2-3-8看出,在中部六省范围内,以贷存比增速为主要指标的金融效率改善方面,河南省始终处于绝对劣势,2009~2013年贷存比增速基本垫底,与其他5个省份还有一定差距。

表2-3-8 河南省贷存比增速在中部六省的排位情况

年 份	2009	2010	2011	2012	2013
排 位	6	5	6	6	6

总之,中部六省的金融效率以全国范围内来看并不占优势。河南省的金融效率在中部六省乃至全国范围内都处于较劣势地位,对金融竞争力有一定的制约作用。未来河南省在促进区域金融竞争力的提升和区域经济发展方面应做出更大的努力和贡献。

2.3.2 河南省证券业发展情况(以股市分析为例)

2013年,河南省有3家企业在境内外首次上市,全年首次发行上市和再融资规模达226.63亿元,其中通过境内市场募集资金210.38亿元。截至2013年底,全省已有95家境内外上市公司，发行股票97只，募集资金总额1831.32亿元。2013年底，河南省境内市场流通股总市值为2992.47亿元，股票市场总值为4027.69亿元。河南省证券期货机构数量稳中有升，市场规模继续扩大，业务范围不断延伸。

1. 河南省上市公司股票总市值及其增速分析

2008～2012年，河南省上市公司股票总市值远低于全国平均水平，而且上市公司数目和资产规模较低，还没有形成较好的企业凝聚优势和筹资能力。2008～2012年河南省上市公司股票总市值变化情况如图2-3-7所示。

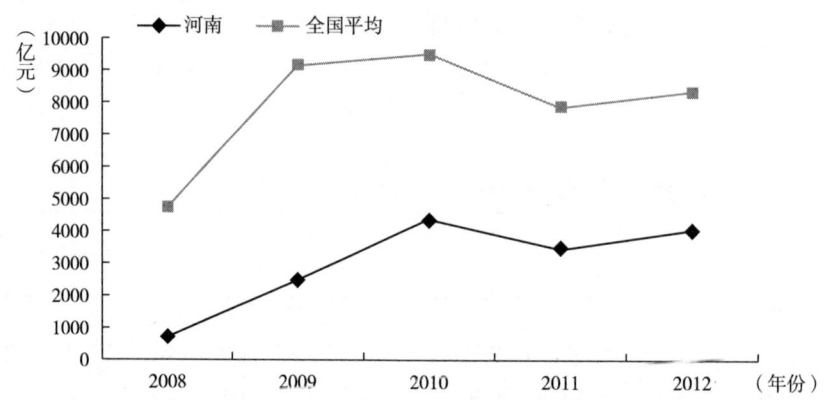

图2-3-7 2008～2012年河南省上市公司股票总市值变动趋势

注：由于数据的不可获得性，河南省上市公司股票总市值及其增速数据更新到2012年。

2009～2010年，河南省上市公司股票总市值的增速为正值，并且领先于全国平均水平，增幅较大。2011年，河南省上市公司股票总市值增速降到负值，直到2012年增速再次转为正，且继续高于全国平均水平，显示了股市的企稳回升状态。河南省上市公司股票总市值增速历年变化情况如图2-3-8所示。

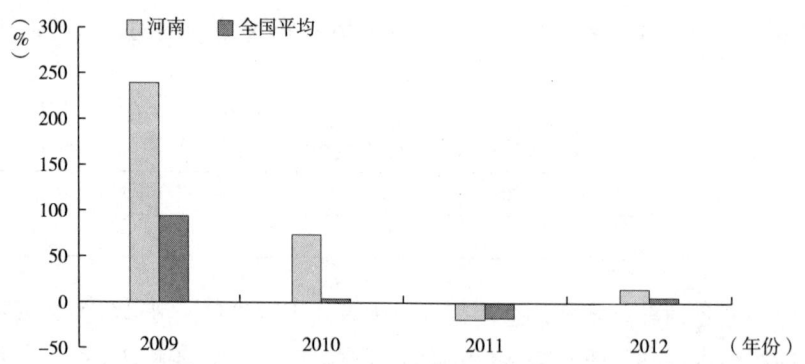

图2-3-8 2009～2012年河南省上市公司股票总市值增速与全国平均水平比较

2. 河南省上市公司股票总市值在全国及中部六省的排位变化

在全国范围的上市公司规模中，河南省的股票总市值处于中上游水平。2008～2012年，河南省的上市公司股票总市值排位状况如表2-3-9所示。

表 2-3-9 河南省上市公司股票总市值在全国的排位情况

年 份	2008	2009	2010	2011	2012
排 位	25	20	14	13	13

总体上，2013 年在上市公司股票总市值增幅方面，河南省处于绝对优势地位，以 15.08% 的股票总市值增速排在全国的第 4 位。2008~2012 年河南省上市公司股票总市值排位变化情况如表 2-3-10 所示。

表 2-3-10 河南省上市公司股票总市值增速在全国的排位情况

年 份	2008	2009	2010	2011	2012
排 位	30	2	3	11	4

在 2012 年中部六省范围内，河南省上市公司股票总市值排位处于较劣势的地位，与排位第一的山西省还有一定的差距。2008~2012 年，河南的上市公司股票总市值排位状况变化如表 2-3-11 所示。

表 2-3-11 河南省上市公司股票总市值在中部六省的排位情况

年 份	2008	2009	2010	2011	2012
排 位	6	5	5	5	5

在中部六省范围内，在上市公司股票总市值增速方面，2009~2010 年，河南省上市公司股票总市值增幅位于六个省份中的第 1 位，增长势头强劲。2012 年，股票总市值增速放缓，仅排在第 4 位。2008~2012 年河南省上市公司股票总市值排位变化情况如表 2-3-12 所示。

表 2-3-12 河南省上市公司股票总市值增速在中部六省的排位情况

年 份	2008	2009	2010	2011	2012
排 位	6	1	1	2	4

总之，河南省上市公司股票总市值在增长的趋势下有所波动，这是由于全省上市公司的成长性较弱，经验尚且不足，加之宏观经济的影响，上市公司的风险性较大。河南省上市公司的发展较为迅速，在全国占有一定优势，因此，提升股票市场的资产质量、防范金融风险，是全省股市的努力方向。

2.3.3 河南省保险业发展情况

1. 河南省保险市场总量及其增速分析

2008~2013 年，河南省保险业快速发展，规模和效率都有所增长。2011 年以后，全省保险业保费收入增速放缓，进入结构调整期，为进一步提升保险业的综合实力和竞争力打下了基础。2013 年，全省的保险领域覆盖面进一步扩大，产品创新和营销模式创新层出不穷,有利于社会保障体系的建设与发展,为金融服务。河南省 2008~2013 年保费收入的总量总是远高于全国平均水平,具体情况见图 2-3-9。

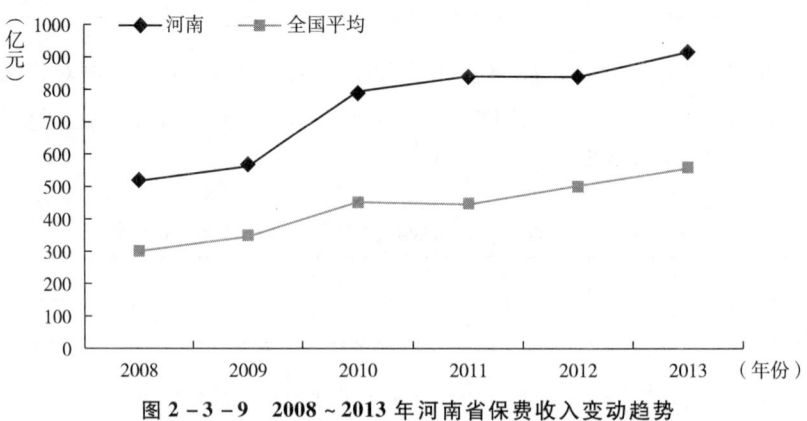

图 2-3-9　2008~2013 年河南省保费收入变动趋势

河南省在 2009 年受国际金融危机影响,保费收入增速低于全国平均水平,2010 年和 2011 年增速上升,高于全国平均水平。2012 年,河南保险市场进入结构调整期,增速回落并低于全国平均水平,2013 年增长势头强劲,有赶超全国平均水平的趋势。2008~2013 年河南省保费收入的增速变化如图 2-3-10 所示。

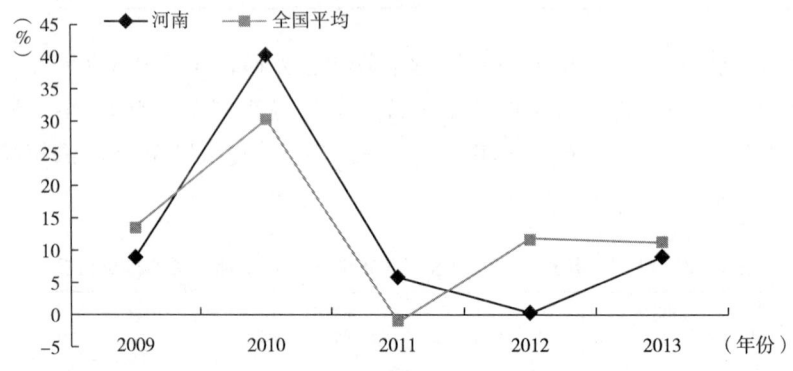

图 2-3-10　2009~2013 年河南省保费收入增速与全国平均水平对比

2. 河南省保费收入在全国及中部六省的排位变化

在全国范围内,以保费收入为代表的保险资产规模,河南省处于较优势地位,2013 年保费收入在全国排第 6 位。具体排名见表 2-3-13。

表 2-3-13　河南省保费收入在全国的排位情况

年　份	2008	2009	2010	2011	2012	2013
排　位	6	8	6	4	6	6

总体上,在全国范围的保费收入增速的排名中,2009 年河南省受国际金融危机冲击影响较大,排名较靠后,之后保费收入增速在全国的排位先上升后下降再上升,2012 年

排第 31 位，2013 年排第 25 位（见表 2-3-14）。

表 2-3-14　河南省保费收入增速在全国的排位情况

年　份	2009	2010	2011	2012	2013
排　位	27	4	9	31	25

在中部六省范围内，2008~2013 年以保费收入为代表的金融资产规模发展总体上处于优势地位，2008~2013 年保费收入规模都居于首位，显示了保险业雄厚的基础和实力。具体排名见表 2-3-15。

表 2-3-15　河南省保费收入在中部六省的排位情况

年　份	2008	2009	2010	2011	2012	2013
排　位	1	1	1	1	1	1

在中部六省范围内，2008~2013 年以保费收入增速为代表的金融资产规模发展速度总体上处于较劣势地位，2013 年排第 6 位，仅领先于安徽省和山西省。2008~2013 年河南省的排名情况见表 2-3-16。

表 2-3-16　河南省保费收入增速在中部六省的排位情况

年　份	2008	2009	2010	2011	2012	2013
排　位	2	6	1	2	6	4

综合来看，河南省金融市场发展水平还有待继续提升。虽然河南省保险市场规模和股票市场规模在全国范围内较有优势，但其资产、收入占 GDP 的比重并不高，而且效率有待提升。总之，进一步发展河南省证券业和保险业，提升河南省金融规模实力，是提升河南金融业总体竞争力的重要途径。

第 3 章
河南省金融生态竞争力评价分析

3.1 金融生态竞争力的指标构建

金融生态竞争力是金融竞争力指标体系的第一个二级指标。为了便于研究和分析，我们将其划分为区域经济实力、区域开放程度和区域服务水平三个三级指标。

3.1.1 区域经济实力衡量指标

本报告选择 GDP、人均 GDP、固定资产投资、人均固定资产投资、财政收入、城镇人均可支配收入和农村人均纯收入七个指标来衡量区域经济实力。

1. GDP

GDP 是指本地区所有常住单位在一定时期内生产活动的最终成果。GDP 等于各产业增加值之和。其计算方法有：①生产法：GDP = 总产出 − 中间投入，国民经济各行业的增加值之和等于 GDP。②收入法：GDP = 劳动报酬 + 生产税净额 + 固定资产折旧 + 营业盈余，国民经济各行业的增加值之和等于 GDP。③支出法：GDP = 最终消费支出 + 资本形成总额 + 货物和服务净支出。河南省采用的是生产法。

2. 人均 GDP

人均 GDP 可以反映 GDP 对个人的福利。人均 GDP 为一个国家（或地区）按居民人口核算的 GDP 平均值，年度人均 GDP 则是年度 GDP 总量与年度人口的比值。

3. 固定资产投资及人均固定资产投资

固定资产投资是建造和购置固定资产的经济活动，即固定资产再生产活动，是社会固定资产再生产的主要手段。固定资产投资额是以货币表现的建造和购置固定资产活动的工作量，它是反映固定资产投资规模、速度、比例关系和使用方向的综合性指标。

人均固定资产投资 = 固定资产总投资/常住人口数，该指标在一定程度上反映了一个地区固定资产投资完成情况和经济发展增长情况，便于进行不同地区同一时期固定资产投资的比较。

4. 财政收入

财政收入是衡量一国政府财力的重要指标，政府在社会经济活动中提供公共物品和服务的范围和数量，在很大程度上取决于财政收入的充裕状况。这里使用财政收入指标表现河南省一年内取得的货币收入。

5. 城镇人均可支配收入及农村人均纯收入

城镇人均可支配收入是城市居民取得的收入用于基本生活部分的平均水平。农村人均纯收入反映了河南省农村地区农民收入的平均水平。

3.1.2 区域开放程度衡量指标

这里选择实际利用外资额和进出口总额来反映区域开放程度。

1. 实际利用外资额

实际利用外资额体现了国外投资者对河南省经济的认可、资金的投入，同时表现了河南省利用先进技术和资金发展外资经济的水平。

2. 进出口总额

进出口总额是河南省货物进口总额加上出口总额，是反映河南省外贸对经济作用的主要指标。

3.1.3 区域服务水平衡量指标

为了更加全面地体现金融生态环境，选择会计师事务所数量、律师事务所数量和资产评估事务所数量来反映区域服务水平。

1. 会计师事务所数量

会计师事务所担负着塑造市场经济微观主体、规范企业经营活动的重任，会计师事务所的数量反映了河南省在审计、会计、咨询、税务方面的规范和服务水平。

2. 律师事务所数量

律师事务所是律师的执业机构，律师事务所在组织上受司法行政机关和律师协会的监督和管理。律师事务所的数量反映了河南省为金融机构提供各种法律服务的水平。

3. 资产评估事务所数量

资产评估事务所是指组织专业人员，依照国家数据资料，按照特定的目的，遵循适当的原则、方法和计价标准，对资产价格进行评定估算的专门机构。资产评估事务所的数量反映了河南省的资产评估水平。

3.1.4 小结

我们将衡量金融生态竞争力的指标体系总结为表 3-1-1。

表 3-1-1 金融生态竞争力指标体系

二级指标	三级指标	四级指标
金融生态竞争力	区域经济实力	GDP
		人均 GDP
		固定资产投资
		人均固定资产投资
		财政收入
		城镇人均可支配收入
		农村人均纯收入

续表

二级指标	三级指标	四级指标
金融生态竞争力	区域开放程度	实际利用外资额
		进出口总额
	区域服务水平	会计师事务所数量
		律师事务所数量
		资产评估事务所数量

3.2 河南省金融生态竞争力评价

河南省金融生态环境的建设一直以"发展金融产业、推动经济发展"为目标,建立和完善金融生态环境建设的评价体系,可以为中原经济区建设和河南省金融业发展提供数据分析依据和专业建议。依据河南省统计数据,对河南省金融生态竞争力进行的分析和评价如下。

3.2.1 区域经济实力评价

1. GDP 和人均 GDP

2013 年,河南省 GDP 为 32155.86 亿元,而 2004 年仅为 8815.09 亿元,总体呈持续增长状态(见表 3-2-1),GDP 增速最高曾达 21.43%。从图 3-2-1 中我们可以看出,除 2009 年受国际金融危机较大影响出现明显下滑外,2005~2011 年 GDP 增速一直保持两位数增长;2012 年,河南省 GDP 增速稍有下降,为 9.91%;到了 2013 年,GDP 增速为 8.64%,基本稳定在 8% 的水平偏上,略高于 8% 的国家整体经济战略目标。

表 3-2-1 河南省 GDP 和人均 GDP 情况

年 份	GDP（亿元）	GDP 增速（%）	人均 GDP（元）	人均 GDP 增速（%）
2004	8815.09	—	9469	—
2005	10587.42	20.11	11346	19.82
2006	12362.79	16.77	13172	16.09
2007	15012.46	21.43	16012	21.56
2008	18018.53	20.02	19181	19.79
2009	19480.46	8.11	20597	7.38
2010	23092.36	18.54	24446	18.69
2011	26931.03	16.62	28661	17.24
2012	29599.31	9.91	31499	9.90
2013	32155.86	8.64	34161	8.45

资料来源：历年《河南统计年鉴》和《2013 年河南省国民经济和社会发展统计公报》及相关计算。

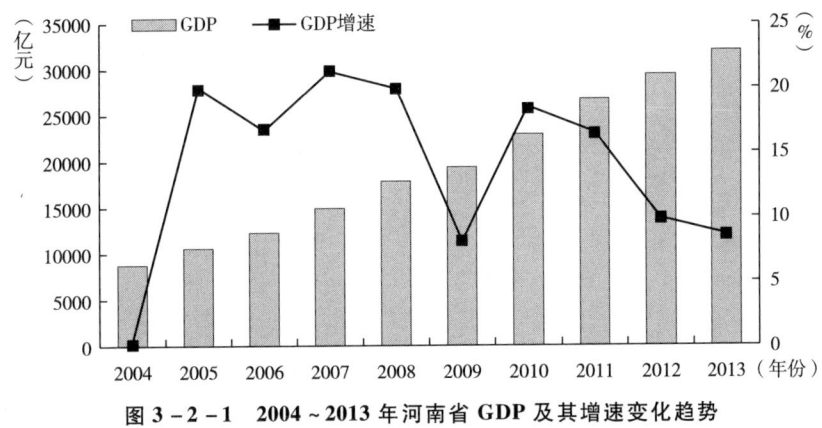

图 3-2-1 2004~2013 年河南省 GDP 及其增速变化趋势

由于近些年人口增长缓慢，即基数基本保持不变，人均 GDP 随着 GDP 的增长而提高，人均 GDP 增速与 GDP 增速变动程度基本保持一致。2004~2013 年，河南省人均 GDP 平均增速为 16.8%。2009 年人均 GDP 增速降至低点，仅为 7.38%。之后，随着 GDP 增速提高，人均 GDP 增速相应提高。2013 年，人均 GDP 增速又随着 GDP 增速的放缓而下降，表现出人均 GDP 增长趋稳的态势（见图 3-2-2）。

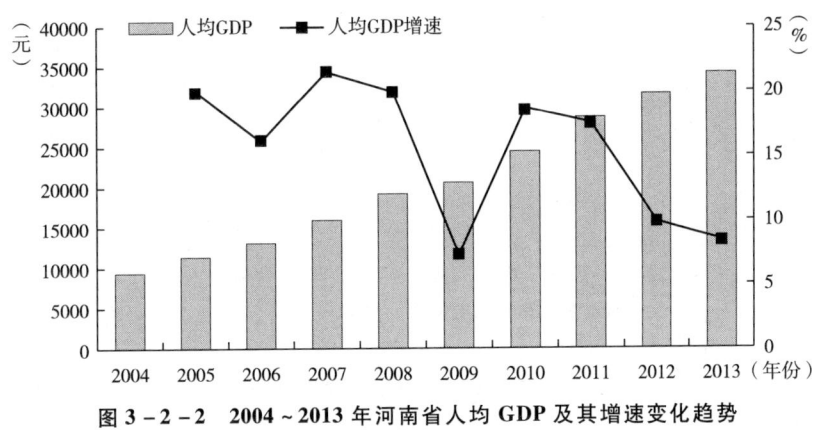

图 3-2-2 2004~2013 年河南省人均 GDP 及其增速变化趋势

2. 固定资产投资和人均固定资产投资

从表 3-2-2 和图 3-2-3 可以看出，2004~2011 年，河南省固定资产投资增速整体呈下降态势。2005~2009 年增速略有下降；2011 年，由于全省经济形势错综复杂，经济结构调整和经济运行艰难，固定资产投资水平降为 13338.05 亿元，增速首次呈现负增长；随后两年触底反弹，呈高速增长，于 2013 年达到历史新高，相比于 2012 年固定资产投资增速达 54.82%，增速也达历史最高水平。

2013 年，产业集聚区完成固定资产投资 12700.26 亿元，比上年增长 26.2%，占固定资产投资比重的 50.2%，比上年提高了 1.2 个百分点，产业集聚区固定资产投资增长对全省固定资产投资增长的贡献率达 55.4%。其中，产业集聚区工业固定资产投资 9195.11 亿元，增长 25.1%。郑州航空港经济综合实验区完成固定资产投资 209.02 亿元，比上年增长 54.1%。

表 3-2-2 河南省固定资产投资和人均固定资产投资情况

年份	固定资产投资（亿元）	固定资产投资增速（%）	人均固定资产投资（元）	人均固定资产投资增速（%）
2004	2750.61	—	2830.72	—
2005	3928.49	42.82	4188.16	47.95
2006	5399.54	37.45	5749.08	37.27
2007	7418.57	37.39	7925.82	37.86
2008	9821.02	32.38	10415.76	31.42
2009	12924.53	31.60	13623.41	30.80
2010	15799.21	22.24	16798.73	23.31
2011	13338.05	-15.58	14207.55	-15.42
2012	16935.88	26.97	18005.40	26.73
2013	26220.92	54.82	27856.07	54.71

资料来源：2005~2013 年《河南统计年鉴》和《2013 年河南省国民经济和社会发展统计公报》及相关计算。

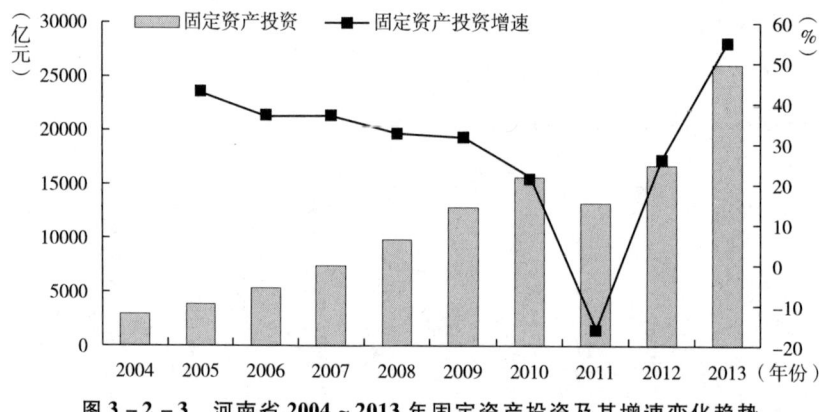

图 3-2-3 河南省 2004~2013 年固定资产投资及其增速变化趋势

人均固定资产投资是固定资产投资水平与人口总数的比值。从 2008 年开始人均固定资产投资增速有所放缓；2011 年，由于固定资产投资额增速大幅下降，人均固定资产投资额增速随之降为 -15.58%；2012 年和 2013 年，人均固定资产投资增速又有了大幅度回升，2013 年人均固定资产投资相比于 2012 年增速达 54.82%（见图 3-2-4）。

3. 财政收入、城镇居民可支配收入和农村人均纯收入

财政收入作为反映区域经济实力的重要指标，对衡量地区经济实力和经济发展水平有重要意义。从表 3-2-3 和图 3-2-5 可以看出，从 2005 年开始，河南省财政收入保持两位数的高速增长。受 2008 年国际金融危机影响，2009 年，河南省财政收入增速降为 11.61%。河南省采取有效措施，积极应对经济运行中的不利因素，全面落实各项税费政策改革，2011 年，财政收入增速达 24.65%，恢复了之前的增长水平。2012 年宏观经济环境复杂，在结构性因素和周期性因素的相互作用下，河南省财政收入增速又出现小幅下跌，增速仅为 18.52%，2013 年增速降为 18.25%，与上年基本相同，表现出河南省财政收入增长趋于稳定。

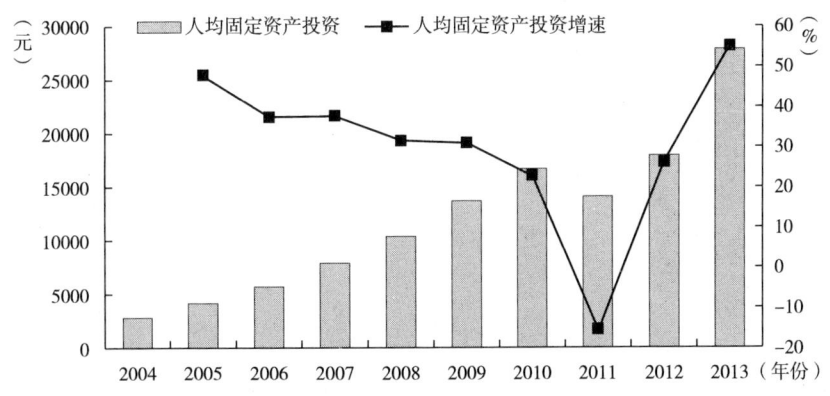

图3-2-4 河南省2004~2013年人均固定资产投资及其增速变化趋势

表3-2-3 河南省财政收入、城镇人均可支配收入和农村人均纯收入情况

年份	财政收入（亿元）	财政收入增速（%）	城镇人均可支配收入（元）	农村人均纯收入（元）	收入差距（元）
2004	428.78	—	7705	2553	5152
2005	537.65	25.39	8668	2871	5797
2006	679.17	26.32	9810	3261	6549
2007	862.08	26.93	11477	3852	7625
2008	1008.90	17.03	13231	4454	8777
2009	1126.06	11.61	14372	4807	9565
2010	1381.32	22.67	15930	5524	10406
2011	1721.75	24.65	18195	6604	11591
2012	2040.57	18.52	20443	7525	12918
2013	2413.06	18.25	22398	8475	13923

资料来源：2005~2013年《河南统计年鉴》和《2013年河南省国民经济和社会发展统计公报》及相关计算。

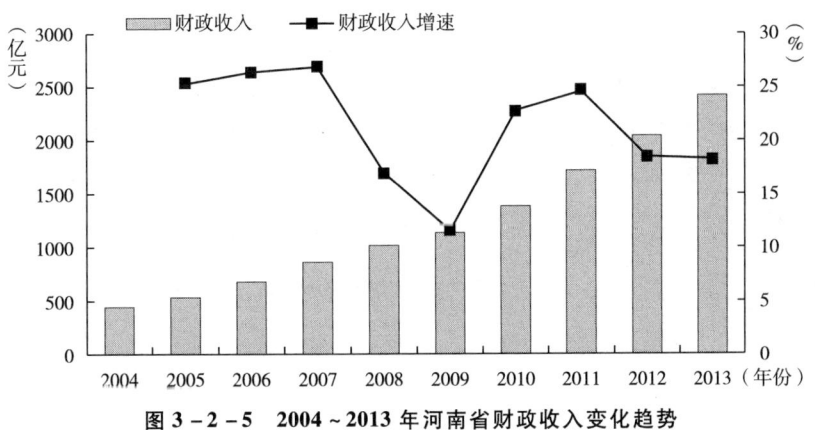

图3-2-5 2004~2013年河南省财政收入变化趋势

为了对比城镇人均可支配收入和农村人均纯收入增长情况，同时分析收入差距的变动趋势，将指标数据在图3-2-6中观察。城镇人均可支配收入逐渐增加，增长速度稳定；农村人均纯收入也在增加，且农村人均纯收入增速较城镇人均可支配收入的增速要明显快

一点。从图 3-2-6 中我们可以明显看出，随着经济的发展，人民收入水平有了很大提高，但是，由于城镇人均可支配收入基数高，近似增长率水平下，其增长绝对值大于农村人均纯收入增长的绝对值；虽然都在增长，但是增幅不同，城镇居民与农村居民的收入差距在逐渐扩大，差距由 2004 年的 5152 元扩大到 2013 年的 13923 元，绝对收入差距扩大。因此，河南省城乡收入差距扩大的问题十分严峻，应积极采取措施应对。

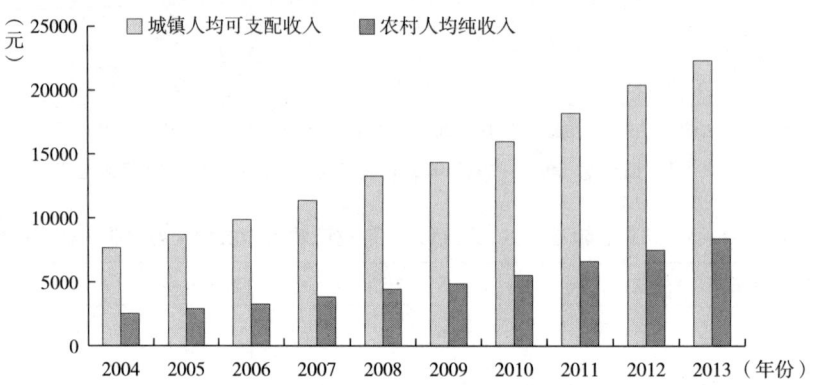

图 3-2-6　2004~2013 年河南省城镇人均可支配收入和农村人均纯收入变化趋势

3.2.2　区域开放程度评价

1. 实际利用外资额

在衡量区域开放程度时，实际利用外资额情况如表 3-2-4 和图 3-2-7 所示。从 2004 年起，河南省实际使用外资额绝对值不断增长，2004~2013 年实际使用外资额平均增速达 35.52%，表明国外对河南省投入高速增长，河南呈现较高的对外开放程度。但是，从中可以看到，2009 年由于受到国际金融危机的影响，河南省实际利用外资额增速明显降低，之后经济情况有所好转，至 2011 年，在中原经济区建设的背景下，河南省对外开放范围进一步扩大，全省签约项目总额达 1 万亿元，实际利用外资额突破 100 亿元，实际利用外资额大幅度增加，与 2010 年相比，增速达历史最高的 61.39%，实际利用外资总额及其增速均居中部第 1 位。2012 年，国内外经济形式较为复杂，河南省实际利用外资额增速放缓。2013 年，河南省实际使用外资额增速降低至 2004 年以来的最低水平（11.06%），但仍保持在两位数，始终高于整体经济增速水平。

表 3-2-4　河南省实际利用外资额及其增速情况

单位：亿美元,%

年　份	实际利用外资额	实际利用外资额增速
2004	8.73	—
2005	12.29	40.78
2006	18.45	50.12
2007	30.62	65.96

续表

年　份	实际利用外资额	实际利用外资额增速
2008	40.33	31.71
2009	47.99	18.99
2010	62.47	30.17
2011	100.82	61.39
2012	121.17	20.18
2013	134.57	11.06

资料来源：2005~2013年《河南统计年鉴》和《2013年河南省国民经济和社会发展统计公报》及相关计算。

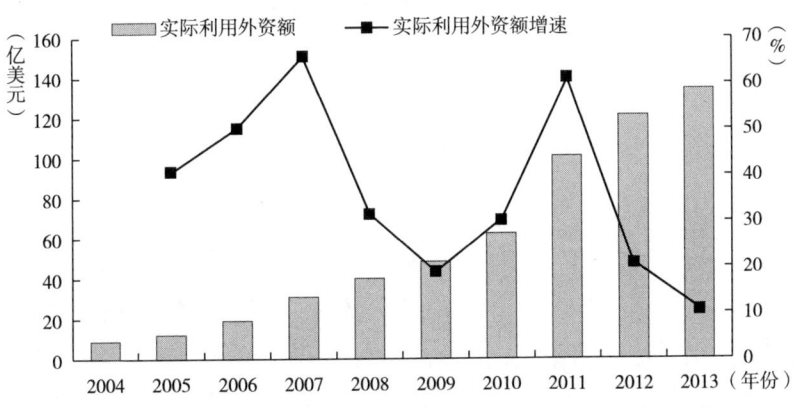

图3-2-7　河南省2004~2012年实际使用外资额及其增速变化趋势

2. 进出口总额

2004~2013年，河南省一直处于贸易顺差，净出口总额一直为正。受2008年国际金融危机对进出口的影响，加上影响的滞后性，2009年河南省进出口总额降低为134.38亿美元，相比于2008年，降低了23.12%，进出口总额大幅度减小，首次呈现负增长。总体来看，2004~2013年进出口平均增速为27.75%，仍然处于较高增长水平。2009年后，随着经济状况好转，积极对外经济政策的推出，河南省对外贸易有了很大变化，进出口总额大幅度提高。2011年，进出口总额达326.42亿元，增速为83.46%，增速排全国第二，实现逆势增长，一扫颓势。其中，三成作用来源于富士康集团的进出口贸易对河南省进出口总额增长产生的巨大推动力。2012年，进出口总额增速余力尚在，达58.5%，但是已经显现趋稳态势。2013年增速继续回调（见表3-2-5和图3-2-8）。

表3-2-5　河南省进出口总额情况

单位：亿美元,%

年　份	进出口总额	增　速
2004	66.13	—
2005	77.36	16.98
2006	97.96	26.63

续表

年 份	进出口总额	增 速
2007	128.05	30.72
2008	174.79	36.50
2009	134.38	-23.12
2010	177.92	32.40
2011	326.42	83.46
2012	517.50	58.54
2013	599.51	15.85

资料来源：2005~2013年《河南统计年鉴》和《2013年河南省国民经济和社会发展统计公报》及相关计算。

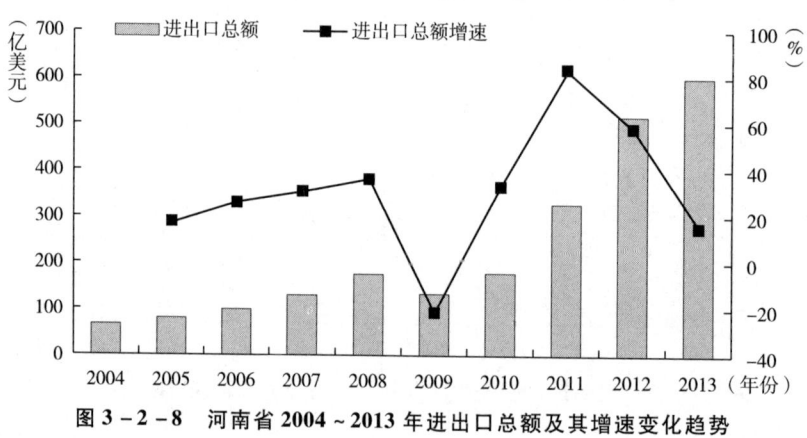

图3-2-8 河南省2004~2013年进出口总额及其增速变化趋势

3.2.3 区域服务水平评价

1. 会计师事务所

会计师事务所是依法独立承担注册会计师业务的中介服务机构，是由具有一定会计专业水平、经考核取得证书的会计师（如中国的注册会计师、美国的执业会计师、英国的特许会计师、日本的公认会计师等）组成的，受当事人委托承办有关审计、会计、咨询、税务等方面业务的组织。中国对从事证券相关业务的会计师事务所和注册会计师实行许可证管理制度。会计师事务所的主要服务包括：审查企业会计报表，出具审计报告，验证企业资本，出具验资报告，办理企业合并、分立、清算事宜中的审计业务，出具有关报告，基本建设年度财务决算审计，代理记账，会计咨询，税务咨询，管理咨询，会计培训，以及法律法规规定的其他业务（企业经营涉及行政许可的，凭许可证经营）。

2. 律师事务所

律师事务所是律师执业的工作机构。律师事务所在组织上受司法行政机关和律师协会的监督和管理。在我国目前的各行各业中，没有一个行业像金融业这样为律师的法律服务提供了广阔的拓展空间。庞大的资金实体产生了惊人的资本流动，催生了复杂多变的金融市场，而货币资本的商业化流动对整个社会商品交易道德规范的有序整合起了关键、主导的作用。而要实现上述两方面的秩序，法律是至关重要的。

3. 资产评估事务所

资产评估事务所是指组织专业人员，依照国家数据资料，按照特定的目的，遵循适当的原则、方法和计价标准，对资产价格进行评定估算的专门机构。资产评估在产权变动时才需要进行。对一个企业来说，产权不可能经常发生变动，委托方和被委托方的关系是多一次性的。资产评估的目的、范围完全由委托方（资产占有单位）决定。

4. 各金融服务机构数量

金融业的发展离不开金融服务机构的支持和帮助，会计师、律师及资产评估师都为金融业的发展做出了贡献，一个地区相关服务机构的多少，决定了该地区金融服务业的水平。从2012年和2013年河南省三类事务所的数量信息来看，由于注册标准高、审批严格，会计师事务所和资产评估事务所数量变动不大，相比之下，律师事务所数量大幅度增长，表现十分抢眼（见表3-2-6）。

表3-2-6 河南省各金融服务机构数量

单位：所

年份	会计师事务所	律师事务所	资产评估事务所
2012	443	783	201
2013	438	835	204

资料来源：河南省注册会计师网、河南律师网、河南省资产评估协会网。

3.3 河南省金融生态综合评价

经过以上分析，可对河南省金融生态做出如下评价。

①2011~2013年，河南省的GDP、人均GDP增速连续三年下滑并趋稳；财政收入指标于2009年后先连续增长，之后回调，也趋于稳定态势；固定资产投资、人均固定资产投资指标数据自2004年开始连续多年持续下滑，于2011年触底反弹，实现连续三年高速增长；城镇人均可支配收入、农村人均纯收入基本保持同步增长，但是城乡收入差距不断拉大。这说明2011~2013年河南省的经济增长主要依赖于政府主导的投资行为，其作用大大强于民间投资，挤压了民间投资规模，引发了内生性增长不足。整体而言，河南省区域经济实力逐步增强，但必须注意解决内生性增长不足及城乡收入差距拉大的问题。

②近几年来，河南省的实际利用外资额、进出口总额均有不同程度的上升，两项指标增速均呈现较明显的"M"形，即几年来增速波动较大，且2011~2013年增速下滑。整体而言，河南省区域开放程度增强，但是不够稳定，需要根据国内外进出口形势调整贸易策略，实现对外开放稳定发展。

③2012~2013年，河南省会计师事务所、律师事务所和资产评估事务所等金融服务机构数量基本保持稳定，表明其发展基本达到市场饱和状态，金融服务环境水平较高。

④各项指标数据增长速度均有所放缓，河南省的金融生态竞争力趋于稳定。

第 4 章
河南省金融规模竞争力评价分析

金融市场发展规模作为金融发展的一个主要方面，与经济增长之间存在相互促进的关系。1994年金融体制改革之后，中国的银行业、证券业和保险业均有长足发展，规模不断扩大。对河南省历年金融规模进行系统、科学分析，发现其变动趋势和规律，有利于提升河南省的金融竞争力。

本章主要从金融规模方面来分析河南省的金融竞争力。金融规模可通过金融资产的绝对数量来衡量，金融资产的种类有很多，包括货币、债券、股票、保费收入、民间借贷、民间集资和股份合作制中的股份等。一般而言，一省的金融规模越大，其经济实力就越强。

4.1 金融规模竞争力的指标构建

金融规模竞争力是第二个用以衡量金融竞争力的二级指标，这一指标旨在从规模角度对金融竞争力进行量化，其中包括银行业规模、保险业规模和证券业规模三个三级指标。

4.1.1 银行业规模衡量指标

银行业规模这个三级指标包括金融系统存款余额、金融系统贷款余额、城乡居民储蓄余额三个四级指标。

①金融系统存款余额：金融系统存款余额是指商业银行在截至某一日的存款总和，即居民储蓄和对公的活期存款、定期存款、存放在同业及中央银行等的存款之和。本报告使用的每一年的存款余额是截至当年年底的存款余额。金融系统存款余额可以在一定程度上衡量银行业的市场规模。

②金融系统贷款余额：该指标一般可说明金融机构对社会的信贷投放规模，对内是衡量金融机构资产规模大小，对外是衡量市场货币供应量的一个标志。

③城乡居民储蓄余额：指某一时点城乡居民存入银行及农村信用社的储蓄金额，包括城镇居民储蓄余额和农村居民储蓄余额，不包括居民手存现金和工矿企业、部队、机关、团体等单位的存款。本报告使用的每一年的城乡居民储蓄余额是截至当年年底的储蓄余额。

4.1.2 保险业规模衡量指标

保险业规模这个三级指标包括保险公司保费收入、保险公司赔款给付两个四级指标。

①保险公司保费收入：保费收入是保险公司最主要的资金流入渠道，同时也是保险人履行保险责任最主要的资金来源。从资产层面看，保费收取形成了保险资金的流入，是保险资产增长的主要动力。保险公司保费收入可以衡量保险业的市场规模。

②保险公司赔款给付：赔款给付主要指保险公司支付的原保险合同赔付款项和再保险合同赔付款项，是保险的社会保障功能的体现。

4.1.3 证券业规模衡量指标

证券业规模这个三级指标包括上市公司总资产、本地区股本总数两个四级指标。

①上市公司总资产：总资产是指某一经济实体拥有或控制的、能够带来经济利益的全部资产。一般可以认为，某一会计主体的总资产金额等于其资产负债表的"资产总计"金额。

②本地区股本总数：股本总数包括新股发行前的股份和新发行股份数量的总和，股本包括流通股本和非流通股本。

4.1.4 小结

我们将衡量金融规模竞争力的指标体系总结为表4－1－1。

表4－1－1 金融规模竞争力指标构成

二级指标	三级指标	四级指标
金融规模竞争力	银行业规模	金融系统存款余额
		金融系统贷款余额
		城乡居民储蓄余额
	保险业规模	保险公司保费收入
		保险公司赔款给付
	证券业规模	上市公司总资产
		本地区股本总数

4.2 河南省金融规模竞争力评价

金融是经济的血脉，金融规模的发展能够促进经济的增长。河南省致力于深化金融改革，提高经济实力，扩张金融规模，不断提升自身金融竞争力。建立完善的金融规模评价体系，有助于河南省金融竞争力的有效提升。金融规模竞争力评价体系包括金融系统存款余额、金融系统贷款余额、城乡居民储蓄余额、保险公司保费收入、保险公司赔款给付、上市公司总资产、本地区股本总数七个四级指标，下面将对这七个指标按行业进行分析。

4.2.1 银行业规模评价

银行业部分共选取金融系统存款余额、金融系统贷款余额、城乡居民储蓄余额三个指标进行衡量，2004~2013年，这三个四级指标的变化情况如表4-2-1所示。其中，各个指标增速的计算方法如下：（当年数值-上年数值）/上年数值×100%。

表4-2-1 河南省2004~2013年银行业市场规模及其增速指标

单位：亿元，%

年 份	金融系统存款余额	存款余额增速	金融系统贷款余额	贷款余额增速	城乡居民储蓄余额	城乡居民储蓄余额增速
2004	8631.79	—	7092.31	—	5607.30	—
2005	10003.96	15.90	7434.53	4.83	6488.55	15.72
2006	11492.55	14.88	8567.33	15.24	7367.37	13.54
2007	12576.42	9.43	9545.48	11.42	7812.24	6.04
2008	15255.42	21.30	10368.05	8.62	9515.82	21.81
2009	19175.06	25.69	13437.43	29.60	11207.40	17.78
2010	23148.83	20.72	15871.32	18.11	12883.70	14.96
2011	26646.15	15.11	17506.24	10.30	14648.43	13.70
2012	31648.50	18.77	20033.81	14.44	17462.16	19.21
2013	37049.49	17.07	23100.87	15.31	20232.12	15.86

资料来源：2004~2012年数据来源于2005~2013年《河南统计年鉴》，2013年数据来源于《2013年河南省国民经济和社会发展统计公报》。

2004~2013年河南省金融系统存款余额及其增速的变化趋势如图4-2-1所示，金融系统存款余额逐渐增加，呈现了良好的增长态势。从图4-2-1中可以发现，2007年增速最低，仅为9.43%。2011年，受派生存款减少、民间融资和理财产品分流、企业占用资金增加等因素影响，金融系统存款余额增速明显放缓，相比于上年回落了5.61个百分点。2013年河南省金融系统存款余额达到最大，是2004年金融系统存款余额的近4.3倍。这表明河南省金融运行稳中有升，银行业市场规模不断扩大。

2004~2013年河南省金融系统贷款余额及其增速的变化趋势如图4-2-2所示，呈现了与金融系统存款余额相似的增长趋势，这在一定程度上说明了河南省银行业的流动性

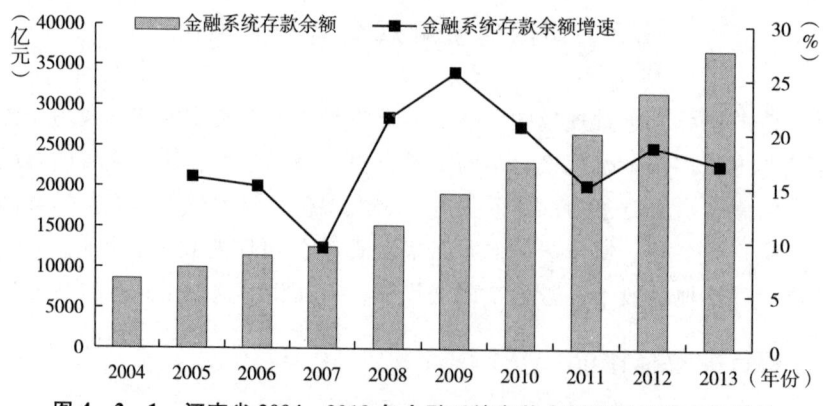

图4-2-1 河南省2004~2013年金融系统存款余额及其增速变化趋势

比较好，存款转化为贷款比较顺畅。2008 年，受国际金融危机影响，实体经济发展严重受阻，投资者投资热情减退，河南省金融系统贷款余额增速跌至低点。之后，贷款增速有所回调，更趋合理。2013 年，河南省金融系统贷款余额为 23100.87 亿元，是 2004 年的 3.26 倍。这表明河南省始终保持信贷总量和社会融资规模合理适度增长，为实体经济的发展提供了有效保障。

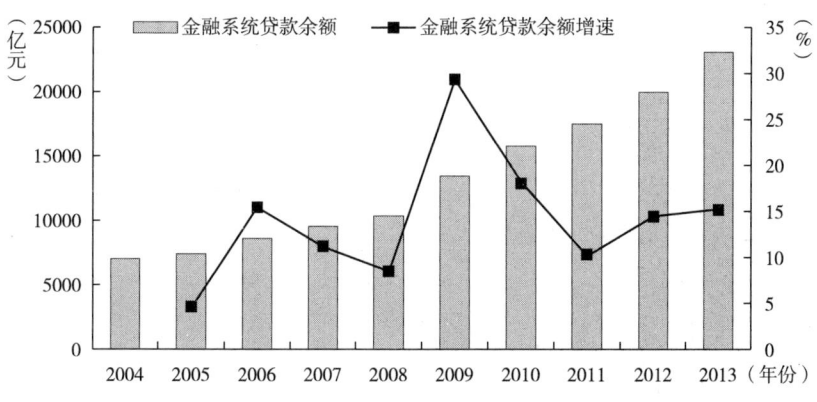

图 4-2-2　河南省 2004～2013 年金融系统贷款余额及其增速变化趋势

河南省城乡居民储蓄余额及其增速的变化趋势如图 4-2-3 所示，从 2004 年起，随着河南省经济迅速发展，人民生活水平逐渐提高，城乡居民储蓄余额稳步增长。从图 4-2-3 中可以发现，2007 年，河南省城乡居民储蓄余额增速最低，仅为 6.04%，同比下降了 7.50 个百分点，储蓄分流的主要原因是受股市财富效应影响，房地产持续升温，物价持续攀升，居民储蓄意愿低。2007 年之后，储蓄增长较为平稳，即使在 2008 年国际金融危机时，增长也十分强劲。2013 年，河南省城乡居民储蓄余额达到了最大值 20232.12 亿元，首次突破 2 万亿元大关，是 2004 年的 3.61 倍。

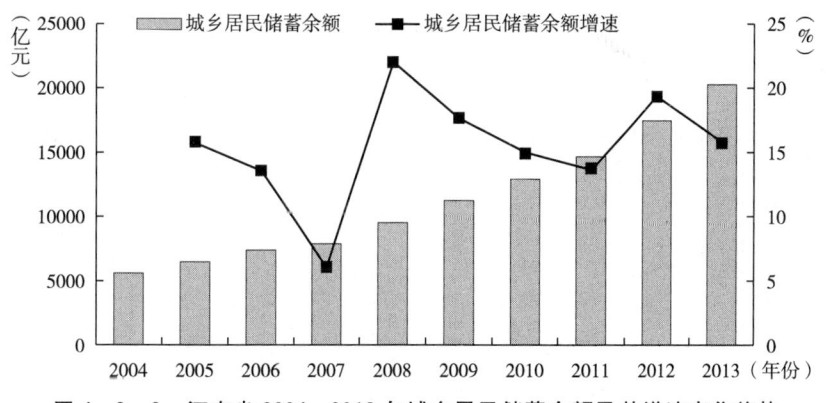

图 4-2-3　河南省 2004～2013 年城乡居民储蓄余额及其增速变化趋势

4.2.2　保险业规模评价

保险业规模共选取保险公司保费收入、保险公司赔款给付两个三级指标进行衡量，

2004～2013年，这两个四级指标的变化情况如表4-2-2所示，其中，各个指标的增速的计算方法为：（当年数值-上年数值）/上年数值×100%。

表4-2-2　河南省2004～2013年保险业市场规模指标

单位：亿元，%

年　份	保险公司保费收入	保费收入增速	保险公司赔款给付	赔款给付增速
2004	202.05	—	33.84	—
2005	213.55	5.69	38.16	12.77
2006	252.31	18.15	50.98	33.60
2007	323.56	28.24	100.88	97.88
2008	518.92	60.38	128.77	27.65
2009	565.39	8.96	148.23	15.11
2010	793.28	40.31	153.91	3.83
2011	839.82	5.87	171.14	11.19
2012	841.13	0.16	199.55	16.60
2013	916.52	8.96	279.75	40.19

资料来源：2004～2012年数据来源于2005～2013年《河南统计年鉴》；2013年数据来源于《2013年河南省国民经济和社会发展统计公报》。

河南省保险公司保费收入及其增速的变化趋势如图4-2-4所示。随着人们风险防范意识的增强，保险业逐渐被人们接受，保险公司保费收入逐渐增加。从2004～2013年整体来看，其增速虽然有一定的波动性，但是均为正值。2011年，河南省实现保费收入839.82亿元，居全国第4位、中部六省第1位。2013年，河南省保险公司保费收入达到了最大值916.52亿元，为2004年保费收入的4.54倍，这说明河南省保险行业发展态势良好。目前，河南省保险市场主体日趋丰富，结构更趋优化，河南保险业围绕中原经济区建设的新需求，主动融入经济社会发展大局，保障能力进一步提升，基本形成了种类丰富、适度竞争、充满活力的区域性保险市场体系。

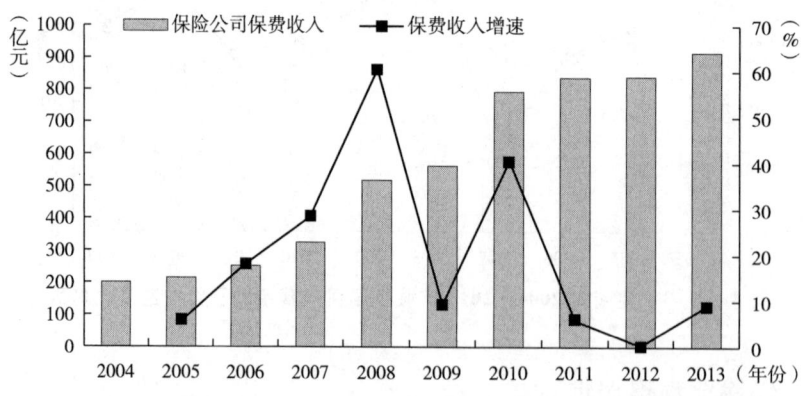

图4-2-4　河南省2004～2013年保险公司保费收入及其增速变化趋势

河南省保险公司赔款给付及其增速的变化趋势如图4-2-5所示。2004~2013年，河南省保险公司赔付额逐渐增加，2005~2007年增长较快，增速十分强劲，2007年增速达到最高，赔款给付绝对值接近2006年的两倍；2008~2013年增速放缓，呈现波动增长，但增速始终为正值，在2013年达到了最大值279.75亿元，为2004年的8.27倍，这说明河南省保险业在近几年得到了快速发展，保险业的社会保障功能持续提升，但是保费收入年均增速远小于保险赔付年均增速，值得特别关注，应该调整保险经营结构，开发新产品，扩展新渠道，减小经营风险，扩大保险业营收。

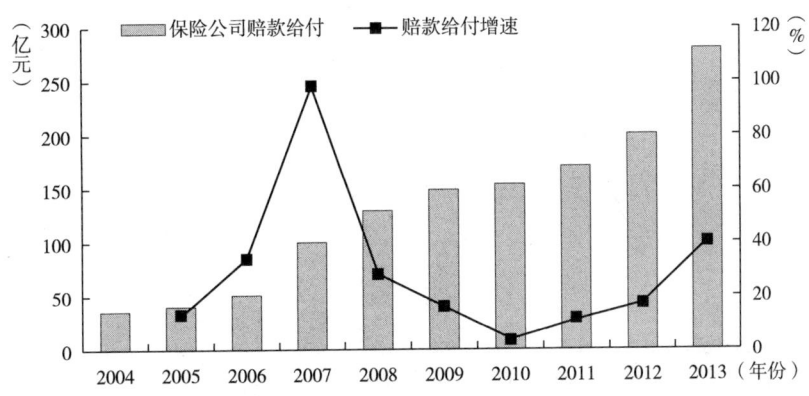

图4-2-5　河南省2004~2013年保险公司赔款给付及其增速变化趋势

4.2.3　证券业规模评价

证券业规模共选取上市公司总资产、本地区股本总数两个四级指标来衡量。2004~2013年，这两个四级指标的变化情况如表4-2-3所示，表中各个指标增速的计算方法为：（当年数值-上年数值）/上年数值×100%。

表4-2-3　河南省2004~2013年证券业规模指标

年份	上市公司总资产（亿元）	总资产增速（%）	本地区股本总数（亿股）	总股本增速（%）
2004	719.42	—	128.31	—
2005	810.16	12.61	130.90	2.02
2006	1052.74	29.94	154.41	17.96
2007	1426.60	35.51	167.99	8.79
2008	1754.82	23.01	188.45	12.18
2009	1964.93	11.97	207.32	10.01
2010	2633.26	34.01	257.72	24.31
2011	3355.64	27.43	310.98	20.67
2012	4175.12	24.42	447.30	43.84
2013	4307.89	3.18	501.27	12.07

资料来源：2004~2012年数据来源于2005~2013年《河南统计年鉴》，2013年数据为截至2013年12月31日河南省各上市公司相关数据加总计算。

河南省上市公司总资产及其增速的变化趋势如图4-2-6所示,河南省上市公司总资产呈现了稳步上升的趋势,增速虽有波动,但是均明显为正值,这使得上市公司总资产逐渐增加。从图中可以发现,2009年受国际金融危机影响,增速大幅下降,这说明证券市场波动性较大,与外部金融环境联系密切。截至2013年底,河南省上市公司总资产达4307.89亿元,是2004年的5.99倍。上市公司总资产逐渐增加,一方面因为河南省每年都会新增上市公司,并购重组和再融资劲头十分强劲;另一方面因为河南省经济运行状况良好,上市公司成效显著。

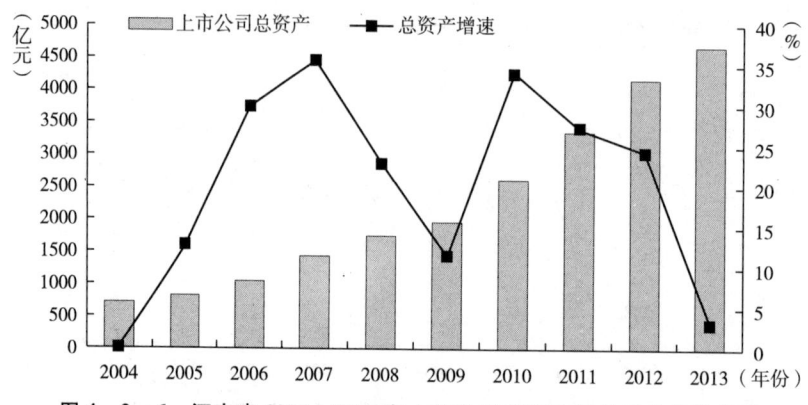

图4-2-6 河南省2004~2013年上市公司总资产及其增速变化趋势

河南省上市公司股本总数及其增速的变化趋势如图4-2-7所示,河南省上市公司股本总数呈现了逐渐增加的趋势,增速虽有波动,但是差距不大,且均为正值。2012年,在新股发行节奏明显放缓的情况下,河南省上市公司股本总数增速达43.84%,为2004~2013年中的最高值,这充分说明河南省证券业已成规模,并具有一定稳定性。截至2013年底,股本总数达501.27亿股,是2004年的3.91倍。股本总数的增加表明河南省上市公司通过股票市场直接融资能力的上升,河南省证券市场逐步完善。

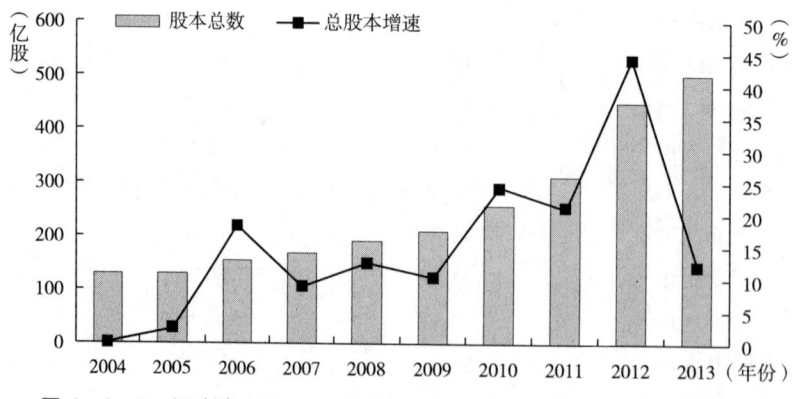

图4-2-7 河南省2004~2013年上市公司股本总数及其增速变化趋势

4.3 河南省金融规模竞争力综合评价

经过以上分析,我们可对河南省金融规模竞争力做出如下评价:从总体来看,2004~2013年,河南省银行业稳健运行,货币信贷适度增长;保险业运行平稳,保障功能持续提升;证券业实力逐步提升,资本市场融资功能不断增强。在中原经济区上升为国家区域发展战略的大环境下,河南省金融资产规模的扩大对资本形成及金融支持经济都提供了有力的支持,预示着河南省的金融与经济发展表现出良好的前景。

第 5 章
河南省金融效率竞争力评价分析

金融竞争力是一个规模与效率相融合的概念。一个地区具有金融竞争力，不仅意味着该地区金融业量上的扩张，而且意味着金融业质上的提高，即金融竞争力的提高不仅在于金融机构规模的扩大、从业人数的增多，而且在于金融行业效率的全面提高。

"效率"本是物理概念，指单位时间内实际完成的工作量，后经多方引用，发展出了适于不同学科的多种含义。管理学中的"效率"是指在特定时间内，组织的各种收入与产出之间的比率关系。效率与投入成反比，与产出成正比。而经济学中对"效率"的描述是：在产出既定的情况下，经济资源投入如何实现最小；或者在给定经济资源的情况下，如何实现最大的产出。本报告中所讲的"金融效率"主要遵循经济学意义的"效率"。

5.1 金融效率竞争力的指标构建

金融效率竞争力是金融竞争力指标体系的第三个二级指标。同金融生态竞争力和金融规模竞争力一样，金融效率竞争力是一个综合性很强的指标。为了便于研究和分析，我们将其划分为宏观金融效率竞争力和微观金融效率竞争力两个三级指标。

5.1.1 宏观金融效率衡量指标

衡量宏观金融效率的指标有两个，分别是经济储蓄动员力和储蓄投资转化系数。两个指标均与储蓄相关，这是因为：储蓄作为一种货币的信用回笼的重要手段，能够通过聚少成多、变消费为积累，用来增加生产建设资金；同时，它能在很大程度上促进社会再生产加速和规模扩大，进而实现经济发展。金融市场的主要功能就是促进经济繁荣。因此，这两个指标可以代表一个区域的宏观金融效率状况。

1. 经济储蓄动员力

经济储蓄动员力的计算公式为

$$经济储蓄动员力 = 储蓄总额/GDP$$

其中，储蓄总额代表对社会闲散资金进行集中的总规模。用储蓄总额（本报告用城乡居民储蓄年底余额，下同）除以 GDP 所得的经济储蓄动员率就代表了一个地区对该地区内闲散资金集聚的能力。储蓄总额占该地区 GDP 的比重越高，经济储蓄动员力越大，则宏观金融效率越高；反之，则宏观金融效率越低。

2. 储蓄投资转化率

储蓄投资转化率的计算公式为

$$储蓄投资转化率 = 储蓄总额/固定资产投资额（实物投资额）$$

储蓄投资转化率表示多少单位的储蓄能够带来一单位固定资产投资额。该指标反映了资金通过金融市场转化为实物性投资的能力，体现了金融市场在固定资产投资中货币资源的配置效率。储蓄投资转化率越小，单位固定资产投资所需要动用的储蓄资金越少，储蓄资金的使用效率越高，宏观金融效率越高；反之，宏观金融效率越低。

5.1.2 微观金融效率衡量指标

微观金融效率主要指市场微观主体即金融机构的经营效率。考虑到数据的可得性及技术处理的方便，本报告分行业衡量微观金融效率，共使用三个四级指标：银行业的效率使用贷存比来衡量；证券业的效率使用上市公司流通 A 股总市值占 GDP 的比率来衡量；保险业的效率使用保险深度来衡量。下面详细介绍三个指标与三个行业金融效率的关系。

1. 银行业金融效率：贷存比

贷存比的计算公式为

$$贷存比 = 贷款余额/存款余额$$

本报告从存款余额占 GDP 的比重、贷款余额占 GDP 的比重及贷存比三个指标中，选择了贷存比指标代表银行业的金融效率。这是因为较前两个指标而言，贷存比指标综合性更好。贷存比表示银行拥有一单位存款时能够发放多少单位贷款，反映了银行业对主要资金来源的利用效率、赢利能力，也反映了银行抵抗风险的能力。从银行赢利的角度讲，贷存比越高越好，因为存款是要付息的，即所谓的资金成本，如果一家银行的存款很多，贷款很少，就意味着它成本较高，银行的赢利能力较差。但从银行抵抗风险的角度讲，贷存比不宜过高。为了应付广大客户日常现金支取和日常结算，银行需要留有一定的库存现金和存款准备金，否则就会导致银行的支付危机，最终损害存款者的利益。中国人民银行为防止银行过度扩张，目前规定商业银行最高的贷存比为 75%。因此，在贷存比低于最高比例时，贷存比越高，银行业的金融效率越高，进而银行业的微观金融效率越高；反之，银行业的微观金融效率越低。

2. 证券市场融资效率：证券市场效率

证券市场效率的计算公式为

$$证券市场效率 = 流通 A 股总市值/GDP$$

证券市场配置资源功能的发挥，主要取决于市场筹集资金的效率。上市公司流通 A 股总市值代表了某地区上市公司在证券市场上筹集到的资本规模；上市公司流通 A 股总市值除以 GDP 所得的比值就代表了一个地区的证券市场对资金有效筹集的能力，即证券市场效率。上市公司流通 A 股总市值占地区 GDP 的比重越高，证券市场效率越高，该地区微观金融效率越高；反之，该地区微观金融效率越低。

3. 保险业金融效率：保险深度

保险深度的计算公式为

保险深度 = 保费收入/GDP

它是衡量一个地区保险市场发展程度和潜力的重要指标。该指标的水平取决于该地区 GDP 的增长速度和该地区保险市场的发展速度。保险市场发展越快，即保费收入增长越快，同时 GDP 增长速度低于保险市场发展速度，则保险深度越大，保险业金融效率较高；保险市场发展速度越慢，即保费收入增长越慢，同时 GDP 增长速度超过保险市场发展速度，则保险深度越小，保险业金融效率降低。

5.1.3 小结

综上所述，衡量金融效率的指标体系可总结为表 5 - 1 - 1。

表 5 - 1 - 1 金融效率指标体系

二级指标	三级指标	四级指标
金融效率竞争力	宏观金融效率	经济储蓄动员力
		储蓄投资转化系数
	微观金融效率	贷存比
		证券市场效率
		保险深度

5.2 河南省金融效率竞争力评价

河南省是中原经济区的核心区域，其金融效率在相当大的程度上代表了整个中原经济区的金融效率。借助以上选取的五个四级指标，通过多渠道搜集数据，并经过一定的数学运算，我们对河南省整体的金融效率进行了如下分析和评价。

5.2.1 宏观金融效率评价

1. 经济储蓄动员力

河南省 2004～2013 年经济储蓄总动力变动情况如表 5 - 2 - 1 及图 5 - 2 - 1 所示。

表 5 - 2 - 1 河南省经济储蓄动员力

年 份	城乡居民储蓄年底余额（亿元）	GDP（亿元）	经济储蓄动员力
2004	5607.30	8553.79	0.6555
2005	6488.55	10587.42	0.6129
2006	7367.37	12362.79	0.5959
2007	7812.24	15012.46	0.5204
2008	9515.82	18018.53	0.5281
2009	11207.40	19480.46	0.5753

续表

年 份	城乡居民储蓄年底余额（亿元）	GDP（亿元）	经济储蓄动员力
2010	12883.70	23092.36	0.5579
2011	14648.43	26931.03	0.5439
2012	17462.16	29810.14	0.5858
2013	20232.12	32155.86	0.6292

资料来源：2004～2012年数据来源于2005～2013年《河南统计年鉴》，2013年数据来源于《2013年河南省国民经济和社会发展统计公报》。

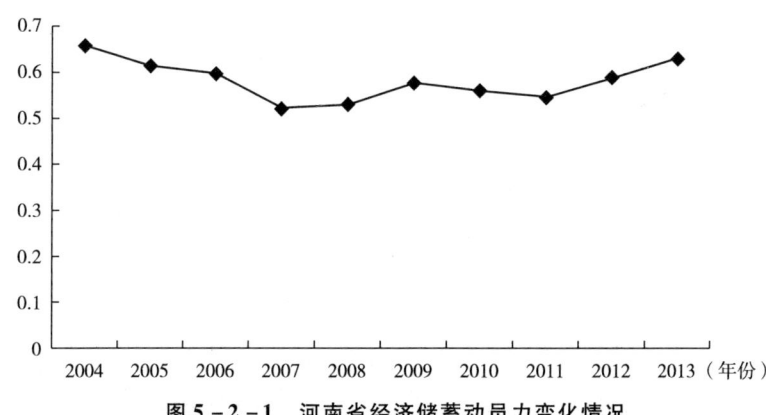

图5-2-1 河南省经济储蓄动员力变化情况

据表5-2-1及图5-2-1，整体上河南省经济储蓄动员力经历了先快速下降而后波动上升的过程。2004～2007年，河南省经济储蓄动员力呈现下降趋势，说明河南省闲散资金的聚集能力逐渐减弱；2007～2012年，河南省经济储蓄动员力在0.52～0.59的范围内小幅波动，逐步趋于平稳并有走强的趋势；2013年，经济储蓄动员力进一步走强，相比于2012年大幅增加了0.0434，达0.6292，创2005年以来的新高。这说明2005年以来，居民储蓄迅速增加，增长幅度超过GDP。2011～2013年，河南省的经济储蓄动员力指数稳定增长，这说明了河南省金融系统集聚社会储蓄资源的能力也是稳定增长的。

2. 储蓄投资转化系数

河南省2004～2013年储蓄投资转化系数变动情况如表5-2-2及图5-2-2所示。

表5-2-2 河南省储蓄投资转化系数

年 份	城乡居民储蓄年底余额（亿元）	固定资产投资（亿元）	储蓄投资转化系数
2004	5607.30	3099.38	1.8092
2005	6488.55	4378.69	1.4818
2006	7367.37	5907.74	1.2471
2007	7812.24	8010.11	0.9753
2008	9515.82	10490.65	0.9071
2009	11207.40	13704.65	0.8178

续表

年　份	城乡居民储蓄年底余额（亿元）	固定资产投资（亿元）	储蓄投资转化系数
2010	12883.70	16585.85	0.7768
2011	14648.43	17770.51	0.8243
2012	17462.16	20870.16	0.8367
2013	20232.12	25321.52	0.7990

资料来源：2004~2012年数据来源于2005~2013年《河南统计年鉴》，2013年数据来源于《2013年河南省国民经济和社会发展统计公报》。

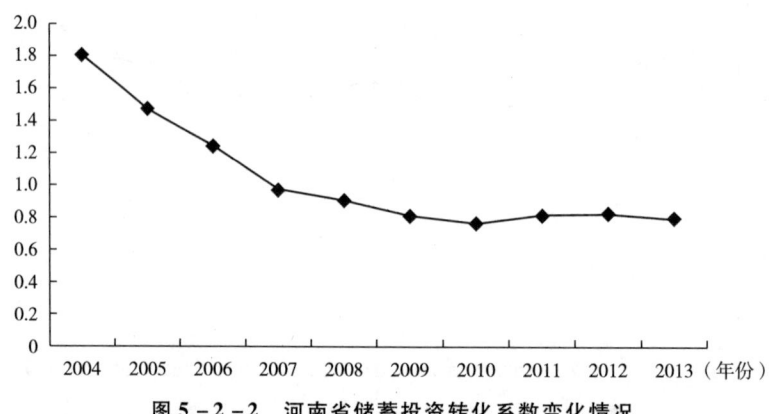

图 5-2-2　河南省储蓄投资转化系数变化情况

尽管表5-2-2中数据显示城乡居民储蓄年底余额逐渐增长，但仅从这方面进行分析是片面的。储蓄只有通过金融工具以一定比例转化为具有实体性的固定资产投资，才能使其发挥功能，最终拉动GDP的增长。从表5-2-2及图5-2-2可知，2004~2013年，河南省的储蓄投资转化系数整体呈下降趋势，至2010年，该系数降至最低点（0.7768）；随后三年基本维持在0.8左右，小幅波动。2011~2013年的储蓄投资转化系数一直保持在较低水平，这表明一单位固定资产投资所需要使用的储蓄资源相比于过去在减少，即储蓄资源使用效率提升。这意味着河南省的高额储蓄总额带来了相比于以前更高的投资，储蓄向投资转化的渠道更为通畅，具有更高的宏观金融效率。

5.2.2　微观金融效率竞争力评价

1. 银行业金融效率：贷存比

河南省2004~2013年银行业贷存比变动情况如表5-2-3及图5-2-3所示。

表 5-2-3　河南省银行业贷存比情况

年　份	各项存款余额（亿元）	各项贷款余额（亿元）	贷存比
2004	8631.79	7092.31	0.8216
2005	10003.96	7434.53	0.7432
2006	11492.55	8567.33	0.7455

续表

年　份	各项存款余额（亿元）	各项贷款余额（亿元）	贷存比
2007	12576.42	9545.48	0.7590
2008	15255.42	10368.05	0.6796
2009	19175.06	13437.43	0.7008
2010	23148.83	15871.32	0.6856
2011	26646.15	17506.24	0.6570
2012	31648.50	20033.81	0.6330
2013	37049.49	23100.87	0.6235

资料来源：2004~2012年数据来源于2005~2013年《河南统计年鉴》，2013年数据来源于《2013年河南省国民经济和社会发展统计公报》。

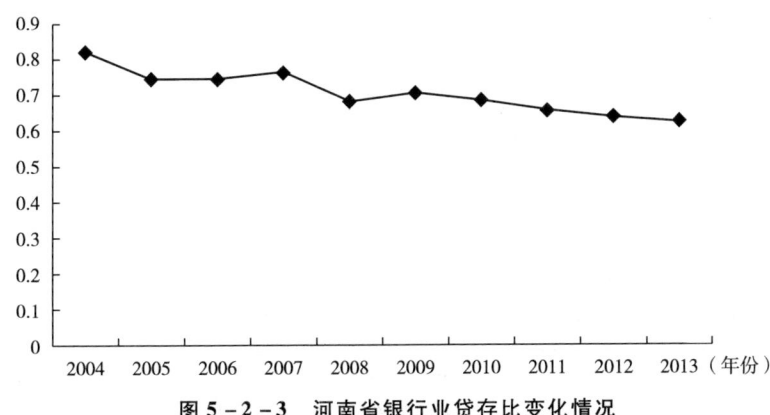

图 5-2-3　河南省银行业贷存比变化情况

贷存比这个相对指标比存款余额、贷款余额占 GDP 的比重两个绝对指标更能反映银行业的金融效率。从表 5-2-3 可以看出，2004~2013 年，各项存款余额和各项贷款余额均增长显著。从图 5-2-3 可以看出，贷存比整体呈现下降趋势，除 2007 年和 2009 年小幅上升外，其余年份都呈现下降趋势，2013 年较 2012 年下降了 0.0095，说明银行业金融效率有小幅下降。2011~2013 年，贷存比一直维持在较低水平，主要原因很可能是国家对房地产的宏观调控，导致市场观望情绪加重，个人向银行贷款购房的意愿下降，同时中国人民银行限制商业银行向地产市场的放贷规模，进一步导致房贷增长缓慢。

2. 证券市场融资效率：证券市场效率

河南省 2004~2013 年上市公司流通 A 股总市值与 GDP 的比率（证券市场效率）变动情况如表 5-2-4 及图 5-2-4 所示。

表 5-2-4　河南省证券市场上市公司融资效率情况

单位：亿元，%

年　份	上市公司流通 A 股总市值	GDP	证券市场效率
2004	264.43	8553.79	3.09
2005	230.15	10587.42	2.17
2006	569.75	12362.79	4.61

续表

年份	上市公司流通 A 股总市值	GDP	证券市场效率
2007	1797.19	15012.46	11.97
2008	749.21	18018.53	4.16
2009	2505.07	19480.46	12.86
2010	3295.29	23092.36	14.27
2011	2523.41	26931.03	9.37
2012	2443.85	29810.14	8.20
2013	2877.00	32155.86	8.95

资料来源：上市公司 A 股流通总市值是通过河南省股票历年最后一个交易日的流通市值加总计算而来。

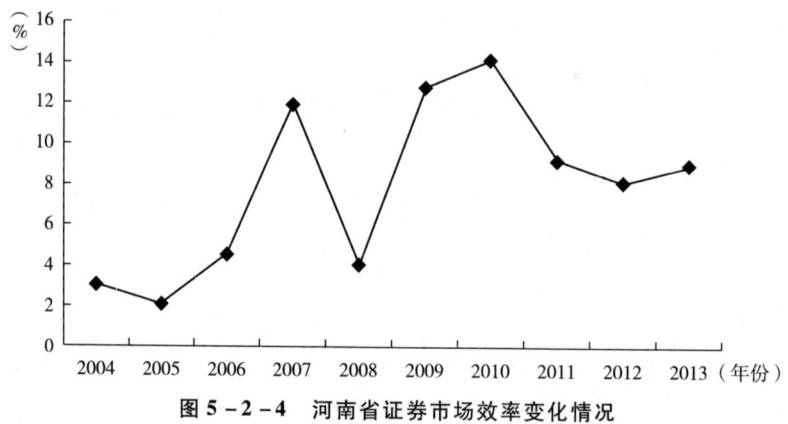

图 5-2-4 河南省证券市场效率变化情况

从表 5-2-4 可以看出，河南省 GDP 和上市公司 A 股流通总市值总体均呈现上升趋势。根据图 5-2-4，2004~2013 年，就整体而言，河南省证券市场效率呈现大幅波动趋势，2004~2007 年一直在上升；2008 年，受国际金融危机影响，出现大幅度下降；2009~2010 年，国际金融危机的影响逐步缓解，证券市场效率再次上升；2011~2012 年，受宏观经济政策影响，证券市场效率再度回落；2013 年比 2012 年融资效率增加了 0.75 个百分点，达到 8.95%，从 2011~2013 年河南省证券市场效率的表现来看，有所趋稳。

3. 保险业金融效率：保险深度

河南省 2004~2013 年保险业保险深度变动情况如表 5-2-5 及图 5-2-5 所示。

表 5-2-5 河南省保险业保险深度情况

年份	保费收入（亿元）	GDP（亿元）	保险深度
2004	202.05	8553.79	0.0236
2005	213.55	10587.42	0.0202
2006	252.31	12362.79	0.0204
2007	323.56	15012.46	0.0216
2008	518.92	18018.53	0.0288

续表

年　份	保费收入（亿元）	GDP（亿元）	保险深度
2009	565.39	19480.46	0.0290
2010	793.28	23092.36	0.0344
2011	839.80	26931.03	0.0312
2012	841.13	29810.14	0.0282
2013	916.52	32155.86	0.0285

资料来源：2004～2012年数据来源于2005～2013年《河南统计年鉴》，2013年数据来源于《2013年河南省国民经济和社会发展统计公报》。

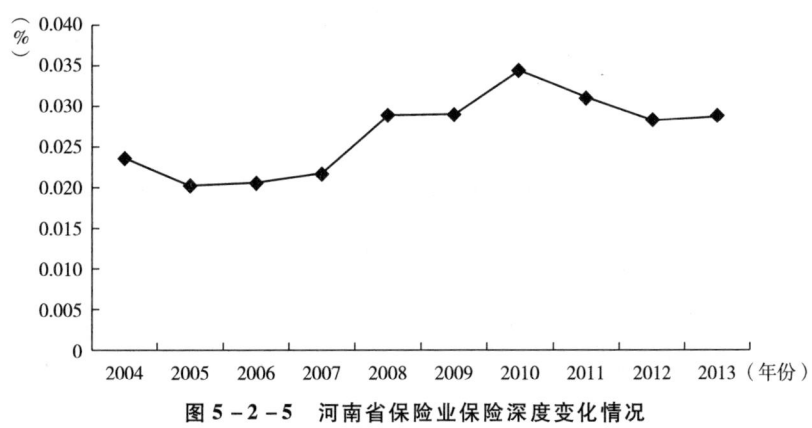

图5-2-5　河南省保险业保险深度变化情况

从表5-2-5和图5-2-5可知，2004～2013年，保费收入和GDP均有显著增长，但保险深度呈现大幅度的波动。整体而言，河南省保险业保险深度呈现上升趋势；经历了2005年的小幅下降后，从2006～2010年保险深度呈现上升趋势；2011～2012年保险深度呈现下降趋势；2013年保险深度比2012年上升了0.0003，达0.0285。2012～2013年，河南省保险深度保持平稳，维持在0.028稍往上的水平。

5.3　河南省金融效率竞争力综合评价

经过以上分析，我们可对河南省金融效率竞争力做出如下评价。

①2011～2013年，河南省金融系统筹集该地区储蓄资源的能力维持平稳上升趋势；而储蓄向投资转化的效率则不断提高。整体而言，与2012年相比，2013年河南省的宏观金融效率有所提高。

②2011～2013年，河南省银行业的贷存比指标保持基本平稳，但有小幅下降趋势，意味着银行业的微观金融效率有所降低；证券市场效率稳中有升，意味着河南省证券业微观金融效率有所提高；与2012年相比，2013年河南省保险业的保险深度基本保持不变，有微幅上升，意味着河南省保险业的金融效率保持稳定而有所提高。从三大金融行业的效率表现来看，2013年河南省的微观金融效率整体有所提升。

第 6 章
河南省金融竞争力综合评价分析

本报告采用因子分析模型的方法对各个地市、县（区）的金融竞争力指标体系进行加权整合，结合 SPSS 统计软件实现评价。

6.1 金融生态竞争力指标综合评价及排名

金融生态竞争力是金融竞争力指标体系的第一个二级指标。为了便于研究和分析，我们将其划分为区域经济实力、区域开发程度和区域服务水平三个三级指标。

6.1.1 区域经济实力竞争力指标综合评价

对 2013 年河南省 18 个地市的区域经济实力指标体系中的指标数据进行标准化处理后，选用 7 个指标（均属于正向指标），可以直接对数据进行无量纲化处理（见表 6-1-1）。

表 6-1-1 区域经济实力指标体系

三级指标	四级指标
区域经济实力	GDP（X_1）
	人均 GDP（X_2）
	财政收入（X_3）
	固定资产投资（X_4）
	人均固定资产投资（X_5）
	城镇人均可支配收入（X_6）
	农村人均纯收入（X_7）

因子分析的前提是观测变量之间有较强的相关关系，首先对有关变量进行相关分析，如表 6-1-2 所示，从表中我们看到各变量之间具有较强的相关关系，满足因子分析的前提。其次，根据 KMO 和球形 Bartlett 检验的结果（见表 6-1-3），KMO 检验值为 0.529，基本认为所取样本足够，Bartlett 检验接受零假设，即拒绝各变量独立的假设，也就是说，因子分析的方法是值得尝试的。

表 6-1-2 变量间的相关系数矩阵

指标	相关系数						
	X_1	X_2	X_3	X_4	X_5	X_6	X_7
X_1	1.000	0.378	0.961	0.986	0.279	0.626	0.429
X_2	0.378	1.000	0.525	0.367	0.961	0.744	0.844
X_3	0.961	0.525	1.000	0.932	0.416	0.703	0.572
X_4	0.986	0.367	0.932	1.000	0.306	0.646	0.398
X_5	0.279	0.961	0.416	0.306	1.000	0.693	0.746
X_6	0.626	0.744	0.703	0.646	0.693	1.000	0.734
X_7	0.429	0.844	0.572	0.398	0.746	0.734	1.000

表 6-1-3 KMO 和 Bartlett 检验

指标		检验值
KMO 检验		0.529
检验	卡方检验	201.047
	自由度（df）	21
	显著性（Sig.）	0.000

根据斯格里准则，由图 6-1-1 可以看出，在第三主成分对应点处斜率明显变小，容易判断应取前两个主成分。第一个因子的特征根特别大，说明其对原有变量的解释能力非常强；第二个因子次之；后面的五个因子的特征根值很小，对原有变量解释的贡献性较弱，可以被忽略。从图 6-1-1 我们可以从另一个侧面看出提取两个因子也是非常合适的。

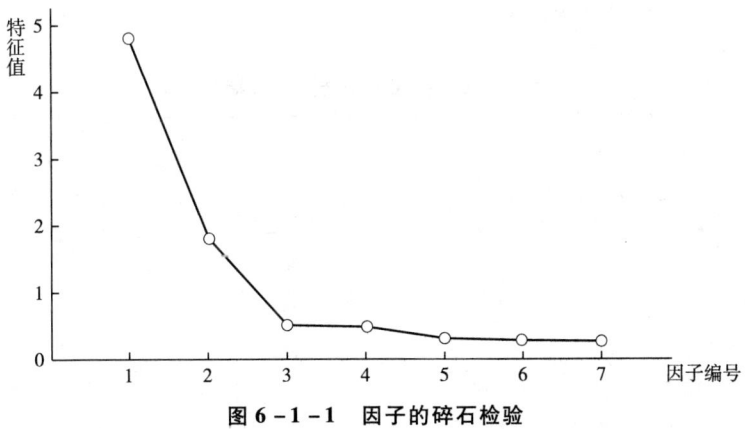

图 6-1-1 因子的碎石检验

另外，使用 SPSS 软件计算得到表 6-1-4。从表中可以看出：当规定取特征值大于 1 对应的主成分时，则取前两个主成分，变量的相关系数矩阵有两个大特征值：4.798、1.629。其中，第一主成分的贡献率为 68.539%，前两个主成分的累积贡献率为

91.804%，反映了原有变量的大部分信息，可以接受。根据累计贡献率大于85%的原则，选取两个特征根来作为综合评价区域经济实力的公共因子，用2个新变量代替原来的7个变量。

表6-1-4 特征值与方差贡献率

因子编号	初始特征值			被提取的载荷平方和			旋转载荷平方和		
	总体	方差贡献率（%）	累积贡献率（%）	总体	方差贡献率（%）	累积贡献率（%）	总体	方差贡献率（%）	累积贡献率（%）
1	4.798	68.539	68.539	4.798	68.539	68.539	3.249	46.410	46.410
2	1.629	23.265	91.804	1.629	23.265	91.804	3.178	45.393	91.804
3	0.265	3.787	95.591	—					
4	0.237	3.391	98.982	—					
5	0.051	0.730	99.712						
6	0.019	0.274	99.986						
7	0.001	0.014	100.000						

为了明确因子的意义，使各个因子得到合理的解释，往往要对初始因子载荷矩阵进行旋转。在旋转方法上，采用方差最大化方法。这是一种正交旋转方法，它使每个因子上的具有最高载荷的变量数最小，因此可以简化对因子的解释。根据主成分旋转后的载荷矩阵，可以清楚地看到，在第一个因子中，人均GDP、人均固定资产投资、农村人均纯收入、城镇人均可支配收入的载荷分别为：0.961、0.949、0.859和0.712，因此，第一主成分主要代表河南省区域的人均经济实力。相应的，在第二个因子中GDP、固定资产投资和财政收入等总量指标分别达0.979、0.971和0.919，因此，第二主成分主要代表了河南省区域的总量经济实力（见表6-1-5）。

表6-1-5 主成分旋转后的载荷矩阵

变量	因子	
	1	2
X_1（GDP）	0.175	0.979
X_2（人均GDP）	0.961	0.200
X_3（财政收入）	0.342	0.919
X_4（固定资产投资）	0.177	0.971
X_5（人均固定资产投资）	0.949	0.106
X_6（城镇人均可支配收入）	0.712	0.546
X_7（农村人均纯收入）	0.859	0.285

经过SPSS软件处理，我们得到了主成分与对应变量的相关系数，再对其相关系数进行处理，得到调整后的特征向量，即因子得分系数矩阵，见表6-1-6。

表 6-1-6　因子系数

变　　量	因子 1	因子 2
X_1（GDP）	-0.128	0.372
X_2（人均 GDP）	0.35	-0.112
X_3（财政收入）	-0.047	0.313
X_4（固定资产投资）	-0.125	0.368
X_5（人均固定资产投资）	0.365	-0.148
X_6（城镇人均可支配收入）	0.179	0.083
X_7（农村人均纯收入）	0.291	-0.055

利用表 6-1-6 中的因子得分系数矩阵可以将所有主成分表示为各个变量的线性组合，计算各因子的权重，可得 F_1、F_2，得出各主成分表达式：

$$F_1 = \sum_{i=1}^{7} PC_{1i}X_i = -0.128X_1 + 0.35X_2 - 0.047X_3 - 0.125X_4 + 0.365X_5 + 0.179X_6 + 0.291X_7$$

$$F_2 = \sum_{i=1}^{7} PC_{2i}X_i = 0.372X_1 - 0.112X_2 + 0.313X_3 + 0.368X_4 - 0.148X_5 + 0.083X_6 - 0.055X_7$$

结合表 6-1-6，可以看出以上两个因子分别从不同方面反映了河南省各个地市的区域经济实力，单独使用某一个指标不能对区域经济实力水平做出正确评价，故在进行河南省各个地市区域经济实力指标的综合排名时，各主成分以其相应贡献率为权重，则前两个主成分的权重分别为 68.539%、23.265%，由于前两个主成分总的贡献率为 91.804%，还应对权重进行单位化，具体如下。

$$\text{区域经济实力指标} = \sum k_i y_i = (68.539\% F_1 + 23.265\% F_2)/91.804\%$$

经计算，可得到 2013 年河南省各个地市的主成分单项综合排名和区域经济实力指标的综合排名（见表 6-1-7）

表 6-1-7　2013 年河南省各地市区域经济实力排名

地　市	人均经济实力得分	排名	总量经济实力得分	排名	区域经济实力	排名
郑州市	1.4816	2	3.2805	1	1.9375	1
开封市	-0.7017	13	-0.2891	12	-0.5971	14
洛阳市	0.4115	7	1.0261	2	0.5672	5
平顶山市	-0.2854	11	0.0021	7	-0.2125	11
安阳市	-0.0008	9	-0.0174	8	-0.0050	8
鹤壁市	0.5435	5	-0.9824	17	0.1568	7
新乡市	-0.1257	10	0.1343	4	-0.0598	9
焦作市	0.9619	4	-0.3588	13	0.6272	3
濮阳市	-0.3202	12	-0.3951	14	-0.3392	12

续表

地 市	人均经济实力得分	排名	总量经济实力得分	排名	区域经济实力	排名
许昌市	0.5208	6	-0.1569	11	0.3490	6
漯河市	0.0392	8	-0.6824	15	-0.1437	10
三门峡市	1.0616	3	-0.7955	16	0.5910	4
南阳市	-0.8315	14	0.7089	3	-0.4411	13
商丘市	-1.1785	16	0.0629	5	-0.8639	16
信阳市	-0.9037	15	-0.0401	9	-0.6849	15
周口市	-1.5645	18	0.0577	6	-1.1534	18
驻马店市	-1.2245	17	-0.0735	10	-0.9328	17
济源市	2.1164	1	-1.4812	18	1.2047	2

对比2012年河南省各地市区域经济实力的综合排名（见表6-1-8），可以看到：①在区域经济实力得分中，各个地市人均经济实力和总量经济实力得分的排名没有发生任何变化。②在区域经济实力指标的总排名中，郑州市连续两年排在第1位，无论在人均经济实力还是总量经济实力方面，都处于区域领先水平。济源市排第2位，洛阳市排第3位，而周口市的区域经济实力综合排名无论是2012年还是2013年，都在河南省处于最后一位，主要原因在于其人均经济实力过低。除了洛阳市2013年的区域经济实力排名比2012年下降了2位，焦作市、三门峡市的区域经济实力排名均上升了1位外，其他地市2013年的区域经济实力排名与2012年相比没有发生变化。

表6-1-8　2012年河南省各地市区域经济实力排名结果

地 市	人均经济实力得分	排名	总量经济实力得分	排名	区域经济实力	排名
郑州市	1.4506	2	3.2547	1	1.9127	1
开封市	-0.7400	13	-0.3194	12	-0.6323	14
洛阳市	0.4421	7	1.0682	2	0.6025	3
平顶山市	-0.2351	11	0.0320	7	-0.1667	11
安阳市	0.0207	9	0.0073	8	0.0172	8
鹤壁市	0.5044	5	-0.9762	17	0.1251	7
新乡市	-0.1133	10	0.1404	4	-0.0483	9
焦作市	0.9219	4	-0.3280	13	0.6017	4
濮阳市	-0.3821	12	-0.4135	14	-0.3902	12
许昌市	0.4805	6	-0.1512	11	0.3186	6
漯河市	0.0407	8	-0.6943	15	-0.1476	10
三门峡市	1.0678	3	-0.7796	16	0.5945	5
南阳市	-0.8274	14	0.7249	3	-0.4297	13
商丘市	-1.1610	16	0.0520	5	-0.8503	16
信阳市	-0.9161	15	-0.0585	9	-0.6964	15
周口市	-1.5279	18	0.0331	6	-1.1280	18
驻马店市	-1.2128	17	-0.0889	10	-0.9249	17
济源市	2.1873	1	-1.5028	18	1.2419	2

以上对河南省各个地市区域经济实力状况的分析与实际情况基本一致。从分析中还可以看出，因子分析法选取了与一个地区经济实力相关的多项指标，避免了单指标的片面性；用因子分析法实现区域经济实力情况的综合评价，没有直接对指标赋予权重，所得的权重是伴随数学变换自动生成的，具有客观性，从而减少了主观性，又不失科学性、合理性；它能消除评价指标间相关关系的影响，因而可减少指标选择的工作量。另外，因子分析法不仅可以对各个地市区域经济实力进行排序比较，而且可以找出影响其经济实力的因素，为其改善经济状况提供依据。因此，因子分析法可为投资者提供较为全面、客观、公正的评价信息。

6.1.2 区域开放程度竞争力指标综合评价

我们可以运用上述因子分析模型和方法，结合 SPSS 软件，对河南省 2013 年 18 个地市的区域开放程度指标体系进行综合评价分析，指标体系和排名结果分别见表 6-1-9 和表 6-1-10。

表 6-1-9 区域开放程度指标体系

三级指标	四级指标
区域开放程度	实际利用外资额（X_8）
	净出口总额（X_9）

表 6-1-10 2013 年河南省各地市区域开放程度排名结果

地　市	F_1	排　名	区域开放程度	排　名
郑 州 市	3.8172	1	3.8172	1
开 封 市	-0.3621	13	-0.3621	13
洛 阳 市	0.9057	2	0.9057	2
平顶山市	-0.3538	12	-0.3538	12
安 阳 市	-0.3288	10	-0.3288	10
鹤 壁 市	-0.2947	9	-0.2947	9
新 乡 市	-0.1265	5	-0.1265	5
焦 作 市	-0.1201	4	-0.1201	4
濮 阳 市	-0.3829	16	-0.3829	16
许 昌 市	-0.2139	7	-0.2139	7
漯 河 市	-0.1869	6	-0.1869	6
三门峡市	-0.0843	3	-0.0843	3
南 阳 市	-0.2496	8	-0.2496	8
商 丘 市	-0.4845	18	-0.4845	18
信 阳 市	-0.3636	14	-0.3636	14
周 口 市	-0.3452	11	-0.3452	11
驻马店市	-0.4499	17	-0.4499	17
济 源 市	-0.3764	15	-0.3764	15

对比 2012 年河南省各地市区域经济开放程度的综合排名（见表 6-1-11），可以看到：在区域开放程度的总排名中，郑州市连续两年排第 1 位，而商丘市的区域经济开放程度综合排名无论是 2012 年还是 2013 年，都在河南省处于最后一位。排名发生变化的城市有 11 个，分别是开封市、安阳市、鹤壁市、新乡市、焦作市、许昌市、漯河市、三门峡市、信阳市、周口市和济源市。其余城市的排名没有发生变化。

表 6-1-11　2012 年河南省各地市区域开放程度排名结果

地　市	F_1	排　名	区域开放程度	排　名
郑 州 市	3.8568	1	3.8568	1
开 封 市	-0.3564	15	-0.3564	15
洛 阳 市	0.7772	2	0.7772	2
平顶山市	-0.3494	12	-0.3494	12
安 阳 市	-0.3339	7	-0.3339	7
鹤 壁 市	-0.3199	13	-0.3199	13
新 乡 市	-0.1383	4	-0.1383	4
焦 作 市	-0.0915	3	-0.0915	3
濮 阳 市	-0.3710	16	-0.3710	16
许 昌 市	-0.2019	5	-0.2019	5
漯 河 市	-0.1883	9	-0.1883	9
三门峡市	-0.1176	6	-0.1176	6
南 阳 市	-0.2644	8	-0.2644	8
商 丘 市	-0.4444	18	-0.4444	18
信 阳 市	-0.3471	11	-0.3471	11
周 口 市	-0.3464	14	-0.3464	14
驻马店市	-0.4251	17	-0.4251	17
济 源 市	-0.3386	10	-0.3386	10

6.1.3　区域服务水平竞争力指标综合评价

我们可以运用上述因子分析模型和方法，结合 SPSS 软件，对河南省 2013 年 18 个地市的区域服务水平指标体系进行综合评价分析，指标体系及排名结果分别见表 6-1-12 和表 6-1-13。

表 6-1-12　区域服务水平指标体系

三级指标	四级指标
区域服务水平	会计师事务所数量（X_{10}）
	律师事务所数量（X_{11}）
	资产评估事务所数量（X_{12}）

第6章 河南省金融竞争力综合评价分析

表6-1-13 2013年河南省各地市区域服务水平排名结果

地市	F_1	排名	区域服务水平	排名
郑州市	3.8958	1	3.8958	1
开封市	-0.3473	14	-0.3473	14
洛阳市	0.4058	2	0.4058	2
平顶山市	-0.2431	8	-0.2431	8
安阳市	-0.0485	4	-0.0485	4
鹤壁市	-0.5319	17	-0.5319	17
新乡市	-0.1198	5	-0.1198	5
焦作市	-0.2431	9	-0.2431	9
濮阳市	-0.2988	12	-0.2988	12
许昌市	-0.2819	10	-0.2819	10
漯河市	-0.3789	16	-0.3789	16
三门峡市	-0.3338	13	-0.3338	13
南阳市	0.1899	3	0.1899	3
商丘市	-0.2913	11	-0.2913	11
信阳市	-0.2112	7	-0.2112	7
周口市	-0.3485	15	-0.3485	15
驻马店市	-0.2087	6	-0.2087	6
济源市	-0.6048	18	-0.6048	18

对比2012年河南省各地市区域服务水平的综合排名（见表6-1-14），可以看到：在区域服务水平指标的总排名中，郑州市连续两年排第1位，而济源市无论是2012年还是2013年，都在河南省处于最后一位。其他地市2013年区域服务水平的排名与2012年相比变化不大，除了开封市和周口市、许昌市和商丘市、信阳市和驻马店市的排名发生互换外，其余地市没有发生变化。

表6-1-14 2012年河南省各地市区域服务水平排名结果

地市	F_1	排名	区域服务水平	排名
郑州市	3.8862	1	3.8862	1
开封市	-0.3449	15	-0.3449	15
洛阳市	0.4182	2	0.4182	2
平顶山市	-0.2448	8	-0.2448	8
安阳市	-0.0541	4	-0.0541	4
鹤壁市	-0.5625	17	-0.5625	17
新乡市	-0.0997	5	-0.0997	5
焦作市	-0.2606	9	-0.2606	9
濮阳市	-0.3145	12	-0.3145	12

续表

地 市	F_1	排 名	区域服务水平	排 名
许昌市	-0.2992	11	-0.2992	11
漯河市	-0.3797	16	-0.3797	16
三门峡市	-0.3221	13	-0.3221	13
南阳市	0.2267	3	0.2267	3
商丘市	-0.2701	10	-0.2701	10
信阳市	-0.2083	6	-0.2083	6
周口市	-0.3418	14	-0.3418	14
驻马店市	-0.2112	7	-0.2112	7
济源市	-0.6175	18	-0.6175	18

6.1.4 金融生态竞争力指标综合评价及排名

运用上述因子分析模型和方法，结合 SPSS 软件，我们对河南省 2013 年 18 个地市经分析得到的区域经济实力、区域开放程度和区域服务水平三个指标进行分析，加权得到河南省金融生态竞争力指标（见表 6-1-15），并对其进行综合分析（见表 6-1-16）。

表 6-1-15 金融生态竞争力指标体系

三级指标	四级指标
金融生态竞争力	区域经济实力（X_1^*）
	区域开放程度（X_2^*）
	区域服务水平（X_3^*）

表 6-1-16 2013 年河南省各地市金融生态竞争力指标排名结果

地 市	F_1	排 名	金融生态竞争力	排 名
郑州市	3.7474	1	3.7474	1
开封市	-0.5167	15	-0.5167	15
洛阳市	0.7383	2	0.7383	2
平顶山市	-0.3165	12	-0.3165	12
安阳市	-0.1484	8	-0.1484	8
鹤壁市	-0.2505	10	-0.2505	10
新乡市	-0.1189	7	-0.1189	7
焦作市	0.1191	4	0.1191	4
濮阳市	-0.4007	13	-0.4007	13
许昌市	-0.0461	6	-0.0461	6
漯河市	-0.2742	11	-0.2742	11
三门峡市	0.0841	5	0.0841	5

续表

地 市	F_1	排 名	金融生态竞争力	排 名
南阳市	-0.2069	9	-0.2069	9
商丘市	-0.6528	17	-0.6528	17
信阳市	-0.5021	14	-0.5021	14
周口市	-0.7389	18	-0.7389	18
驻马店市	-0.6366	16	-0.6366	16
济源市	0.1203	3	0.1203	3

对比2012年河南省各地市金融生态竞争力的综合排名（见表6-1-17），可以看到：在金融生态竞争力总排名中，郑州市连续两年排第1位，说明了其作为河南省省会和金融中心，发挥了带头和示范作用，使其金融生态环境较其他地区优越。周口市金融生态竞争力指标的综合排名无论是2012年还是2013年，都在河南省处于最后一位。其他地市2013年金融生态竞争力的排名与2012年相比变化不大，其中，鹤壁市和漯河市、商丘市和驻马店市的排名发生了互换，其余地市的金融生态竞争力指标综合排名较上年没有发生变化。

表6-1-17　2012年河南省各地市金融生态竞争力排名结果

地 市	F_1	排 名	金融生态竞争力	排 名
郑州市	3.7577	1	3.7577	1
开封市	-0.5286	15	-0.5286	15
洛阳市	0.7086	2	0.7086	2
平顶山市	-0.2973	12	-0.2973	12
安阳市	-0.1440	8	-0.1440	8
鹤壁市	-0.2859	11	-0.2859	11
新乡市	-0.1115	7	-0.1115	7
焦作市	0.1125	4	0.1125	4
濮阳市	-0.4236	13	-0.4236	13
许昌市	-0.0612	6	-0.0612	6
漯河市	-0.2773	10	-0.2773	10
三门峡市	0.0762	5	0.0762	5
南阳市	-0.1941	9	-0.1941	9
商丘市	-0.6241	16	-0.6241	16
信阳市	-0.4997	14	-0.4997	14
周口市	-0.7266	18	-0.7266	18
驻马店市	-0.6249	17	-0.6249	17
济源市	0.1437	3	0.1437	3

6.2 金融规模竞争力指标综合评价及排名

金融规模竞争力是第二个用以衡量金融竞争力的二级指标，这个指标意在从规模这个角度对金融竞争力进行量化，其中包括银行业规模、保险业规模和证券业规模三个三级指标。

6.2.1 银行业规模竞争力指标综合评价

运用上述因子分析模型和方法，结合 SPSS 软件，我们对河南省 2013 年 18 个地市的银行业规模竞争力指标进行了综合分析，指标体系和排名结果分别见表 6-2-1 和表 6-2-2。

表 6-2-1 银行业规模竞争力指标体系

三级指标	四级指标
银行业规模	金融系统存款余额（X_{13}）
	金融系统贷款余额（X_{14}）
	城乡居民储蓄余额（X_{15}）

表 6-2-2 2013 年河南省各地市银行业规模竞争力排名结果

地市	F_1	排名	银行业规模竞争力	排名
郑州市	3.8249	1	3.8249	1
开封市	-0.3398	12	-0.3398	12
洛阳市	0.4665	2	0.4665	2
平顶山市	-0.1169	8	-0.1169	8
安阳市	-0.1699	10	-0.1699	10
鹤壁市	-0.6579	17	-0.6579	17
新乡市	-0.0966	6	-0.0966	6
焦作市	-0.3401	13	-0.3401	13
濮阳市	-0.4405	14	-0.4405	14
许昌市	-0.2192	11	-0.2192	11
漯河市	-0.5704	16	-0.5704	16
三门峡市	-0.4659	15	-0.4659	15
南阳市	0.2257	3	0.2257	3
商丘市	-0.1448	9	-0.1448	9
信阳市	-0.0241	4	-0.0241	4
周口市	-0.0778	5	-0.0778	5
驻马店市	-0.1031	7	-0.1031	7
济源市	-0.7502	18	-0.7502	18

对比2012年河南省各地市银行业规模竞争力的综合排名（见表6-2-3），可以看到：在总排名中，郑州市连续两年排第1位，主要是因为其银行业的分支机构和营业网点较多，经济发展能力较强，对资金的聚集能力高于其他地区；济源市的银行业规模竞争力指标的综合排名无论是2012年还是2013年，都在河南省处于最后一位。其他地级市2013年金融生态竞争力指标的排名与2012年相比变化不大，除了开封市和焦作市的排名出现了互换，平顶山市由第6位下降为第8位，新乡市由第7位上升为第6位，以及驻马店市由第8位上升为第7位之外，其余地级市2013年银行业规模竞争力指标的综合排名没有发生变化。

表6-2-3　2012年河南省各地市银行业规模竞争力排名结果

地市	F_1	排名	银行业规模竞争力	排名
郑州市	3.8075	1	3.8075	1
开封市	-0.3545	13	-0.3545	13
洛阳市	0.5192	2	0.5192	2
平顶山市	-0.0873	6	-0.0873	6
安阳市	-0.1685	10	-0.1685	10
鹤壁市	-0.6748	17	-0.6748	17
新乡市	-0.0937	7	-0.0937	7
焦作市	-0.3284	12	-0.3284	12
濮阳市	-0.4572	14	-0.4572	14
许昌市	-0.2178	11	-0.2178	11
漯河市	-0.5856	16	-0.5856	16
三门峡市	-0.4636	15	-0.4636	15
南阳市	0.2381	3	0.2381	3
商丘市	-0.1318	9	-0.1318	9
信阳市	-0.0401	4	-0.0401	4
周口市	-0.0792	5	-0.0792	5
驻马店市	-0.1136	8	-0.1136	8
济源市	-0.7687	18	-0.7687	18

6.2.2　保险业规模竞争力指标综合评价

运用上述因子分析模型和方法，结合SPSS软件，我们对河南省2013年18个地市的保险业规模竞争力指标进行了综合分析，指标体系与排名结果分别见表6-2-4和表6-2-5。

表6-2-4　保险业规模竞争力指标体系

三级指标	四级指标
保险业规模竞争力	保险公司保费收入（X_{16}） 保险赔付额（X_{17}）

表6-2-5 2013年河南省各地市保险业规模竞争力排名结果

地 市	F_1	排 名	保险业规模竞争力	排 名
郑州市	3.6660	1	3.6660	1
开封市	-0.4666	14	-0.4666	14
洛阳市	0.6212	2	0.6212	2
平顶山市	-0.1417	8	-0.1417	8
安阳市	-0.1693	9	-0.1693	9
鹤壁市	-0.8616	17	-0.8616	17
新乡市	-0.0515	5	-0.0515	5
焦作市	-0.1964	12	-0.1964	12
濮阳市	-0.2803	13	-0.2803	13
许昌市	-0.1753	11	-0.1753	11
漯河市	-0.5760	15	-0.5760	15
三门峡市	-0.6502	16	-0.6502	16
南阳市	0.5487	3	0.5487	3
商丘市	-0.0819	7	-0.0819	7
信阳市	-0.1746	10	-0.1746	10
周口市	0.0082	4	0.0082	4
驻马店市	-0.0602	6	-0.0602	6
济源市	-0.9586	18	-0.9586	18

对比2012年河南省各地市保险业规模竞争力的综合排名（见表6-2-6），可以看到：在保险业规模竞争力指标的总排名中，郑州市连续两年排第1位，体现了其保险业发展的深度和广度；济源市连续两年在河南省处于最后一位。其他各个地级市的保险业规模竞争力指标排名发生变化的城市有7个，分别为洛阳市、平顶山市、安阳市、新乡市、南阳市、商丘市和信阳市。其中，洛阳市和南阳市的指标排名发生了互换；平顶山市由第8位；安阳市由第7位下降为第9位；新乡市由第8位上升为第5位；商丘市由第5位下降为第7位；信阳市由第9位下降为第10位。其余地市2013年保险规模竞争力指标的综合排名没有发生变化。

表6-2-6 2012年河南省各地市保险业规模竞争力排名结果

地 市	F_1	排 名	保险业规模竞争力	排 名
郑州市	3.6420	1	3.6420	1
开封市	-0.5066	14	-0.5066	14
洛阳市	0.5305	3	0.5305	3
平顶山市	-0.1575	10	-0.1575	10
安阳市	-0.0855	7	-0.0855	7
鹤壁市	-0.8926	17	-0.8926	17

续表

地市	F_1	排名	保险业规模竞争力	排名
新乡市	-0.1314	8	-0.1314	8
焦作市	-0.1855	12	-0.1855	12
濮阳市	-0.2572	13	-0.2572	13
许昌市	-0.1684	11	-0.1684	11
漯河市	-0.6351	15	-0.6351	15
三门峡市	-0.6624	16	-0.6624	16
南阳市	0.5340	2	0.5340	2
商丘市	0.0004	5	0.0004	5
信阳市	-0.1323	9	-0.1323	9
周口市	0.1851	4	0.1851	4
驻马店市	-0.0575	6	-0.0575	6
济源市	-1.0201	18	-1.0201	18

6.2.3 证券业规模竞争力指标综合评价

运用上述因子分析模型和方法，结合 SPSS 软件，我们对河南省 2013 年 18 个地市的证券业规模竞争力指标进行了综合分析，指标体系和排名结果分别见表 6-2-7 和表 6-2-8。

表 6-2-7 证券业规模竞争力指标体系

三级指标	四级指标
证券业规模竞争力	上市公司总资产（X_{18}）
	本地区股本总数（X_{19}）

表 6-2-8 2013 年河南省各地市证券业规模竞争力排名结果

地市	F_1	排名	证券业规模竞争力	排名
郑州市	2.8631	1	2.8631	1
开封市	-0.6985	16	-0.6985	16
洛阳市	2.0122	2	2.0122	2
平顶山市	0.4368	3	0.4368	3
安阳市	0.4329	4	0.4329	4
鹤壁市	-0.8682	17	-0.8682	17
新乡市	-0.5016	10	-0.5016	10
焦作市	0.2452	6	0.2452	6
濮阳市	-0.6746	15	-0.6746	15
许昌市	-0.0502	8	-0.0502	8

续表

地 市	F_1	排 名	证券业规模竞争力	排 名
漯河市	0.0785	7	0.0785	7
三门峡市	-0.2109	9	-0.2109	9
南阳市	-0.5950	12	-0.5950	12
商丘市	0.2466	5	0.2466	5
信阳市	-0.6503	13	-0.6503	13
周口市	-0.6504	14	-0.6504	14
驻马店市	-0.8682	17	-0.8682	17
济源市	-0.5474	11	-0.5474	11

注：鹤壁市和驻马店市证券业规模得分相同，并列第17位。

对比2012年河南省各个地市证券业规模竞争力的综合排名（见表6-2-4），可以看到：在证券业规模竞争力指标的总排名中，郑州市连续两年排第1位，而鹤壁市连续两年处于最后一位，主要因为其没有A股上市公司。其他地市的证券业规模竞争力指标排名发生变化的有9个，分别为开封市、平顶山市、安阳市、新乡市、濮阳市、三门峡市、信阳市、周口市和驻马店市。其余地市证券业规模竞争力指标的综合排名没有发生变化。

表6-2-9 2012年河南省各地市证券业规模竞争力排名结果

地 市	F_1	排 名	证券业规模竞争力	排 名
郑州市	3.1941	1	3.1941	1
开封市	-0.6582	17	-0.6582	17
洛阳市	1.7531	2	1.7531	2
平顶山市	0.3997	4	0.3997	4
安阳市	0.4009	3	0.4009	3
鹤壁市	-0.7592	18	-0.7592	18
新乡市	-0.4245	9	-0.4245	9
焦作市	-0.0747	6	-0.0747	6
濮阳市	-0.5975	14	-0.5975	14
许昌市	-0.1082	8	-0.1082	8
漯河市	-0.0843	7	-0.0843	7
三门峡市	-0.4573	10	-0.4573	10
南阳市	-0.5140	12	-0.5140	12
商丘市	0.2108	5	0.2108	5
信阳市	-0.6169	15	-0.6169	15
周口市	-0.5524	13	-0.5524	13
驻马店市	-0.6308	16	-0.6308	16
济源市	-0.4807	11	-0.4807	11

6.2.4 金融规模竞争力指标综合评价及排名

运用上述因子分析模型和方法,结合 SPSS 软件,我们对河南省 2013 年 18 个地市经分析得到的银行业规模、保险业规模和证券业规模这三个指标进行了分析,加权得到河南省金融规模竞争力指标(见表 6-2-10),并对其进行了综合分析(见表 6-2-11)。

表 6-2-10　金融规模竞争力指标体系

二级指标	三级指标
金融规模竞争力	银行业规模（X_4^*）
	保险业规模（X_5^*）
	证券业规模（X_6^*）

表 6-2-11　2013 年河南省各地市金融规模竞争力指标排名结果

地　市	F_1	排　名	金融规模竞争力	排　名
郑州市	3.6488	1	3.6488	1
开封市	-0.5218	16	-0.5218	16
洛阳市	1.0577	2	1.0577	2
平顶山市	0.0512	4	0.0512	4
安阳市	0.0208	5	0.0208	5
鹤壁市	-0.8352	18	-0.8352	18
新乡市	-0.2193	9	-0.2193	9
焦作市	-0.1124	7	-0.1124	7
濮阳市	-0.4831	15	-0.4831	15
许昌市	-0.1589	8	-0.1589	8
漯河市	-0.3875	13	-0.3875	13
三门峡市	-0.4723	14	-0.4723	14
南阳市	0.0825	3	0.0825	3
商丘市	-0.0002	6	-0.0002	6
信阳市	-0.2867	11	-0.2867	11
周口市	-0.2402	10	-0.2402	10
驻马店市	-0.3460	12	-0.3460	12
济源市	-0.7974	17	-0.7974	17

对比 2012 年河南省各个地市金融规模竞争力的综合排名(见表 6-2-12),可以看到:在金融规模竞争力指标的总排名中,郑州市连续两年排第 1 位,而鹤壁市连续两年处于最后一位。各个地市排名发生变化的城市有 7 个,分别是开封市、新乡市、焦作市、濮阳市、漯河市、三门峡市和周口市。其他地市的金融规模竞争力指标综合排名没有发生变化。

表6-2-12　2012年河南省各个地市金融规模竞争力排名结果

地　市	F_1	排　名	金融规模竞争力	排　名
郑州市	3.6801	1	3.6801	1
开封市	-0.5215	15	-0.5215	15
洛阳市	0.9529	2	0.9529	2
平顶山市	0.0474	4	0.0474	4
安阳市	0.0444	5	0.0444	5
鹤壁市	-0.8031	18	-0.8031	18
新乡市	-0.2205	10	-0.2205	10
焦作市	-0.2055	9	-0.2055	9
濮阳市	-0.4502	13	-0.4502	13
许昌市	-0.1717	8	-0.1717	8
漯河市	-0.4566	14	-0.4566	14
三门峡市	-0.5475	16	-0.5475	16
南阳市	0.0993	3	0.0993	3
商丘市	0.0239	6	0.0239	6
信阳市	-0.2660	11	-0.2660	11
周口市	-0.1474	7	-0.1474	7
驻马店市	-0.2704	12	-0.2704	12
济源市	-0.7878	17	-0.7878	17

6.3　金融效率竞争力指标综合评价及排名

一个地区具有金融竞争力，不仅意味着该地区金融业在量上扩张，而且意味着金融业在质上提高，即金融竞争力的提高不仅在于金融机构规模的扩大、从业人数的增多，而且在于金融行业效率的全面提高。

金融效率竞争力是金融竞争力指标体系的第三个二级指标。同金融生态竞争力和金融规模竞争力一样，金融效率竞争力是一个综合性很强的指标。为了便于研究和分析，我们将其划分为宏观金融效率和微观金融效率两个三级指标。

6.3.1　宏观金融效率指标综合评价

运用上述因子分析模型和方法，结合SPSS软件，我们对河南省2013年18个地市的宏观金融效率指标进行了综合分析，指标体系及排名结果分别见表6-3-1和表6-3-2。

表6-3-1　宏观金融效率竞争力指标体系

三级指标	四级指标
宏观金融效率	经济储蓄动员力（X_{20}）
	储蓄投资转化系数（X_{21}）

表 6-3-2 2013 年河南省各地市宏观金融效率排名结果

地 市	F_1	排 名	宏观金融效率	排 名
郑州市	1.1741	4	1.1741	4
开封市	0.1565	8	0.1565	8
洛阳市	-0.5142	12	-0.5142	12
平顶山市	0.4576	6	0.4576	6
安阳市	0.0971	9	0.0971	9
鹤壁市	-1.2419	17	-1.2419	17
新乡市	-0.1105	11	-0.1105	11
焦作市	-1.1207	16	-1.1207	16
濮阳市	0.1566	7	0.1566	7
许昌市	-0.8043	14	-0.8043	14
漯河市	-0.6282	13	-0.6282	13
三门峡市	-1.1098	15	-1.1098	15
南阳市	-0.0444	10	-0.0444	10
商丘市	0.7021	5	0.7021	5
信阳市	1.1976	3	1.1976	3
周口市	1.5108	2	1.5108	2
驻马店市	1.7618	1	1.7618	1
济源市	-1.6401	18	-1.6401	18

对比 2012 年河南省各个地市宏观金融效率的综合排名（见表 6-3-3），可以看到：在宏观金融效率指标的总排名中，驻马店市连续两年排第 1 位，说明其具有较高的资金配置效率，而济源市连续两年处于最后一位。各个地市中宏观金融效率指标排名发生变化的有 6 个，分别是开封市、洛阳市、安阳市、濮阳市、漯河市和南阳市。其余地市的宏观金融效率指标综合排名没有发生变化。

表 6-3-3 2012 年河南省各地市宏观金融效率竞争力排名结果

地 市	F_1	排 名	宏观金融效率	排 名
郑州市	1.1246	4	1.1246	4
开封市	0.0201	9	0.0201	9
洛阳市	-0.5116	13	-0.5116	13
平顶山市	0.4816	6	0.4816	6
安阳市	0.2322	7	0.2322	7
鹤壁市	-1.1991	17	-1.1991	17
新乡市	-0.0712	11	-0.0712	11
焦作市	-1.1842	16	-1.1842	16
濮阳市	-0.0061	10	-0.0061	10

续表

地 市	F_1	排 名	宏观金融效率	排 名
许昌市	-0.8069	14	-0.8069	14
漯河市	-0.4988	12	-0.4988	12
三门峡市	-1.1646	15	-1.1646	15
南阳市	0.1464	8	0.1464	8
商丘市	0.7664	5	0.7664	5
信阳市	1.1990	3	1.1990	3
周口市	1.4616	2	1.4616	2
驻马店市	1.7233	1	1.7233	1
济源市	-1.7127	18	-1.7127	18

6.3.2 微观金融效率指标综合评价

运用上述因子分析模型和方法，结合 SPSS 软件，我们对河南省 2013 年 18 个地市的微观金融效率指标进行了综合分析，指标体系及排名结果分见表 6-3-4 和表 6-3-5。

表 6-3-4 微观金融效率指标体系

三级指标	四级指标
微观金融效率	贷存比（X_{22}）
	保险深度（X_{23}）
	证券市场效率（X_{24}）

表 6-3-5 2013 年河南省各地市微观金融效率指标排名结果

地 市	F_1	排 名	微观金融效率	排 名
郑州市	0.2989	6	0.2989	6
开封市	-0.4302	14	-0.4302	14
洛阳市	-0.2723	12	-0.2723	12
平顶山市	0.0517	10	0.0517	10
安阳市	0.1558	8	0.1558	8
鹤壁市	-1.5100	18	-1.5100	18
新乡市	0.0440	11	0.0440	11
焦作市	-0.3267	13	-0.3267	13
濮阳市	0.8108	2	0.8108	2
许昌市	-0.4775	15	-0.4775	15
漯河市	1.8109	1	1.8109	1
三门峡市	-0.7637	16	-0.7637	16

续表

地 市	F_1	排 名	微观金融效率	排 名
南阳市	0.1787	7	0.1787	7
商丘市	0.4799	3	0.4799	3
信阳市	0.0787	9	0.0787	9
周口市	0.4240	4	0.4240	4
驻马店市	0.3447	5	0.3447	5
济源市	-0.8978	17	-0.8978	17

对比2012年河南省各地市微观金融效率的综合排名（见表6-3-6），可以看到：在微观金融效率指标的总排名中，2013年各个地市的排名发生了较大变化，这主要是由证券市场本身较大的波动性造成的。各个地市的微观金融效率指标排名发生变化的有17个，其中，微观金融效率排名上升的城市有9个，分别是郑州市、安阳市、濮阳市、漯河市、南阳市、商丘市、信阳市、周口市和驻马店市；微观金融效率排名下降的城市有8个。在18个地市中，只有新乡市的排名没有发生变动。

表6-3-6 2012年河南省各地市微观金融效率指标排名结果

地 市	F_1	排 名	微观金融效率	排 名
郑州市	0.0017	10	0.0017	10
开封市	-0.1040	12	-0.1040	12
洛阳市	0.0906	9	0.0906	9
平顶山市	0.4841	5	0.4841	5
安阳市	-0.2486	13	-0.2486	13
鹤壁市	0.9136	3	0.9136	3
新乡市	-0.0120	11	-0.0120	11
焦作市	0.2854	6	0.2854	6
濮阳市	-1.3494	18	-1.3494	18
许昌市	0.5713	4	0.5713	4
漯河市	0.9935	2	0.9935	2
三门峡市	0.2344	8	0.2344	8
南阳市	-0.6153	14	-0.6153	14
商丘市	0.2478	7	0.2478	7
信阳市	-0.6490	15	-0.6490	15
周口市	-1.0954	17	-1.0954	17
驻马店市	-0.9940	16	-0.9940	16
济源市	1.2451	1	1.2451	1

6.3.3 金融效率竞争力指标综合评价及排名

运用上述因子分析模型和方法，结合 SPSS 软件，我们对河南省 2013 年 18 个地市经分析得到的宏观金融效率和微观金融效率这两个指标进行分析，加权得到河南省金融效率竞争力指标（见表6-3-7），并对其进行综合分析（见表6-3-8）。

表6-3-7　金融效率竞争力指标体系

二级指标	三级指标
金融效率竞争力	宏观金融效率（X_7^*） 微观金融效率（X_8^*）

表6-3-8　2013年河南省各地市金融效率竞争力指标排名结果

地　　市	F_1	排　　名	金融效率竞争力	排　　名
郑 州 市	0.8836	4	0.8836	4
开 封 市	-0.3303	12	-0.3303	12
洛 阳 市	-0.5103	13	-0.5103	13
平顶山市	0.3177	8	0.3177	8
安 阳 市	0.2572	9	0.2572	9
鹤 壁 市	-1.8888	18	-1.8888	18
新 乡 市	-0.0059	11	-0.0059	11
焦 作 市	-0.9400	15	-0.9400	15
濮 阳 市	0.6408	7	0.6408	7
许 昌 市	-0.8430	14	-0.8430	14
漯 河 市	1.1525	3	1.1525	3
三门峡市	-1.2759	16	-1.2759	16
南 阳 市	0.2262	10	0.2262	10
商 丘 市	0.8216	5	0.8216	5
信 阳 市	0.7514	6	0.7514	6
周 口 市	1.1766	2	1.1766	2
驻马店市	1.2640	1	1.2640	1
济 源 市	-1.6974	17	-1.6974	17

对比 2012 年河南省各个地市金融效率竞争力的综合排名（见表6-3-9），可以看到：在金融效率竞争力指标总排名中，驻马店市连续两年排第 1 位。其他地市的金融效率竞争力指标排名发生变化的有 16 个，其中，排名上升的城市有 6 个，分别为郑州市、平顶山市、许昌市、商丘市、漯河市和济源市；金融效率竞争力排名下降的城市有 10 个，分别为开封市、洛阳市、安阳市、鹤壁市、新乡市、焦作市、濮阳市、三门峡市、南阳市、信阳市。在 18 个地市中，除驻马店市外，周口市的排名也没有发生变动。

表6-3-9　2012年河南省各地市金融效率竞争力指标排名结果

地　市	F_1	排　名	金融效率竞争力	排　名
郑　州　市	0.6321	5	0.6321	5
开　封　市	0.1614	9	0.1614	9
洛　阳　市	-0.3445	12	-0.3445	12
平 顶 山 市	-0.1117	11	-0.1117	11
安　阳　市	0.2364	7	0.2364	7
鹤　壁　市	-1.3464	17	-1.3464	17
新　乡　市	-0.0507	10	-0.0507	10
焦　作　市	-0.8159	14	-0.8159	14
濮　阳　市	1.0838	4	1.0838	4
许　昌　市	-0.8570	15	-0.8570	15
漯　河　市	-1.0746	16	-1.0746	16
三 门 峡 市	-0.7723	13	-0.7723	13
南　阳　市	0.4317	6	0.4317	6
商　丘　市	0.1953	8	0.1953	8
信　阳　市	1.1266	3	1.1266	3
周　口　市	1.6261	2	1.6261	2
驻 马 店 市	1.6864	1	1.6864	1
济　源　市	-1.8067	18	-1.8067	18

6.4　金融综合竞争力指标综合评价及排名

金融综合竞争力是金融竞争力指标体系的一级指标（见表6-4-1），也是我们分析一个地市金融竞争力的最终情况。2013年河南省各地市金融综合竞争力排名见表6-4-2。

表6-4-1　金融竞争力指标体系

一级指标	二级指标
金融综合竞争力	金融生态竞争力（X_1^{**}）
	金融规模竞争力（X_2^{**}）
	金融效率竞争力（X_3^{**}）

表6-4-2　2013年河南省各地市金融综合竞争力排名结果

地　市	F_1	排　名	F_2	排　名	金融综合竞争力	排　名
郑　州　市	3.7404	1	0.6131	7	2.6810	1
开　封　市	-0.5094	16	-0.2868	12	-0.4340	15
洛　阳　市	0.9538	2	-0.4935	13	0.4635	2

续表

地 市	F_1	排名	F_2	排名	金融综合竞争力	排名
平顶山市	-0.1689	8	0.3691	8	0.0134	9
安阳市	-0.0888	6	0.2765	9	0.0349	4
鹤壁市	-0.4040	11	-1.8693	18	-0.9004	18
新乡市	-0.1710	9	-0.0111	11	-0.1169	11
焦作市	0.0788	3	-0.9373	15	-0.2654	13
濮阳市	-0.5001	15	0.6282	6	-0.1179	12
许昌市	-0.0401	4	-0.8198	14	-0.3043	14
漯河市	-0.4231	13	1.1076	3	0.0955	3
三门峡市	-0.0915	7	-1.2978	16	-0.5002	16
南阳市	-0.0877	5	0.2651	10	0.0318	7
商丘市	-0.4126	12	0.9078	4	0.0347	6
信阳市	-0.4666	14	0.7772	5	-0.0453	10
周口市	-0.6028	17	1.2342	2	0.0195	8
驻马店市	-0.6061	18	1.2861	1	0.0349	5
济源市	-0.2001	10	-1.7490	17	-0.7248	17

对比2012年河南省各个地市金融综合竞争力的综合排名（见表6-4-3），可以看到：在金融综合竞争力指标的排名中，郑州市连续两年排第1位，说明其作为河南省金融中心，发挥了各种竞争力优势；洛阳市连续两年排第2位。各个地市中金融综合竞争力排名发生变化的城市有13个，其中，金融综合竞争力排名上升的城市有4个，分别为安阳市、漯河市、商丘市和济源市；金融综合竞争力排名下降的城市有9个，分别为开封市、鹤壁市、焦作市、濮阳市、三门峡市、南阳市、信阳市、周口市和驻马店市。其他地市的金融综合竞争力指标的排名没有发生变化。

表6-4-3 2012年河南省各地市金融综合竞争力排名结果

地 市	F_1	排名	F_2	排名	金融综合竞争力	排名
郑州市	3.7843	1	0.4499	6	2.6234	1
开封市	-0.5462	18	0.1748	9	-0.2952	13
洛阳市	0.8645	2	-0.3215	12	0.4516	2
平顶山市	-0.1283	7	-0.0479	10	-0.1003	9
安阳市	-0.0654	4	0.2566	8	0.0467	7
鹤壁市	-0.4853	14	-1.3432	17	-0.7840	17
新乡市	-0.1660	8	-0.0591	11	-0.1288	11
焦作市	-0.0034	3	-0.8254	14	-0.2895	12
濮阳市	-0.4997	15	1.0451	4	0.0381	8
许昌市	-0.0765	6	-0.8295	15	-0.3386	14

续表

地 市	F_1	排 名	F_2	排 名	金融综合竞争力	排 名
漯河市	-0.3217	11	-1.0382	16	-0.5712	16
三门峡市	-0.1945	9	-0.8244	13	-0.4138	15
南阳市	-0.0741	5	0.4589	5	0.1115	5
商丘市	-0.3275	12	0.2986	7	-0.1096	10
信阳市	-0.4505	13	1.1245	3	0.0978	6
周口市	-0.5356	16	1.6565	2	0.2276	4
驻马店市	-0.5458	17	1.6793	1	0.2289	3
济源市	-0.2284	10	-1.8549	18	-0.7947	18

区域篇（河南部分）

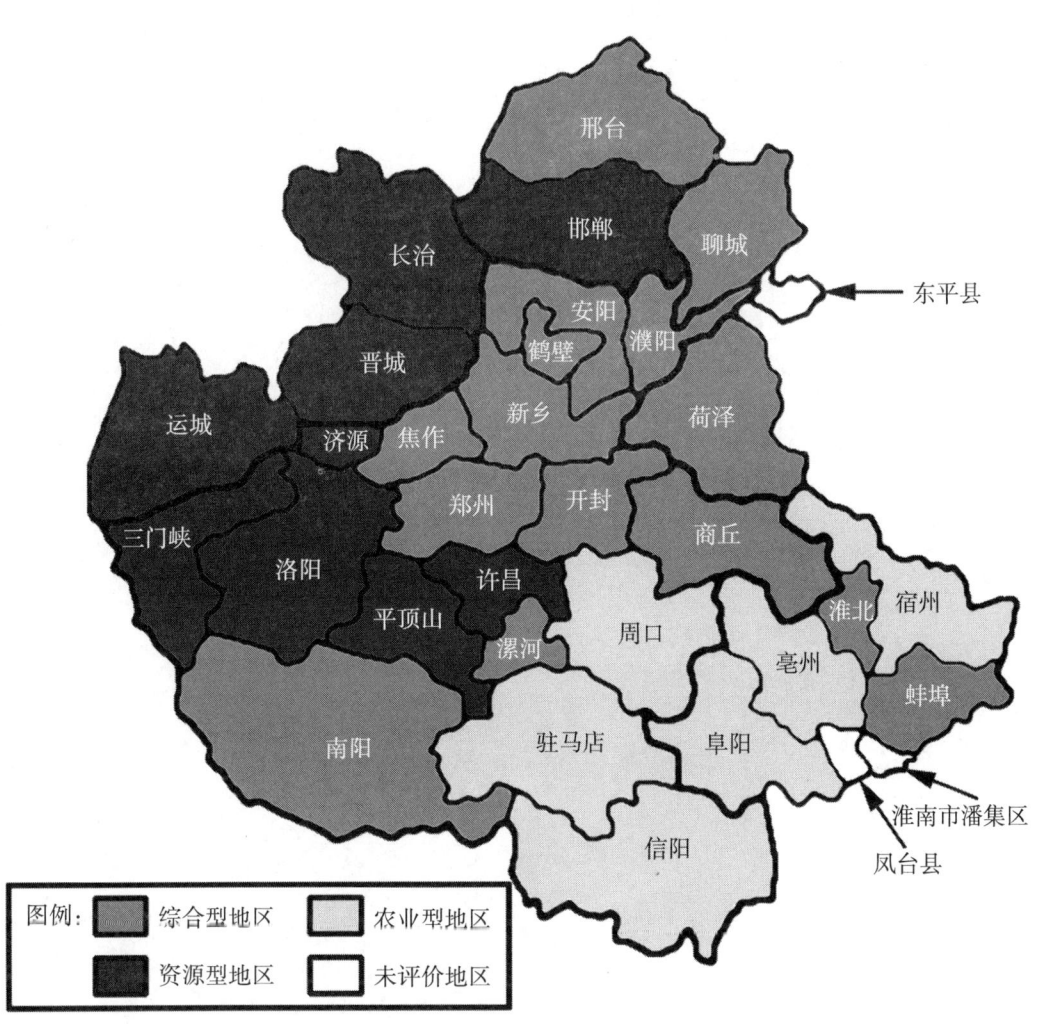

第7章
郑州市2013年金融竞争力研究报告

7.1 郑州市概述

郑州市作为河南省省会,是中国中部地区的特大型大都会和主要经济中心,是中原经济区的中心城市,其中,郑州航空港经济综合实验区是河南省经济社会发展的核心增长极和改革发展综合试验区之一,也是河南省对外开放的重要窗口和基地。

2013年,全市完成地区生产总值6201.9亿元,其中规模以上工业完成增加值2857.7亿元;固定资产投资完成4400.2亿元;社会消费品零售总额完成2586.4亿元;进出口总额为427.5亿美元,其中,出口总额为250.7亿美元;实际利用外资33.2亿美元;财政收入完成606.7亿元。截至2013年底,金融机构存款余额达12450.5亿元,居民储蓄余额达4475.3亿元,各项贷款余额为9342.3亿元。

7.2 郑州市金融生态竞争力分析

7.2.1 郑州市金融生态环境的三级指标:区域经济实力

2012~2013年,郑州市区域经济实力竞争力指标及其下属指标在河南省的排位变化情况,如表7-2-1和图7-2-1所示。

表7-2-1 郑州市2012~2013年区域经济实力竞争力及其四级指标

年 份		GDP(亿元)	人均GDP(元)	财政收入(亿元)	固定资产投资(亿元)	人均固定资产投资(元)	城镇人均可支配收入(元)	农村人均纯收入(元)	区域经济实力竞争力
2012	原 值	5549.79	62054	606.65	3561.22	39437.65	24246	12531	1.9127
	标准化后	3.4177	2.0203	3.8162	3.2611	1.6219	2.4000	2.5212	
2013	原 值	6201.90	68070	723.60	4400.20	48295.14	26615	14009	1.9375
	标准化后	3.4865	2.1498	3.8395	3.2727	1.6403	2.4382	2.5030	
2012年排名		1	2	1	1	3	1	1	1
2013年排名		1	1	1	1	3	1	1	1
升降		0	1	0	0	0	0	0	0

①2013年郑州市区域经济实力在整个河南省的综合排位为第1位,表明其在河南省

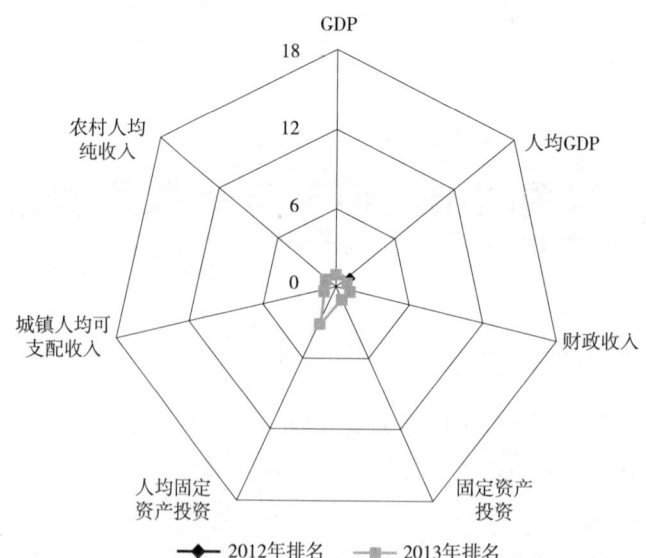

图7-2-1 郑州市2012~2013年区域经济实力竞争力及其四级指标比较

处于绝对优势地位,与2012年相比排位没有发生变化。

②从指标所处的水平看,GDP、人均GDP、财政收入、固定资产投资、人均固定资产投资额、城镇人均可支配收入、农村人均纯收入在整个河南省排位均很靠前,这说明郑州市的区域经济实力在河南省处于领先地位。

③从雷达图图形变化看,2013年与2012年相比,面积有所减小,经济实力竞争力呈现上升趋势。

④从排位变化的动因看,除人均GDP这一指标外,其余各项指标排位均保持不变,所以2013年郑州市区域经济实力竞争力指标综合排位保持不变,居河南第1位。

7.2.2 郑州市金融生态环境的三级指标:区域开放程度

2012~2013年,郑州市区域开放程度竞争力指标及其下属指标在河南省的排位变化情况,如表7-2-2所示。

表7-2-2 郑州市2012~2013年区域开放程度竞争力及其四级指标

年 份		实际利用外资额	进出口总额	区域开放程度竞争力
2012	原值(万美元)	342898	3585835	3.8568
	标准化后	3.4681	3.9915	
2013	原值(万美元)	332000	4275000	3.8172
	标准化后	3.3075	3.9929	
	2012年排名	1	1	1
	2013年排名	1	1	1
	升降	0	0	0

①2013年郑州市区域开放程度经过标准化和加权处理后得分为3.8172，在整个河南省排第1位，表明其区域开放程度在河南省处于明显的优势地位，与2012年相比排位没有发生变化。

②从指标所处水平看，实际利用外资额、进出口总额这两个指标在当年的河南省各个地级市中均处于第1位，即在整个省域内处于上游区，且均为绝对优势指标，说明其经济开放程度较高，外资的利用效率比较高，对经济发展的直接影响力非常大。

③从排位变化的动因看，2013年郑州市的实际利用外资额、进出口总额在河南省的排位均未发生变化，这使其2013年的区域开放程度竞争力指标的综合排位保持不变，仍居河南第1位。

7.2.3 郑州市金融生态环境的三级指标：区域服务水平

2012~2013年，郑州市区域服务水平竞争力指标及其下属指标在河南省的排位变化情况，如表7-2-3和图7-2-2所示。

表7-2-3 郑州市2012~2013年区域服务水平竞争力及其四级指标

年	份	会计师事务所数量	律师事务所数量	资产评估事务所数量	区域服务水平竞争力
2012	原值（所）	213	204	85	3.8862
	标准化后	3.9687	3.6529	3.9155	
2013	原值（所）	209	227	88	3.8958
	标准化后	3.9628	3.7171	3.9129	
2012年排名		1	1	1	1
2013年排名		1	1	1	1
升降		0	0	0	0

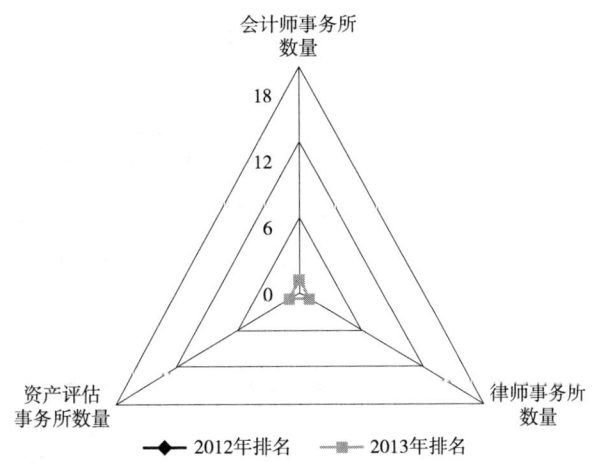

图7-2-2 郑州市2012~2013年区域服务水平竞争力及其四级指标比较

①2013年郑州市区域服务水平经过标准化和加权处理后得分为3.8958，在整个河南省排第1位，表明其区域服务水平在河南省处于绝对优势地位，与2012年相比排位没有发生变化。

②从指标所处水平看，会计师事务所数量、律师事务所数量、资产评估事务所数量这三个指标在当年的河南省各个地市中均处于第1位，即在整个省域内处于上游区，且均为绝对优势指标，说明其金融服务水平较高，为其金融业的发展提供了良好的保障。

③从雷达图图形变化看，2013年与2012年相比，面积保持不变，2013年的会计师事务所数量、律师事务所数量、资产评估事务所数量在河南省的排位均未发生变化。在综合作用下，郑州市区域服务水平竞争力指标综合排位保持不变，居河南第1位。

7.2.4 郑州市金融生态竞争力指标分析

2012~2013年，郑州市金融生态竞争力指标及其下属指标在河南省的排位变化和指标结构情况，如表7-2-4所示。

表7-2-4　郑州市2012~2013年金融生态竞争力指标及其三级指标

年份	区域经济实力竞争力	区域开放程度竞争力	区域服务水平竞争力	金融生态竞争力
2012	1.9127	3.8568	3.8862	3.7577
2013	1.9375	3.8172	3.8958	3.7474
2012年排位	1	1	1	1
2013年排位	1	1	1	1
升降	0	0	0	0

①2013年郑州市金融生态竞争力综合排第1位，表明其在河南省处于绝对优势地位，与2012年相比排位没有发生变化。

②从指标所处水平看，2013年区域经济实力竞争力、区域开放程度竞争力、区域服务水平竞争力这三个指标排位均为第1位，处于上游区，且为绝对优势指标。

③从指标变化趋势看，区域经济实力竞争力、区域开放程度竞争力、区域服务水平竞争力这三个指标排位与上年相比均未发生变化，保持绝对优势地位。

④从排位综合分析看，三个指标的绝对优势决定了2013年郑州市金融生态竞争力综合排位仍然居河南第1位，说明其经济发展程度很高，在整个河南省处于绝对的领先地位，这也从侧面反映了郑州市作为河南省的省会，在金融政策和方针走向上处于绝对的领先地位，发挥了其金融中心的核心作用。

7.3　郑州市金融规模竞争力分析

7.3.1　郑州市金融规模竞争力的三级指标：银行业规模

2012~2013年，郑州市银行业规模竞争力指标及其下属指标在河南省的排位变化情况，如表 7-3-1 和图 7-3-1 所示。

表 7-3-1　郑州市 2012~2013 年银行业规模竞争力及其四级指标

年　　份		金融系统存款余额	金融系统贷款余额	城乡居民储蓄余额	银行业规模竞争力
2012	原值（亿元）	10448.29	6794.13	3845.46	3.8075
	标准化后	3.8543	3.8996	3.5777	
2013	原值（亿元）	12450.50	9342.30	4475.30	3.8249
	标准化后	3.8611	3.9274	3.5846	
2012 年排名		1	1	1	1
2013 年排名		1	1	1	1
升降		0	0	0	0

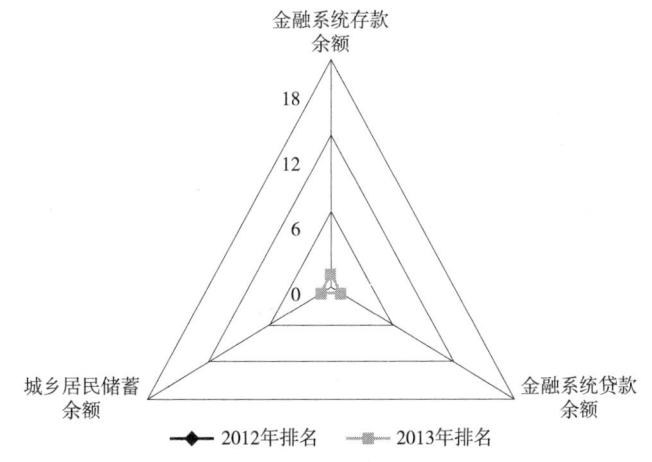

图 7-3-1　郑州市 2012~2013 年银行业规模竞争力及其四级指标比较

①2013 年郑州市银行业规模竞争力在整个河南省的综合排位为第 1 位，表明其在河南省处于绝对优势地位。与 2012 年相比排位没有发生变化。

②从指标所处水平看，金融系统存款余额、金融系统贷款余额、城乡居民储蓄余额三个指标在当年河南省各个地市中均处于第 1 位，各个指标在整个省域内处于上游区，且均为绝对优势指标，说明其金融资产在规模上较大，易形成规模效应，降低资金的操作成本，提高郑州市的资源配置效率。

③从雷达图图形变化看，2013 年与 2012 年相比，面积保持不变，2013 年的金融系统存款余额、金融系统贷款余额、城乡居民储蓄余额三个指标的排位都没有发生变化。综合作用下，郑州市银行业规模竞争力指标综合排位保持不变，居河南第 1 位。

7.3.2　郑州市金融规模竞争力的三级指标：保险业规模

2012~2013 年，郑州市保险业规模竞争力指标及其下属指标在河南省的排位变化情况，如表 7-3-2 所示。

表7-3-2 郑州市2012~2013年保险业规模竞争力及其四级指标

年 份		保险公司保费收入	保险赔付额	保险业规模竞争力
2012	原值（亿元）	178.37	47.58	3.6420
	标准化后	3.5703	3.6978	
2013	原值（亿元）	222.10	61.44	3.6660
	标准化后	3.7200	3.5994	
2012年排名		1	1	1
2013年排名		1	1	1
升降		0	0	0

①2013年郑州市保险业规模竞争力经过标准化和加权处理后得分为3.6660，在整个河南省中排第1位，表明其在河南省处于绝对优势地位，与2012年相比排位没有发生变化。

②从指标所处水平看，保险公司保费收入、保险赔付额这两个指标均在当年的河南省各个地市中处于第1位，即在整个省域内处于上游区，且均为绝对优势指标，说明该地区的保险业保险规模较大，保险实力及竞争力较强。

③从排位变化的动因看，2013年郑州市的保险公司保费收入和保险赔付额在河南省的排位均未发生变化，这使其2013年的保险业规模竞争力指标的综合排位保持不变，居河南第1位。

7.3.3 郑州市金融规模竞争力的三级指标：证券业规模

2012~2013年，郑州市证券业规模竞争力指标及其下属指标在河南省的排位变化情况，如表7-3-3所示。

表7-3-3 郑州市2012~2013年证券业规模竞争力及其四级指标

年 份		上市公司总资产（亿元）	本地区股本总数（亿股）	证券业规模竞争力
2012	原 值	1282.47	120.71	3.1941
	标准化后	3.4161	2.8280	
2013	原 值	1087.26	111.27	2.8631
	标准化后	3.0348	2.5815	
2012年排名		1	1	1
2013年排名		1	1	1
升降		0	0	0

①2013年郑州市证券业规模竞争力指标经过标准化和加权处理后得分为2.8631，在整个河南省中排第1位，表明其在河南省处于明显的优势地位，与2012年相比排位没有发生变化。

②从指标所处水平看，2013年郑州市上市公司总资产、本地区股本总数这两个指标

在河南省各个地市中均处于第1位,即在整个省域内处于上游区,且均为绝对优势指标,说明郑州市证券市场凝聚优势企业以及投资者的能力较强,从侧面体现了该区域证券市场具有较强的融资能力。

③从排位变化的动因看,由于2013年郑州市的上市公司总资产、本地区股本总数在河南省的排位不变,郑州市的证券业规模竞争力指标在河南省的排位保持不变。

7.3.4 郑州市金融规模竞争力指标分析

2012~2013年,郑州市金融规模竞争力指标及其下属指标在河南省的排位变化和指标结构情况,如表7-3-4所示。

表7-3-4 郑州市2012~2013年金融规模竞争力指标及其三级指标

年 份	银行业规模	保险业规模	证券业规模	金融规模竞争力
2012	3.8075	3.6420	3.1941	3.6801
2013	3.8249	3.6660	2.8631	3.6488
2012年排位	1	1	1	1
2013年排位	1	1	1	1
升降	0	0	0	0

①2013年郑州市金融规模竞争力综合排位为第1位,表明其在河南省处于绝对优势地位,与2012年相比排位没有发生变化。

②从指标所处水平看,2013年郑州市银行业规模、保险业规模和证券业规模三个指标排位均处于第1位,处于绝对优势地位。

③从指标变化趋势看,银行业规模、保险业规模、证券业规模三个指标的排位与上年相比均没有变化,仍保持绝对优势地位。

④从排位综合分析看,三个指标的绝对优势,决定了2013年郑州市金融规模竞争力综合排位仍然为河南第1位。这说明在整个河南省中,郑州市居民具有强大的投资偏好,银行业、保险业和证券业具有较高的筹融资能力,使得郑州市能够吸纳较多的资金供求者,有效地实现区域内资金需求的对接。这些实力都具体表现为较高的金融规模竞争力。在金融规模竞争力方面,郑州市在河南省起到了良好的模范带头作用。

7.4 郑州市金融效率竞争力分析

7.4.1 郑州市金融效率竞争力的三级指标:宏观金融效率

2012~2013年,郑州市宏观金融效率竞争力指标及其下属指标在河南省的排位变化情况,如表7-4-1所示。

表7-4-1　郑州市2012~2013年宏观金融效率竞争力及其四级指标

年　份		经济储蓄动员力	储蓄投资转化系数	宏观金融效率竞争力
2012	原值（%）	69.29	107.98	1.1741
	标准化后	1.0226	1.2607	
2013	原值（%）	72.16	101.71	1.1246
	标准化后	0.9628	1.2268	
2012年排名		4	3	4
2013年排名		4	3	4
升降		0	0	0

①2013年郑州市宏观金融效率竞争力指标经过标准化和加权处理后得分为1.1246，在整个河南省中排第4位，表明其在河南省处于较优势地位，与2012年相比排位没有发生变化。

②从指标所处水平看，2013年经济储蓄动员力、储蓄投资转化系数这两个指标当年在河南省的排位分别为第4位和第3位，排位较为靠前，仍处于优势地位。

③从排位变化的动因看，由于2013年郑州市的经济储蓄动员力、储蓄投资转化系数在河南省的排位保持不变，郑州市的宏观金融效率竞争力指标在河南省的排位不变，仍居河南第4位。这表明郑州市的宏观经济对储蓄资源的动员力仍然较强，储蓄向投资转化的渠道仍然较为通畅。郑州市的宏观金融效率仍然较高，其在河南省宏观金融效率方面的优势地位是不能轻易撼动的。

7.4.2　郑州市金融效率竞争力的三级指标：微观金融效率

2012~2013年，郑州市微观金融效率竞争力指标及其下属指标在河南省的排位变化情况，如表7-4-2和图7-4-1所示。

表7-4-2　郑州市2012~2013年微观金融效率竞争力及其四级指标

年　份		贷存比	保险深度	证券市场效率	微观金融效率竞争力
2012	原值（%）	65.03	3.21	12.65	0.0017
	标准化后	0.5057	0.8796	0.3436	
2013	原值（%）	75.04	3.58	11.34	0.2989
	标准化后	1.1725	1.7929	0.0946	
2012年排名		5	4	4	10
2013年排名		3	1	5	6
升降		2	3	-1	4

①2013年郑州市微观金融效率竞争力指标在整个河南省的综合排位为第6位，表明其在河南省处于较优势地位，与2012年相比排位上升了4位。

②从指标所处水平看，2013年郑州市的贷存比、保险深度指标排位均很靠前，属于

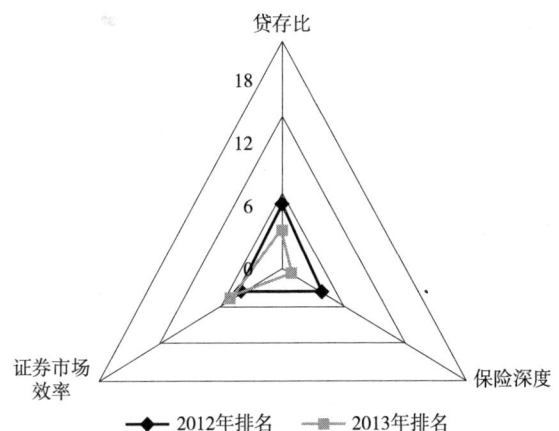

图 7-4-1 郑州市 2012~2013 年微观金融效率竞争力及其四级指标比较

绝对优势指标;证券市场效率指标排位比较靠前,属于较优势指标。

③从雷达图图形变化看,2013 年与 2012 年相比,面积有所缩小,说明微观效率竞争力呈现上升趋势。

④从排位变化的动因看,在贷存比和保险深度指标排位上升和证券市场效率排位略微有所下降的综合作用下,2013 年郑州市微观金融效率竞争力指标综合排位上升了 4 位,居河南第 6 位。

7.4.3 郑州市金融效率竞争力指标分析

2012~2013 年,郑州市金融效率竞争力指标及其下属指标在河南省的排位变化和指标结构情况,如表 7-4-3 所示。

表 7-4-3 郑州市 2012~2013 年金融效率竞争力指标及其三级指标

年　　份	宏观金融效率	微观金融效率	金融效率竞争力
2012	1.1741	0.0017	0.6321
2013	1.1246	0.2989	0.8836
2012 年排位	4	10	5
2013 年排位	4	6	4
升降	0	4	1

①2013 年郑州市金融效率竞争力指标综合排位为第 4 位,表明其在河南省处于较优势地位,与 2012 年相比排位上升了 1 位。

②从指标所处水平看,2013 年郑州市宏观金融效率和微观金融效率在整个河南省分别处于第 4 位和第 6 位,均属于较优势指标。

③从指标变化趋势看,宏观金融效率指标与上年相比没有变化,保持优势地位。而微观金融效率指标与上年相比有上升趋势,指标排位上升了 4 位。

④从排位综合分析看,在郑州市宏观金融效率排位不变和微观金融效率排位下降 4 位

的综合作用下，2013年郑州市金融效率竞争力指标排位上升了1位，处于河南省第4位。这说明微观金融效率的提高拉动了郑州市金融效率竞争力的提升，使整个郑州市的金融资源配置效率有所提高。

7.5 郑州市金融综合竞争力指标分析

2012~2013年，郑州市金融综合竞争力指标及其下属指标在河南省的排位变化和指标结构情况，如表7-5-1所示。

表7-5-1　郑州市2012~2013年金融综合竞争力指标及其二级指标

年　份	金融生态竞争力	金融规模竞争力	金融效率竞争力	金融综合竞争力
2012	3.7577	3.6801	0.6321	2.6234
2013	3.7474	3.6488	0.8836	2.6810
2012年排位	1	1	5	1
2013年排位	1	1	4	1
升降	0	0	1	0

①2013年郑州市金融综合竞争力排位为第1位，表明其在河南省处于绝对优势地位，与2012年相比排位没有发生变化。

②从指标所处水平看，2013年郑州市金融生态竞争力、金融规模竞争力两个指标均处于第1位，处于绝对优势地位，而金融效率竞争力指标在河南省处于第4位，处于较优势地位。

③从指标变化趋势看，金融生态竞争力和金融规模竞争力指标排位与上年相比均没有变化，金融效率竞争力指标排位与上年相比上升了1位。

④从排位综合分析看，两个指标的绝对优势和一个指标的相对优势，决定了2013年郑州市金融竞争力综合排位仍然居河南第1位。说明无论从金融生态、金融规模、金融效率三个方面分别评价，还是从金融竞争力方面进行综合评价，郑州市金融竞争力都始终在河南省具有较为明显的优势。郑州市的金融实力固然得益于其得天独厚的政治、经济和文化优势，但其遥遥领先的金融竞争力也逆推并带动了整个河南省经济的发展。

第 8 章
开封市 2013 年金融竞争力研究报告

8.1 开封市概述

开封市位于黄河中下游平原,太行山脉东南方,地处河南省中东部。2003 年开封加入中原城市群,并且成为郑州都市圈的功能城市,通过与郑州经济一体化,吸引和利用郑州的各种要素,促进了自身的发展。

2013 年,全市完成地区生产总值 1363.54 亿元,按可比口径计算,比上年增长了 10.8%;全社会固定资产投资完成 979.07 亿元,其中固定资产投资完成 941.68 亿元;社会消费品零售总额完成 577.81 亿元;全市进出口总额为 49988 万美元,其中出口总额为 41131 万美元;实际利用外资 43898 万美元,全市公共财政收入完成 80.74 亿元,比上年增长 30.4%。截至 2013 年底,金融机构存款余额达 1134.27 亿元,各项贷款余额为 699.42 亿元。

8.2 开封市金融生态竞争力分析

8.2.1 开封市金融生态环境的三级指标:区域经济实力

2012~2013 年,开封市区域经济实力竞争力指标及其下属指标在河南省的排位变化情况,如表 8-2-1 和图 8-2-1 所示。

表 8-2-1 开封市 2012~2013 年区域经济实力竞争力及其四级指标

年 份		GDP(亿元)	人均 GDP(元)	财政收入(亿元)	固定资产投资(亿元)	人均固定资产投资(元)	城镇人均可支配收入(元)	农村人均纯收入(元)	区域经济实力竞争力
2012	原值	1207.05	25922	61.92	738.21	15875.48	17545	7414	-0.6323
	标准化后	-0.3873	-0.5960	-0.3401	-0.5445	-0.8338	-1.0992	-0.5547	
2013	原值	1363.54	29349	80.74	941.68	20268.62	19492	8355	-0.5971
	标准化后	-0.3531	-0.5417	-0.2959	-0.5133	-0.7889	-1.0286	-0.5609	
2012 年排名		13	13	11	15	15	16	13	14
2013 年排名		13	13	11	15	15	15	13	14
升降		0	0	0	0	0	1	0	0

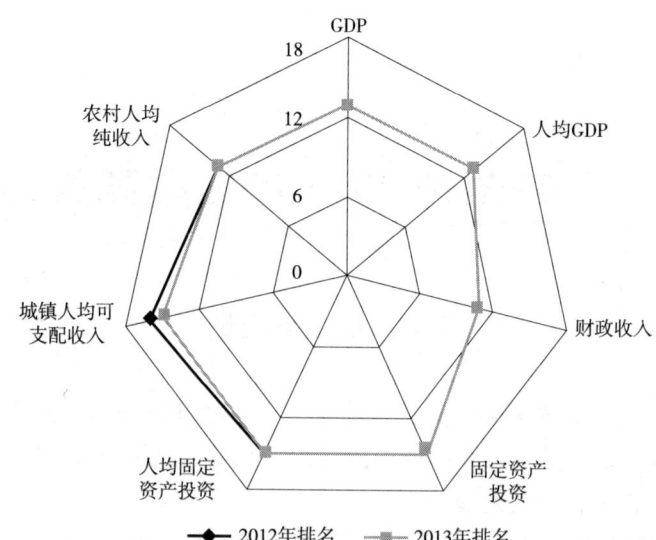

图 8-2-1 开封市 2012~2013 年区域经济实力竞争力及其四级指标比较

①2013 年开封市区域经济实力在整个河南省的综合排位为第 14 位，表明其在河南省处于较劣势地位，与 2012 年相比排位没有发生变化。

②从指标所处的水平看，GDP、人均 GDP、财政收入、固定资产投资、人均固定资产投资额、城镇人均可支配收入、农村人均纯收入在整个河南省排位均处于中下游，且为较劣势指标，这说明开封市的区域经济实力较弱。

③从雷达图图形变化看，2013 年与 2012 年相比，面积有略微变动，经济实力竞争力呈现上升趋势。

④从排位变化的动因看，除城镇人均可支配收入这一指标外，其余各项指标排名均保持不变，所以 2013 年开封市区域经济实力竞争力指标综合排位保持不变，居河南第 14 位。

8.2.2 开封市金融生态环境的三级指标：区域开放程度

2012~2013 年，开封市区域开放程度竞争力指标及其下属指标在河南省的排位变化情况，如表 8-2-2 所示。

表 8-2-2 开封市 2012~2013 年区域开放程度竞争力及其四级指标

年 份		实际利用外资额	进出口总额	区域开放程度竞争力
2012	原值（万美元）	36320	40248	-0.3564
	标准化后	-0.3901	-0.2992	
2013	原值（万美元）	43898	49988	-0.3621
	标准化后	-0.3964	-0.2961	
2012 年排名		12	14	15
2013 年排名		12	12	13
升降		0	2	2

①2013年开封市区域开放程度经过标准化和加权处理后得分为-0.3621,在整个河南省中排第13位,表明其区域开放程度在河南省处于较劣势地位,与2012年相比排位上升了2位。

②从指标所处水平看,2013年开封市实际利用外资额、进出口总额这两个指标均处于第12位,即在整个省域内处于中下游区,且均为较劣势指标,说明其经济开放程度较弱,外资的利用效率不高。

③从排位变化的动因看,2013年开封市的进出口总额在河南省的排位上升了2位,这使其2013年的区域开放程度竞争力指标的综合排位有所提升,居河南第13位。

8.2.3 开封市金融生态环境的三级指标:区域服务水平

2012~2013年,开封市区域服务水平竞争力指标及其下属指标在河南省的排位变化情况,如表8-2-3和图8-2-2所示。

表8-2-3 开封市2012~2013年区域服务水平竞争力及其四级指标

年份		会计师事务所数量	律师事务所数量	资产评估事务所数量	区域服务水平竞争力
2012	原值(所)	12	24	5	-0.3449
	标准化后	-0.2607	-0.4438	-0.3207	
2013	原值(所)	12	24	5	-0.3473
	标准化后	-0.2533	-0.4608	-0.3202	
2012年排名		10	14	12	15
2013年排名		10	15	11	14
升降		0	-1	1	1

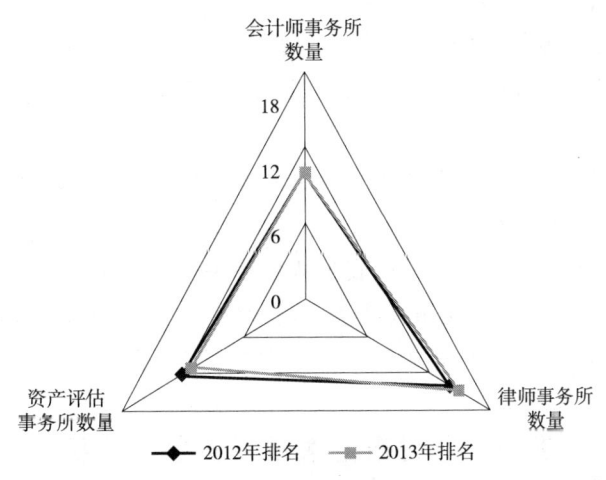

图8-2-2 开封市2012~2013年区域服务水平竞争力及其四级指标比较

①2013年开封市区域服务水平经过标准化和加权处理后得分为-0.3473,在整个河南省中排第14位,表明其区域开放程度在河南省处于较劣势地位,与2012年相比排位上

升了1位。

②从指标所处水平看，会计师事务所数量、律师事务所数量、资产评估事务所数量这三个指标在当年的河南省各个地市中排位分别为第10位、第15位和第11位，其中会计师事务所和资产评估事务所指标排位均处于中游区，且为中势指标，说明其金融服务水平良好，为金融业的发展提供了一定的保障。

③从雷达图图形变化看，2013年与2012年相比，面积稍有变动，2013年开封市律师事务所数量排位下降了1位，资产评估事务所数量排位上升了1位。在综合作用下，开封市区域服务水平竞争力指标综合排位提高，居河南第14位。

8.2.4 开封市金融生态竞争力指标分析

2012~2013年，开封市金融生态竞争力指标及其下属指标在河南省的排位变化和指标结构情况，如表8-2-4所示。

表8-2-4 开封市2012~2013年金融生态竞争力指标及其三级指标

年份	区域经济实力竞争力	区域开放程度竞争力	区域服务水平竞争力	金融生态竞争力
2012	-0.6323	-0.3564	-0.3449	-0.5286
2013	-0.5971	-0.3621	-0.3473	-0.5167
2012年排位	14	15	15	15
2013年排位	14	13	14	15
升降	0	2	1	0

①2013年开封市金融生态竞争力综合排位为第15位，表明其在河南省处于较劣势地位，与2012年相比，排位没有发生变化。

②从指标所处水平看，2013年区域经济实力竞争力、区域开放程度竞争力和区域服务水平竞争力三个指标排位分别为第14位、第13位和第14位，均处于下游区，且为较劣势指标。

③从指标变化趋势看，区域开放程度竞争力和区域服务水平竞争力两个指标与上年相比均有小幅调高，但仍处于较劣势地位。

④从排位综合分析看，三个指标的较劣势地位决定了2013年开封市金融生态竞争力综合排位仍然居河南第15位，说明其经济发展程度不高，开放程度较低，金融服务机构规模较小，金融生态环境竞争力较弱，还有待于进一步提升。

8.3 开封市金融规模竞争力分析

8.3.1 开封市金融规模竞争力的三级指标：银行业规模

2012~2013年，开封市银行业规模竞争力指标及其下属指标在河南省的排位变化情况，如表 8-3-1 和图 8-3-1 所示。

表 8-3-1 开封市 2012~2013 年银行业规模竞争力及其四级指标

年 份		金融系统存款余额	金融系统贷款余额	城乡居民储蓄余额	银行业规模竞争力
2012	原值（亿元）	961.23	554.32	658.31	-0.3545
	标准化后	-0.3488	-0.3179	-0.3887	
2013	原值（亿元）	1134.27	699.42	763.83	-0.3398
	标准化后	-0.3418	-0.2823	-0.3867	
2012 年排名		13	13	12	13
2013 年排名		13	13	12	12
升降		0	0	0	1

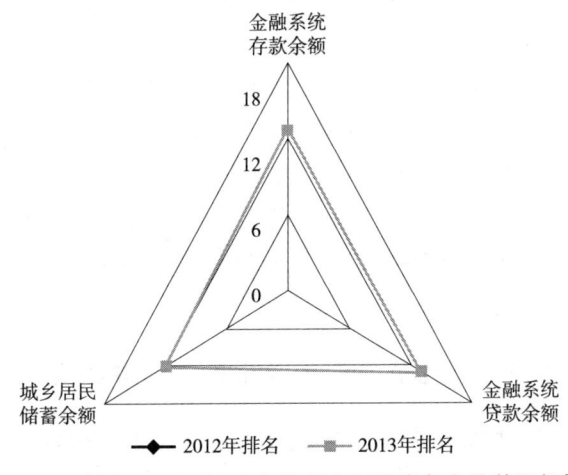

图 8-3-1 开封市 2012~2013 年银行业规模竞争力及其四级指标比较

①2013 年开封市银行业规模竞争力在整个河南省的综合排位为第 12 位，表明其在河南省处于较劣势地位，与 2012 年相比排位上升了 1 位。

②从指标所处水平看，金融系统存款余额和金融系统贷款余额这两个指标在河南省各个地市中均处于第 13 位，城乡居民储蓄余额指标处于第 12 位，各个指标在整个省域内均处于中下游区，且为较劣势地位。

③从雷达图图形变化看，2013 年与 2012 年相比，面积保持不变，2013 年的金融系统存款余额、金融系统贷款余额和城乡居民储蓄余额三个指标的排位均未发生变化。

8.3.2 开封市金融规模竞争力的三级指标：保险业规模

2012~2013 年，开封市保险业规模竞争力指标及其下属指标在河南省的排位变化情况，如表 8-3-2 所示。

表 8-3-2　开封市 2012~2013 年保险业规模竞争力及其四级指标

年　份		保险公司保费收入	保险赔付额	保险业规模竞争力
2012	原值（亿元）	28.57	5.96	-0.5066
	标准化后	-0.4924	-0.5187	
2013	原值（亿元）	32.72	8.64	-0.4666
	标准化后	-0.3951	-0.5365	
2012 年排名		14	14	14
2013 年排名		14	14	14
升降		0	0	0

①2013 年开封市保险业规模竞争力经过标准化和加权处理后得分为 -0.4666，在整个河南省中排第 14 位，表明其在河南省处于较劣势地位，与 2012 年相比排位没有发生变化。

②从指标所处水平看，保险公司保费收入和保险赔付额这两个指标在当年的河南省各个地市中均处于第 14 位，即在整个省域内处于中下游区，且为较劣势指标，说明该地区的保险业保险规模较小，保险实力及竞争力较弱。

③从排位变化的动因看，2013 年开封市的保险公司保费收入和保险赔付额在河南省的排位均未发生变化，这使其 2013 年的保险业规模竞争力指标的综合排位保持不变，居河南第 14 位。

8.3.3　开封市金融规模竞争力的三级指标：证券业规模

2012~2013 年，开封市证券业规模竞争力指标及其下属指标在河南省的排位变化情况，如表 8-3-3 所示。

表 8-3-3　开封市 2012~2013 年证券业规模竞争力及其四级指标

年　份		上市公司总资产（亿元）	本地区股本总数（亿股）	证券业规模竞争力
2012	原　值	27.75	3.64	-0.6582
	标准化后	-0.6610	-0.6257	
2013	原　值	49.71	5.03	-0.6985
	标准化后	-0.6761	-0.6941	
2012 年排名		17	17	17
2013 年排名		14	16	16
升降		3	1	1

①2013 年开封市证券业规模竞争力指标经过标准化和加权处理后得分为 -0.6985，在整个河南省中排第 16 位，表明其在河南省处于绝对劣势地位，与 2012 年相比排位上升了 1 位。

②从指标所处水平看，2013 年开封市上市公司总资产指标在河南省各个地市中排第

14 位,处于中下游区,且为较劣势地位,本地区股本总数排第 16 位,处于下游区,且为绝对劣势指标,体现了该区域证券市场的融资能力较弱。

③从排位变化的动因看,由于 2013 年开封市的上市公司总资产和本地区股本总数在河南省的排位均有不同程度提高,开封市的证券业规模竞争力指标在河南省的排位提高了 1 位。

8.3.4 开封市金融规模竞争力指标分析

2012~2013 年,开封市金融规模竞争力指标及其下属指标在河南省的排位变化和指标结构情况,如表 8-3-4 所示。

表 8-3-4 开封市 2012~2013 年金融规模竞争力指标及其三级指标

年 份	银行业规模	保险业规模	证券业规模	金融规模竞争力
2012	-0.3545	-0.5066	-0.6582	-0.5215
2013	-0.3398	-0.4666	-0.6985	-0.5218
2012 年排位	13	14	17	15
2013 年排位	12	14	16	16
升降	1	0	1	-1

①2013 年开封市金融规模竞争力综合排位为第 16 位,表明其在河南省处于绝对劣势地位,与 2012 年相比排位下降了 1 位。

②从指标所处水平看,2013 年开封市银行业规模、保险业规模两个指标排位均处于较劣势地位,证券业规模指标处于绝对劣势地位。

③从指标变化趋势看,保险业规模这一指标排位保持不变,银行业规模和证券业规模指标排位与上年相比均上升了 1 位。

④从排位综合分析看,三个指标的劣势决定了 2013 年开封市金融规模竞争力综合排位为河南省第 16 位。这说明在整个河南省中,开封市居民投资偏好较弱,银行业、保险业和证券业筹融资能力不强,综合体现了开封市的金融规模竞争力较差。

8.4 开封市金融效率竞争力分析

8.4.1 开封市金融效率竞争力的三级指标:宏观金融效率

2012~2013 年,开封市宏观金融效率竞争力指标及其下属指标在河南省的排位变化情况,如表 8-4-1 所示。

表 8-4-1 开封市 2012~2013 年宏观金融效率竞争力及其四级指标

年 份		经济储蓄动员力	储蓄投资转化系数	宏观金融效率竞争力
2012	原值(%)	54.54	89.18	0.1565
	标准化后	-0.1053	0.4097	

续表

年　份		经济储蓄动员力	储蓄投资转化系数	宏观金融效率竞争力
2013	原值（%）	56.02	81.11	0.0201
	标准化后	-0.2130	0.2522	
2012 年排名		11	7	8
2013 年排名		11	7	9
升降		0	0	-1

①2013 年开封市宏观金融效率竞争力指标经过标准化和加权处理后得分为 0.0201，在整个河南省中排第 9 位，表明其在河南省处于中势地位，与 2012 年相比排位下降了 1 位。

②从指标所处水平看，2013 年经济储蓄动员力在河南省的排位为第 11 位，位于中游区，处于中势地位；而储蓄投资转化系数这个指标在河南省排第 7 位，位于中上游区，处于较优势地位。

③从排位变化的动因看，由于 2013 年开封市的经济储蓄动员力和储蓄投资转化系数在河南省的排位保持不变，开封市的宏观金融效率竞争力指标在河南省的排位略有变动，居河南第 9 位。

8.4.2　开封市金融效率竞争力的三级指标：微观金融效率

2012～2013 年，开封市微观金融效率竞争力指标及其下属指标在河南省的排位变化情况，如表 8-4-2 和图 8-4-1 所示。

表 8-4-2　开封市 2012～2013 年微观金融效率竞争力及其四级指标

年　份		贷存比	保险深度	证券市场效率	微观金融效率竞争力
2012	原值（%）	57.67	2.36	0.98	-0.1040
	标准化后	-0.0531	-0.4635	-0.6736	
2013	原值（%）	61.66	2.40	1.47	-0.4302
	标准化后	0.1857	-0.4793	-0.5253	
2012 年排名		8	12	17	12
2013 年排名		7	13	16	14
升降		1	-1	1	-2

①2013 年开封市微观金融效率竞争力指标在整个河南省的综合排位为第 14 位，表明其在河南省处于较劣势地位，与 2012 年相比排位下降了 2 位。

②从指标所处水平看，2013 年开封市的贷存比指标排位为第 7 位，属于较优势指标；保险深度指标排位为第 13 位，属于较劣势指标；证券市场效率指标排位为第 16 位，属于绝对劣势指标。

③从雷达图图形变化看，2013 年与 2012 年相比，面积变化不大。

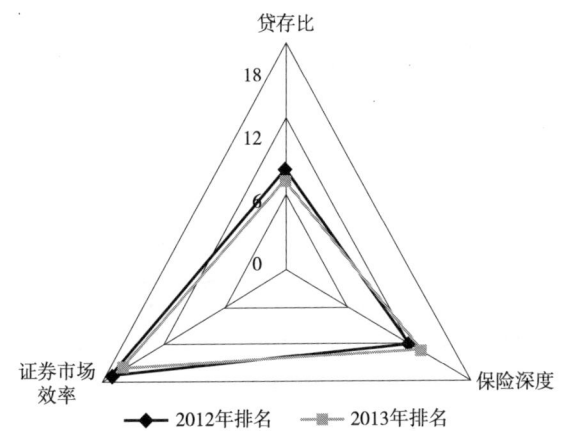

图 8-4-1 开封市 2012~2013 年微观金融效率竞争力及其四级指标比较

④从排位变化的动因看,在保险深度指标排位下降、贷存比和证券市场效率排位略微上升的综合作用下,2013 年开封市微观金融效率竞争力指标综合排位下降了 2 位,居河南第 14 位。

8.4.3 开封市金融效率竞争力指标分析

2012~2013 年,开封市金融效率竞争力指标及其下属指标在河南省的排位变化和指标结构情况,如表 8-4-3 所示。

表 8-4-3 开封市 2012~2013 年金融效率竞争力指标及其三级指标

年　份	宏观金融效率	微观金融效率	金融效率竞争力
2012	0.1565	-0.1040	0.1614
2013	0.0201	-0.4302	-0.3303
2012 年排位	8	12	9
2013 年排位	9	14	12
升降	-1	-2	-3

①2013 年开封市金融效率竞争力指标综合排位为第 12 位,表明其在河南省处于较劣势地位,与 2012 年相比排位下降了 3 位。

②从指标所处水平看,2013 年开封市宏观金融效率和微观金融效率在整个河南省分别处于第 9 位和第 14 位,分别属于中势和较劣势指标。

③从指标变化趋势看,宏观金融效率指标与上年相比排名下降了 1 位,处于中势地位,而微观金融效率指标与上年相比有下降趋势,指标排名下降了 2 名,处于较劣势地位。

④从排位综合分析看,在开封市宏观金融效率排位和微观金融效率排位同时下降的综合作用下,2013 年开封市金融效率竞争力指标排位下降了 3 位,居河南省第 12 位。这说明开封市的金融资源配置效率不高,金融效率竞争力有待进一步提升。

8.5 开封市金融综合竞争力指标分析

2012~2013年,开封市金融综合竞争力指标及其下属指标在河南省的排位变化和指标结构情况,如表8-5-1所示。

表8-5-1 开封市2012~2013年金融综合竞争力指标及其二级指标

年 份	金融生态竞争力	金融规模竞争力	金融效率竞争力	金融综合竞争力
2012	-0.5286	-0.5215	0.1614	-0.2952
2013	-0.5167	-0.5218	-0.3303	-0.4340
2012年排位	15	15	9	13
2013年排位	15	16	12	15
升降	0	-1	-3	-2

①2013年开封市金融综合竞争力排位为第15位,表明其在河南省处于较劣势地位,与2012年相比排位下降了2位。

②从指标所处水平看,2013年开封市金融生态竞争力、金融规模竞争力两个指标排位分别为第15位和第16位,处于劣势地位,而金融效率竞争力指标排位为第12位,处于中势地位。

③从指标变化趋势看,金融生态竞争力指标排位与上年相比没有发生变化,金融规模竞争力和金融效率竞争力指标排位与上年相比均小幅下降。

④从排位综合分析看,金融生态竞争力、金融规模竞争力和金融效率竞争力指标排位的相对靠后,决定了2013年开封市金融综合竞争力排位居河南第15位,总体来说开封市的金融实力较差,原因在于金融规模和金融生态发展落后,尤其是城镇人均可支配收入较低、保险业和证券业发展缓慢。

第 9 章
洛阳市 2013 年金融竞争力研究报告

9.1 洛阳市概述

洛阳市位于河南省西部,是河南省及中原城市群的副中心城市。洛阳市是中国的特大城市之一,是首批经国务院批准的享有地方立法权的 13 个较大城市之一,是重要的工业城市,同时也是首批中国创新型试点城市。

2013 年,洛阳市完成生产总值 3140.80 亿元,按可比价计算,比 2012 年增长了 4.65%。其中,第一产业增加值 248.9 亿元,增长 3.9%;第二产业增加值 1813.4 亿元,增长 7.4%;第三产业增加值 1078.5 亿元,增长 7.7%。三次产业结构为 7.9∶57.8∶34.3,三次产业对经济增长的贡献率分别为 3.8%、64.1% 和 32.1%。地方财政收入 234.00 亿元,增长 14.0%;规模以上工业增加值 1350.0 亿元,比上年增长 8.1%;固定资产投资 2589.00 亿元,比上年增长 22.76%;全年社会消费品零售总额 1257.7 亿元,比上年增长 13.9%;年底金融机构存款余额 3350.3 亿元,贷款余额 1966 亿元,分别较年初增加 447.83 亿元和 320.66 亿元;城镇人均可支配收入和农民人均纯收入分别达 24820 元和 8756 元。

9.2 洛阳市金融生态竞争力分析

9.2.1 洛阳市金融生态环境的三级指标:区域经济实力

2012~2013 年,洛阳市区域经济实力竞争力指标及其下属指标在河南省的排位变化情况,如表 9-2-1 和图 9-2-1 所示。

表 9-2-1 洛阳市 2012~2013 年区域经济实力竞争力及其四级指标

年　份		GDP(亿元)	人均 GDP(元)	财政收入(亿元)	固定资产投资(亿元)	人均固定资产投资(元)	城镇人均可支配收入(元)	农村人均纯收入(元)	区域经济实力竞争力
2012	原　值	2981.12	45316	205.26	2109.05	32003.79	22636	7777	0.6025
	标准化后	1.1671	0.8084	0.7536	1.3035	0.8471	1.5593	-0.3365	
2013	原　值	3140.80	47479	234.00	2589.00	39137.14	24820	8756	0.5672
	标准化后	1.0573	0.7185	0.6900	1.2900	0.8465	1.5646	-0.3436	
2012 年排名		2	4	2	2	4	2	10	3
2013 年排名		2	5	2	2	4	2	10	5
升降		0	-1	0	0	0	0	0	-2

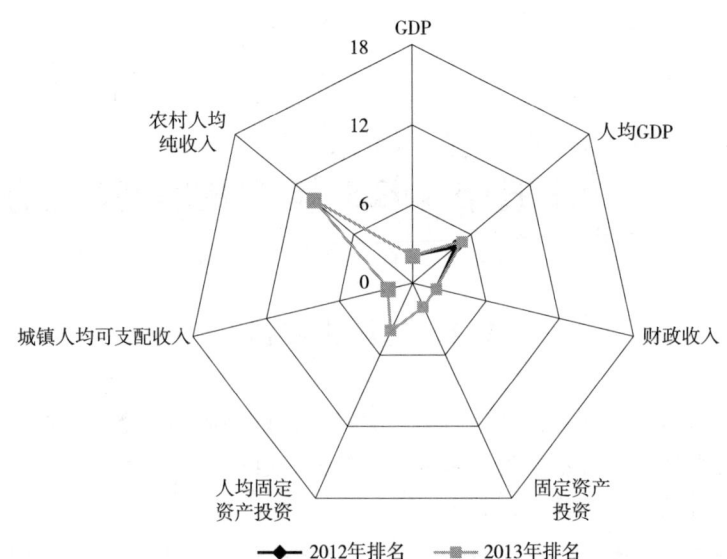

图 9-2-1　洛阳市 2012~2013 年区域经济实力竞争力及其四级指标比较

①2013 年洛阳市区域经济实力在整个河南省的综合排位为第 5 位，位于上游区，表明其在河南省处于较优势地位，与 2012 年相比排位下降了 2 位。

②从指标所处的水平看，GDP、固定资产投资、财政收入、城镇人均可支配收入在整个河南省排位均很靠前，说明洛阳市的经济已成规模；人均 GDP、人均固定资产投资在河南省排位较靠前，但相比于总体经济发展水平，排位有所下降，这是由于洛阳市较大的人口基数拉低了人均值；而农村人均纯收入在河南省排第 10 位，位于中游区，处于中势地位，优势已不明显，说明洛阳市农村人口基数较大，且总体收入一般，导致人均收入处于中游水平，洛阳市需要加大农村投入，提高农民收入。

③从雷达图图形变化看，2013 年与 2012 年相比，面积有所增大，经济实力竞争力呈现下降趋势。

④从排位变化的动因看，虽然其他各项指标排位保持不变，但人均 GDP 排位下降了 1 位，导致区域经济实力竞争力排位下降了 2 位，说明人均 GDP 是对区域经济实力影响较大的因子，提高人均 GDP 是洛阳市提高区域经济实力的有效途径。

9.2.2　洛阳市金融生态环境的三级指标：区域开放程度

2012~2013 年，洛阳市区域开放程度竞争力指标及其下属指标在河南省的排位变化情况，如表 9-2-2 所示。

表 9-2-2　洛阳市 2012~2013 年区域开放程度竞争力及其四级指标

年　份		实际利用外资额	进出口总额	区域开放程度竞争力
2012	原值（万美元）	199251	157664	0.7772
	标准化后	1.6603	-0.1571	

续表

年 份		实际利用外资额	进出口总额	区域开放程度竞争力
2013	原值（万美元）	222272	179484	0.9057
	标准化后	1.8968	-0.1646	
2012年排名		2	5	2
2013年排名		2	7	2
升降		0	-2	0

①2013年洛阳市区域开放程度经过标准化和加权处理后得分为0.9057，在整个河南省中排第2位，表明其区域开放程度在河南省位于上游区，处于绝对优势地位，与2012年相比排位没有发生变化。

②从指标所处水平看，实际利用外资额在当年的河南省各个地市中处于第2位，在整个省域内处于上游区，且为绝对优势指标，说明洛阳市利用外资的效率和规模都很高，对区域开放程度竞争力贡献较大；进出口总额在当年的河南省各个地市中处于第7位，在整个省域内处于中上游区，且为较优势指标，说明洛阳市的对外贸易发展水平较高，其对区域开放程度竞争力贡献较大。

③从排位变化的动因看，2013年洛阳市的进出口总额在河南省处于中上游区，排位为第7位，较2012年下降了2位，这对洛阳市的开放程度竞争力造成了一定的影响，但由于其他地市进出口总额在一定程度上有相对的增大或减少，同时实际利用外资额在河南省的排位没有发生变化，居第2位，处于上游区，这使其2013年区域开放程度竞争力指标的综合排位保持不变，居河南第2位。

9.2.3 洛阳市金融生态环境的三级指标：区域服务水平

2012~2013年，洛阳市区域服务水平竞争力指标及其下属指标在河南省的排位变化情况，如表9-2-3和图9-2-2所示。

表9-2-3 洛阳市2012~2013年区域服务水平竞争力及其四级指标

年 份		会计师事务所数量	律师事务所数量	资产评估事务所数量	区域服务水平竞争力
2012	原值（所）	31	83	15	0.4182
	标准化后	0.1391	0.8990	0.2089	
2013	原值（所）	32	85	16	0.4058
	标准化后	0.1748	0.7946	0.2408	
2012年排名		2	2	3	2
2013年排名		2	2	2	2
升降		0	0	1	0

①2013年洛阳市区域服务水平经过标准化和加权处理后得分为0.4058，在整个河南省中排第2位，表明其区域开放程度在河南省处于绝对优势地位，与2012年相比排位没

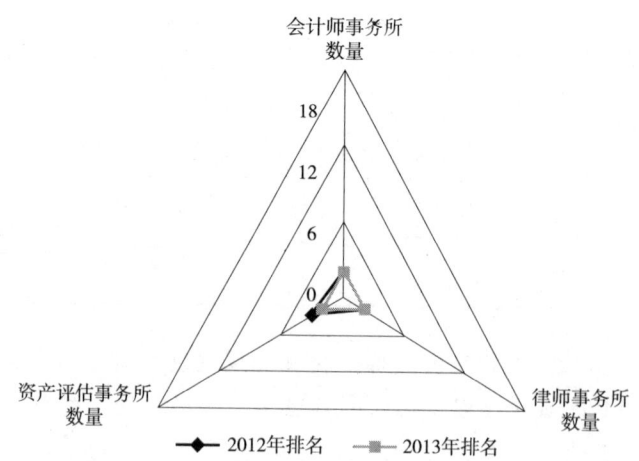

图 9-2-2 洛阳市 2012~2013 年区域服务水平竞争力及其四级指标比较

有发生变化。

②从指标所处水平看,会计师事务所数量、律师事务所数量、资产评估事务所数量这三个指标在当年的河南省各个地市中均处于第 2 位,即在整个省域内处于上游区,且均为绝对优势指标,说明其金融服务水平较高,为金融业的发展提供了良好的服务环境。

③从雷达图图形变化看,2013 年与 2012 年相比,面积有所减小。2013 年洛阳市的会计师事务所数量、律师事务所数量在河南省的排位均未发生变化,资产评估事务所数量排位上升了 1 位,但由于上升幅度较小,其对整体服务水平几乎没有影响。在综合作用下,洛阳市区域服务水平竞争力指标综合排位保持不变,居河南第 2 位。

9.2.4 洛阳市金融生态竞争力指标分析

2012~2013 年,洛阳市金融生态竞争力指标及其下属指标在河南省的排位变化和指标结构情况,如表 9-2-4 所示。

表 9-2-4 洛阳市 2012~2013 年金融生态竞争力指标及其三级指标

年 份	区域经济实力竞争力	区域开放程度竞争力	区域服务水平竞争力	金融生态竞争力
2012	0.6025	0.7772	0.4182	0.7086
2013	0.5672	0.9057	0.4058	0.7383
2012 年排位	3	2	2	2
2013 年排位	5	2	2	2
升降	-2	0	0	0

①2013 年洛阳市金融生态竞争力综合排位为第 2 位,表明其在河南省处于绝对优势地位,与 2012 年相比排位没有发生变化。

②从指标所处水平看,2013 年区域开放程度竞争力、区域服务水平竞争力两个指标排位均为第 2 位,位于上游区,处于绝对优势地位;区域经济实力竞争力指标排位为第 5

位，位于中上游区，处于较优势地位。

③从指标变化趋势看，区域开放程度竞争力、区域服务水平竞争力两个指标排位与上年相比均没有变化，保持绝对优势地位；区域经济实力竞争力指标与上年相比排位下降了2位，在河南省整体排名中由绝对优势地位降到较优势地位。

④从排位综合分析看，区域开放程度竞争力、区域服务水平竞争力两个指标的绝对优势地位和区域经济实力竞争力指标的较优势地位，决定了2013年洛阳市金融生态竞争力综合排位仍然居河南第2位。这说明其经济发展程度很高，在整个河南省中处于绝对领先地位，也从侧面反映了洛阳市在金融政策和方针走向上处于领先地位，发挥了其金融副中心的核心带头作用。

9.3 洛阳市金融规模竞争力分析

9.3.1 洛阳市金融规模竞争力的三级指标：银行业规模

2012~2013年，洛阳市银行业规模竞争力指标及其下属指标在河南省的排位变化情况，如表9-3-1和图9-3-1所示。

表9-3-1 洛阳市2012~2013年银行业规模竞争力及其四级指标

年　份		金融系统存款余额	金融系统贷款余额	城乡居民储蓄余额	银行业规模竞争力
2012	原值（亿元）	2902.47	1645.34	1465.16	0.5192
	标准化后	0.5112	0.4196	0.6155	
2013	原值（亿元）	3350.3	1966.00	1659.80	0.4665
	标准化后	0.4813	0.3346	0.5720	
2012年排名		2	2	2	2
2013年排名		2	2	2	2
升降		0	0	0	0

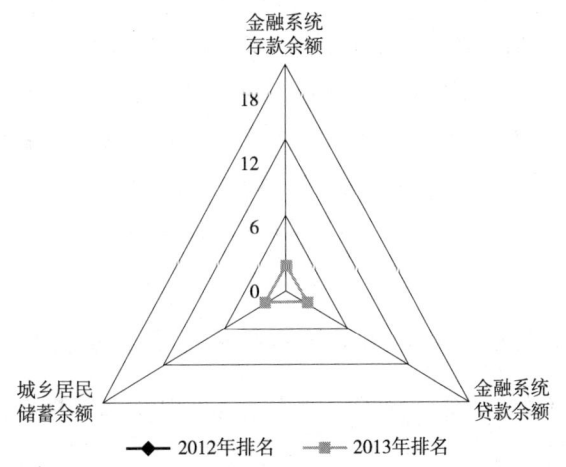

图9-3-1 洛阳市2012~2013年银行业规模竞争力及其四级指标比较

①2013年洛阳市银行业规模竞争力在整个河南省的综合排位为第2位，表明其在河南省处于绝对优势地位，与2012年相比排位没有发生变化。

②从指标所处水平看，金融系统存款余额、金融系统贷款余额、城乡居民储蓄余额三个指标在当年的河南省各个地市中均处于第2位，均处于上游区，且为绝对优势指标，说明其金融资产规模较大，容易形成规模效应，从而降低资金的操作成本，提高洛阳市的资源配置效率。

③从雷达图图形变化看，2013年与2012年相比，面积保持不变，2013年的金融系统存款余额、金融系统贷款余额、城乡居民储蓄余额三个指标的排位都没有发生变化。在综合作用下，洛阳市银行业规模竞争力指标综合排位保持不变，居河南第2位。

9.3.2 洛阳市金融规模竞争力的三级指标：保险业规模

2012~2013年，洛阳市保险业规模竞争力指标及其下属指标在河南省的排位变化情况，如表9-3-2所示。

表9-3-2 洛阳市2012~2013年保险业规模竞争力及其四级指标

年 份		保险公司保费收入	保险赔付额	保险业规模竞争力
2012	原值（亿元）	64.43	16.79	0.5305
	标准化后	0.4802	0.5785	
2013	原值（亿元）	70.81	25.80	0.6212
	标准化后	0.4326	0.8077	
2012年排名		3	2	3
2013年排名		3	2	2
升降		0	0	1

①2013年洛阳市保险业规模竞争力经过标准化和加权处理后得分为0.6212，在整个河南省中排第2位，表明其在河南省处于绝对优势地位，与2012年相比排位上升了1位。

②从指标所处水平看，保险公司保费收入指标在当年的河南省各个地市中处于第3位，保险赔付额指标在当年的河南省各个地市中处于第2位，即两个指标在整个省域内处于上游区，且均为绝对优势指标，说明该地区的保险业保险规模较大，保险实力及竞争力较强。

③从排位变化的动因看，2013年洛阳市的保险公司保费收入和保险赔付额在河南省的排位均未发生变化，但由于其基数较大，且其他地市的保费收入和保险赔付额在一定程度上有相对的增大或减少，在综合作用下，2013年洛阳市保险业规模竞争力指标的综合排位上升了1位，居河南第2位。

9.3.3 洛阳市金融规模竞争力的三级指标：证券业规模

2012~2013年，洛阳市证券业规模竞争力指标及其下属指标在河南省的排位变化情况，如表9-3-3所示。

表9-3-3 洛阳市2012~2013年证券业规模竞争力及其四级指标

年 份		上市公司总资产（亿元）	本地区股本总数（亿股）	证券业规模竞争力
2012	原 值	543.77	106.59	1.7531
	标准化后	1.0159	2.4114	
2013	原 值	653.16	107.49	2.0122
	标准化后	1.4822	2.4649	
2012年排名		2	2	2
2013年排名		2	2	2
升降		0	0	0

①2013年洛阳市证券业规模竞争力指标经过标准化和加权处理后得分为2.0122，在整个河南省中排第2位，表明其在河南省处于绝对优势地位，与2012年相比排位没有发生变化。

②从指标所处水平看，2013年洛阳市上市公司总资产、本地区股本总数这两个指标均在河南省各个地市中处于第2位，即在整个省域内处于上游区，且均为绝对优势指标，说明洛阳市证券市场凝聚优势企业及投资者的能力较强，从侧面体现了该区域证券市场具有较强的融资能力。

③从排位变化的动因看，由于2013年洛阳市的上市公司总资产、本地区股本总数在河南省的排位不变，洛阳市的证券业规模竞争力指标在河南省的排位保持不变。

9.3.4 洛阳市金融规模竞争力指标分析

2012~2013年，洛阳市金融规模竞争力指标及其下属指标在河南省的排位变化和指标结构情况，如表9-3-4所示。

表9-3-4 洛阳市2012~2013年金融规模竞争力指标及其三级指标

年 份	银行业规模	保险业规模	证券业规模	金融规模竞争力
2012	0.5192	0.5305	1.7531	0.9529
2013	0.4665	0.6212	2.0122	1.0577
2012年排位	2	3	2	2
2013年排位	2	2	2	2
升降	0	1	0	0

①2013年洛阳市金融规模竞争力综合排位为第2位，表明其在河南省处于绝对优势地位，与2012年相比排位没有发生变化。

②从指标所处水平看，2013年洛阳市银行业规模、保险业规模和证券业规模三个指标的排位均处于第2位，处于绝对优势地位。

③从指标变化趋势看，银行业规模、证券业规模两个指标排位与上年相比均未变化，保险业规模与上年相比排位上升了1位，三个指标均保持了绝对优势地位。

④ 从排位综合分析看,三个指标的绝对优势决定了 2013 年洛阳市金融规模竞争力也处于绝对优势。虽然洛阳市的保险业规模较上年排位有所上升,但其基数未能超过省会郑州市,因此综合排位仍然为河南第 2 位。在整个河南省中,洛阳市居民具有强大的投资偏好,银行业、保险业和证券业具有较高的融资能力,这使得洛阳市能够吸纳较多的资金供求者,有效地实现区域内资金需求的对接。这些实力都具体表现为较高的金融规模竞争力。在金融规模竞争力方面,洛阳市在河南省起到了很好的模范作用。

9.4 洛阳市金融效率竞争力分析

9.4.1 洛阳市金融效率竞争力的三级指标:宏观金融效率

2012~2013 年,洛阳市宏观金融效率竞争力指标及其下属指标在河南省的排位变化情况,如表 9-4-1 所示。

表 9-4-1 洛阳市 2012~2013 年宏观金融效率竞争力及其四级指标

年份		经济储蓄动员力	储蓄投资转化系数	宏观金融效率竞争力
2012	原值(%)	49.15	69.47	-0.5142
	标准化后	-0.5175	-0.4824	
2013	原值(%)	52.85	64.11	-0.5116
	标准化后	-0.4439	-0.5522	
2012 年排名		12	13	12
2013 年排名		12	13	13
升降		0	0	-1

① 2013 年洛阳市宏观金融效率竞争力指标经过标准化和加权处理后得分为 -0.5116,在整个河南省中排第 13 位,位于中下游区,表明其在河南省处于较劣势地位,与 2012 年相比排位下降了 1 位。

② 从指标所处水平看,2013 年经济储蓄动员力、储蓄投资转化系数这两个指标当年在河南省的排位分别为第 12 位和第 13 位,排位较为靠后,处于较劣势地位。

③ 从排位变化的动因看,虽然 2013 年洛阳市的经济储蓄动员力、储蓄投资转化系数在河南省的排位不变,但由于其基数较小,且其他地市的经济储蓄动员力、储蓄投资转化系数在一定程度上相对增大或减少,2013 年洛阳市的宏观金融效率竞争力指标在河南省的排位下降了 1 位,居河南第 13 位。这表现了洛阳市的宏观经济对储蓄资源的动员力仍然较弱,储蓄向投资转化的渠道不够通畅。洛阳市的宏观金融效率仍然较低,其在河南省宏观金融效率方面的劣势地位有待改善。

9.4.2 洛阳市金融效率竞争力的三级指标:微观金融效率

2012~2013 年,洛阳市微观金融效率竞争力指标及其下属指标在河南省的排位变化情况，如表9-4-2和图9-4-1所示。

表9-4-2 洛阳市2012~2013年微观金融效率竞争力及其四级指标

年	份	贷存比	保险深度	证券市场效率	微观金融效率竞争力
2012	原值（%）	56.69	2.16	4.64	0.0906
	标准化后	-0.1275	-0.7795	-0.3546	
2013	原值（%）	58.68	2.25	9.52	-0.2723
	标准化后	-0.0341	-0.7681	-0.0202	
2012年排名		9	14	10	9
2013年排名		9	14	8	12
升降		0	0	2	-3

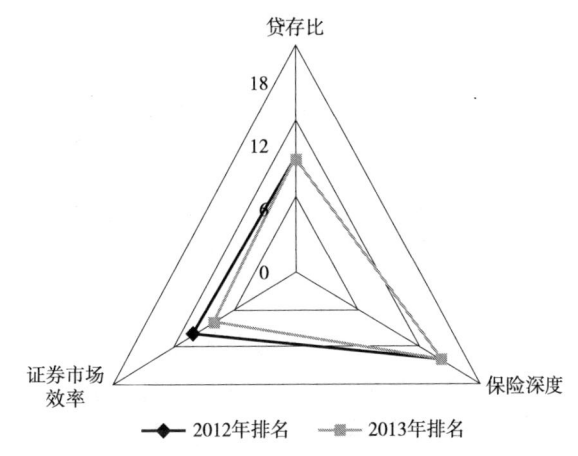

图9-4-1 洛阳市2012~2013年微观金融效率竞争力及其四级指标比较

①2013年洛阳市微观金融效率竞争力指标在整个河南省的综合排位为第12位，表明其在河南省处于较劣势地位，与2012年相比排位下降了3位。

②从指标所处水平看，2013年洛阳市的贷存比、证券市场效率指标分别居第9位和第8位，在河南省中处于中游区，属于中势指标；保险深度指标居第14位，在河南省中处于中下游区，属于较劣势指标。

③从雷达图图形变化看，2013年与2012年相比，面积有所缩小，说明2013年洛阳市的微观效率竞争力较2012年有上升趋势。

④从排位变化的动因看，虽然贷存比和保险深度指标排位不变、证券市场效率指标排位有所上升，2013年洛阳市微观金融效率较自身有所提高，但提高幅度不大，且其他地市贷存比、保险深度和证券市场效率在一定程度上有相对的提升或降低，导致2013年洛阳市微观金融效率竞争力指标综合排位下降了3位，居河南第12位。

9.4.3 洛阳市金融效率竞争力指标分析

2012~2013年,洛阳市金融效率竞争力指标及其下属指标在河南省的排位变化和指标结构情况,如表9-4-3所示。

表9-4-3 洛阳市2012~2013年金融效率竞争力指标及其三级指标

年 份	宏观金融效率	微观金融效率	金融效率竞争力
2012	-0.5142	0.0906	-0.3445
2013	-0.5116	-0.2723	-0.5103
2012年排位	12	9	12
2013年排位	13	12	13
升降	-1	-3	-1

①2013年洛阳市金融效率竞争力指标综合排位为第13位,表明其在河南省处于较劣势地位,与2012年相比排位下降了1位。

②从指标所处水平看,2013年洛阳市宏观金融效率和微观金融效率在河南省分别处于第13位和第12位,位于中下游区,均属于较劣势指标。

③从指标变化趋势看,宏观金融效率指标与上年相比排位下降了1位,处于较劣势地位;微观金融效率指标与上年相比排位下降了3位,由中游区下降到中下游区,该指标由中势指标变为较劣势指标。

④从排位综合分析看,在洛阳市宏观金融效率和微观金融效率排位分别下降了1位和3位的作用下,2013年洛阳市金融效率竞争力指标排位下降了1位,居河南省第13位。这说明洛阳市的宏观金融效率和微观金融效率均有所下降,且处于较劣势地位。在综合作用下,这使得洛阳市金融效率竞争力处于较劣势地位,这是洛阳市金融发展的"软肋",洛阳市应将提高金融效率作为下一步的发展重点,提高其金融资源配置效率。

9.5 洛阳市金融综合竞争力指标分析

2012~2013年,洛阳市金融综合竞争力指标及其下属指标在河南省的排位变化和指标结构情况,如表9-5-1所示。

表9-5-1 洛阳市2012~2013年金融综合竞争力指标及其二级指标

年 份	金融生态竞争力	金融规模竞争力	金融效率竞争力	金融综合竞争力
2012	0.7086	0.9529	-0.3445	0.4516
2013	0.7383	1.0577	-0.5103	0.4635
2012年排位	2	2	12	2
2013年排位	2	2	13	2
升降	0	0	-1	0

①2013年洛阳市金融综合竞争力排位处于上游区，位于第2位，表明其在河南省处于绝对优势地位，与2012年相比排位没有发生变化。

②从指标所处水平看，2013年洛阳市金融生态竞争力、金融规模竞争力两个指标均为第2位，处于绝对优势地位；但金融效率竞争力指标在河南省中的排位处于第13位，处于较劣势地位。

③从指标变化趋势看，金融生态竞争力和金融规模竞争力指标排位与上年相比均未变化，金融效率竞争力指标排位与上年相比下降了1位。

④从排位综合分析看，2013年洛阳市金融生态竞争力和金融规模竞争力的综合排位仍然为河南省第2位，处于绝对优势地位，但其金融效率竞争力在河南省的综合排位为第13位，处于较劣势地位。金融生态竞争力和金融规模竞争力的绝对优势，使得2013年洛阳市的金融综合竞争力仍然居河南省第2位，处于绝对优势地位，说明洛阳市的金融综合竞争力固然得益于其得天独厚的政治、经济和文化优势，但其遥遥领先的金融竞争力也逆推并带动了整个河南省经济的发展。不过，不得不引起重视的是，洛阳市的金融效率竞争力还有待提升，洛阳市需要合理配置资本市场要素，提高资金使用效率，使自身成为全方位发展的经济强市。

第 10 章
平顶山市 2013 年金融竞争力研究报告

10.1 平顶山市概述

平顶山市位于河南省中南部,是以能源、原材料工业为主体,煤炭、电力、钢铁、纺织、化工等工业综合发展的新兴工业城市。2003 年,平顶山市被确定为中原城市群九个中心城市之一,被誉为中原之崛起城市。

2013 年,全市完成地区生产总值 1556.90 亿元,规模以上工业完成增加值 2973.3 亿元,固定资产投资完成 1231.80 亿元,社会消费品零售总额完成 540.9 亿元,全市进出口总额为 47610 万美元,其中出口总额为 36514 万美元,实际利用外资 45318 万美元,财政收入完成 119.70 亿元。截至 2013 年底,金融机构各项存款余额达 1666.20 亿元,居民储蓄余额达 1034.80 亿元,各项贷款余额为 1060.60 亿元。

10.2 平顶山市金融生态竞争力分析

10.2.1 平顶山市金融生态环境的三级指标:区域经济实力

2012~2013 年,平顶山市区域经济实力竞争力指标及其下属指标在河南省的排位变化情况,如表 10-2-1 和图 10-2-1 所示。

表 10-2-1 平顶山市 2012~2013 年区域经济实力竞争力及其四级指标

年份		GDP(亿元)	人均 GDP(元)	财政收入(亿元)	固定资产投资(亿元)	人均固定资产投资(元)	城镇人均可支配收入(元)	农村人均纯收入(元)	区域经济实力竞争力
2012	原值	1495.80	30380	107.36	1004.99	20385.19	20610	7518	-0.1667
	标准化后	-0.1343	-0.2732	0.0067	-0.1849	-0.3638	0.5013	-0.4922	
2013	原值	1556.90	31521	119.70	1231.80	24849.71	22482	8541	-0.2125
	标准化后	-0.1997	-0.3907	-0.0453	-0.1957	-0.3918	0.4266	-0.4601	
2012 年排名		9	10	4	10	12	5	12	11
2013 年排名		10	10	5	10	12	5	12	11
升降		-1	0	-1	0	0	0	0	0

①2013 年平顶山市区域经济实力在整个河南省的综合排位为第 11 位,表明其在河南

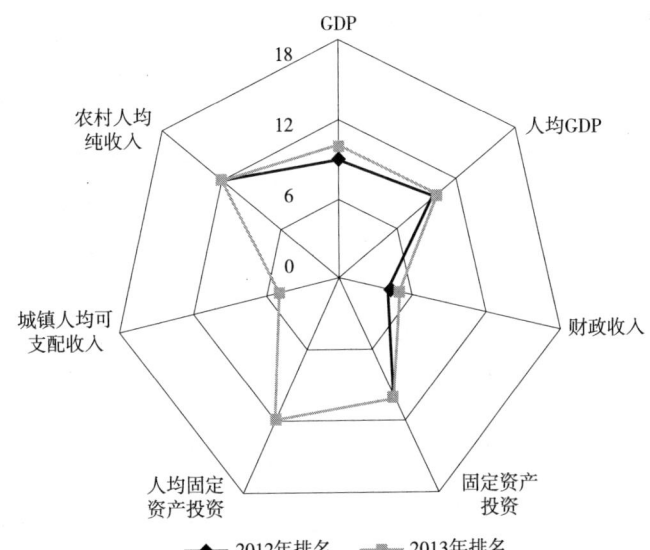

图 10-2-1 平顶山市 2012~2013 年区域经济实力竞争力及其四级指标比较

省处于中势地位,与 2012 年相比排位没有发生变化。

②从指标所处的水平看,财政收入和城镇人均可支配收入在整个河南省的排位均很靠前、GDP、固定资产投资、人均 GDP 排位处于中游区,且为中势指标,人均固定资产投资额和农村人均纯收入处于中下游区,且为较劣势指标,平顶山市的区域经济实力在河南省处于中等地位。

③从雷达图图形变化看,2013 年与 2012 年相比,面积有所增大,经济实力竞争力呈现下降趋势。

④从排位变化的动因看,除 GDP 和财政收入指标外,其余各项指标排位均保持不变,所以 2013 年平顶山市区域经济实力竞争力指标综合排位保持不变,居河南第 11 位。

10.2.2 平顶山市金融生态环境的三级指标:区域开放程度

2012~2013 年,平顶山市区域开放程度竞争力指标及其下属指标在河南省的排位变化情况,如表 10-2-2 所示。

表 10-2-2 平顶山市 2012~2013 年区域开放程度竞争力及其四级指标

年	份	实际利用外资额	进出口总额	区域开放程度竞争力
2012	原值(万美元)	37358	40702	-0.3494
	标准化后	-0.3771	-0.2987	
2013	原值(万美元)	45318	47610	-0.3538
	标准化后	-0.3782	-0.2985	
2012 排名		10	13	14
2013 排名		10	13	12
升降		0	0	2

①2013年平顶山市区域开放程度经过标准化和加权处理后得分为-0.3538，在整个河南省中第12位，表明其区域开放程度在河南省处于较劣势地位，与2012年相比排位上升了2位。

②从指标所处水平看，实际利用外资额在当年的河南省各个地级市中排位为第10位，处于中游区，且为中势指标，进出口总额排位为第13位，处于中下游区且均为较劣势指标，说明其经济开放程度较低，外资的利用效率还有待进一步提高。

③从排位变化的动因看，2013年平顶山市的实际利用外资额和进出口总额在河南省的排位均未发生变化，在其他地市指标变动的综合作用下，这使其2013年的区域开放程度竞争力指标的综合排位处于河南第12位。

10.2.3 平顶山市金融生态环境的三级指标：区域服务水平

2012~2013年，平顶山市区域服务水平竞争力指标及其下属指标在河南省的排位变化情况，如表10-2-3和图10-2-2所示。

表10-2-3 平顶山市2012~2013年区域服务水平竞争力及其四级指标

年份		会计师事务所数量	律师事务所数量	资产评估事务所数量	区域服务水平竞争力
2012	原值（所）	15	32	6	-0.2448
	标准化后	-0.1976	-0.2617	-0.2677	
2013	原值（所）	15	36	5	-0.2431
	标准化后	-0.1891	-0.2138	-0.3202	
2012年排名		5	10	8	8
2013年排名		5	8	11	8
升降		0	2	-3	0

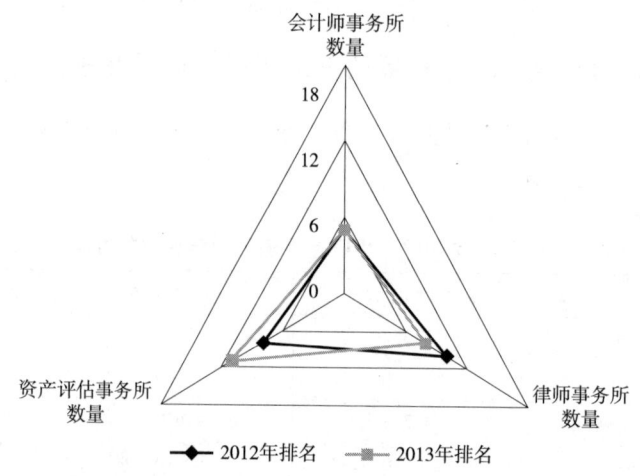

图10-2-2 平顶山市2012~2013年区域服务水平竞争力及其四级指标比较

①2013年平顶山市区域服务水平经过标准化和加权处理后得分为-0.2431，在整个河南省中排第8位，与2012年相比排位没有发生变化。

②从指标所处水平看，会计师事务所数量在当年的河南省各个地市中位于第5位，处于上游区，且为较优势指标，律师事务所数量和资产评估事务所数量分别位于第8位和第11位，处于中游区，且为中势指标。

③从雷达图图形变化看，2013年与2012年相比，面积基本保持不变，2013年的会计师事务所数量、律师事务所数量和资产评估事务所数量在河南省的排位有升有降。在综合作用下，平顶山市区域服务水平竞争力指标综合排位保持不变，居河南第8位。

10.2.4 平顶山市金融生态竞争力指标分析

2012~2013年，平顶山市金融生态竞争力指标及其下属指标在河南省的排位变化和指标结构情况，如表10-2-4所示。

表10-2-4 平顶山市2012~2013年金融生态竞争力指标及其三级指标

年 份	区域经济实力竞争力	区域开放程度竞争力	区域服务水平竞争力	金融生态竞争力
2012	-0.1667	-0.3494	-0.2448	-0.2973
2013	-0.2125	-0.3538	-0.2431	-0.3165
2012年排位	11	14	8	12
2013年排位	11	12	8	12
升降	0	2	0	0

①2013年平顶山市金融生态竞争力综合排位为第12位，表明其在河南省处于较劣势地位，与2012年相比排位没有变化。

②从指标所处水平看，2013年区域经济实力竞争力、区域服务水平竞争力两个指标的排位分别为第11位和第8位，处于中游区，且为中势指标，区域开放程度竞争力的排位为第12位，处于中下游区，且为较劣势指标。区域服务水平竞争力明显优于其他两个指标，说明其支撑经济发展的服务准备较为完善。

③从指标变化趋势看，区域经济实力竞争力和区域服务水平竞争力指标排位与上年相比均未发生变化，区域开放程度竞争力指标排位上升了2位。

④从排位综合分析看，仅区域开放程度竞争力排位上升了2位，且变动幅度较小，因此，2013年平顶山市金融生态竞争力综合排位仍然居河南第12位，说明其金融生态环境状况受经济实力和对外开放程度影响较重。

10.3 平顶山市金融规模竞争力分析

10.3.1 平顶山市金融规模竞争力的三级指标：银行业规模

2012~2013年，平顶山市银行业规模竞争力指标及其下属指标在河南省的排位变化情况，如表10-3-1和图10-3-1所示。

①2013年平顶山市银行业规模竞争力在整个河南省的综合排位为第8位，表明其在

河南省处于中势地位,与2012年相比排位下降2位。

表10-3-1 平顶山市2012~2013年银行业规模竞争力及其四级指标

年 份		金融系统存款余额	金融系统贷款余额	城乡居民储蓄余额	银行业规模竞争力
2012	原值(亿元)	1457.38	934.97	914.37	-0.0873
	标准化后	-0.129	-0.0606	-0.07	
2013	原值(亿元)	1666.20	1060.60	1034.80	-0.1169
	标准化后	-0.1442	-0.1064	-0.0968	
2012年排名		6	4	9	6
2013年排名		7	4	10	8
升降		-1	0	-1	-2

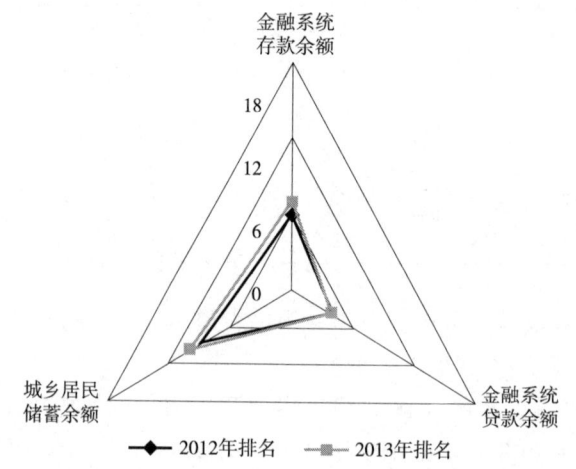

图10-3-1 平顶山市2012~2013年银行业规模竞争力及其四级指标比较

②从指标所处水平看,金融系统存款余额、金融系统贷款余额两个指标在当年的河南省各个地市中分别处于第7位和第4位,在整个省域内处于中上游区,且为较优势指标;城乡居民储蓄余额的排位为第10位,处于中游区,且为中势指标,说明其社会对金融资产的需求性较大,同时金融资产在规模上较大,容易形成规模效应,降低资金的操作成本,提高资源配置的效率。

③从雷达图图形变化看,2013年与2012年相比,面积略微变大,2013年的金融系统存款余额和城乡居民储蓄余额指标的排位均下降了1位。在综合作用下,平顶山市银行业规模竞争力指标综合排位下降了2位,居河南第8位。

10.3.2 平顶山市金融规模竞争力的三级指标:保险业规模

2012~2013年,平顶山市保险业规模竞争力指标及其下属指标在河南省的排位变化情况,如表10-3-2所示。

表 10-3-2　平顶山市 2012~2013 年保险业规模竞争力及其四级指标

年 份		保险公司保费收入	保险赔付额	保险业规模竞争力
2012	原值（亿元）	39.09	10.02	-0.1575
	标准化后	-0.2071	-0.1073	
2013	原值（亿元）	42.06	14.33	-0.1417
	标准化后	-0.1922	-0.0908	
2012 年排名		12	7	10
2013 年排名		11	7	8
升降		1	0	2

①2013 年平顶山市保险业规模竞争力经过标准化和加权处理后得分为 -0.1417，在整个河南省中排第 8 位，表明其在河南省处于中势地位，与 2012 年相比排位上升 2 位。

②从指标所处水平看，保险公司保费收入在当年的河南省各个地市中处于第 11 位，即在整个省域内处于中游区，且为中势指标；保险赔付额排位为第 7 位，处于上游区，且为较优势指标，说明该地区的保险业保险规模较大，保险实力及竞争力较强。

③从排位变化的动因看，2013 年平顶山市的保险公司保费收入在河南省的排位上升 1 位，保险赔付额的排位保持不变。在综合作用下，其 2013 年的保险业规模竞争力指标的综合排位上升 2 位，居河南省第 8 位。

10.3.3　平顶山市金融规模竞争力的三级指标：证券业规模

2012~2013 年，平顶山市证券业规模竞争力指标及其下属指标在河南省的排位变化情况，如表 10-3-3 所示。

表 10-3-3　平顶山市 2012~2013 年证券业规模竞争力及其四级指标

年 份		上市公司总资产（亿元）	本地区股本总数（亿股）	证券业规模竞争力
2012	原 值	368.39	36.22	0.3997
	标准化后	0.446	0.3354	
2013	原 值	403.48	36.22	0.4368
	标准化后	0.5892	0.2676	
2012 年排名		5	3	4
2013 年排名		4	4	3
升降		1	-1	1

①2013 年平顶山市证券业规模竞争力指标经过标准化和加权处理后得分为 0.4368，在整个河南省中排第 3 位，表明其在河南省处于绝对优势地位，与 2012 年相比排位上升了 1 位。

②从指标所处水平看，2013 年平顶山市上市公司总资产和本地区股本总数这两个指

标在河南省各个地市中均处于第 4 位,即在整个省域内处于上游区,且均为较优势指标,说明平顶山市证券市场凝聚优势企业及投资者的能力较强,从侧面体现了该区域证券市场具有较强的融资能力。

③从排位变化的动因看,由于 2013 年平顶山市的上市公司总资产和本地区股本总数在河南省的排位有升有降,在综合作用下,平顶山市的证券业规模竞争力指标在河南省的排位上升了 1 位。

10.3.4 平顶山市金融规模竞争力指标分析

2012～2013 年,平顶山市金融规模竞争力指标及其下属指标在河南省的排位变化和指标结构情况,如表 10-3-4 所示。

表 10-3-4 平顶山市 2012～2013 年金融规模竞争力指标及其三级指标

年　份	银行业规模	保险业规模	证券业规模	金融规模竞争力
2012	-0.0873	-0.1575	0.3997	0.0474
2013	-0.1169	-0.1417	0.4368	0.0512
2012 年排位	6	10	4	4
2013 年排位	8	8	3	4
升降	-2	2	1	0

①2013 年平顶山市金融规模竞争力综合排位为第 4 位,表明其在河南省处于较优势地位,与 2012 年相比排位没有发生变化。

②从指标所处水平看,2013 年平顶山市银行业规模和保险业规模指标排位均为第 8 位,处于中游区,且为中势指标;证券业规模指标排位为第 3 位,处于上游区,且为绝对优势指标。

③从指标变化趋势看,银行业规模、保险业规模和证券业规模三个指标与 2012 年相比均有所变动,分别降低了 2 位、上升了 2 位和上升了 1 位。

④从排位综合分析看,证券业规模指标的绝对优势决定了 2013 年平顶山市金融规模竞争力综合排位仍然为河南第 4 位。这说明平顶山银行业、保险业和证券业整体规模较大,粗具规模效应,能有效地实现区域内资金需求的对接,但与证券业相比,银行业和保险业表现略微逊色,仍有待于进一步改善和提升。

10.4 平顶山市金融效率竞争力分析

10.4.1 平顶山市金融效率竞争力的三级指标:宏观金融效率

2012～2013 年,平顶山市宏观金融效率竞争力指标及其下属指标在河南省的排位变化情况,如表 10-4-1 所示。

表 10-4-1 平顶山市 2012~2013 年宏观金融效率竞争力及其四级指标

年 份		经济储蓄动员力	储蓄投资转化系数	宏观金融效率竞争力
2012	原值（%）	61.13	90.98	0.4576
	标准化后	0.3986	0.4912	
2013	原值（%）	66.47	84.01	0.4816
	标准化后	0.5483	0.3894	
2012 年排名		6	5	6
2013 年排名		6	6	6
升降		0	-1	0

①2013 年平顶山市宏观金融效率竞争力指标经过标准化和加权处理后得分为 0.4816，在整个河南省中排第 6 位，表明其在河南省处于较优势地位，与 2012 年相比排位没有发生变化。

②从指标所处水平看，2013 年平顶山市经济储蓄动员力和储蓄投资转化系数这两个指标在河南省的排位均为第 6 位，处于较优势地位。

③从排位变化的动因看，由于 2013 年平顶山市的经济储蓄动员力和储蓄投资转化系数在河南省的排位变动不大，平顶山市的宏观金融效率竞争力指标在河南省的排位保持不变，仍居河南第 6 位。这表明平顶山市的宏观经济对储蓄资源的动员力仍然较强，储蓄向投资转化的渠道仍然较为通畅。

10.4.2 平顶山市金融效率竞争力的三级指标：微观金融效率

2012~2013 年，平顶山市微观金融效率竞争力指标及其下属指标在河南省的排位变化情况，如表 10-4-2 和图 10-4-1 所示。

表 10-4-2 平顶山市 2012~2013 年微观金融效率竞争力及其四级指标

年 份		贷存比	保险深度	证券市场效率	微观金融效率竞争力
2012	原值（%）	64.15	2.61	18.66	0.4841
	标准化后	0.4388	-0.0685	0.8674	
2013	原值（%）	63.65	2.7	15.09	0.0517
	标准化后	0.3325	0.0984	0.3297	
2012 年排名		6	9	2	5
2013 年排名		6	9	2	10
升降		0	0	0	-5

①2013 年平顶山市微观金融效率竞争力指标在整个河南省的综合排位为第 10 位，表明其在河南省处于中势地位，与 2012 年相比排位下降 5 位。

②从指标所处水平看，2013 年平顶山市的贷存比指标在整个河南省的排位为第 6 位，处于中上游区，且为较优势指标；保险深度指标排位为第 9 位，处于中游区，且为中势指标；证券市场效率指标排位为第 2 位，处于上游区，且为绝对优势指标。

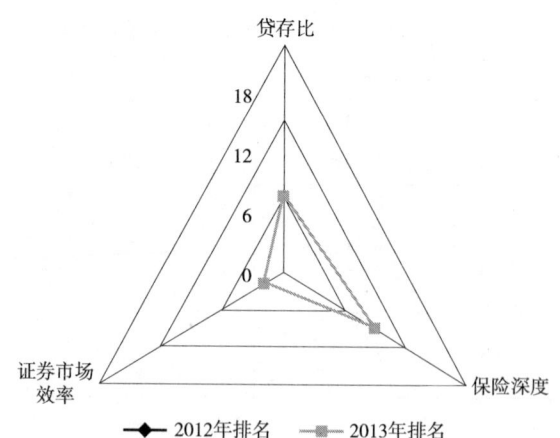

图10-4-1 平顶山市2012~2013年微观金融效率竞争力及其四级指标比较

③从雷达图图形变化看,2013年与2012年相比,面积不变。

④从排位变化的动因看,虽然三个指标排名没有变动,但是在省内其他地市指标变动的影响下,2013年平顶山市微观金融效率竞争力指标综合排位下降了5位,居河南第10位。

10.4.3 平顶山市金融效率竞争力指标分析

2012~2013年,平顶山市金融效率竞争力指标及其下属指标在河南省的排位变化和指标结构情况,如表10-4-3所示。

表10-4-3 平顶山市2012~2013年金融效率竞争力指标及其三级指标

年 份	宏观金融效率	微观金融效率	金融效率竞争力
2012	0.4576	0.4841	-0.1117
2013	0.4816	0.0517	0.3177
2012年排位	6	5	11
2013年排位	6	10	8
升降	0	-5	3

①2013年平顶山市金融效率竞争力指标综合排位为第8位,表明其在河南省处于中势地位,与2012年相比,排位上升了3位。

②从指标所处水平看,2013年平顶山市宏观金融效率在整个河南省的排位为第6位,属于中上游区,且为较优势指标;微观金融效率的排位为第10位,属于中游区,且为中势指标。

③从指标变化趋势看,宏观金融效率指标排位与上年相比没有发生变化,保持较优势地位,而微观金融效率指标与上年相比有下降趋势,指标排位下降了5位。

④从排位综合分析看,虽然平顶山市宏观金融效率排位不变、微观金融效率排位有所下降,但是宏观金融效率对整体影响较强,2013年平顶山市金融效率竞争力指标排位上

升了 3 位，居河南省第 8 位。这说明宏观金融效率的提高拉动了平顶山市金融效率竞争力的提升，这使整个平顶山市的金融资源配置效率有所提高。

10.5 平顶山市金融综合竞争力指标分析

2012~2013 年，平顶山市金融综合竞争力指标及其下属指标在河南省的排位变化和指标结构情况，如表 10-5-1 所示。

表 10-5-1 平顶山市 2012~2013 年金融综合竞争力指标及其二级指标

年　份	金融生态竞争力	金融规模竞争力	金融效率竞争力	金融综合竞争力
2012	-0.2973	0.0474	-0.1117	-0.1003
2013	-0.3165	0.0512	0.3177	0.0134
2012 年排位	12	4	11	9
2013 年排位	12	4	8	9
升降	0	0	3	0

①2013 年平顶山市金融综合竞争力排位为第 9 位，表明其在河南省处于中势地位，与 2012 年相比排位没有变化。

②从指标所处水平看，2013 年平顶山市金融规模竞争力和金融效率竞争力两个指标排名比较靠前，分别为第 4 位和第 8 位，而金融生态竞争力指标在河南省排位为第 12 位，处于较劣势地位。

③从指标变化趋势看，金融生态竞争力和金融规模竞争力指标排位与上年相比均没有变化，金融效率竞争力指标排位与上年相比上升了 3 位。

④从排位综合分析看，金融生态竞争力和金融规模竞争力指标排位没有发生变动，同时金融效率竞争力排名略微波动，这决定了 2013 年平顶山市金融综合竞争力排位仍然为河南第 9 位。平顶山市的金融规模较强，尤其是证券业发展良好，而金融生态竞争力有待进一步提高，尤其是区域经济实力，可以从提高人均收入、改善人民生活水平着手。

第 11 章
安阳市 2013 年金融竞争力研究报告

11.1 安阳市概述

安阳市是早期华夏文明的中心之一。现有一个国家级高新技术产业开发区即安阳国家高新技术产业开发区、一个国家级经济技术开发区即红旗渠国家经济技术开发区、一个省级高新技术开发区即安阳中原高新技术产业开发和九个省级产业集聚区,安阳市同时也是中原城市群、中原经济区重要的中心城市。

2013 年,安阳市完成地区生产总值 1683.65 亿元;全年完成全社会固定资产投资 1368 亿元,同比增长 22.2%,其中,固定资产投资 1328.00 亿元,同比增长 23%;社会消费品零售总额完成 532.7 亿元;全市进出口总额为 186712 万美元,其中,出口总额为 44127 万美元;实际利用外资 38057 万美元;财政收入为 92.20 亿元,同比增长 10.3%。截至 2013 年底,金融机构各项存款余额达 1584.5 亿元,居民储蓄余额达 1056 亿元,各项贷款余额为 753.2 亿元。

11.2 安阳市金融生态竞争力分析

11.2.1 安阳市金融生态环境的三级指标:区域经济实力

2012~2013 年,安阳市区域经济实力竞争力指标及其下属指标在河南省的排位变化情况,如表 11-2-1 和图 11-2-1 所示。

表 11-2-1 安阳市 2012~2013 年区域经济实力竞争力及其四级指标

年 份		GDP（亿元）	人均 GDP（元）	财政收入（亿元）	固定资产投资（亿元）	人均固定资产投资（元）	城镇人均可支配收入（元）	农村人均纯收入（元）	区域经济实力竞争力
2012	原值	1566.90	30624	83.57	1080.53	21270.28	21042	8618	0.0172
	标准化后	-0.0720	-0.2555	-0.1749	-0.0831	-0.2716	0.7269	0.1690	
2013	原值	1683.65	33078	92.20	1328.00	26090.37	23019	9670	-0.005
	标准化后	-0.0991	-0.2825	-0.2222	-0.0904	-0.2843	0.6880	0.1517	
2012 年排名		7	9	8	8	9	4	8	8
2013 年排名		8	9	8	8	10	4	8	8
升降		-1	0	0	0	-1	0	0	0

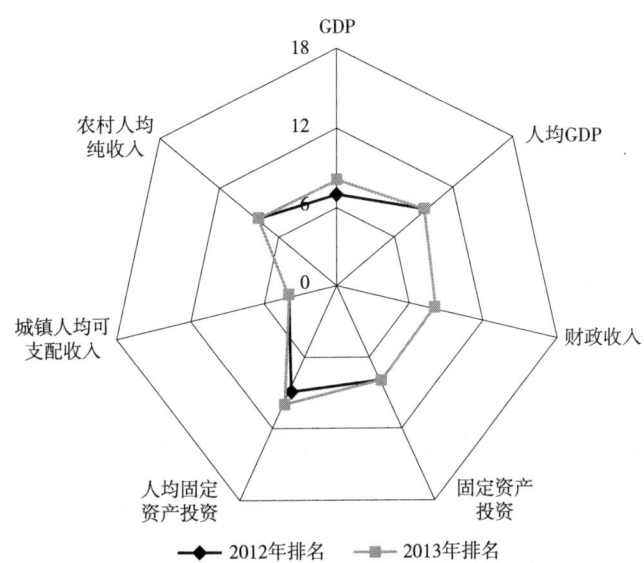

图 11-2-1 安阳市 2012~2013 年区域经济实力竞争力及其四级指标比较

①2013年安阳市区域经济实力在整个河南省的综合排位为第8位,表明其在河南省处于中势地位,与2012年相比排位没有发生变化。

②从指标所处的水平看,除城镇人均可支配收入指标排位比较靠前外,GDP、人均GDP、财政收入、固定资产投资、人均固定资产投资额和农村人均纯收入在整个河南省排位均处于中游区,且为中势指标,这说明安阳市的区域经济实力在河南省处于中等地位。

③从雷达图图形变化看,2013年与2012年相比,面积有略微增大,经济实力竞争力呈现下降趋势。

④从排位变化的动因看,除GDP和人均固定资产投资指标排位有小幅变动外,其余各项指标排位保持不变。在综合作用下,2013年安阳市区域经济实力竞争力指标综合排位保持不变,居河南第8位。

11.2.2 安阳市金融生态环境的三级指标:区域开放程度

2012~2013年,安阳市区域开放程度竞争力指标及其下属指标在河南省的排位变化情况,如表11-2-2所示。

表 11-2-2 安阳市 2012~2013 年区域开放程度竞争力及其四级指标

年 份		实际利用外资额	进出口总额	区域开放程度竞争力
2012	原值(万美元)	31573	125580	-0.3339
	标准化后	-0.4499	0.196	
2013	原值(万美元)	38057	186712	-0.3288
	标准化后	-0.4715	-0.1573	
2012 年排名		15	7	10
2013 年排名		15	5	10
升降		0	2	0

①2013年安阳市区域开放程度经过标准化和加权处理后得分为-0.3288,在整个河南省中排第10位,表明其区域开放程度在河南省处于中势地位,与2012年相比排位没有发生变化。

②从指标所处水平看,安阳市进出口总额和实际利用外资额这两个指标的排位相差较大,其中,进出口总额指标排位为第5位,属于较优势指标,说明其经济的进出口贸易活跃;实际利用外资额指标排位为第15位,属于较劣势指标,说明其吸引外资的能力较弱,对外资的利用效率比较低。

③从排位变化的动因看,虽然2013年安阳市的进出口总额在河南省的排位有小幅变化,但2013年其区域开放程度竞争力指标的综合排位不变,居河南第10位。

11.2.3 安阳市金融生态环境的三级指标:区域服务水平

2012~2013年,安阳市区域服务水平竞争力指标及其下属指标在河南省的排位变化情况,如表11-2-3和图11-2-2所示。

表11-2-3 安阳市2012~2013年区域服务水平竞争力及其四级指标

年 份		会计师事务所数量	律师事务所数量	资产评估事务所数量	区域服务水平竞争力
2012	原值(所)	11	49	11	-0.0541
	标准化后	-0.2817	0.1252	-0.0029	
2013	原值(所)	10	52	12	-0.0485
	标准化后	-0.2961	0.1155	0.0368	
2012年排名		13	4	4	4
2013年排名		13	4	4	4
升降		0	0	0	0

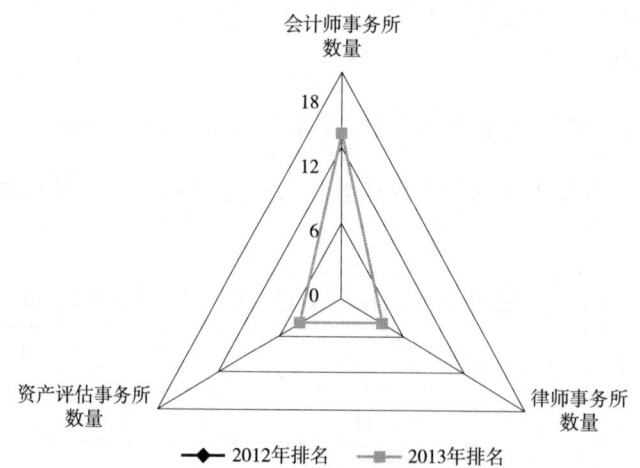

图11-2-2 安阳市2012~2013年区域服务水平竞争力及其四级指标比较

①2013年安阳市区域服务水平经过标准化和加权处理后得分为-0.0485,在整个河南省排第4位,表明其区域服务水平在河南省处于较优势地位,与2012年相比排位没有

发生变化。

②从指标所处水平看,会计师事务所数量指标在当年的河南省各个地市中处于第13位,属于较劣势指标,说明安阳企业对此类服务需求性不强;律师事务所数量和资产评估事务所数量两个指标排位均为第4位,属于较优势指标。

③从雷达图图形变化看,2013年与2012年相比,面积保持不变,2013年的会计师事务所数量、律师事务所数量和资产评估事务所数量在河南省的排位均未发生变化。在综合作用下,安阳市区域服务水平竞争力指标综合排位保持不变,居河南第4位。

11.2.4 安阳市金融生态竞争力指标分析

2012~2013年,安阳市金融生态竞争力指标及其下属指标在河南省的排位变化和指标结构情况,如表11-2-4所示。

表11-2-4 安阳市2012~2013年金融生态竞争力指标及其三级指标

年 份	区域经济实力竞争力	区域开放程度竞争力	区域服务水平竞争力	金融生态竞争力
2012	0.0172	-0.3339	-0.0541	-0.1440
2013	-0.0050	-0.3288	-0.0485	-0.1484
2012年排位	8	10	4	8
2013年排位	8	10	4	8
升降	0	0	0	0

①2013年安阳市金融生态竞争力综合排位为第8位,表明其在河南省处于中势地位,与2012年相比排位没有发生变化。

②从指标所处水平看,2013年安阳市区域经济实力竞争力和区域开放程度竞争力指标排位分别为第8位和第10位,处于中游区,区域服务水平竞争力指标排位为第4位,处于中上游区。

③从指标变化趋势看,区域经济实力竞争力、区域开放程度竞争力、区域服务水平竞争力三个指标与上年相比排位均未发生变化。

④从排位综合分析看,区域服务水平竞争力指标排位的较优势地位,决定了2013年安阳市金融生态竞争力综合排位居河南第8位,说明其经济发展程度较高,具有一定的竞争力,尤其是在金融服务水平上体现了明显优势。

11.3 安阳市金融规模竞争力分析

11.3.1 安阳市金融规模竞争力的三级指标:银行业规模

2012~2013年,安阳市银行业规模竞争力指标及其下属指标在河南省的排位变化情况,如表11-3-1和图11-3-1所示。

表 11-3-1 安阳市 2012~2013 年银行业规模竞争力及其四级指标

年 份		金融系统存款余额	金融系统贷款余额	城乡居民储蓄余额	银行业规模竞争力
2012	原值（亿元）	1352.98	687.29	892.16	-0.1685
	标准化后	-0.1753	-0.228	-0.0976	
2013	原值（亿元）	1584.50	753.20	1056.00	-0.1699
	标准化后	-0.1745	-0.2561	-0.0741	
2012 年排名		10	9	10	10
2013 年排名		9	11	9	10
升降		1	-2	1	0

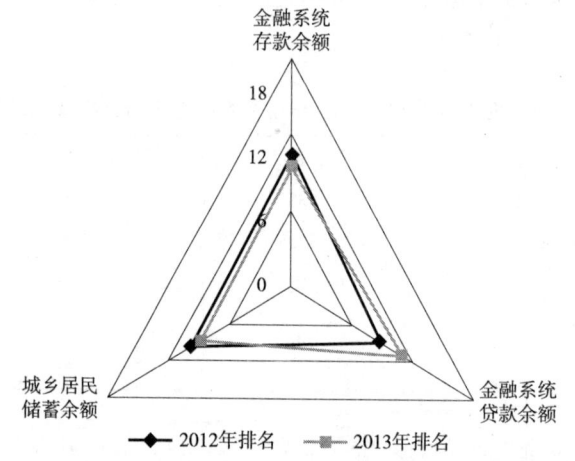

图 11-3-1 安阳市 2012~2013 年银行业规模竞争力及其四级指标比较

①2013 年安阳市银行业规模竞争力在整个河南省的综合排位为第 10 位，表明其在河南省处于中势地位，与 2012 年相比排位没有发生变化。

②从指标所处水平看，金融系统存款余额、金融系统贷款余额和城乡居民储蓄余额等指标在当年的河南省各个地市中分别处于第 9 位、第 11 位和第 9 位，各个指标在整个省域内处于中游区，且均为中势指标，说明其银行业已经形成一定规模，但仍有很大提升空间。

③从雷达图图形变化看，2013 年与 2012 年相比，面积基本保持不变，2013 年的金融系统存款余额、金融系统贷款余额和城乡居民储蓄余额三个指标的排位升降互抵。在综合作用下，安阳市银行业规模竞争力指标综合排位保持不变，居河南第 10 位。

11.3.2 安阳市金融规模竞争力的三级指标：保险业规模

2012~2013 年，安阳市保险业规模竞争力指标及其下属指标在河南省的排位变化情况，如表 11-3-2 所示。

表 11-3-2 安阳市 2012~2013 年保险业规模竞争力及其四级指标

年 份		保险公司保费收入	保险赔付额	保险业规模竞争力
2012	原值（亿元）	40.77	10.99	-0.0855
	标准化后	-0.1615	-0.0091	
2013	原值（亿元）	44.68	12.9	-0.1693
	标准化后	-0.1352	-0.2028	
2012 年排名		9	5	7
2013 年排名		8	12	9
升降		1	-7	-2

①2013 年安阳市保险业规模竞争力经过标准化和加权处理后得分为 -0.1693，在整个河南省中排第 9 位，表明其在河南省处于中势地位，与 2012 年相比排位下降 2 位。

②从指标所处水平看，保险公司保费收入在当年的河南省各个地市中处于第 8 位，即在整个省域内处于中游区，且均为中势指标；保险赔付额指标处于第 12 位，处于中下游区，且为较劣势指标，说明该地区的保险业具有一定规模，但保险业的保险深度和保险广度还需要进一步发展。

③从排位变化的动因看，2013 年安阳市保险公司保费收入指标排位小幅上升，保险赔付额的排位发生了较大幅度下降。在综合作用下，其 2013 年的保险业规模竞争力指标的综合排位相比于 2012 年下降了 2 位，居河南第 9 位。

11.3.3 安阳市金融规模竞争力的三级指标：证券业规模

2012~2013 年，安阳市证券业规模竞争力指标及其下属指标在河南省的排位变化情况，如表 11-3-3 所示。

表 11-3-3 安阳市 2012~2013 年证券业规模竞争力及其四级指标

年 份		上市公司总资产（亿元）	本地区股本总数（亿股）	证券业规模竞争力
2012	原 值	391.82	33.72	0.4009
	标准化后	0.5221	0.2617	
2013	原 值	401.50	36.20	0.4329
	标准化后	0.5822	0.2670	
2012 年排名		4	4	3
2013 年排名		5	5	4
升降		-1	-1	-1

①2013 年安阳市证券业规模竞争力指标经过标准化和加权处理后得分为 0.4329，在整个河南省中排第 4 位，表明其在河南省处于较优势地位，与 2012 年相比排位下降 1 位。

②从指标所处水平看，2013年安阳市上市公司总资产和本地区股本总数这两个指标在当年的河南省各个地市中均处于第5位，即在整个省域内处于中上游区，且均为较优势指标，说明安阳市证券市场凝聚优势企业及投资者的能力较强，从侧面体现了该区域证券市场具有较强的融资能力。

③从排位变化的动因看，由于2013年安阳市的上市公司总资产和本地区股本总数在河南省的排位均下降了1位，安阳市的证券业规模竞争力指标在河南省的排位下降了1位，居河南省第4位。

11.3.4 安阳市金融规模竞争力指标分析

2012~2013年，安阳市金融规模竞争力指标及其下属指标在河南省的排位变化和指标结构情况，如表11-3-4所示。

表11-3-4　安阳市2012~2013年金融规模竞争力指标及其三级指标

年份	银行业规模	保险业规模	证券业规模	金融规模竞争力
2012	-0.1685	-0.0855	0.4009	0.0444
2013	-0.1699	-0.1693	0.4329	0.0208
2012年排位	10	7	3	5
2013年排位	10	9	4	5
升降	0	-2	-1	0

①2013年安阳市金融规模竞争力综合排位为第5位，表明其在河南省处于较优势地位，与2012年相比排位没有发生变化。

②从指标所处水平看，2013年安阳市银行业规模和保险业规模指标分别处于第10位和第9位，处于中势地位；证券业规模指标排位为第4位，处于较优势地位。

③从指标变化趋势看，银行业规模指标与上年相比排位没有发生变化，保险业规模和证券业规模两个指标排位均有小幅下降。

④从排位综合分析看，银行业规模和保险业规模指标的中势地位和证券业规模指标的较优势地位，决定了2013年安阳市金融规模竞争力综合排位仍然为河南第5位。这说明安阳市证券业相对于银行业和保险业有较高的融资能力，这使得安阳市能够吸纳较多的资金供求者，有效地实现区域内资金需求的对接。

11.4　安阳市金融效率竞争力分析

11.4.1　安阳市金融效率竞争力的三级指标：宏观金融效率

2012~2013年，安阳市宏观金融效率竞争力指标及其下属指标在河南省的排位变化情况，如表11-4-1所示。

表 11-4-1　安阳市 2012~2013 年宏观金融效率竞争力及其四级指标

年　份		经济储蓄动员力	储蓄投资转化系数	宏观金融效率竞争力
2012	原值（%）	56.90	82.60	0.0971
	标准化后	0.0782	0.1105	
2013	原值（%）	62.72	79.52	0.2322
	标准化后	0.2751	0.1769	
2012 年排名		10	8	9
2013 年排名		8	8	7
升降		2	0	2

①2013 年安阳市宏观金融效率竞争力指标经过标准化和加权处理后得分为 0.2322，在整个河南省中排第 7 位，表明其在河南省处于较优势地位，与 2012 年相比排位提升了 2 位。

②从指标所处水平看，2013 年经济储蓄动员力和储蓄投资转化系数这两个指标在河南省的排位均为第 8 位，处于中势地位。

③从排位变化的动因看，由于 2013 年安阳市的经济储蓄动员力的排位上升了 2 位、储蓄投资转化系数的排位保持不变，安阳市的宏观金融效率竞争力指标在河南省的排位提升了 2 位，居河南第 7 位。

11.4.2　安阳市金融效率竞争力的三级指标：微观金融效率

2012~2013 年，安阳市微观金融效率竞争力指标及其下属指标在河南省的排位变化情况，如表 11-4-2 和图 11-4-1 所示。

表 11-4-2　安阳市 2012~2013 年微观金融效率竞争力及其四级指标

年　份		贷存比	保险深度	证券市场效率	微观金融效率竞争力
2012	原值（%）	50.80	2.56	5.48	-0.2486
	标准化后	-0.5747	-0.1475	-0.2814	
2013	原值（%）	47.54	2.65	4.65	0.1558
	标准化后	-0.8557	0.0021	-0.3258	
2012 年排名		14	11	9	13
2013 年排名		15	11	10	8
升降		-1	0	-1	5

①2013 年安阳市微观金融效率竞争力指标在整个河南省的综合排位为第 8 位，表明其在河南省处于中势地位，与 2012 年相比排位上升了 5 位。

②从指标所处水平看，2013 年安阳市的保险深度和证券市场效率指标均处于中游区，且为中势指标；贷存比指标排位比较靠后，处于中下游区，且为较劣势指标。

③从雷达图图形变化看，2013 年与 2012 年相比，面积略微增大，说明微观效率竞争

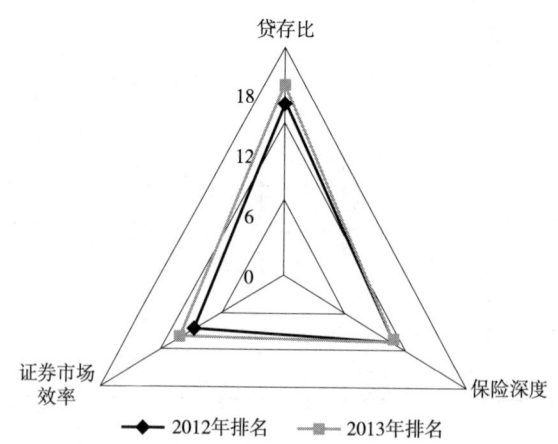

图 11-4-1 安阳市 2012~2013 年微观金融效率竞争力及其四级指标比较

力有下降趋势。

④从排位变化的动因看,虽然贷存比、证券市场效率指标排位略微有所下降,但由于其他地市指标变动较大,在综合作用下,2013 年安阳市微观金融效率竞争力指标综合排位上升了 5 位,居河南第 8 位。

11.4.3 安阳市金融效率竞争力指标分析

2012~2013 年,安阳市金融效率竞争力指标及其下属指标在河南省的排位变化和指标结构情况,如表 11-4-3 所示。

表 11-4-3 安阳市 2012~2013 年金融效率竞争力指标及其三级指标

年 份	宏观金融效率	微观金融效率	金融效率竞争力
2012	0.0971	-0.2486	0.2364
2013	0.2322	0.1558	0.2572
2012 年排位	9	13	7
2013 年排位	7	8	9
升降	2	5	-2

①2013 年安阳市金融效率竞争力指标综合排位为第 9 位,表明其在河南省处于中势地位,与 2012 年相比排位下降了 2 位。

②从指标所处水平看,2013 年安阳市宏观金融效率指标在整个河南省排位为第 7 位,属于较优势指标;微观金融效率指标在整个河南省排位为第 8 位,属于中势指标。

③从指标变化趋势看,宏观金融效率指标与上年相比排位上升了 2 位,而微观金融效率指标与上年相比排位有大幅提升,上升了 5 位。

④从排位综合分析看,虽然安阳市宏观金融效率和微观金融效率排位均有所上升,但是由于其指标的区域优势与其他地市相比均不明显,2013 年安阳市金融效率竞争力指标排位为河南第 9 位。

11.5 安阳市金融综合竞争力指标分析

2012~2013年,安阳市金融综合竞争力指标及其下属指标在河南省的排位变化和指标结构情况,如表11-5-1所示。

表11-5-1 安阳市2012~2013年金融综合竞争力指标及其二级指标

年份	金融生态竞争力	金融规模竞争力	金融效率竞争力	金融综合竞争力
2012	-0.1440	0.0444	0.2364	0.0467
2013	-0.1484	0.0208	0.2572	0.0349
2012年排位	8	5	7	7
2013年排位	8	5	9	4
升降	0	0	-2	3

①2013年安阳市金融综合竞争力排位为第4位,表明其在河南省处于较优势地位,与2012年相比排位上升3位。

②从指标所处水平看,2013年安阳市金融规模竞争力指标为第5位,处于较优势地位,而金融生态竞争力和金融效率竞争力指标在河南省位于中游区,处于中势地位。

③从指标变化趋势看,金融生态竞争力和金融规模竞争力指标排位与上年相比均未发生变化,金融效率竞争力指标排位与上年相比下降了2位。

④从排位综合分析看,一个较优势指标和两个中势指标决定了2013年安阳市金融综合竞争力排位仍然为河南第4位。这说明安阳市金融竞争力主要体现在金融规模方面,尤其是证券业发展较快,而金融生态竞争力和金融效率竞争力应该针对其薄弱环节进行改善。

第 12 章
鹤壁市 2013 年金融竞争力研究报告

12.1 鹤壁市概述

鹤壁市地处河南省北部，北、东、西与安阳毗邻，南与新乡为邻，是中原经济区城市之一。鹤壁市交通发达，矿产资源丰富，并且规划建设了 4 个省级产业集聚区和 3 个市级特色产业园区。

2013 年，全市完成地区生产总值 622.12 亿元，其中，第一产业增加值 61.04 亿元，增长 4.0%；第二产业增加值 446.26 亿元，增长 14.7%；第三产业增加值 114.82 亿元，增长 8.0%，全市规模以上工业完成增加值 390.32 亿元；全社会固定资产投资完成 523.42 亿元，其中固定资产投资完成 512.01 亿元；社会消费品零售总额完成 142.98 亿元；全市进出口总额为 2.64 亿美元，其中出口总额为 2.32 亿美元；实际利用外资 55783 万美元；全市财政收入完成 39.60 亿元。截至 2013 年底，金融机构各项存款余额达 426 亿元，居民储蓄余额达 264.67 亿元，各项贷款余额为 389.57 亿元。全市上下紧紧围绕创建科学发展示范区、在全省率先崛起的奋斗目标，加快构建新型产业基础和新型城市骨架，经济运行总体实现了平稳、较快发展。

12.2 鹤壁市金融生态竞争力分析

12.2.1 鹤壁市金融生态环境的三级指标：区域经济实力

2012～2013 年，鹤壁市区域经济实力竞争力指标及其下属指标在河南省的排位变化情况，如表 12-2-1 和图 12-2-1 所示。

表 12-2-1　鹤壁市 2012～2013 年区域经济实力竞争力及其四级指标

年　份		GDP（亿元）	人均 GDP（元）	财政收入（亿元）	固定资产投资（亿元）	人均固定资产投资（元）	城镇人均可支配收入（元）	农村人均纯收入（元）	区域经济实力竞争力
2012	原　值	545.78	34456	32.66	415.67	26142.77	19284	9388	0.1251
	标准化后	-0.9667	0.022	-0.5633	-0.9793	0.2363	-0.1911	0.6319	
2013	原　值	622.12	38665	39.60	512.01	31821.63	21228	10608	0.1568
	标准化后	-0.9415	0.1059	-0.5606	-0.9836	0.2125	-0.1837	0.66	
2012 年排名		17	7	17	17	6	11	5	7
2013 年排名		17	7	17	17	7	11	5	7
升降		0	0	0	0	-1	0	0	0

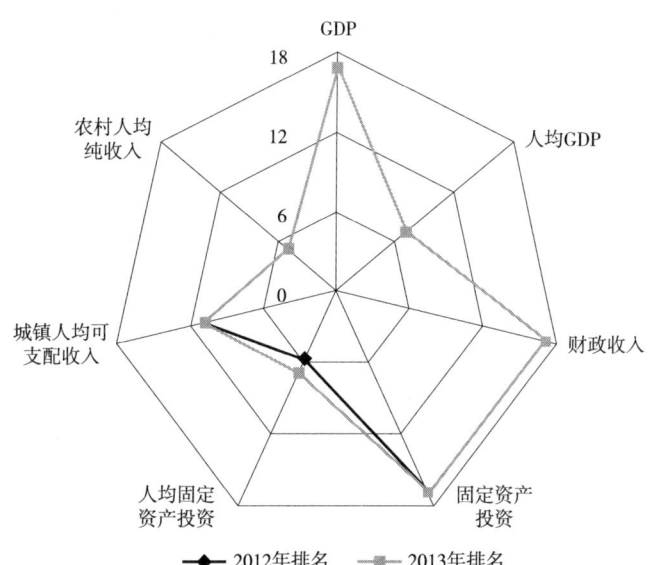

图 12－2－1　鹤壁市 2012～2013 年区域经济实力竞争力及其四级指标比较

①2013 年鹤壁市区域经济实力在整个河南省的综合排位为第 7 位，位于中上游区，表明其在河南省处于较优势地位，与 2012 年相比排位没有发生变化。

②从指标所处的水平看，人均 GDP、人均固定资产投资和农村人均纯收入等人均指标在整个河南省排位较靠前，位于中上游区，分别居第 7 位、第 7 位和第 5 位，均处于较优势地位，这是由于鹤壁市的常住人口较少；城镇人均可支配收入在整个河南省排位位于中游区，居第 11 位，处于中势地位，这是因为相对于农村人口，鹤壁市的城镇人口较多，导致其城镇人均可支配收入指标排位较农村人均纯收入指标排位低；GDP、固定资产投资、财政收入在整个河南省排位均为第 17 位，位于下游区，处于绝对劣势地位，说明鹤壁市的经济规模很小，固定资产投资等投资项目较少，鹤壁市政府的财力匮乏，不能很好地为鹤壁市人民提供公共物品和服务。鹤壁市需要从规模方面提升其经济实力。

③从雷达图图形变化看，2013 年与 2012 年相比，面积有所增大，经济实力呈现下降趋势。

④从排位变化的动因看，人均固定资产投资排位下降了 1 位，其他各项指标排位保持不变，但由于人均固定资产投资下降位次较少，且其他地市的各指标在一定程度上相对增加或减少，在综合作用下，2013 年鹤壁市区域经济实力竞争力排位不变。

12.2.2　鹤壁市金融生态环境的三级指标：区域开放程度

2012～2013 年，鹤壁市区域开放程度竞争力指标及其下属指标在河南省的排位变化情况，如表 12－2－2 所示。

表 12-2-2 鹤壁市 2012~2013 年区域开放程度竞争力及其四级指标

年 份		实际利用外资额	进出口总额	区域开放程度竞争力
2012	原值（万美元）	44009	18724	-0.3199
	标准化后	-0.2934	-0.3253	
2013	原值（万美元）	55783	26419	-0.2947
	标准化后	-0.2436	-0.3200	
2012 年排名		7	18	9
2013 年排名		7	17	9
升降		0	1	0

①2013 年鹤壁市区域开放程度经过标准化和加权处理后得分为 -0.2947，在整个河南省中排第 9 位，表明其区域开放程度在河南省位于中游区，处于中势地位，与 2012 年相比排位没有发生变化。

②从指标所处水平看，实际利用外资额在当年的河南省各个地市中处于第 7 位，在整个省域内位于中上游区，处于较优势地位，说明鹤壁市利用外资的效率和规模比较高，对区域开放程度竞争力贡献较大；进出口总额在当年的河南省各个地市中处于第 17 位，在整个省域内位于下游区，处于绝对劣势地位，说明鹤壁市的对外贸易发展水平很低，对区域开放程度竞争力贡献很小，鹤壁市需要加强对外开放，提升对外贸易水平。

③从排位变化的动因看，2013 年鹤壁市实际利用外资额在河南省的排位为第 7 位，处于中上游区，较 2012 年排位不变，同时进出口总额在河南省处于下游区，排位为第 17 位，较 2012 年排位上升了 1 位，但其上升位次较少，且其他地级市的各指标在一定程度上相对增加或减少，各种因素相互作用，使其 2013 年区域开放程度竞争力指标的综合排位保持不变，居河南第 9 位。

12.2.3 鹤壁市金融生态环境的三级指标：区域服务水平

2012~2013 年，鹤壁市区域服务水平竞争力指标及其下属指标在河南省的排位变化情况，如表 12-2-3 和图 12-2-2 所示。

表 12-2-3 鹤壁市 2012~2013 年区域服务水平竞争力及其四级指标

年 份		会计师事务所数量	律师事务所数量	资产评估事务所数量	区域服务水平竞争力
2012	原值（所）	5	9	2	-0.5625
	标准化后	-0.4080	-0.7852	-0.4795	
2013	原值（所）	5	12	2	-0.5319
	标准化后	-0.4031	-0.7077	-0.4732	
2012 年排名		16	17	17	17
2013 年排名		16	17	17	17
升降		0	0	0	0

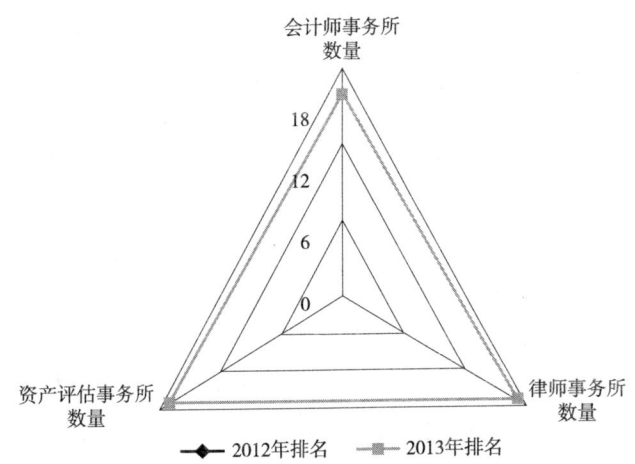

图 12-2-2 鹤壁市 2012~2013 年区域服务水平竞争力及其四级指标比较

①2013 年鹤壁市区域服务水平经过标准化和加权处理后得分为 -0.5319，在整个河南省中排第 17 位，表明其区域开放程度在河南省处于绝对劣势地位，与 2012 年相比排位没有发生变化。

②从指标所处水平看，会计师事务所数量、律师事务所数量和资产评估事务所数量这三个指标在当年的河南省各个地市中分别处于第 16 位、第 17 位和第 17 位，即在整个省域内处于下游区，且均为绝对劣势指标，说明鹤壁市的金融服务水平总体处于下游水平，不具有优势，需要加大提升其服务环境的力度，为其金融业的发展奠定基础。

③从雷达图图形变化看，2013 年与 2012 年相比，面积保持不变，2013 年鹤壁市的会计师事务所数量、律师事务所数量和资产评估事务所数量在河南省的排位均未发生变化，使鹤壁市区域服务水平竞争力指标综合排位保持不变，居河南第 17 位。

12.2.4 鹤壁市金融生态竞争力指标分析

2012~2013 年，鹤壁市金融生态竞争力指标及其下属指标在河南省的排位变化和指标结构情况，如表 12-2-4 所示。

表 12-2-4 鹤壁市 2012~2013 年金融生态竞争力指标及其三级指标

年 份	区域经济实力竞争力	区域开放程度竞争力	区域服务水平竞争力	金融生态竞争力
2012	0.1251	-0.3199	-0.5625	-0.2859
2013	0.1568	-0.2947	-0.5319	-0.2505
2012 年排位	7	9	17	11
2013 年排位	7	9	17	10
升降	0	0	0	1

①2013 年鹤壁市金融生态竞争力综合排位为第 10 位，表明其在河南省处于中势地位，与 2012 年相比，排位上升 1 位。

②从指标所处水平看，2013 年鹤壁市区域经济实力竞争力指标排位为第 7 位，位于

中上游区，处于较优势地位；区域开放程度竞争力指标排位为第9位，位于中游区，处于中势地位；区域服务水平竞争力指标排位为第17位，位于下游区，处于绝对劣势地位。

③从指标变化趋势看，区域经济实力竞争力、区域开放程度竞争力和区域服务水平竞争力三个指标排位与上年相比均未发生变化，分别处于较优势地位、中势地位和绝对劣势地位。

④从排位综合分析看，区域经济实力竞争力、区域开放程度竞争力和区域服务水平竞争力三个指标分别处于较优势地位、中势地位和绝对劣势地位，决定了2013年鹤壁市金融生态竞争力综合排位居河南中势地位。再加上其他地市的各指标在一定程度上相对增加或减少，使得鹤壁市金融生态竞争力综合排位上升了1位。尽管如此，鹤壁市的经济发展程度仍然处于一般水平，在整个河南省中优势不明显，需进一步加强。

12.3 鹤壁市金融规模竞争力分析

12.3.1 鹤壁市金融规模竞争力的三级指标：银行业规模

2012~2013年，鹤壁市银行业规模竞争力指标及其下属指标河南省的排位变化情况，如表12-3-1和图12-3-1所示。

表12-3-1 鹤壁市2012~2013年银行业规模竞争力及其四级指标

年	份	金融系统存款余额	金融系统贷款余额	城乡居民储蓄余额	银行业规模竞争力
2012	原值（亿元）	366.65	336.56	220.37	-0.6748
	标准化后	-0.6122	-0.4651	-0.9337	
2013	原值（亿元）	426.00	389.57	264.67	-0.6579
	标准化后	-0.6048	-0.4332	-0.9208	
2012年排名		17	15	17	17
2013年排名		17	15	17	17
升降		0	0	0	0

①2013年鹤壁市银行业规模竞争力在整个河南省的综合排位为第17位，表明其在河南省处于绝对劣势地位，与2012年相比排位不变。

②从指标所处水平看，金融系统贷款余额指标在当年的河南省各个地市中处于第15位，在整个省域内处于中下游区，且为较劣势指标，说明其融资能力不强，扩大再生产积极性不高；金融系统存款余额和城乡居民储蓄余额指标在当年的河南省各个地级市中均处于第17位，在整个省域内处于下游区，且均为绝对劣势指标，说明鹤壁市人民的储蓄积极性很低。

③从雷达图图形变化看，2013年与2012年相比，面积保持不变，2013年的金融系统存款余额、金融系统贷款余额、城乡居民储蓄余额三个指标的排位均未发生变化，使得鹤壁市银行业规模竞争力指标综合排位不变，居河南第17位。

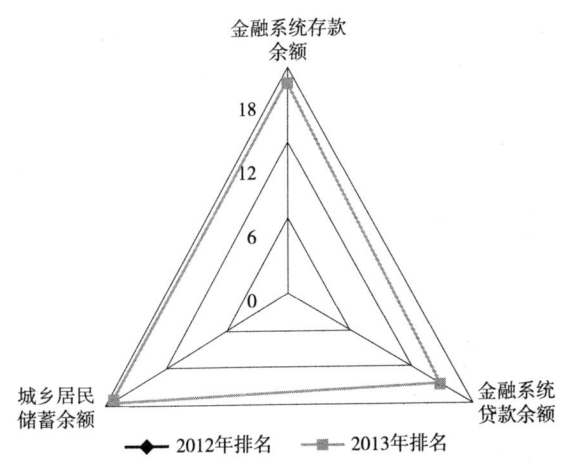

图 12-3-1 鹤壁市 2012~2013 年银行业规模竞争力及其四级指标比较

12.3.2 鹤壁市金融规模竞争力的三级指标：保险业规模

2012~2013 年，鹤壁市保险业规模竞争力指标及其下属指标在河南省的排位变化情况，如表 12-3-2 所示。

表 12-3-2 鹤壁市 2012~2013 年保险业规模竞争力及其四级指标

年　份		保险公司保费收入	保险赔付额	保险业规模竞争力
2012	原值（亿元）	11.26	2.99	-0.8926
	标准化后	-0.9618	-0.8195	
2013	原值（亿元）	11.93	4.34	-0.8616
	标准化后	-0.8469	-0.8733	
2012 年排名		17	17	17
2013 年排名		17	17	17
升降		0	0	0

①2013 年鹤壁市保险业规模竞争力经过标准化和加权处理后得分为 -0.8616，在整个河南省中排第 17 位，表明其在河南省处于绝对劣势地位，与 2012 年相比排位保持不变。

②从指标所处水平看，保险公司保费收入和保险赔付额指标在当年的河南省各个地市中均处于第 17 位，即两个指标在整个省域内处于下游区，且均为绝对劣势指标，说明该地区的保险业规模很小，保险实力及竞争力很低。

③从排位变化的动因看，2013 年鹤壁市的保险公司保费收入和保险赔付额在河南省的排位均未发生变化，这使其 2013 年的保险业规模竞争力指标的综合排位仍然不变，居河南第 17 位。

12.3.3 鹤壁市金融规模竞争力的三级指标：证券业规模

2012~2013年，鹤壁市证券业规模竞争力指标及其下属指标在河南省的排位变化情况，如表12-3-3所示。

表12-3-3 鹤壁市2012~2013年证券业规模竞争力及其四级指标

年	份	上市公司总资产（亿元）	本地区股本总数（亿股）	证券业规模竞争力
2012	原　值	0（亿元）	0（亿股）	-0.7592
	标准化后	-0.7512	-0.7331	
2013	原　值	0（亿元）	0（亿股）	-0.8682
	标准化后	-0.8539	-0.8492	
2012年排名		18	18	18
2013年排名		17	17	17
升降		1	1	1

①2013年鹤壁市证券业规模竞争力指标经过标准化和加权处理后得分为-0.8682，在整个河南省中排第17位，表明其在河南省处于绝对劣势地位，与2012年相比排位上升了1位。

②从指标所处水平看，2013年鹤壁市上市公司总资产和本地区股本总数两个指标在河南省各个地市中均处于第17位，即在整个省域内处于下游区，且为绝对劣势指标。这说明鹤壁市不存在A股上市公司，证券市场凝聚优势企业及投资者的能力非常差，从侧面体现了该区域证券市场融资能力很低，需大力推进证券市场发展。

③从排位变化的动因看，由于2013年鹤壁市的上市公司总资产、本地区股本总数在河南省的排位均上升了1位，鹤壁市的证券业规模竞争力指标在河南省的排位上升了1位。①

12.3.4 鹤壁市金融规模竞争力指标分析

2012~2013年，鹤壁市金融规模竞争力指标及其下属指标在河南省的排位变化和指标结构情况，如表12-3-4所示。

表12-3-4 鹤壁市2012~2013年金融规模竞争力指标及其三级指标

年　份	银行业规模	保险业规模	证券业规模	金融规模竞争力
2012	-0.6748	-0.8926	-0.7592	-0.8031
2013	-0.6579	-0.8616	-0.8682	-0.8352
2012年排位	17	17	18	18
2013年排位	17	17	17	18
升降	0	0	1	0

---

① 分析结果显示，2013年鹤壁市和驻马店市的证券业规模竞争力指标及其下属指标排名并列第17位，从实质上来讲，鹤壁市的证券业规模仍然处于末位。

①2013 年鹤壁市金融规模竞争力综合排位为第 18 位，表明其在河南省处于绝对劣势地位，与 2012 年相比排位没有发生变化。

②从指标所处水平看，2013 年鹤壁市银行业规模、保险业规模和证券业规模三个指标排名均位于第 17 位，处于下游区，处于绝对劣势地位。

③从指标变化趋势看，证券业规模指标与上年相比排位上升了 1 位，但仍然处于绝对劣势地位；银行业规模和保险业规模指标与上年相比排位均保持不变，仍然处于绝对劣势地位。

④从排位综合分析看，虽然 2013 年鹤壁市的证券业规模与上年相比排位上升了 1 位，但分析结果显示，其排名与驻马店市并列第 17 位，实质上仍居全省末位，且其银行业规模和保险业规模与上年相比排位不变，均处于绝对劣势地位。这使得鹤壁市的金融规模竞争力与上年相比排位不变，仍然处于绝对劣势地位。在整个河南省中，鹤壁市的证券市场很不活跃，居民未表现出投资和储蓄偏好，更倾向于将收入用于消费，这也从侧面反映了鹤壁市的投融资能力很低，不能有效地实现区域内资金需求与供给的对接。这些都具体表现为极小的金融规模竞争力。在金融规模竞争力方面，鹤壁市需加大力度，极力打造完善的金融市场。

12.4 鹤壁市金融效率竞争力分析

12.4.1 鹤壁市金融效率竞争力的三级指标：宏观金融效率

2012~2013 年，鹤壁市宏观金融效率竞争力指标及其下属指标在河南省的排位变化情况，如表 12-4-1 所示。

表 12-4-1 鹤壁市 2012~2013 年宏观金融效率竞争力及其四级指标

年 份		经济储蓄动员力	储蓄投资转化系数	宏观金融效率竞争力
2012	原值（%）	40.38	53.02	-1.2419
	标准化后	-1.1881	-1.227	
2013	原值（%）	42.54	51.69	-1.1991
	标准化后	-1.1949	-1.1398	
2012 年排名		17	17	17
2013 年排名		16	16	17
升降		1	1	0

①2013 年鹤壁市宏观金融效率竞争力指标经过标准化和加权处理后得分为 -1.1991，在整个河南省中排第 17 位，处于下游区，表明其在河南省处于绝对劣势地位，与 2012 年相比排位没有发生变化。

②从指标所处水平看，2013 年经济储蓄动员力、储蓄投资转化系数两个指标在河南省的排位均为第 16 位，位于下游区，处于绝对劣势地位。

③从排位变化的动因看，2013 年鹤壁市的经济储蓄动员力、储蓄投资转化系数在河南省的排位均上升了 1 位，但由于其上升位次较小，且其他地市的各指标在一定程度上相对增加或减少，鹤壁市宏观金融效率竞争力指标在河南省的排位不变，居河南第 17 位。这表现了鹤壁市的宏观经济对储蓄资源的动员力明显不足，储蓄向投资转化的渠道不通畅。鹤壁市的宏观金融效率仍然处于极低水平，其在河南省宏观金融效率方面的绝对劣势地位亟待改善。

12.4.2 鹤壁市金融效率竞争力的三级指标：微观金融效率

2012~2013 年，鹤壁市微观金融效率竞争力指标及其下属指标在河南省的排位变化情况，如表 12-4-2 和图 12-4-1 所示。

表 12-4-2 鹤壁市 2012~2013 年微观金融效率竞争力及其四级指标

年 份		贷存比	保险深度	证券市场效率	微观金融效率竞争力
2012	原值（%）	0.9179	0.0206	0	0.9136
	标准化后	2.5372	-0.9375	-0.7590	
2013	原值（%）	0.9145	0.0192	0	-1.5100
	标准化后	2.3827	-1.4035	-0.6177	
2012 年排名		1	15	18	3
2013 年排名		1	16	17	18
升降		0	-1	1	-15

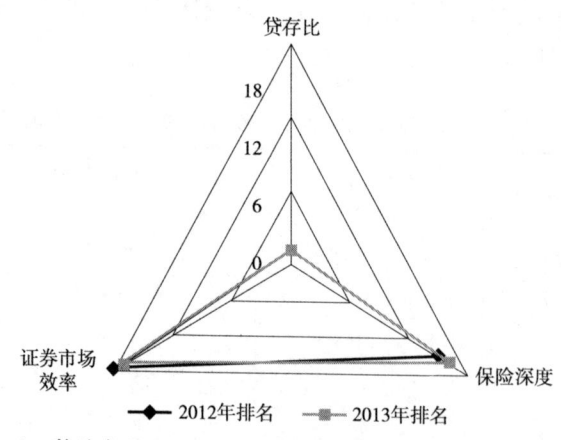

图 12-4-1 鹤壁市 2012~2013 年微观金融效率竞争力及其四级指标比较

①2013 年鹤壁市微观金融效率竞争力指标在整个河南省的综合排位为第 18 位，表明其在河南省处于绝对劣势地位，与 2012 年相比排位下降 15 位。

②从指标所处水平看，2013 年鹤壁市的贷存比指标居第 1 位，在河南省整体排位中处于上游区，属于绝对优势指标；保险深度和证券市场效率两个指标分别居第 16 位和第 17 位，在河南省整体排位中处于下游区，属于绝对劣势指标。

③从雷达图图形变化看，2013年与2012年相比，面积基本保持不变，说明2013年鹤壁市的微观效率竞争力较2012年没有明显的变动。

④从排位变化的动因看，贷存比指标排位不变，证券市场效率指标排位上升了1位，保险深度指标排位下降了1位，且其他地级市的各指标在一定程度上相对增加或减少，各种因素综合作用使得2013年鹤壁市微观金融效率竞争力指标综合排位下降了15位，居河南第18位。

12.4.3 鹤壁市金融效率竞争力指标分析

2012~2013年，鹤壁市金融效率竞争力指标及其下属指标在河南省的排位变化和指标结构情况，如表12-4-3所示。

表12-4-3 鹤壁市2012~2013年金融效率竞争力指标及其三级指标

年 份	宏观金融效率	微观金融效率	金融效率竞争力
2012	-1.2419	0.9136	-1.3464
2013	-1.1991	-1.5100	-1.8888
2012年排位	17	3	17
2013年排位	17	18	18
升降	0	-15	-1

①2013年鹤壁市金融效率竞争力指标综合排位为第18位，表明其在河南省处于绝对劣势地位，与2012年相比排位下降了1位。

②从指标所处水平看，2013年鹤壁市宏观金融效率和微观金融效率在整个河南省分别处于第17位和第18位，位于下游区，均属于绝对劣势指标。

③从指标变化趋势看，宏观金融效率指标与上年相比排位不变，处于绝对劣势地位；微观金融效率指标与上年相比排位下降了15位，处于绝对劣势地位。

④从排位综合分析看，虽然鹤壁市宏观金融效率排位不变，但其微观金融效率排位下降明显，且其他地市各指标在一定程度上相对增加或减少，使得2013年鹤壁市金融效率竞争力指标排位下降了1位，居河南省第18位，具有明显劣势。鹤壁市应将提高金融效率作为下一步的发展目标，提高其金融资源配置效率，培育较强的金融效率竞争力。

12.5 鹤壁市金融综合竞争力指标分析

2012~2013年，鹤壁市金融综合竞争力指标及其下属指标在河南省的排位变化和指标结构情况，如表12-5-1所示。

表12-5-1 鹤壁市2012~2013年金融综合竞争力指标及其二级指标

年 份	金融生态竞争力	金融规模竞争力	金融效率竞争力	金融综合竞争力
2012	-0.2859	-0.8031	-1.3464	-0.7840
2013	-0.2505	-0.8352	-1.8888	-0.9004
2012年排位	11	18	17	17
2013年排位	10	18	18	18
升降	1	0	-1	-1

①2013年鹤壁市金融综合竞争力排位处于下游区，位于第18位，表明其在河南省处于绝对劣势地位，与2012年相比排位下降了1位。

②从指标所处水平看，2013年鹤壁市金融生态竞争力指标排第10位，处于中势地位；但金融规模竞争力和金融效率竞争力指标在河南省排位均为第18位，处于绝对劣势地位。

③从指标变化趋势看，金融规模竞争力指标排位与上年相比没有变化，金融生态竞争力指标排位与上年相比上升了1位，而金融效率竞争力指标排名与上年相比下降了1位。

④从排位综合分析看，虽然2013年鹤壁市的金融生态竞争力的综合排位为河南省第10位，相比于上年排位上升了1位，处于中势地位；但其金融规模竞争力指标在河南省排位中居第18位，相比于上年排位不变，处于绝对劣势地位；金融效率竞争力指标在河南省排位中也居第18位，相比于上年排位下降了1位，处于绝对劣势地位。综合作用使得2013年鹤壁市的金融综合竞争力位于河南省第18位，相比于上年排位下降了1位，也处于绝对劣势地位。这说明鹤壁市的金融规模竞争力和金融效率竞争力亟待提升，鹤壁市需合理配置资本市场要素，增大金融市场规模，提高资金使用效率，使自身成为全方位发展的经济强市。

第 13 章
新乡市 2013 年金融竞争力研究报告

13.1 新乡市概述

新乡市地处河南省北部,是河南第三大城市,是豫北的经济、文化和交通中心,也是中原城市群城市之一。新乡市的国家级开发区有新乡高新技术产业开发区、新乡经济技术开发区、物理与化学电源产业园;省级开发区有新乡经济开发区、长垣起重工业园区。

2013 年,全市全年完成地区生产总值 1766.10 亿元,同比增长 9.03%;实现财政收入 129.50 亿元,同比增长 19.52%,其中,税收收入 95.24 亿元,增长 21.3%;完成财政支出 240.94 亿元,同比增长 19.7%;居民消费价格总水平比上年上涨了 2.8%,其中,粮食类价格上涨 11.3%;年底全市银行业金融机构各项存款余额 1723.62 亿元,比年初新增 247.01 亿元;各项贷款余额为 1037.76 亿元,比年初新增 169.28 亿元;年底总人口为 600.43 万,其中常住人口 567.5 万;全年城镇人均可支配收入为 22105 元,同比增长 9.65%;农民人均纯收入为 9728 元,同此增长 12.5%。

13.2 新乡市金融生态竞争力分析

13.2.1 新乡市金融生态环境的三级指标:区域经济实力

2012~2013 年,新乡市区域经济实力竞争力指标及其下属指标在河南省的排位变化情况,如表 13-2-1 和图 13-2-1 所示。

表 13-2-1 新乡市 2012~2013 年区域经济实力竞争力及其四级指标

年 份		GDP(亿元)	人均 GDP(元)	财政收入(亿元)	固定资产投资(亿元)	人均固定资产投资(元)	城镇人均可支配收入(元)	农村人均纯收入(元)	区域经济实力竞争力
2012	原 值	1619.77	28598	108.35	1271.72	22428.92	20159	8647	-0.0483
	标准化后	-0.0257	-0.4022	0.0142	0.1747	-0.1508	0.2658	0.1865	
2013	原 值	1766.10	31121	129.50	1561.15	27509.00	22105	9728	-0.0598
	标准化后	-0.0337	-0.4185	0.0177	0.1649	-0.1613	0.2431	0.1832	
2012 年排名		5	11	3	4	8	6	7	9
2013 年排名		6	12	3	4	8	6	7	9
升降		-1	-1	0	0	0	0	0	0

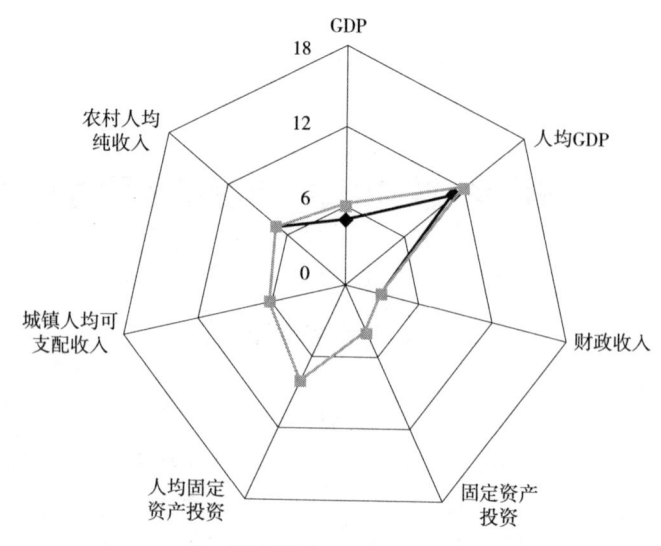

图 13-2-1 新乡市 2012~2013 年区域经济实力竞争力及其四级指标比较

①2013 年新乡市区域经济实力在整个河南省的综合排位为第 9 位，位于中游区，表明其在河南省处于中势地位，与 2012 年相比排位没有发生变化。

②从指标所处的水平看，财政收入指标在整个河南省排位很靠前，居第 3 位，处于绝对优势地位，说明新乡市政府财力充裕，这奠定了其为新乡市人民提供公共物品和服务的基础；GDP、固定资产投资、城镇人均可支配收入和农村人均纯收入在整个河南省排位分别是第 6 位、第 4 位、第 6 位和第 7 位，位于中上游区，处于较优势地位，说明新乡市的经济已形成一定规模，社会投资较为活跃，人民生活水平较高；人均固定资产投资在河南省排位位于中游区，处于中势地位，但相比于总体社会投资水平来讲，排位有所下降，这是由于新乡市较大的人口基数拉低了人均值；而人均 GDP 在河南省排位为第 12 位，位于中下游区，处于较劣势地位，说明新乡市农村人口基数较大，且总体 GDP 优势不明显，导致人均 GDP 处于中下游水平，新乡市需从规模和人均两方面提升其 GDP。

③从雷达图图形变化看，2013 年与 2012 年相比，面积有所增大，经济实力呈现下降趋势。

④从排位变化的动因看，GDP 和人均 GDP 排位均下降了 1 位，其他各项指标排位保持不变，导致区域经济实力竞争力有下降趋势。但由于其下降位次较少，且其他地级市的各指标在一定程度上相对增加或减少，2013 年新乡市区域经济实力竞争力排位不变。

13.2.2 新乡市金融生态环境的三级指标：区域开放程度

2012~2013 年，新乡市区域开放程度竞争力指标及其下属指标在河南省的排位变化情况，如表 13-2-2 所示。

表 13-2-2　新乡市 2012~2013 年区域开放程度竞争力及其四级指标

年　份		实际利用外资额	进出口总额	区域开放程度竞争力
2012	原值（万美元）	63600	105179	-0.1383
	标准化后	-0.0468	-0.2206	
2013	原值（万美元）	74000	112700	-0.1265
	标准化后	-0.0094	-0.2324	
2012 年排名		4	8	5
2013 年排名		4	8	5
升降		0	0	0

①2013 年新乡市区域开放程度经过标准化和加权处理后得分为 -0.1265，在整个河南省中排第 5 位，表明其区域开放程度在河南省位于中上游区，处于较优势地位，与 2012 年相比排位没有发生变化。

②从指标所处水平看，实际利用外资额在当年的河南省各个地级市处于第 4 位，在整个省域内位于中上游区，处于较优势地位，说明新乡市利用外资的效率和规模比较高，对区域开放程度竞争力贡献较大；进出口总额在当年的河南省各个地市中处于第 8 位，在整个省域内位于中游区，处于中势地位，说明新乡市的对外贸易发展水平一般，对区域开放程度竞争力贡献也一般，新乡市需继续开放对外市场，提升对外贸易水平。

③从排位变化的动因看，2013 年新乡市的实际利用外资额在河南省的排位为第 4 位，位于中上游区，较 2012 年排位不变，同时进出口总额在河南省位于中游区，排位处于第 8 位，较 2012 年排位也没有发生变化。这使其 2013 年区域开放程度竞争力指标的综合排位保持不变，居河南第 5 位。

13.2.3　新乡市金融生态环境的三级指标：区域服务水平

2012~2013 年，新乡市区域服务水平竞争力指标及其下属指标在河南省的排位变化情况，如表 13-2-3 和图 13-2-2 所示。

表 13-2-3　新乡市 2012~2013 年区域服务水平竞争力及其四级指标

年　份		会计师事务所数量	律师事务所数量	资产评估事务所数量	区域服务水平竞争力
2012	原值（所）	15	44	9	-0.0997
	标准化后	-0.1976	0.0114	-0.1089	
2013	原值（所）	13	46	9	-0.1198
	标准化后	-0.2319	-0.0080	-0.1162	
2012 年排名		5	5	5	5
2013 年排名		8	5	5	5
升降		-3	0	0	0

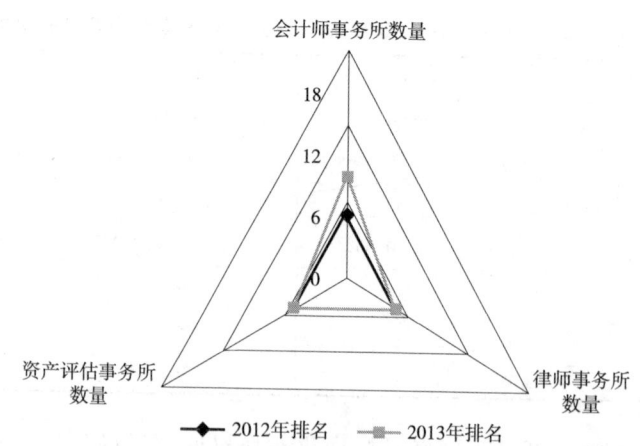

图 13-2-2 新乡市 2012~2013 年区域服务水平竞争力及其四级指标比较

①2013 年新乡市区域服务水平经过标准化和加权处理后得分为 -0.1198,在整个河南省中排第 5 位,表明其区域开放程度在河南省处于较优势地位,与 2012 年相比排位没有发生变化。

②从指标所处水平看,律师事务所数量、资产评估事务所数量这两个指标在当年的河南省各个地市中均处于第 5 位,即在整个省域内位于中上游区,且均为较优势指标,会计师事务所数量指标在当年的河南省各个地市中处于第 8 位,即在整个省域内位于中游区,且为中势指标,说明其金融服务水平总体处于中上游水平,但并不具有较大优势,需要进一步完善其服务环境,为其金融业的发展奠定基础。

③从雷达图图形变化看,2013 年与 2012 年相比,面积有所增大,2013 年新乡市的资产评估事务所和律师事务所数量在河南省的排位均未发生变化,会计师事务所数量排位下降了 3 位,但其下降位次较少,对整体服务水平影响较小,且其他地级市的各指标在一定程度上相对增加或减少,在综合作用下,新乡市区域服务水平竞争力指标综合排位保持不变,居河南第 5 位。

13.2.4 新乡市金融生态竞争力指标分析

2012~2013 年,新乡市金融生态竞争力指标及其下属指标在河南省的排位变化和指标结构情况,如表 13-2-4 所示。

表 13-2-4 新乡市 2012~2013 年金融生态竞争力指标及其三级指标

年 份	区域经济实力竞争力	区域开放程度竞争力	区域服务水平竞争力	金融生态竞争力
2012	-0.0483	-0.1383	-0.0997	-0.1115
2013	-0.0598	-0.1265	-0.1198	-0.1189
2012 年排位	9	5	5	7
2013 年排位	9	5	5	7
升降	0	0	0	0

①2013年新乡市金融生态竞争力综合排位为第7位，表明其在河南省处于较优势地位，与2012年相比排位没有发生变化。

②从指标所处水平看，2013年区域开放程度竞争力、区域服务水平竞争力两个指标排位均为第5位，位于中上游区，处于较优势地位；区域经济实力竞争力指标排位为第9位，位于中游区，处于中势地位。

③从指标变化趋势看，区域开放程度竞争力、区域服务水平竞争力两个指标与上年相比排位均没有变化，保持较优势地位；区域经济实力竞争力指标与上年相比排位也没有变化，保持中势地位。

④从排位综合分析看，区域开放程度竞争力、区域服务水平竞争力两个指标的较优势地位和区域经济实力竞争力指标的中势地位，决定了2013年新乡市金融生态竞争力综合排位仍然为河南第7位。这说明其经济发展程度较高，在整个河南省中处于相对领先地位，但优势不明显，需进一步加强。

13.3 新乡市金融规模竞争力分析

13.3.1 新乡市金融规模竞争力的三级指标：银行业规模

2012~2013年，新乡市银行业规模竞争力指标及其下属指标在河南省的排位变化情况，如表13-3-1和图13-3-1所示。

表13-3-1 新乡市2012~2013年银行业规模竞争力及其四级指标

年 份		金融系统存款余额	金融系统贷款余额	城乡居民储蓄余额	银行业规模竞争力
2012	原值（亿元）	1476.61	868.48	928.51	-0.0937
	标准化后	-0.1205	-0.1055	-0.0524	
2013	原值（亿元）	1723.62	1037.76	1081.82	-0.0966
	标准化后	-0.1229	-0.1175	-0.0464	
2012年排名		5	5	8	7
2013年排名		5	5	8	6
升降		0	0	0	1

①2013年新乡市银行业规模竞争力在整个河南省的综合排位为第6位，表明其在河南省处于较优势地位，与2012年相比排位上升了1位。

②从指标所处水平看，金融系统存款余额、金融系统贷款余额指标在当年的河南省各个地市中均处于第5位，在整个省域内处于中上游区，且均为较优势指标，说明其金融资产规模较大，容易形成规模效应，从而降低资金的操作成本，提高新乡市的资源配置效率；城乡居民储蓄余额指标在当年的河南省各个地市中处于第8位，在整个省域内处于中游区，且为中势指标，说明居民进行储蓄的积极性一般，新乡市人民更倾向于进行固定资产投资等投资行为，或者进行消费。

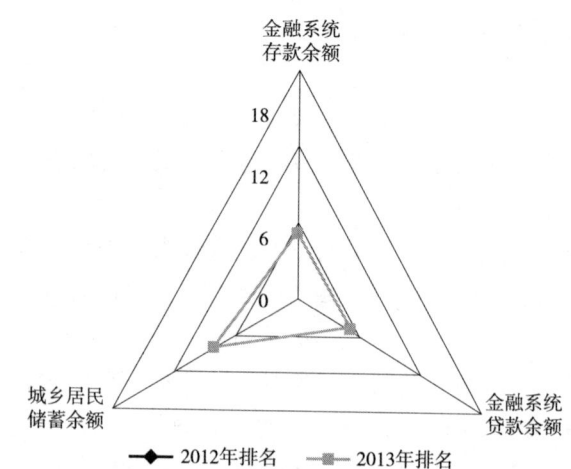

图13-3-1 新乡市2012~2013年银行业规模竞争力及其四级指标比较

③从雷达图图形变化看,2013年与2012年相比,面积保持不变,2013年的金融系统存款余额、金融系统贷款余额、城乡居民储蓄余额三个指标的排位均未发生变化,但三个指标的基数相对较大,且其他地级市各指标在一定程度上相对增加或减少,在综合作用下,新乡市银行业规模竞争力指标综合排位上升了1位,居河南第6位。

13.3.2 新乡市金融规模竞争力的三级指标：保险业规模

2012~2013年,新乡市保险业规模竞争力指标及其下属指标在河南省的排位变化情况,如表13-3-2所示。

表13-3-2 新乡市2012~2013年保险业规模竞争力及其四级指标

年 份		保险公司保费收入	保险赔付额	保险业规模竞争力
2012	原值（亿元）	43.93	9.24	-0.1314
	标准化后	-0.0758	-0.1864	
2013	原值（亿元）	47.97	14.99	-0.0515
	标准化后	-0.0637	-0.0391	
2012年排名		7	11	8
2013年排名		6	6	5
升降		1	5	3

①2013年新乡市保险业规模竞争力经过标准化和加权处理后得分为-0.0515,在整个河南省中排第5位,表明其在河南省处于较优势地位,与2012年相比排位上升了3位。

②从指标所处水平看,保险公司保费收入和保险赔付额指标在当年的河南省各个地市中均处于第6位,即两个指标在整个省域内处于中上游区,且均为较优势指标,说明该地区的保险业保险规模较大,保险实力及竞争力较强。

③从排位变化的动因看,2013年新乡市的保险公司保费收入和保险赔付额在河南省

的排位均有所上升,保险公司保费收入指标排位上升了 1 位,保险赔付额指标排位上升了 5 位,在综合作用下,其 2013 年的保险业规模竞争力指标的综合排位上升 3 位,居河南第 5 位。

13.3.3 新乡市金融规模竞争力的三级指标:证券业规模

2012~2013 年,新乡市证券业规模竞争力指标及其下属指标在河南省的排位变化情况,如表 13-3-3 所示。

①2013 年新乡市证券业规模竞争力指标经过标准化和加权处理后得分为 -0.5016,在整个河南省中排第 10 位,表明其在河南省处于中势地位,与 2012 年相比排位下降了 1 位。

表 13-3-3 新乡市 2012~2013 年证券业规模竞争力及其四级指标

年 份		上市公司总资产(亿元)	本地区股本总数(亿股)	证券业规模竞争力
2012	原 值	73.84	14.05	-0.4245
	标准化后	-0.5112	-0.3186	
2013	原 值	79.50	14.10	-0.5016
	标准化后	-0.5695	-0.4144	
2012 排年名		11	9	9
2013 年排名		12	10	10
升降		-1	-1	-1

②从指标所处水平看,2013 年新乡市上市公司总资产指标在河南省各个地市中处于第 12 位,即在整个省域内处于中下游区,且为较劣势指标,本地区股本总数指标在河南省各个地级市中处于第 10 位,即在整个省域内处于中游区,且为中势指标,说明新乡市证券市场凝聚优势企业以及投资者的能力不够,从侧面体现了该区域证券市场具有较弱的融资能力。

③从排位变化的动因看,由于 2013 年新乡市的上市公司总资产、本地区股本总数在河南省的排位均下降了 1 位,新乡市的证券业规模竞争力指标在河南省的排位下降了 1 位。

13.3.4 新乡市金融规模竞争力指标分析

2012~2013 年,新乡市金融规模竞争力指标及其下属指标在河南省的排位变化和指标结构情况,如表 13-3-4 所示。

表 13-3-4 新乡市 2012~2013 年金融规模竞争力指标及其三级指标

年 份	银行业规模	保险业规模	证券业规模	金融规模竞争力
2012	-0.0937	-0.1314	-0.4245	-0.2205
2013	-0.0966	-0.0515	-0.5016	-0.2193
2012 年排位	7	8	9	10
2013 年排位	6	5	10	9
升降	1	3	-1	1

①2013年新乡市金融规模竞争力综合排位为第9位，表明其在河南省处于中势地位，与2012年相比，排位上升1位。

②从指标所处水平看，2013年新乡市银行业规模和保险业规模两个指标排位分别为第6位和第5位，位于中上游区，处于较优势地位；证券业规模指标排位为第10位，位于中游区，处于中势地位。

③从指标变化趋势看，银行业规模指标与上年相比排位上升了1位，仍然处于较优势地位；保险业规模指标与上年相比排位上升了3位，由中势地位变成较优势地位；证券业规模与上年相比排位下降了1位，仍然处于中势地位。

④从排位综合分析看，虽然2013年新乡市的证券业规模与上年相比排位下降了1位，有下降趋势，且处于中势地位，但其银行业规模和保险业规模与上年相比排位分别上升了1位和3位，保持了良好的发展势头，且均处于较优势地位。在综合作用下，新乡市的金融规模竞争力与上年相比上升了1位，但仍然处于中势地位。在整个河南省中，新乡市的证券市场不够活跃，居民未表现出投资偏好，而是将收入进行储蓄或者购买保险，属于保守型投资，这在一定程度上降低了市场风险，但从侧面也反映了新乡市的投融资能力不强，不能有效地实现区域内资金需求与供给的对接。这些都具体表现为一般的金融规模竞争力。在金融规模竞争力方面，新乡市还需进一步提升。

13.4 新乡市金融效率竞争力分析

13.4.1 新乡市金融效率竞争力的三级指标：宏观金融效率

2012～2013年，新乡市宏观金融效率竞争力指标及其下属指标在河南省的排位变化情况，如表13-4-1所示。

表13-4-1 新乡市2012～2013年宏观金融效率竞争力及其四级指标

年 份		经济储蓄动员力	储蓄投资转化系数	宏观金融效率竞争力
2012	原值（%）	57.32	73.01	-0.1105
	标准化后	0.1073	-0.3222	
2013	原值（%）	61.25	69.30	-0.0712
	标准化后	0.1680	-0.3066	
2012年排名		9	11	11
2013年排名		9	11	11
升降		0	0	0

①2013年新乡市宏观金融效率竞争力指标经过标准化和加权处理后得分为-0.0712，在整个河南省中排第11位，处于中游区，表明其在河南省处于中势地位；与2012年相比排位没有发生变化。

②从指标所处水平看,2013年经济储蓄动员力、储蓄投资转化系数这两个指标在河南省的排位分别为第9位和第11位,位于中游区,处于中势地位。

③从排位变化的动因看,2013年新乡市的经济储蓄动员力、储蓄投资转化系数在河南省的排位不变,因此其宏观金融效率竞争力指标在河南省的排位不变,居河南第11位。这表现了新乡市宏观经济对储蓄资源的动员力仍然不足,储蓄向投资转化的渠道不够通畅。新乡市的宏观金融效率仍然处于一般水平,其在河南省宏观金融效率方面的中势地位有待改善。

13.4.2 新乡市金融效率竞争力的三级指标:微观金融效率

2012～2013年,新乡市微观金融效率竞争力指标及其下属指标在河南省的排位变化情况,如表13-4-2和图13-4-1所示。

表13-4-2 新乡市2012～2013年微观金融效率竞争力及其四级指标

年 份		贷存比	保险深度	证券市场效率	微观金融效率竞争力
2012	原值(%)	58.82	2.71	8.91	-0.0120
	标准化后	0.0342	0.0895	0.0176	
2013	原值(%)	60.21	2.72	1.07	0.0440
	标准化后	0.0788	0.1369	0.0545	
2012年排名		7	8	8	11
2013年排名		8	8	6	11
升降		-1	0	2	0

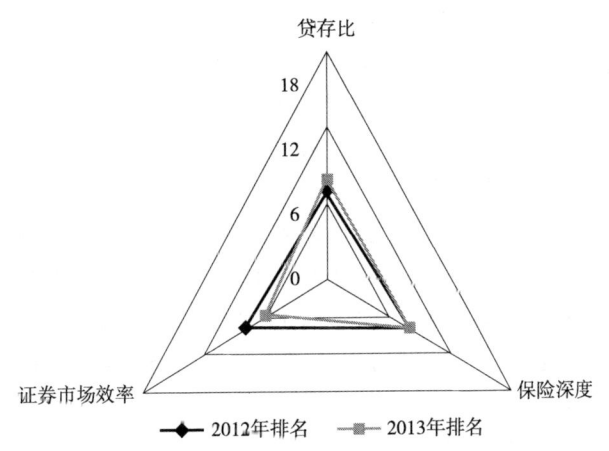

图13-4-1 新乡市2012～2013年微观金融效率竞争力及其四级指标比较

①2013年新乡市微观金融效率竞争力指标在整个河南省的综合排位为第11位,表明其在河南省处于中势地位,与2012年相比排位没有发生变化。

②从指标所处水平看,2013年新乡市的贷存比和保险深度指标均居第8位,在河南省整体排位中处于中游区,属于中势指标;证券市场效率指标位于第6位,在河南省整体

排位中处于中上游区，属于较优势指标。

③从雷达图图形变化看，2013年与2012年相比，面积有所缩小，说明2013年新乡市的微观效率竞争力较2012年有所上升。其中证券市场效率指标排位的上升成为图形缩小的动力点。

④从排位变化的动因看，保险深度指标排位不变，贷存比指标排位下降了1位，证券市场效率指标排位上升了2位，在综合作用下，2013年新乡市微观金融效率竞争力指标综合排位不变，居河南第11位。

13.4.3 新乡市金融效率竞争力指标分析

2012~2013年，新乡市金融效率竞争力指标及其下属指标在河南省的排位变化和指标结构情况，如表13-4-3所示。

表13-4-3 新乡市2012~2013年金融效率竞争力指标及其三级指标

年 份	宏观金融效率	微观金融效率	金融效率竞争力
2012	-0.1105	-0.012	-0.0507
2013	-0.0712	0.0440	-0.0059
2012年排位	11	11	10
2013年排位	11	11	11
升降	0	0	-1

①2013年新乡市金融效率竞争力指标综合排位为第11位，表明其在河南省处于中势地位，与2012年相比排位下降了1位。

②从指标所处水平看，2013年新乡市宏观金融效率和微观金融效率两个指标在整个河南省均处于第11位，位于中游区，属于中势指标。

③从指标变化趋势看，宏观金融效率与微观金融效率两个指标与上年相比排位不变，均处于中势地位。

④从排位综合分析看，虽然新乡市宏观金融效率和微观金融效率排位均不变，但其总体效率一般，且其他地市各指标在一定程度上相对增加或减少，使得2013年新乡市金融效率竞争力指标排位下降了1位，居河南省第11位，不具有明显优势。新乡市应将提高金融效率作为下一步的发展目标，提高其金融资源配置效率，培育较强的金融效率竞争力。

13.5 新乡市金融综合竞争力指标分析

2012~2013年，新乡市金融综合竞争力指标及其下属指标在河南省的排位变化和指标结构情况，如表13-5-1所示。

表 13 - 5 - 1　新乡市 2012~2013 年金融综合竞争力指标及其二级指标

年　份	金融生态竞争力	金融规模竞争力	金融效率竞争力	金融综合竞争力
2012	-0.1115	-0.2205	-0.0507	-0.1288
2013	-0.1189	-0.2193	-0.0059	-0.1169
2012 年排位	7	10	10	11
2013 年排位	7	9	11	11
升降	0	1	-1	0

①2013 年新乡市金融综合竞争力排位为第 11 位，处于中游区，表明其在河南省处于中势地位，与 2012 年相比排位没有发生变化。

②从指标所处水平看，2013 年新乡市金融生态竞争力指标排第 7 位，处于较优势地位；但金融规模竞争力和金融效率竞争力指标在河南省的排位分别处于第 9 位和第 11 位，处于中势地位。

③从指标变化趋势看，金融生态竞争力指标排位与上年相比没有发生变化，金融规模竞争力指标排位与上年相比上升了 1 位，而金融效率竞争力指标排位与上年相比下降了 1 位。

④从排位综合分析看，2013 年新乡市金融生态竞争力的综合排位仍然居河南省第 7 位，处于较优势地位；金融规模竞争力指标在河南省中排位处于第 9 位，相比于上年排位上升了 1 位，处于中势地位；金融效率竞争力指标在河南省中的排位处于第 11 位，相比于上年排位下降了 1 位，也处于中势地位。在综合作用下，2013 年新乡市的金融综合竞争力居河南省第 11 位，相比于上年排位不变，仍处于中势地位，说明新乡市的金融规模竞争力和金融效率竞争力还有待提升，新乡市需合理配置资本市场要素，增加金融市场规模，提高资金使用效率，使自身成为全方位发展的经济强市。

第 14 章
焦作市 2013 年金融竞争力研究报告

14.1 焦作市概述

焦作市位于河南省西北部、黄河北岸，与山西省晋城市接壤。焦作市的区位优势非常明显，地处我国南北交会点东西结合部，又是新欧亚大陆桥在中国境内的中心地带，具有承东启西、沟南通北的枢纽地位。

2013 年，全市实现地区生产总值 1707.36 亿元，按可比价格计算，比上年增长 10.7%；全年城镇新增就业人员 9.66 万，失业人员实现再就业 3.54 万，困难人员实现再就业 1.92 万，年底城镇登记失业率为 4.1%，在年控目标 4.5% 以内，新增农村劳动力转移就业 4.64 万；财政收入达 97.34 亿元，因此增长 14.3%；财政支出达 180.80 亿元，同比增长 8.9%。

14.2 焦作市金融生态竞争力分析

14.2.1 焦作市金融生态环境的三级指标：区域经济实力

2012~2013 年，焦作市区域经济实力竞争力指标及其下属指标在河南省的排位变化情况，如表 14-2-1 和图 14-2-1 所示。

表 14-2-1 焦作市 2012~2013 年区域经济实力竞争力及其四级指标

年 份		GDP（亿元）	人均 GDP（元）	财政收入（亿元）	固定资产投资（亿元）	人均固定资产投资（元）	城镇人均可支配收入（元）	农村人均纯收入（元）	区域经济实力竞争力
2012	原 值	1551.35	44029	85.13	1120.21	31824.15	20136	10113	0.6017
	标准化后	-0.0856	0.7152	-0.1630	-0.0296	0.8284	0.2538	1.0677	
2013	原 值	1707.36	48586	97.34	1374.04	39100.77	22058	11367	0.6272
	标准化后	-0.0803	0.7955	-0.1891	-0.0400	0.8434	0.2203	1.0713	
2012 年排名		8	5	7	6	5	7	3	4
2013 年排名		7	4	7	6	5	7	3	3
升降		1	1	0	0	0	0	0	1

①2013 年焦作市区域经济实力在整个河南省的综合排位为第 3 位，表明其在河南省处于绝对优势地位，与 2012 年相比排位上升了 1 位。

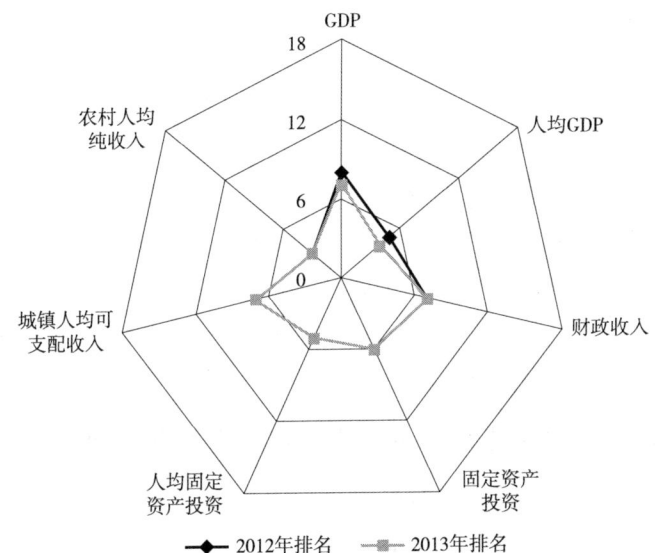

图 14-2-1 焦作市 2012~2013 年区域经济实力竞争力及其四级指标比较

②从指标所处的水平看,GDP、人均GDP、财政收入、固定资产投资、人均固定资产投资额、城镇人均可支配收入均属于较优势指标,农村人均纯收入属于绝对优势指标,这说明焦作市的区域经济实力在河南省处于领先地位。

③从雷达图图形变化看,2013 年与 2012 年相比,面积有所减小,经济实力竞争力呈现上升趋势。

④从排位变化的动因看,由于 2013 年 GDP、人均 GDP 这两个指标与 2012 年相比排位均上升了 1 位,其余各项指标排位保持不变,所以焦作市区域经济实力竞争力指标综合排位上升了 1 位,居河南第 3 位。这说明焦作市的经济实力不论从总量方面还是人均方面看,都具有较强的竞争力,经济发展势头良好。

14.2.2 焦作市金融生态环境的三级指标:区域开放程度

2012~2013 年,焦作市区域开放程度竞争力指标及其下属指标在河南省的排位变化情况,如表 14-2-2 所示。

表 14-2-2 焦作市 2012~2013 年区域开放程度竞争力及其四级指标

年 份		实际利用外资额	进出口总额	区域开放程度竞争力
2012	原值(万美元)	59528	222298	-0.0915
	标准化后	-0.0981	-0.0789	
2013	原值(万美元)	66000	226000	-0.1201
	标准化后	-0.1123	-0.1174	
2012 年排名		6	3	3
2013 年排名		6	3	4
升降		0	0	-1

①2013 年焦作市区域开放程度经过标准化和加权处理后得分为 -0.1201，在整个河南省中排第 4 位，表明其区域开放程度在河南省处于较优势地位，与 2012 年相比排位下降了 1 位。

②从指标所处水平看，实际利用外资额在当年的河南省各个地市中居第 6 位，位于中上游区且为较优势指标；进出口总额居第 3 位，处于上游区，且为绝对优势指标。这说明焦作市的经济开放程度较高，外资利用效率也比较高，对经济发展的直接影响力非常大。

③从排位变化的动因看，2013 年焦作市的实际利用外资额、进出口总额在河南省的排位均未发生变化，但其区域开放程度竞争力指标的综合排位下降了 1 位，居河南第 4 位，主要是因为当年焦作市这两个指标的区域优势不是十分明显。

14.2.3 焦作市金融生态环境的三级指标：区域服务水平

2012~2013 年，焦作市区域服务水平竞争力指标及其下属指标在河南省的排位变化情况，如表 14-2-3 和图 14-2-2 所示。

表 14-2-3　焦作市 2012~2013 年区域服务水平竞争力及其四级指标

年份		会计师事务所数量	律师事务所数量	资产评估事务所数量	区域服务水平竞争力
2012	原值（所）	15	37	3	
	标准化后	-0.1976	-0.1479	-0.4266	-0.2606
2013	原值（所）	15	41	3	
	标准化后	-0.1891	-0.1109	-0.4222	-0.2431
2012 年排名		5	7	15	9
2013 年排名		5	6	15	9
升降		0	1	0	0

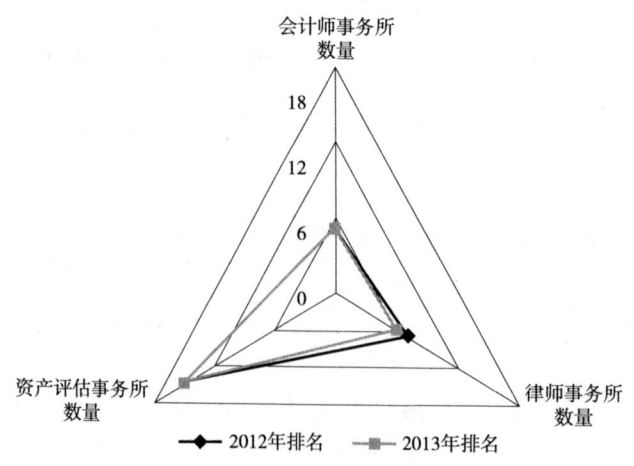

图 14-2-2　焦作市 2012~2013 年区域服务水平竞争力及其四级指标比较

①2013 年焦作市区域服务水平竞争力经过标准化和加权处理后得分为 -0.2431，在整个河南省中排第 9 位，表明其区域服务水平在河南省处于中势地位，与 2012 年相比排

位没有发生变化。

②从指标所处水平看，会计师事务所数量、律师事务所数量在当年的河南省各个地市中排位分别为第5位、第6位，处于中上游区且为较优势指标；资产评估事务所数量排位为第15位，处于中下游区，且为较劣势指标。

③从雷达图图形变化看，2013年与2012年相比，面积有所缩小，律师事务所数量这一指标成为图形缩小的动力点。其他两个指标排位均未发生变化，综合作用下使焦作市区域服务水平竞争力指标综合排位保持不变，居河南第9位。这说明焦作市的金融服务水平在河南省处于中势地位，仍然有很大的提升空间，资产评估服务机构数量的不充足成为其服务水平竞争力提升的短板。

14.2.4　焦作市金融生态竞争力指标分析

2012~2013年，焦作市金融生态竞争力指标及其下属指标在河南省的排位变化和指标结构情况，如表14-2-4所示。

表14-2-4　焦作市2012~2013年金融生态竞争力指标及其三级指标

年份	区域经济实力竞争力	区域开放程度竞争力	区域服务水平竞争力	金融生态竞争力
2012	0.6017	-0.0915	-0.2606	0.1125
2013	0.6272	-0.1201	-0.2431	0.1191
2012年排位	4	3	9	4
2013年排位	3	4	9	4
升降	1	-1	0	0

①2013年焦作市金融生态竞争力综合排位为第4位，表明其在河南省处于较优势地位，与2012年相比排位没有发生变化。

②从指标所处水平看，2013年区域经济实力竞争力在河南省各个地市中排位为第3位，处于上游区，且为绝对优势指标；区域开放程度竞争力排位为第4位，处于中上游区，且为较优势指标；区域服务水平竞争力排位为第9位，处于中游区且为中势指标。这说明焦作市区域经济各个方面的竞争力所处水平存在一定差异性。

③从指标变化趋势看，区域经济实力竞争力排位与上年相比上升了1位，区域开放程度竞争力排位与上年相比下降了1位，区域服务水平竞争力与上年相比排位没有发生变化。

④从排位综合分析看，当年焦作市区域经济实力竞争力排位上升了1位，区域开放程度竞争力排位下降了1位，在综合作用下，2013年焦作市金融生态竞争力综合排位不变，仍然居河南第4位。说明其经济发展程度较高，金融生态环境较为完善，在整个河南省中处于较优势地位。

14.3　焦作市金融规模竞争力分析

14.3.1　焦作市金融规模竞争力的三级指标：银行业规模

2012~2013年，焦作市银行业规模竞争力指标及其下属指标在河南省的排位变化情况，如表 14-3-1 和图 14-3-1 所示。

表 14-3-1　焦作市 2012~2013 年银行业规模竞争力及其四级指标

年　　份		金融系统存款余额	金融系统贷款余额	城乡居民储蓄余额	银行业规模竞争力
2012	原值（亿元）	1012.64	672.19	638.08	-0.3284
	标准化后	-0.3260	-0.2382	-0.4138	
2013	原值（亿元）	1151.52	773.40	722.91	-0.3401
	标准化后	-0.3354	-0.2462	-0.4305	
2012 年排名		12	10	13	12
2013 年排名		12	9	13	13
升降		0	1	0	-1

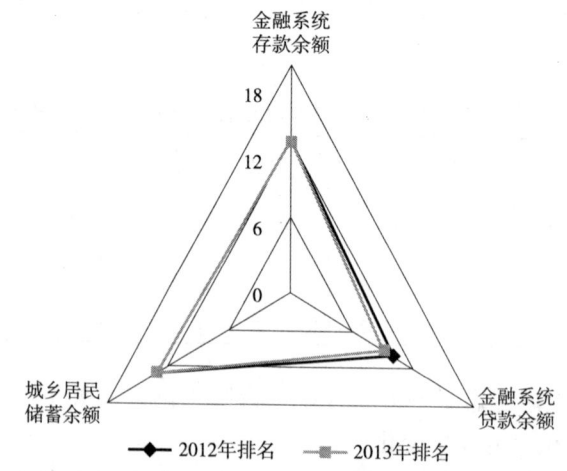

图 14-3-1　焦作市 2012~2013 年银行业规模竞争力及其四级指标比较

①2013 年焦作市银行业规模竞争力在整个河南省的综合排位为第 13 位，表明其在河南省处于较劣势地位，与 2012 年相比排位下降 1 位。

②从指标所处水平看，金融系统存款余额、城乡居民储蓄余额这两个指标在河南省各个地市中的排位分别为第 12 位、第 13 位，处于中下游区，且为较劣势指标；金融系统贷款余额排位为第 9 位，处于中游区，且为中势指标。这说明其金融资产在规模上较小，加大了资金的操作成本，不利于带动经济的发展，提高资源配置效率是焦作市面临的重要挑战。

③从雷达图图形变化看，2013 年与 2012 年相比，面积有所缩小，金融系统贷款余额这一指标成为图形缩小的动力点。虽然金融系统贷款排位上升了 1 位，但与其他地区相比，各个指标的区域优势不是十分明显，在综合作用下，焦作市银行业规模竞争力指标综合排位下降了 1 位，居河南第 13 位。

14.3.2　焦作市金融规模竞争力的三级指标：保险业规模

2012~2013 年，焦作市保险业规模竞争力指标及其下属指标在河南省的排位变化情况，如表 14-3-2 所示。

表 14-3-2　焦作市 2012~2013 年保险业规模竞争力及其四级指标

年　份		保险公司保费收入	保险赔付额	保险业规模竞争力
2012	原值（亿元）	40.28	9.15	-0.1855
	标准化后	-0.1748	-0.1955	
2013	原值（亿元）	41.97	12.96	-0.1964
	标准化后	-0.1941	-0.1918	
2012 年排名		10	12	12
2013 年排名		12	11	12
升降		-2	1	0

①2013 年焦作市保险业规模竞争力经过标准化和加权处理后得分为 -0.1964，在整个河南省中排第 12 位，表明其在河南省处于较劣势地位，与 2012 年相比排位没有发生变化。

②从指标所处水平看，保险公司保费收入在河南省各个地市中的排位为第 12 位，处于中下游区，且为较劣势指标；保险赔付额的排位为第 11 位，处于中游区，且为中势指标。这说明该地区的保险业保险规模较小，保险实力及竞争力较弱。

③从排位变化的动因看，2013 年焦作市的保险公司保费收入在河南省的排位下降了 2 位，保险赔付额的排位上升了 1 位，升降互抵，在综合作用下，焦作市保险业规模竞争力指标的综合排位保持不变，居河南第 12 位。

14.3.3　焦作市金融规模竞争力的三级指标：证券业规模

2012~2013 年，焦作市证券业规模竞争力指标及其下属指标在河南省的排位变化情况，如表 14-3-3 所示。

表 14-3-3　焦作市 2012~2013 年证券业规模竞争力及其四级指标

年　份		上市公司总资产（亿元）	本地区股本总数（亿股）	证券业规模竞争力
2012	原　值	235.86	19.38	-0.0747
	标准化后	0.0153	-0.1614	
2013	原　值	245.41	42.37	0.2452
	标准化后	0.0239	0.4572	
2012 年排名		6	7	6
2013 年排名		7	3	6
升降		-1	4	0

①2013 年焦作市证券业规模竞争力指标经过标准化和加权处理后得分为 0.2452，在整个河南省中排第 6 位，表明其在河南省处于较优势地位，与 2012 年相比排位没有发生变化。

②从指标所处水平看，2013年焦作市上市公司总资产在河南省各个地市中排第7位，处于中上游区，且为较优势指标；本地区股本总数排位为第3位，处于上游区，且均为绝对优势指标。这说明焦作市证券市场凝聚优势企业及投资者的能力较强，从侧面体现了该区域证券市场具有较强融资能力。

③从排位变化的动因看，2013年焦作市的上市公司总资产排位下降了1位，本地区股本总数排位上升了4位，在综合作用下，焦作市证券业规模竞争力指标在河南省的排位保持不变。

14.3.4 焦作市金融规模竞争力指标分析

2012~2013年，焦作市金融规模竞争力指标及其下属指标在河南省的排位变化和指标结构情况，如表14-3-4所示。

表14-3-4 焦作市2012~2013年金融规模竞争力指标及其三级指标

年份	银行业规模	保险业规模	证券业规模	金融规模竞争力
2012	-0.3284	-0.1855	-0.0747	-0.2055
2013	-0.3401	-0.1964	0.2452	-0.1124
2012年排位	12	12	6	9
2013年排位	13	12	6	7
升降	-1	0	0	2

①2013年焦作市金融规模竞争力综合排位为第7位，表明其在河南省处于较优势地位，与2012年相比排位上升2位。

②从指标所处水平看，2013年焦作市银行业规模、保险业规模指标排位分别为第13位、第12位，处于中下游区，且为较劣势指标；证券业规模指标排位为第6位，处于中上游区，且为较优势指标。

③从指标变化趋势看，银行业规模指标与上年相比排位下降了1位，保险业规模和证券业规模这两个指标排位与上年相比均没有变化。

④从排位综合分析看，虽然银行业规模指标排位下降了1位，但与其他地区相比，另外两个指标的区域优势较为明显，在综合作用下，2013年焦作市规模竞争力综合排位为河南第7位。

14.4 焦作市金融效率竞争力分析

14.4.1 焦作市金融效率竞争力的三级指标：宏观金融效率

2012~2013年，焦作市宏观金融效率竞争力指标及其下属指标在河南省的排位变化情况，如表14-4-1所示。

①2013年焦作市宏观金融效率竞争力指标经过标准化和加权处理后得分为-1.1842，

在整个河南省中排第 16 位,表明其在河南省处于劣势地位,与 2012 年相比排位没有发生变化。

表 14-4-1　焦作市 2012~2013 年宏观金融效率竞争力及其四级指标

年　份		经济储蓄动员力	储蓄投资转化系数	宏观金融效率竞争力
2012	原值(%)	41.13	56.96	-1.1207
	标准化后	-1.1308	-1.0487	
2013	原值(%)	42.34	52.61	-1.1842
	标准化后	-1.2095	-1.0963	
2012 年排名		16	15	16
2013 年排名		17	15	16
升降		-1	0	0

②从指标所处水平看,2013 年经济储蓄动员力在河南省排第 17 位,处于下游区,且为劣势指标;储蓄投资转化系数排第 15 位,处于中下游区,且为较劣势指标。

③从排位变化的动因看,由于 2013 年焦作市的经济储蓄动员力在河南省的排位下降了 1 位,储蓄投资转化系数在河南省的排位不变,焦作市的宏观金融效率竞争力指标在河南省的排位不变,居河南第 16 位。这表现了焦作市的宏观经济对储蓄资源的动员力较弱,储蓄向投资转化的渠道仍然较为困难,宏观金融效率整体较低。

14.4.2　焦作市金融效率竞争力的三级指标:微观金融效率

2012~2013 年,焦作市微观金融效率竞争力指标及其下属指标在河南省的排位变化情况,如表 14-4-2 和图 14-4-1 所示。

表 14-4-2　焦作市 2012~2013 年微观金融效率竞争力及其四级指标

年　份		贷存比	保险深度	证券市场效率	微观金融效率竞争力
2012	原值(%)	66.38	2.60	10.26	0.2854
	标准化后	0.6081	-0.0843	0.1353	
2013	原值(%)	67.16	2.4	9.66	-0.3267
	标准化后	0.5913	-0.3637	-0.0109	
2012 年排名		4	10	5	6
2013 年排名		5	12	7	13
升降		-1	-2	-2	-7

①2013 年焦作市微观金融效率竞争力指标在整个河南省的综合排位为第 13 位,表明其在河南省处于较劣势地位,与 2012 年相比排位下降了 7 位。

②从指标所处水平看,2013 年焦作市的贷存比、证券市场效率指标排位均较靠前,属于较优势指标;保险深度指标排位为第 12 位,处于中下游,且为较劣势指标。

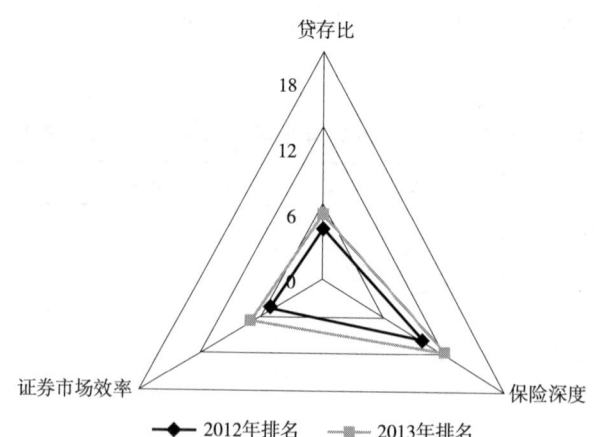

图14-4-1 焦作市2012~2013年微观金融效率竞争力及其四级指标比较

③从雷达图图形变化看,2013年与2012年相比,面积有所扩大,说明微观效率竞争力下降。

④从排位变化的动因看,在贷存比、保险深度和证券市场效率指标排位均有所下降的综合作用下,2013年焦作市微观金融效率竞争力指标综合排位下降了7位,居河南第13位。

14.4.3 焦作市金融效率竞争力指标分析

2012~2013年,焦作市金融效率竞争力指标及其下属指标在河南省的排位变化和指标结构情况,如表14-4-3所示。

表14-4-3 焦作市2012~2013年金融效率竞争力指标及其三级指标

年 份	宏观金融效率	微观金融效率	金融效率竞争力
2012	-1.1207	0.2854	-0.8159
2013	-1.1842	-0.3267	-0.9400
2012年排位	16	6	14
2013年排位	16	13	15
升降	0	-7	-1

①2013年焦作市金融效率竞争力指标综合排位为第15位,表明其在河南省处于较劣势地位,与2012年相比排位下降B1位。

②从指标所处水平看,2013年焦作市宏观金融效率指标在整个河南省排位为第16位,处于下游区,且为绝对劣势指标;微观金融效率排位为第13位,处于中下游区,且为较劣势指标。

③从指标变化趋势看,宏观金融效率指标排位与上年相比没有变化,仍处于绝对劣势地位,而微观金融效率指标排位与上年相比有下降趋势,指标排位下降了7位。

④从排位综合分析看,在宏观金融效率排位不变和微观金融效率排位下降7位的综合作用下,2013年焦作市金融效率竞争力指标排位为河南省第15位。这说明微观金融效率的下降造成了焦作市金融效率竞争力的下降,这使整个焦作市的金融资源配置效率有所下降。

14.5 焦作市金融综合竞争力指标分析

2012~2013年,焦作市金融综合竞争力指标及其下属指标在河南省的排位变化和指标结构情况,如表14-5-1所示。

表14-5-1 焦作市2012~2013年金融综合竞争力指标及其二级指标

年　　份	金融生态竞争力	金融规模竞争力	金融效率竞争力	金融综合竞争力
2012	0.1125	-0.2055	-0.8159	-0.2895
2013	0.1191	-0.1124	-0.9400	-0.2654
2012年排位	4	9	14	12
2013年排位	4	7	15	13
升降	0	2	-1	-1

①2013年焦作市金融综合竞争力排位为第13位,表明其在河南省处于较劣势地位,与2012年相比排位下降1位。

②从指标所处水平看,2013年焦作市金融生态竞争力、金融规模竞争力两个指标的排位分别为第4位、第7位,处于较优势地位,而金融效率竞争力指标在河南省处于第15位,处于较劣势地位。

③从指标变化趋势看,金融生态竞争力指标排位与上年相比没有发生变化,金融规模竞争力指标排位与上年相比上升了2位,金融效率竞争力指标排位与上年相比下降了1位。

④从排位综合分析看,两个指标的相对优势和一个指标的相对劣势,决定了2013年焦作市金融竞争力综合排位仍然为河南第13位。这说明焦作市的金融综合竞争力在河南省的排位并不理想,其金融综合竞争力较弱的原因在于其金融效率较低。应采取措施从宏观、微观两个角度大力推进焦作金融效率改革,加快银行、保险、证券市场的发展,尤其要加大对保险业的投入,保证焦作市经济能够迅速、全面发展。

第15章
濮阳市2013年金融竞争力研究报告

15.1 濮阳市概述

濮阳市位于中国河南省的东北部，黄河下游北岸，冀、鲁、豫三省交会处。濮阳市资源优势突出，是中原油田总部所在地。濮阳市不仅有丰富的石油、天然气资源，而且拥有大量的煤炭和岩盐资源。

2013年，全市完成地区生产总值1130.48亿元，全市规模以上工业完成增加值643.74亿元；全社会固定资产投资完成965.07亿元，其中固定资产投资完成941.89亿元；社会消费品零售总额完成368.63亿元；进出口总额为7.29亿美元，其中出口总额为6.35亿美元；实际利用外资3.90亿美元；财政收入完成60.51亿元。截至2013年底，濮阳市金融机构各项存款余额达971.49亿元，居民储蓄余额为686.07亿元，各项贷款余额为379.05亿元。

15.2 濮阳市金融生态竞争力分析

15.2.1 濮阳市金融生态环境的三级指标：区域经济实力

2012~2013年，濮阳市区域经济实力竞争力指标及其下属指标在河南省的排位变化情况，如表15-2-1和图15-2-1所示。

表15-2-1 濮阳市2012~2013年区域经济实力竞争力及其四级指标

年 份		GDP（亿元）	人均GDP（元）	财政收入（亿元）	固定资产投资（亿元）	人均固定资产投资（元）	城镇人均可支配收入（元）	农村人均纯收入（元）	区域经济实力竞争力
2012	原 值	989.70	27654	48.09	738.96	20526.67	19511	6945	-0.3902
	标准化后	-0.5777	-0.4705	-0.4456	-0.5435	-0.3491	-0.0726	-0.8367	
2013	原 值	1130.48	31483	60.51	941.89	26280.41	21571	7904	-0.3392
	标准化后	-0.5381	-0.3933	-0.4261	-0.5130	-0.2678	-0.0168	-0.8053	
2012年排名		15	12	15	14	11	10	15	12
2013年排名		15	11	15	14	9	10	15	12
升降		0	1	0	0	2	0	0	0

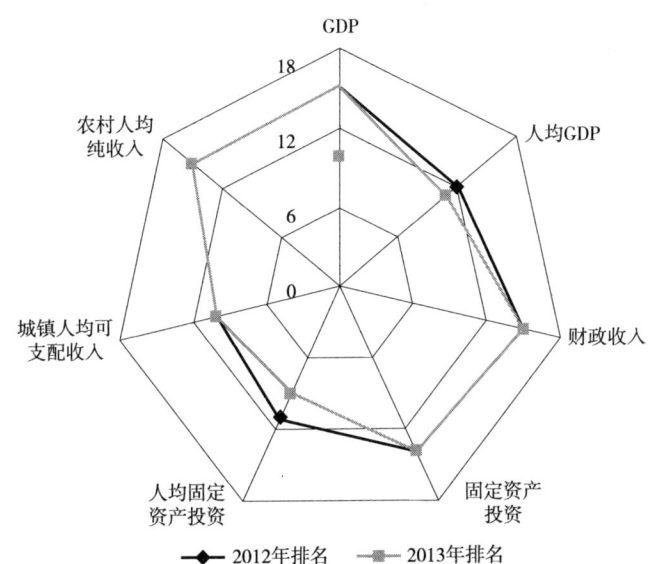

图 15-2-1　濮阳市 2012~2013 年区域经济实力竞争力及其四级指标比较

①2013 年濮阳市区域经济实力在整个河南省的综合排位为第 12 位,表明其在河南省处于较劣势地位,与 2012 年相比排位没有发生变化。

②从指标所处的水平看,GDP、固定资产投资、财政收入、农村人均纯收入指标在整个河南省的排位处于中下游区,人均 GDP、人均固定资产投资额和城镇人均可支配收入指标在省内的排位处于中游区。可以发现,濮阳市人均指标相对于总量指标来说,排位整体靠前,这主要是因为濮阳市的常住人口较少。

③从雷达图图形变化看,2013 年与 2012 年相比,面积有所减小,经济实力竞争力呈现上升趋势。

④从排位变化的动因看,除人均 GDP 和人均固定资产投资这两个指标外,其余各项指标排位均保持不变,所以 2013 年濮阳市区域经济实力竞争力指标综合排位保持不变,居河南第 12 位。

15.2.2　濮阳市金融生态环境的三级指标：区域开放程度

2012~2013 年,濮阳市区域开放程度竞争力指标及其下属指标在河南省的排位变化情况,如表 15-2-2 所示。

表 15-2-2　濮阳市 2012~2013 年区域开放程度竞争力及其四级指标

年　份		实际利用外资额	进出口总额	区域开放程度竞争力
2012	原值（万美元）	32001	61862	-0.3710
	标准化后	-0.4445	-0.2731	
2013	原值（万美元）	39000	72900	-0.3829
	标准化后	-0.4594	-0.2728	

续表

年份	实际利用外资额	进出口总额	区域开放程度竞争力
2012年排名	14	10	16
2013年排名	14	10	16
升降	0	0	0

①2013年濮阳市区域开放程度经过标准化和加权处理后得分为 -0.3829，在整个河南省排第16位，表明其区域开放程度在河南省处于绝对劣势地位，与2012年相比排位没有发生变化。

②从指标所处水平看，2013年全市实际利用外资额指标在河南省范围内处于第14位，属于较劣势指标；进出口总额指标在当年的河南省内处于第10位，属于中势指标。这说明就全省而言，濮阳市经济的开放程度较低，外资的利用效率还不够高，有待于提升对外开放程度，为金融发展寻求更多的机会。

③从排位变化的动因看，2013年濮阳市的实际利用外资额、进出口总额在河南省的排位均未发生变化，这使其2013年的区域开放程度竞争力指标的综合排位保持不变，居河南第16位。

15.2.3　濮阳市金融生态环境的三级指标：区域服务水平

2012～2013年，濮阳市区域服务水平竞争力指标及其下属指标在河南省的排位变化情况，如表15-2-3和图15-2-2所示。

表15-2-3　濮阳市2012~2013年区域服务水平竞争力及其四级指标

年份		会计师事务所数量	律师事务所数量	资产评估事务所数量	区域服务水平竞争力
2012	原值（所）	12	28	5	-0.3145
	标准化后	-0.2607	-0.3528	-0.3207	
2013	原值（所）	13	30	5	-0.2988
	标准化后	-0.2319	-0.3373	-0.3202	
2012年排名		10	12	12	12
2013年排名		8	12	11	12
升降		2	0	1	0

①2013年濮阳市区域服务水平经过标准化和加权处理后得分为 -0.2988，在整个河南省中排第12位，表明其区域开放程度在河南省处于较落后地位，与2012年相比排位没有发生变化。

②从指标所处水平看，会计师事务所数量、律师事务所数量、资产评估事务所数量这三个指标河南省各个地市中分别处于第8位、第12位、第11位，整体在省域内处于中下游区，说明其金融服务机构规模的扩张还有较大空间。

③从雷达图图形变化看，2013年与2012年相比，面积有所减小，区域服务竞争力呈

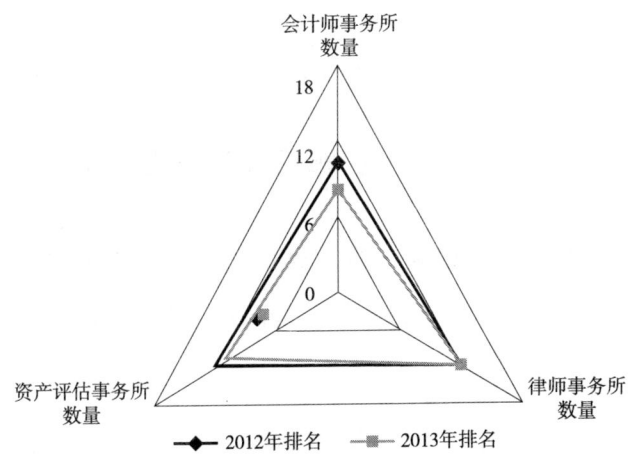

图 15-2-2　濮阳市 2012~2013 年区域服务水平竞争力及其四级指标比较

现上升趋势，其中，会计师事务所数量和资产评估事务所数量成了图形缩小的动力点。

④从排位变化的动因看，会计师事务所数量和资产评估事务所数量这两个指标排位均有不同程度的上升，而律师事务所数量指标排位保持不变，使得 2013 年濮阳市区域服务水平竞争力指标综合排位保持不变，居河南第 12 位。

15.2.4　濮阳市金融生态竞争力指标分析

2012~2013 年，濮阳市金融生态竞争力指标及其下属指标在河南省的排位变化和指标结构情况，如表 15-2-4 所示。

表 15-2-4　濮阳市 2012~2013 年金融生态竞争力指标及其三级指标

年　份	区域经济实力竞争力	区域开放程度竞争力	区域服务水平竞争力	金融生态竞争力
2012	-0.3902	-0.3710	-0.3145	-0.4236
2013	-0.3392	-0.3829	-0.2988	-0.4007
2012 年排位	12	16	12	13
2013 年排位	12	16	12	13
升降	0	0	0	0

①2013 年濮阳市金融生态竞争力综合排位为第 13 位，表明其在河南省处于较劣势地位，与 2012 年相比排位没有发生变化。

②从指标所处水平看，2013 年区域经济实力竞争力、区域开放程度竞争力、区域服务水平竞争力三个指标排位分别处于第 12 位、第 16 位、第 12 位，处于中下游区。

③从指标变化趋势看，区域经济实力竞争力、区域开放程度竞争力、区域服务水平竞争力三个指标与上年相比均未发生变化，因此，金融生态竞争力指标的综合排位保持不变，仍居第 13 位。

④从排位综合分析看，三个指标均处于较劣势地位决定了 2013 年濮阳市金融生态竞争力综合排位仍然居河南第 13 位，处于较劣势地位。这说明濮阳市金融生态环境竞争力

在全省范围内还比较低,因此,大力提升经济发展水平,扩大对外开放,增强金融服务机构的建设,是濮阳市未来提升金融生态竞争力的重要方向。

15.3 濮阳市金融规模竞争力分析

15.3.1 濮阳市金融规模竞争力的三级指标:银行业规模

2012~2013年,濮阳市银行业规模竞争力指标及其下属指标在河南省的排位变化情况,如表15-3-1和图15-3-1所示。

表15-3-1 濮阳市2012~2013年银行业规模竞争力及其四级指标

年	份	金融系统存款余额	金融系统贷款余额	城乡居民储蓄余额	银行业规模竞争力
2012	原值(亿元)	836.89	304.09	592.52	-0.4572
	标准化后	-0.4039	-0.4870	-0.4705	
2013	原值(亿元)	971.49	379.05	686.07	-0.4405
	标准化后	-0.4022	-0.4383	-0.4699	
2012年排名		14	17	14	14
2013年排名		14	16	14	14
升降		0	1	0	0

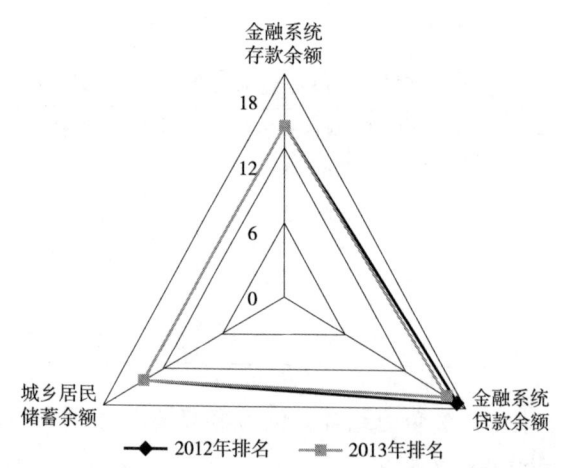

图15-3-1 濮阳市2012~2013年银行业规模竞争力及其四级指标比较

①2013年濮阳市银行业规模竞争力在整个河南省的综合排位为第14位,表明其在河南省处于较劣势地位,与2012年相比排位没有发生变化。

②从指标所处水平看,2013年金融系统存款余额、金融系统贷款余额、城乡居民储蓄余额指标在河南范围内的排位分别为第14位、第16位、第14位,均处于中下游区,具有相对劣势。这说明其金融资产在规模上较小,不易形成规模效应。

③从雷达图图形变化看,2013年与2012年相比,面积略微有所减小,区域服务竞争

力呈现上升趋势。

④从排位变化的动因看，除金融系统贷款余额这个指标外，其余各项指标排位保持不变，所以2013年濮阳市区域服务水平竞争力指标综合排位保持不变，居河南第14位。

15.3.2 濮阳市金融规模竞争力的三级指标：保险业规模

2012~2013年，濮阳市保险业规模竞争力指标及其下属指标在河南省的排位变化情况，如表15-3-2所示。

①2013年濮阳市保险业规模竞争力经过标准化和加权处理后得分为-0.2803，在整个河南省中排第13位，表明其在河南省处于较劣势地位，与2012年相比排位没有发生变化。

表15-3-2 濮阳市2012~2013年保险业规模竞争力及其四级指标

年 份		保险公司保费收入	保险赔付额	保险业规模竞争力
2012	原值（亿元）	36.84	8.66	-0.2572
	标准化后	-0.2681	-0.2451	
2013	原值（亿元）	38.55	11.77	-0.2803
	标准化后	-0.2684	-0.2913	
2012年排名		13	13	13
2013年排名		13	13	13
升降		0	0	0

②从指标所处水平看，2013年保险公司保费收入、保险赔付额这两个指标在河南省各个地市中的排位均为第13位，即在整个省域内处于中下游区，说明濮阳市的保险业规模有一定的基础和实力，但与其他省内城市相比还有一定差距。

③从排位变化的动因看，2013年濮阳市的保险公司保费收入和保险赔付额在河南省的排位均未发生变化，在综合作用下，其保险业规模竞争力指标的综合排位保持不变，仍居河南第13位。

15.3.3 濮阳市金融规模竞争力的三级指标：证券业规模

2012~2013年，濮阳市证券业规模竞争力指标及其下属指标在河南省的排位变化情况，如表15-3-3所示。

表15-3-3 濮阳市2012~2013年证券业规模竞争力及其四级指标

年 份		上市公司总资产（亿元）	本地区股本总数（亿股）	证券业规模竞争力
2012	原 值	31.06	7.30	-0.5975
	标准化后	-0.6503	-0.5178	
2013	原 值	37.83	7.93	-0.6746
	标准化后	-0.7186	-0.6047	

续表

年 份	上市公司总资产（亿元）	本地区股本总数（亿股）	证券业规模竞争力
2012年排名	15	14	14
2013年排名	15	13	15
升降	0	1	-1

①2013年濮阳市证券业规模竞争力指标经过标准化和加权处理后得分为 -0.6746，在整个河南省中排第15位，表明其在河南省处较劣势位，与2012年相比排位下降1位。

②从指标所处水平看，2013年濮阳市上市公司总资产和本地区股本总数这两指标在河南省各个地市中分别排在第15位和第13位，即在整个省域内处于中下游区，且为较劣势指标。这说明濮阳市证券市场凝聚优势企业及投资者的能力不是很强，证券业规模竞争力还有较大的提升空间。

③从排位变化的动因看，2013年虽然本地区股本总数指标在河南省的排位上升了1位，但在上市公司总资产指标的排位不变和全市证券业规模发展相对缓慢的影响下，濮阳市的证券业规模竞争力指标在河南省的排位下降了1位，居第15位。

15.3.4 濮阳市金融规模竞争力指标分析

2012~2013年，濮阳市金融规模竞争力指标及其下属指标在河南省的排位变化和指标结构情况，如表15-3-4所示。

表15-3-4 濮阳市2012~2013年金融规模竞争力指标及其三级指标

年 份	银行业规模	保险业规模	证券业规模	金融规模竞争力
2012	-0.4572	-0.2572	-0.5975	-0.4502
2013	-0.4405	-0.2803	-0.6746	-0.4831
2012年排位	14	13	14	13
2013年排位	14	13	15	15
升降	0	0	-1	-2

①2013年濮阳市金融规模竞争力综合排位为第15位，表明其在河南省处于较劣势地位，与2012年相比排位下降2位。

②从指标所处水平看，2013年濮阳市银行业规模、保险业规模和证券业规模三个指标的排位分别处于第14位、第13位、第15位，均为较劣势指标。这说明濮阳市银行、保险和证券业规模发展在全省不占优势，仍需要扩大业务规模来提升整体金融竞争力。

③从指标变化趋势看，2013年银行业规模、保险业规模在全省的排位较上年保持不变，但证券业规模排位的下拉作用，使得2013年濮阳市金融规模竞争力的综合排位下降了2位。

④从排位综合分析看，三个指标的较劣势地位决定了2013年濮阳市金融规模竞争力综合排位较2012年下降了2位，居第15位。这说明在省内，濮阳市居民投资积极性并不高，银行业、保险业和证券业的融资能力亟待提高。

15.4 濮阳市金融效率竞争力分析

15.4.1 濮阳市金融效率竞争力的三级指标：宏观金融效率

2012~2013年，濮阳市宏观金融效率竞争力指标及其下属指标在河南省的排位变化情况，如表15-4-1所示。

表15-4-1 濮阳市2012~2013年宏观金融效率竞争力及其四级指标

年 份		经济储蓄动员力	储蓄投资转化系数	宏观金融效率竞争力
2012	原值（%）	59.87	80.18	0.1566
	标准化后	0.3023	0.0023	
2013	原值（%）	60.69	72.84	-0.0061
	标准化后	0.1272	-0.1391	
2012年排名		7	9	7
2013年排名		10	10	10
升降		-3	-1	-3

①2013年濮阳市宏观金融效率竞争力指标经过标准化和加权处理后得分为-0.0061，在整个河南省中排第10位，表明其在河南省处于中势地位，与2012年相比排位下降3位。

②从指标所处水平看，2013年经济储蓄动员力、储蓄投资转化系数这两个指标在河南省的排位均为第10位，处于中游区，濮阳市的宏观金融效率竞争力在河南省范围内处于中等水平。

③从排位变化的动因看，由于2013年濮阳市的经济储蓄动员力、储蓄投资转化系数指标在河南省的排位均有不同程度的下降，濮阳市的宏观金融效率竞争力排位下降了3位，居河南第10位。这表明濮阳市的宏观经济对储蓄资源的动员力呈下降趋势，储蓄向投资转化的渠道不够通畅。因此，提升储蓄资源的利用率、合理优化投资，是濮阳今后提升金融竞争力的一大重要课题。

15.4.2 濮阳市金融效率竞争力的三级指标：微观金融效率

2012~2013年，濮阳市微观金融效率竞争力指标及其下属指标在河南省的排位变化情况，如表15-4-2和图15-4-1所示。

表15-4-2 濮阳市2012~2013年微观金融效率竞争力及其四级指标

年 份		贷存比	保险深度	证券市场效率	微观金融效率竞争力
2012	原值（%）	36.34	3.72	1.97	-1.3494
	标准化后	-1.6724	1.6854	-0.5873	
2013	原值（%）	39.02	3.41	1.50	0.8108
	标准化后	-1.4840	1.4656	-0.5233	

续表

年 份	贷存比	保险深度	证券市场效率	微观金融效率竞争力
2012 年排名	18	1	13	18
2013 年排名	18	2	15	2
升降	0	-1	-2	16

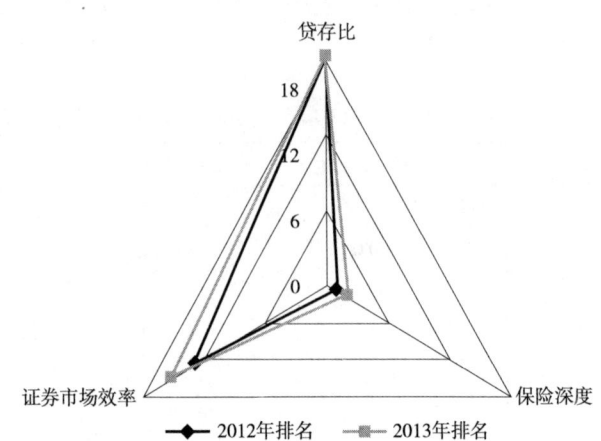

图 15-4-1 濮阳市 2012~2013 年微观金融效率竞争力及其四级指标比较

①2013 年濮阳市微观金融效率竞争力指标在整个河南省的综合排位为第 2 位，表明其在河南省处于绝对优势地位，与 2012 年相比排位上升了 16 位。

②从指标所处水平看，2013 年濮阳市的贷存比和证券市场效率这两个指标排位比较靠后，而保险深度指标的排位则很靠前，属于绝对优势指标，濮阳市 2013 年微观金融效率较高，具有一定的优势。

③从雷达图图形变化看，2013 年与 2012 年相比，面积有所扩大。

④从排位变化的动因看，尽管保险深度和证券市场效率指标排位有略微下降，但由于保险密度的绝对优势地位，且其对微观金融效率的贡献较大，2013 年濮阳市微观金融效率竞争力指标综合排位上升到第 2 位，显示了较高的微观效率竞争力。

15.4.3 濮阳市金融效率竞争力指标分析

2012~2013 年，濮阳市金融效率竞争力指标及其下属指标在河南省的排位变化和指标结构情况，如表 15-4-3 所示。

表 15-4-3 濮阳市 2012~2013 年金融效率竞争力指标及其三级指标

年 份	宏观金融效率	微观金融效率	金融效率竞争力
2012	0.1566	-1.3494	1.0838
2013	-0.0061	0.8108	0.6408
2012 年排位	7	18	4
2013 年排位	10	2	7
升降	-3	16	-3

①2013年濮阳市金融效率竞争力指标综合排位为第7位,表明其在河南省处于较优势地位,与2012年相比,排位下降了3位。

②从指标所处水平看,2013年濮阳市宏观金融效率和微观金融效率在整个河南省分别处于第10位和第2位,宏观金融效率属于中等指标,微观金融效率属于优势指标。

③从指标变化趋势看,宏观金融效率指标与上年相比下降了3位,而微观金融效率指标与上年相比大幅度上升,指标排位上升了16位。整体金融效率竞争力在全省综合排位下降了3位。

④从排位综合分析看,在宏观金融效率排位下降和微观金融效率排位上升的综合作用下,2013年濮阳市金融效率竞争力指标排位为河南省第7位,处于较优势地位。但是2013年濮阳市金融效率竞争力在整个河南省排位较上年下降了3位,说明处于优势地位的金融效率竞争力提升较为缓慢,金融效率竞争力在省内的优势有下降趋势。

15.5 濮阳市金融综合竞争力指标分析

2012~2013年,濮阳市金融综合竞争力指标及其下属指标在河南省的排位变化和指标结构情况,如表15-5-1所示。

表15-5-1 濮阳市2012~2013年金融综合竞争力指标及其二级指标

年 份	金融生态竞争力	金融规模竞争力	金融效率竞争力	金融综合竞争力
2012	-0.4236	-0.4502	1.0838	0.0381
2013	-0.4007	-0.4831	0.6408	-0.1179
2012年排位	13	13	4	8
2013年排位	13	15	7	12
升降	0	-2	-3	-4

①2013年濮阳市金融综合竞争力排位为第12位,表明其在河南省处于较劣势地位,与2012年相比排位下降了4位。

②从指标所处水平看,2013年濮阳市金融生态竞争力、金融规模竞争力两个指标在河南省的排位分别为第13位和第15位,属于中下游区;而金融效率竞争力指标排位为第7位,属于中上游区。濮阳市金融综合竞争力在全省范围内处于较劣势地位。

③从指标变化趋势看,金融生态竞争力指标排位与上年相比没有发生变化,金融规模竞争力和金融效率竞争力指标排位与上年相比分别下降了2位和3位。

④从排位综合分析看,两个较劣势指标和一个较优势指标的综合作用,决定了2013年濮阳市金融综合竞争力排位下降了4位,居河南第12位。这说明从综合方面评价,濮阳市的金融竞争力在全省范围内处于较劣势地位,与部分城市还有一定差距,因此,优化金融生态、扩大金融规模,是濮阳市今后提升金融综合竞争力的重要途径。

第 16 章
许昌市 2013 年金融竞争力研究报告

16.1 许昌市概述

许昌市位于河南省中部,是全省经济强市,也是中原城市群、中原经济区核心城市之一。许昌市地理位置优越,是全省唯一与省会郑州市共享一个国际机场的省辖市。许昌市自然条件优越,矿产资源丰富,农业颇具特色。

2013 年,许昌市完成地区生产总值 1903.30 亿元,比上年增长 10.9%,其中,第一产业增加值 184.9 亿元,增长 4.0%;第二产业增加值 1284.2 亿元,增长 12.0%;第三产业增加值 434.2 亿元,增长 8.5%。全年全市进出口总额达 21.4 亿美元,比上年增长 3.1%;全年新批准设立外商投资企业 12 家,合同利用外资 5.4 亿美元,比上年增长 18.5%,实际利用外资 5.3 亿美元,比上年增长 20.5%。年底金融机构各项存款余额达 1410.5 亿元,增长 18.7%;城乡居民储蓄余额为 866.70 亿元,比年初增加 123.41 亿元,增长 16.6%;各项贷款余额 999.20 亿元,比年初增加 148.44 亿元,增长 17.4%。

16.2 许昌市金融生态竞争力分析

16.2.1 许昌市金融生态环境的三级指标:区域经济实力

2012~2013 年,许昌市区域经济实力竞争力指标及其下属指标在河南省的排位变化情况,如表 16-2-1 和图 16-2-1 所示。

表 16-2-1 许昌市 2012~2013 年区域经济实力竞争力及其四级指标

年 份		GDP（亿元）	人均 GDP（元）	财政收入（亿元）	固定资产投资（亿元）	人均固定资产投资（元）	城镇人均可支配收入（元）	农村人均纯收入（元）	区域经济实力竞争力
2012	原 值	1716.19	39947	90.37	1111.47	25848.14	19685	9819	0.3186
	标准化后	0.0588	0.4196	-0.1230	-0.0414	0.2056	0.0183	0.8910	
2013	原 值	1903.30	44294	108.50	1371.10	31908.31	21717	11007	0.3490
	标准化后	-0.7515	-0.2562	-0.4686	-0.8344	-0.3635	-0.2100	0.2634	
2012 年排名		4	6	6	7	7	8	4	6
2013 年排名		4	6	6	7	6	8	4	6
升降		0	0	0	0	1	0	0	0

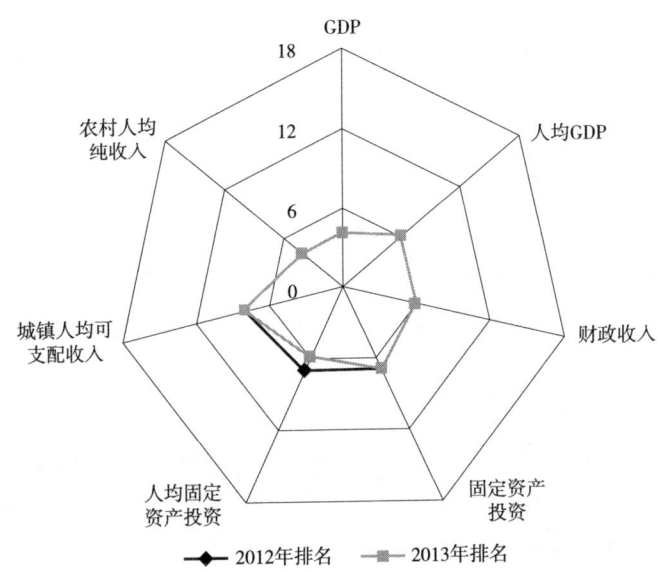

图 16-2-1 许昌市 2012~2013 年区域经济实力竞争力及其四级指标比较

①2013 年许昌市区域经济实力在整个河南省的综合排位为第 6 位，表明其在河南省处于较优势地位，与 2012 年相比排位没有发生变化。

②从指标所处的水平看，GDP、人均 GDP、财政收入、固定资产投资、人均固定资产投资额、农村人均纯收入这六个指标 2013 年在整个河南省排位比较靠前，处于中上游区；城镇人均可支配收入指标在河南省的排位位于中游区，处于中势地位。2013 年许昌市整体区域经济实力在河南省范围内较具优势。

③从雷达图图形变化看，2013 年与 2012 年相比，面积有所减小，经济实力竞争力呈现上升趋势。

④从排位变化的动因看，除人均固定资产投资这一指标外，其余各项指标排位均保持不变，所以 2013 年许昌市区域经济实力竞争力指标综合排位保持不变，居河南第 6 位，处于较优势地位。

16.2.2 许昌市金融生态环境的三级指标：区域开放程度

2012~2013 年，许昌市区域开放程度竞争力指标及其下属指标在河南省的排位变化情况，如表 16-2-2 所示。

表 16-2-2 许昌市 2012~2013 年区域开放程度竞争力及其四级指标

年 份		实际利用外资额	进出口总额	区域开放程度竞争力
2012	原值（万美元）	43977	207651	-0.2019
	标准化后	-0.2938	-0.0966	
2013	原值（万美元）	53000	214000	-0.2139
	标准化后	-0.2794	-0.1296	

续表

年 份	实际利用外资额	进出口总额	区域开放程度竞争力
2012 年排名	8	4	7
2013 年排名	8	4	7
升降	0	0	0

①2013 年许昌市区域开放程度经过标准化和加权处理后得分为 -0.2139，在整个河南省中排第 7 位，表明其区域开放程度在河南省处于较优势地位，与 2012 年相比排位没有发生变化。

②从指标所处水平看，实际利用外资额指标在河南省范围内排位为第 8 位，处于中游区；进出口总额指标在省域内排位为第 4 位，处于中上游区。这说明许昌市经济的开放程度在全省范围内处于中上游区域，外资利用效率相对较高，对经济发展的带动力较大。

③从排位变化的动因看，2013 年许昌市的实际利用外资额、进出口总额在河南省的排位均未发生变化，这使其 2013 年的区域开放程度竞争力指标的综合排位保持不变，居河南第 7 位。

16.2.3　许昌市金融生态环境的三级指标：区域服务水平

2012～2013 年，许昌市区域服务水平竞争力指标及其下属指标在河南省的排位变化情况，如表 16 -2 -3 和图 16 -2 -2 所示。

表 16 -2 -3　许昌市 2012～2013 年区域服务水平竞争力及其四级指标

年 份		会计师事务所数量	律师事务所数量	资产评估事务所数量	区域服务水平竞争力
2012	原值（所）	13	22	8	-0.2992
	标准化后	-0.2396	-0.4893	-0.1618	
2013	原值（所）	12	26	8	-0.2819
	标准化后	-0.2533	-0.4196	-0.1672	
2012 年排名		9	15	6	11
2013 年排名		10	14	6	10
升降		-1	1	0	1

①2013 年许昌市区域服务水平经过标准化和加权处理后得分为 -0.2819，在河南省范围内排第 10 位，表明其区域开放程度在全省处于中势地位，与 2012 年相比排位上升了 1 位。

②从指标所处水平看，2013 年会计师事务所数量指标在全省的排位为第 10 位，属于中势指标；律师事务所数量指标全省排位为第 14 位，属于较劣势指标；资产评估事务所数量指标全省排位为第 6 位，属于较优势指标。这说明许昌市各项服务业务规模的差距较大，为金融业服务的水平还有待提升。

③从雷达图图形变化看，2013 年与 2012 年相比，面积基本不变，2013 年的会计师事

第16章 许昌市2013年金融竞争力研究报告

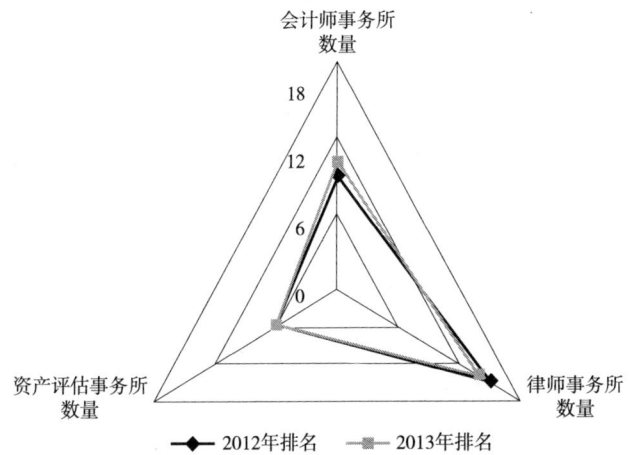

图16-2-2 许昌市2012~2013年区域服务水平竞争力及其四级指标比较

务所数量、律师事务所数量、资产评估事务所数量在河南省的排位有升有降。在综合作用下，许昌市区域服务水平竞争力指标综合排位上升了1位，居河南第10位。

16.2.4 许昌市金融生态竞争力指标分析

2012~2013年，许昌市金融生态竞争力指标及其下属指标在河南省的排位变化和指标结构情况，如表16-2-4所示。

表16-2-4 许昌市2012~2013年金融生态竞争力指标及其三级指标

年 份	区域经济实力竞争力	区域开放程度竞争力	区域服务水平竞争力	金融生态竞争力
2012	0.3186	-0.2019	-0.2992	-0.0612
2013	0.3490	-0.2139	-0.2819	-0.0461
2012年排位	6	7	11	6
2013年排位	6	7	10	6
升降	0	0	1	0

①2013年许昌市金融生态竞争力综合排位为第6位，表明其在河南省处于较优势地位，与2012年相比排位没有发生变化。

②从指标所处水平看，2013年区域经济实力竞争力、区域开放程度竞争力这两个指标在河南省的排位处于中上游区，区域服务水平竞争力指标排位在全省处于中游区。

③从指标变化趋势看，区域经济实力竞争力和区域开放程度竞争力排位与上年相比没有发生变化，区域服务水平竞争力指标排位比上年上升了1位。

④从排位综合分析看，区域经济实力竞争力和区域开放程度竞争力指标的较优势地位，决定了2013年许昌市金融生态竞争力综合排位仍然居河南第6位，处于中上游区。这说明许昌市金融生态环境在全省较占优势，金融生态发展态势良好，这为金融市场整体竞争力的提升坚定了基础。

16.3 许昌市金融规模竞争力分析

16.3.1 许昌市金融规模竞争力的三级指标：银行业规模

2012~2013年，许昌市银行业规模竞争力指标及其下属指标在河南省的排位变化情况，如表16-3-1和图16-3-1所示。

表16-3-1 许昌市2012~2013年银行业规模竞争力及其四级指标

年 份		金融系统存款余额	金融系统贷款余额	城乡居民储蓄余额	银行业规模竞争力
2012	原值（亿元）	1188.22	850.76	743.29	-0.2178
	标准化后	-0.2483	-0.1175	-0.2829	
2013	原值（亿元）	1410.50	999.20	866.70	-0.2192
	标准化后	-0.2392	-0.1363	-0.2766	
2012年排名		11	6	11	11
2013年排名		11	6	11	11
升降		0	0	0	0

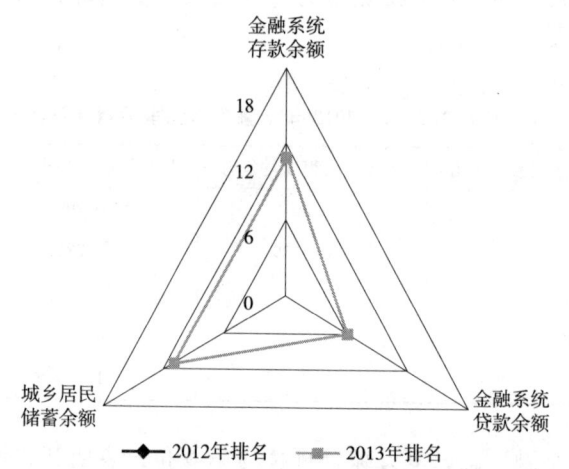

图16-3-1 许昌市2012~2013年银行业规模竞争力及其四级指标比较

①2013年许昌市银行业规模竞争力在整个河南省的综合排位为第11位，表明其在河南省处于中势地位，与2012年相比排位没有发生变化。

②从指标所处水平看，2013年金融系统存款余额和城乡居民储蓄余额两个指标在河南省的排位均为第11位，处于中游区；金融系统贷款余额指标排位为第6位，处于中上游区。许昌市银行业规模竞争力在全省处于中等水平。

③从雷达图图形变化看，2013年与2012年相比，面积保持不变，2013年的金融系统存款余额、金融系统贷款余额、城乡居民储蓄余额三个指标的排位均未发生变化。在综合作用下，许昌市银行业规模竞争力指标综合排位保持不变，仍居河南第11位。

16.3.2 许昌市金融规模竞争力的三级指标：保险业规模

2012~2013 年，许昌市保险业规模竞争力指标及其下属指标在河南省的排位变化情况，如表 16-3-2 所示。

表 16-3-2 许昌市 2012~2013 年保险业规模竞争力及其四级指标

年 份		保险公司保费收入	保险赔付额	保险业规模竞争力
2012	原值（亿元）	39.90	9.59	-0.1684
	标准化后	-0.1851	-0.1509	
2013	原值（亿元）	42.76	13.28	-0.1753
	标准化后	-0.1769	-0.1730	
2012 年排名		11	10	11
2013 年排名		9	10	11
升降		2	0	0

①2013 年许昌市保险业规模竞争力经过标准化和加权处理后得分为 -0.1753，在整个河南省中排第 11 位，表明其在河南省处于中势地位，与 2012 年相比排位没有发生变化。

②从指标所处水平看，2013 年保险公司保费收入、保险赔付额这两个指标在河南省各个地市中分别排在第 9 位和第 10 位，即在整个省域内的处于中游区。这说明该地区的保险业规模处于全省中等水平，保险业有一定实力，但规模还有待继续扩大。

③从排位变化的动因看，2013 年许昌市的保险公司保费收入排位上升了 2 位，保险赔付额排位没有发生变化，但许昌市的保险业规模竞争力指标的综合排位保持不变，居河南第 11 位。

16.3.3 许昌市金融规模竞争力的三级指标：证券业规模

2012~2013 年，许昌市证券业规模竞争力指标及其下属指标在河南省的排位变化情况，如表 16-3-3 所示。

表 16-3-3 许昌市 2012~2013 年证券业规模竞争力及其四级指标

年 份		上市公司总资产（亿元）	本地区股本总数（亿股）	证券业规模竞争力
2012	原 值	189.46	22.27	-0.1082
	标准化后	-0.1355	-0.0761	
2013	原 值	220.44	26.47	-0.0502
	标准化后	-0.0654	-0.033	
2012 年排名		8	5	8
2013 年排名		8	7	8
升降		0	-2	0

①2013年许昌市证券业规模竞争力指标经过标准化和加权处理后得分为-0.0502，在河南省范围内排第8位，表明其在全省处于中势地位，与2012年相比排位没有发生变化。

②从指标所处水平看，2013年许昌市上市公司总资产在当年河南省各个地市中排第8位，处于中游区且属于中势指标；本地区股本总数排位为第7位，处于中上游区，且属于较优势指标。这说明许昌市证券市场凝聚优势企业及吸纳投资者的能力在全省较有优势，证券市场的融资能力与全省部分城市相比还有一定差距。

③从排位变化的动因看，虽然2013年本地区股本总数指标排位与上年相比下降了2位，但在上市公司总资产指标的拉动作用下，许昌市的证券业规模竞争力指标在河南省的排位较上年没有变化，仍居第8位，较为稳定。

16.3.4 许昌市金融规模竞争力指标分析

2012~2013年，许昌市金融规模竞争力指标及其下属指标在河南省的排位变化和指标结构情况，如表16-3-4所示。

表16-3-4 许昌市2012~2013年金融规模竞争力指标及其三级指标

年份	银行业规模	保险业规模	证券业规模	金融规模竞争力
2012	-0.2178	-0.1684	-0.1082	-0.1717
2013	-0.2192	-0.1753	-0.0502	-0.1589
2012年排位	11	11	8	8
2013年排位	11	11	8	8
升降	0	0	0	0

①2013年许昌市金融规模竞争力综合排位为第8位，表明其在河南省处于中势地位，与2012年相比排位没有发生变化。

②从指标所处水平看，2013年许昌市银行业规模、保险业规模和证券业规模三个指标在全省的排位均处于中势地位，分别为第11位、第11位和第8位。全市金融规模竞争力在整个河南省处于中等水平。

③从指标变化趋势看，银行业规模、保险业规模、证券业规模三个指标与上年相比排位均未发生变化，保持中势地位。

④从排位综合分析看，三个指标的中势地位决定了2013年许昌市金融规模竞争力综合排位仍为河南第8位。这说明许昌市居民投资偏好一般，银行业、保险业和证券业的融资能力较强，能够合理地吸纳资金，调节资金供求的关系。许昌市整体金融规模有一定的实力和基础，但仍然需要继续发展，从而缩小与先进城市的差距。

16.4 许昌市金融效率竞争力分析

16.4.1 许昌市金融效率竞争力的三级指标：宏观金融效率

2012~2013年，许昌市宏观金融效率竞争力指标及其下属指标在河南省的排位变化情况，如表 16-4-1 所示。

①2013 年许昌市宏观金融效率竞争力指标经过标准化和加权处理后得分为 -0.8069，在整个河南省中排第 14 位，表明其在河南省处于较劣势地位，与 2012 年相比排位没有发生变化。

表 16-4-1 许昌市 2012~2013 年宏观金融效率竞争力及其四级指标

年 份		经济储蓄动员力	储蓄投资转化系数	宏观金融效率竞争力
2012	原值（%）	43.31	66.87	-0.8043
	标准化后	-0.9641	-0.6001	
2013	原值（%）	45.54	63.21	-0.8069
	标准化后	-0.9764	-0.5948	
2012 年排位		15	14	14
2013 年排位		15	14	14
升降		0	0	0

②从指标所处水平看，2013 年经济储蓄动员力、储蓄投资转化系数这两个指标在河南省的排位分别为第 15 位和第 14 位，排位较为靠后，处于较劣势地位。

③从排位变化的动因看，由于 2013 年许昌市的经济储蓄动员力、储蓄投资转化系数指标较上年的排位不变，许昌市宏观金融效率竞争力指标在河南省的排位仍保持不变，居河南第 14 位。这显示了许昌市的宏观经济对储蓄资源的动员力偏弱，储蓄向投资转化的渠道不够多样化，使得整体许昌市的宏观金融效率在全省不占优势，还有较大的提升空间。

16.4.2 许昌市金融效率竞争力的三级指标：微观金融效率

2012~2013 年，许昌市微观金融效率竞争力指标及其下属指标在河南省的排位变化情况，如表 16-4-2 和图 16-4-1 所示。

表 16-4-2 许昌市 2012~2013 年微观金融效率竞争力及其四级指标

年 份		贷存比	保险深度	证券市场效率	微观金融效率竞争力
2012	原值（%）	71.60	2.29	9.80	0.5713
	标准化后	1.0044	-0.5741	0.0952	
2013	原值（%）	70.84	2.25	13.15	-0.4775
	标准化后	0.8627	-0.7681	0.2081	
2012 年排位		3	13	6	4
2013 年排位		4	14	4	15
升降		-1	-1	2	-11

①2013 年许昌市微观金融效率竞争力指标在整个河南省的综合排位为第 15 位，表明其在河南省处于较劣势地位，与 2012 年相比排位下降了 11 位。

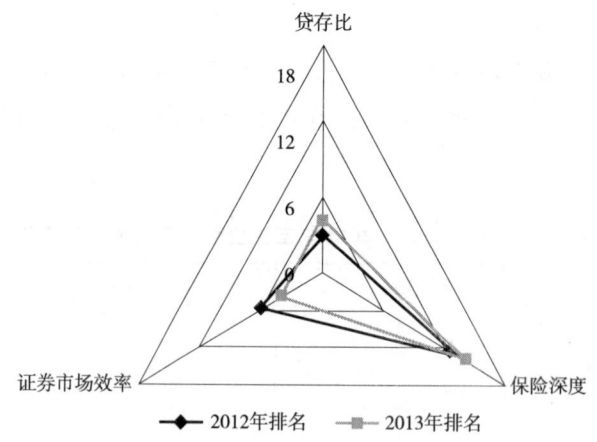

图 16-4-1　许昌市 2012～2013 年微观金融效率竞争力及其四级指标比较

②从指标所处水平看，2013 年许昌市的贷存比和证券市场效率指标排位比较靠前，属于较优势指标；保险深度指标排位相对靠后，属于较劣势指标。全市微观金融效率竞争力在全省不占优势。

③从雷达图图形变化看，2013 年与 2012 年相比，面积有所变化，微观效率竞争力下降。

④从排位变化的动因看，在贷存比和保险深度指标排位下降和证券市场效率排位提升的综合作用下，2013 年许昌市微观金融效率竞争力指标综合排位下降了 11 位，居河南第 15 位。受全省银行业、保险业和证券业的不均衡发展及许昌市微观金融系统的波动影响，2013 年许昌市金融微观效率在全省的排位较上年大幅度下降，处于较劣势地位。

16.4.3　许昌市金融效率竞争力指标分析

2012～2013 年，许昌市金融效率竞争力指标及其下属指标在河南省的排位变化和指标结构情况，如表 16-4-3 所示。

表 16-4-3　许昌市 2012～2013 年金融效率竞争力指标及其三级指标

年　份	宏观金融效率	微观金融效率	金融效率竞争力
2012	-0.8043	0.5713	-0.8570
2013	-0.8069	-0.4775	-0.8430
2012 年排位	14	4	15
2013 年排位	14	15	14
升降	0	-9	1

①2013 年许昌市金融效率竞争力指标综合排位为第 14 位，表明其在河南省处于较劣势地位，与 2012 年相比排位上升了 1 位。

②从指标所处水平看，2013 年许昌市宏观金融效率和微观金融效率在整个河南省分别处于第 14 位和第 15 位，均属于较劣势指标。

③从指标变化趋势看，宏观金融效率指标排位与上年相比没有发生变化，而微观金融效率指标排位与上年相比下降了9位，降幅较大。

④从排位综合分析看，在宏观金融效率排位不变和微观金融效率排位下降的综合作用下，2013年许昌市金融效率竞争力指标排位为第14位，反而上升了1位。这说明2012～2013年全省大部分地市的金融效率增长较为缓慢，金融行业资源配置调节较缓慢，使得许昌市在微观金融效率排名大幅度下降的环境中，整体金融效率反而上升1位。

16.5 许昌市金融综合竞争力指标分析

2012～2013年，许昌市金融综合竞争力指标及其下属指标在河南省的排位变化和指标结构情况，如表16-5-1所示。

表16-5-1 许昌市2012～2013年金融综合竞争力指标及其二级指标

年 份	金融生态竞争力	金融规模竞争力	金融效率竞争力	金融综合竞争力
2012	-0.0612	-0.1717	-0.8570	-0.3386
2013	-0.0461	-0.1589	-0.8430	-0.3043
2012年排位	6	8	15	14
2013年排位	6	8	14	14
升降	0	0	1	0

①2013年许昌市金融综合竞争力排位为第14位，表明其在河南省处于较劣势地位，与2012年相比排位没有发生变化。

②从指标所处水平看，2013年许昌市金融生态竞争力全省排位为第6位，处于中上游区；金融规模竞争力排在第8位，处于中游区；金融效率竞争力排在第14位，处于中下游区。全市金融综合竞争力排位在全省范围内处于中下游区。

③从指标变化趋势看，金融生态竞争力和金融规模竞争力指标排位与上年相比均没有变化，金融效率竞争力指标排位与上年相比上升了1位。

④从排位综合分析看，三个指标在全省的排位均属于不同的位置区域，决定了2013年许昌市金融综合竞争力排位为第14位，与上年持平。许昌市金融综合竞争力在全省范围内具有相对劣势，今后在提升金融效率和扩大金融规模方面仍需要给予重视、加大投入。

第 17 章
漯河市 2013 年金融竞争力研究报告

17.1 漯河市概述

漯河市位于河南省中南部,是国家二类交通枢纽城市,距郑州新郑国际机场不足 1 小时车程,石武高铁、京广铁路、漯宝(丰)铁路、漯阜(阳)铁路和京港澳高速、宁洛高速、107 国道及 5 条省道贯穿全境。

2013 年,漯河市实现地区生产总值 861.50 亿元,按可比价格计算,比上年增长 9.4%,增速高出全省平均水平 0.40 个百分点;实现财政收入 53.90 亿元,比上年增长 29.5%,实现财政支出 111.70 亿元,比上年增长 12.3%。2013 年底,全市金融机构各项存款余额为 687.40 亿元,比上年增长 15.8%;全市金融机构各项贷款余额为 343.90 亿元,比上年增长 10.6%。全年完成固定资产投资 648.29 亿元,比上年增长 23.1%。全年农村人均纯收入达 9876 元,比上年增长 12.8%,农村人均生活消费支出 5614.0 元,比上年增长 17.0%;城镇人均可支配收入达 21174 元,比上年增长 10.7%;城镇居民人均消费支出 15613.60 元,比上年增长 9.9%。

17.2 漯河市金融生态竞争力分析

17.2.1 漯河市金融生态环境的三级指标:区域经济实力

2012~2013 年,漯河市区域经济实力竞争力指标及其下属指标,在河南省的排位变化情况,如表 17-2-1 和图 17-2-1 所示。

表 17-2-1 漯河市 2012~2013 年区域经济实力竞争力及其四级指标

年 份		GDP（亿元）	人均 GDP（元）	财政收入（亿元）	固定资产投资（亿元）	人均固定资产投资（元）	城镇人均可支配收入（元）	农村人均纯收入（元）	区域经济实力竞争力
2012	原 值	797.12	31211	41.61	526.79	20577.73	19136	8755	-0.1476
	标准化后	-0.7464	-0.2130	-0.4950	-0.8295	-0.3437	-0.2684	0.2514	
2013	原 值	861.50	33456	53.90	648.29	25176.31	21174	9876	-0.1437
	标准化后	-0.7515	-0.2562	-0.4686	-0.8344	-0.3635	-0.2100	0.2634	
2012 年排名		16	8	16	16	10	13	6	10
2013 年排名		16	8	16	16	11	12	6	10
升降		0	0	0	0	-1	1	0	0

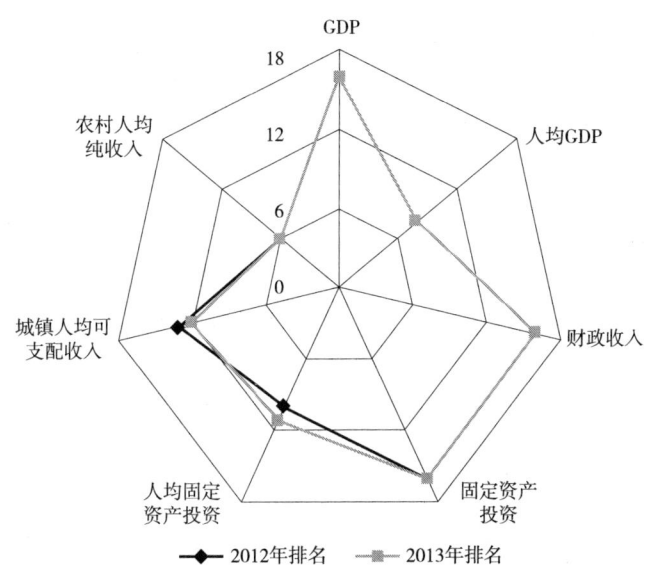

图 17-2-1 漯河市 2012~2013 年区域经济实力竞争力及其四级指标比较

①2013 年漯河市区域经济实力在整个河南省的综合排位为第 10 位,表明其在河南省处于中势地位,与 2012 年相比排位没有发生变化。

②从指标所处的水平看,GDP、财政收入、固定资产投资处于绝对劣势地位,人均GDP、人均固定资产投资处于中势地位,城镇人均可支配收入处于较劣势地位,只有农村人均纯收入指标在整个河南省中排位较有优势,可以发现漯河市人均指标排位明显优于总量指标,这主要是由于漯河市的常住人口较少,说明漯河市的人均经济实力较强。

③从雷达图图形变化看,2013 年与 2012 年相比,面积基本保持不变,经济实力竞争力呈稳定态势。

④从排位变化的动因看,除人均可支配收入和人均固定资产投资额这两个指标排位均升降互抵外,其余各项指标排位保持不变,所以 2013 年漯河市区域经济实力竞争力指标综合排位保持不变,居河南省第 10 位。

17.2.2 漯河市金融生态环境的三级指标:区域开放程度

2012~2013 年,漯河市区域开放程度竞争力指标及其下属指标在河南省的排位变化情况,如表 17-2-2 所示。

表 17-2-2 漯河市 2012~2013 年区域开放程度竞争力及其四级指标

年 份		实际利用外资额	进出口总额	区域开放程度竞争力
2012	原值(万美元)	62066	41232	-0.1883
	标准化后	-0.0661	-0.2980	
2013	原值(万美元)	70401	44452	-0.1869
	标准化后	-0.0557	-0.3017	

续表

年份	实际利用外资额	进出口总额	区域开放程度竞争力
2012年排名	5	12	6
2013年排名	5	14	6
升降	0	-2	0

①2013年漯河市区域开放程度经过标准化和加权处理后得分为-0.1869，在整个河南省排第6位，表明其区域开放程度在河南省处于较优势地位，与2012年相比排位没有发生变化。

②从指标所处水平看，实际利用外资额处于较优势地位；进出口总额指标处于较劣势地位，说明其经济的开放程度相对较高，外资的利用量较大，但进出口总额绝对值偏低，对经济发展的直接影响比较大。

③从排位变化的动因看，尽管2013年漯河市的进出口总额在河南省的排位下降了2位，但在实际利用外资额这一指标的拉升作用下，2013年漯河市区域开放程度竞争力指标的综合排位保持不变，居河南省第6位。

17.2.3 漯河市金融生态环境的三级指标：区域服务水平

2012～2013年，漯河市区域服务水平竞争力指标及其下属指标在河南省的排位变化情况，如表17-2-3和图17-2-2所示。

表17-2-3 漯河市2012～2013年区域服务水平竞争力及其四级指标

年份		会计师事务所数量	律师事务所数量	资产评估事务所数量	区域服务水平竞争力
2012	原值（所）	11	18	6	-0.3797
	标准化后	-0.2817	-0.5804	-0.2677	
2013	原值（所）	10	19	6	-0.3789
	标准化后	-0.2961	-0.5637	-0.2692	
2012年排名		13	16	8	16
2013年排名		13	16	8	16
升降		0	0	0	0

①2013年漯河市区域服务水平经过标准化和加权处理后得分为-0.3789，在整个河南省的排第16位，表明其区域开放程度在河南省处于绝对劣势地位，与2012年相比排位没有发生变化。

②从指标所处水平看，漯河市会计师事务所数量排位处于较劣势地位，律师事务所数量处于绝对劣势地位，资产评估事务所数量处于中势地位，说明其金融服务水平较低，金融服务环境还不完善，为其金融业的发展贡献不足。

③从雷达图图形变化看，2013年与2012年相比，面积保持不变，2013年的会计师事务所数量、律师事务所数量、资产评估事务所数量在河南省的排位均没有发生变化，综合

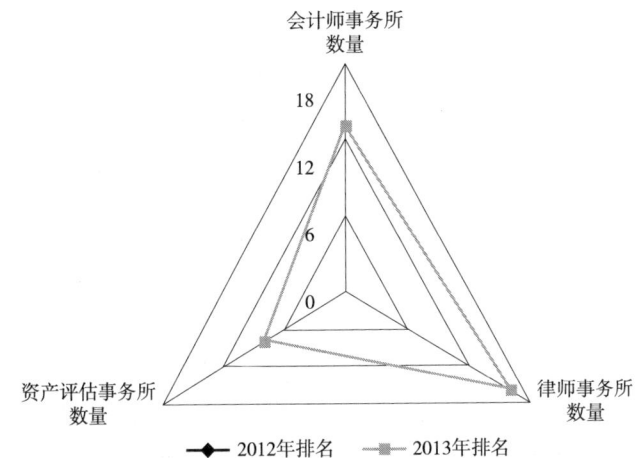

图 17-2-2　漯河市 2012~2013 年区域服务水平竞争力及其四级指标比较

作用下，漯河市区域服务水平竞争力指标综合排位保持不变，居河南第 16 位。

17.2.4　漯河市金融生态竞争力指标分析

2012~2013 年，漯河市金融生态竞争力指标及其下属指标在河南省的排位变化和指标结构情况，如表 17-2-4 所示。

表 17-2-4　漯河市 2012~2013 年金融生态竞争力指标及其三级指标

年　　份	区域经济实力竞争力	区域开放程度竞争力	区域服务水平竞争力	金融生态竞争力
2012	-0.1476	-0.1883	-0.3797	-0.2773
2013	-0.1437	-0.1869	-0.3789	-0.2742
2012 年排位	10	6	16	10
2013 年排位	10	6	16	11
升降	0	0	0	-1

①2013 年漯河市金融生态竞争力综合排位为第 10 位，表明其在河南省处于中势地位，与 2012 年相比，排位下降了 1 位。

②从指标所处水平看，2013 年漯河市区域开放程度竞争力处于较优势地位，区域经济实力竞争力处于中势地位，区域服务水平竞争力处于绝对劣势地位。

③从指标变化趋势看，区域经济实力竞争力、区域开放程度竞争力、区域服务水平竞争力三个指标排位与上年相比均没有发生变化。

④从排位综合分析看，三个指标的优劣互补，2013 年漯河市金融生态竞争力综合排位为河南第 11 位。这说明其经济发展程度中等，在整个河南省处于中势地位，也从侧面反映了漯河市在区域服务水平竞争力上仍然需要加大投入，不断提高金融基础服务水平，弥补短板。

17.3 漯河市金融规模竞争力分析

17.3.1 漯河市金融规模竞争力的三级指标：银行业规模

2012~2013年，漯河市银行业规模竞争力指标及其下属指标在河南省的排位变化情况，如表17-3-1和图17-3-1所示。

①2013年漯河市银行业规模竞争力在整个河南省的综合排位为第16位，表明其在河南省处于绝对劣势地位，与2012年相比排位没有发生变化。

表17-3-1 漯河市2012~2013年银行业规模竞争力及其四级指标

年 份		金融系统存款余额	金融系统贷款余额	城乡居民储蓄余额	银行业规模竞争力
2012	原值（亿元）	593.75	310.92	367.37	-0.5856
	标准化后	-0.5116	-0.4824	-0.7507	
2013	原值（亿元）	687.40	343.90	438.50	-0.5704
	标准化后	-0.5077	-0.4554	-0.7348	
2012年排名		16	16	16	16
2013年排名		16	17	16	16
升降		0	-1	0	0

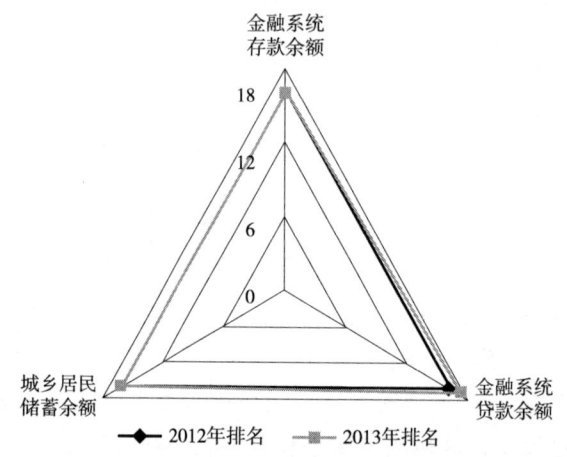

图17-3-1 漯河市2012~2013年银行业规模竞争力及其四级指标比较

②从指标所处水平看，金融系统存款余额、金融系统贷款余额、城乡居民储蓄余额等指标在整个省域内处于下游区，且均为绝对劣势指标，说明其金融资产在规模上较小，没有形成规模效应，资金操作成本较高，金融资源配置效率较低。

③从雷达图图形变化看，2013年与2012年相比，面积有所扩大，2013年漯河市金融系统存款余额、城乡居民储蓄余额这两个指标的排位均没有发生变化，金融系统贷款余额指标排位下降了1位，图形面积单向扩大。在综合作用下，漯河市银行业规模竞争力指标

综合排位仍然保持不变，居河南省第 16 位。

17.3.2　漯河市金融规模竞争力的三级指标：保险业规模

2012～2013 年，漯河市保险业规模竞争力指标及其下属指标在河南省的排位变化情况，如表 17-3-2 所示。

表 17-3-2　漯河市 2012～2013 年保险业规模竞争力及其四级指标

年份		保险公司保费收入	保险赔付额	保险业规模竞争力
2012	原值（亿元）	22.96	4.93	-0.6351
	标准化后	-0.6445	-0.6230	
2013	原值（亿元）	24.87	8.03	-0.5760
	标准化后	-0.5657	-0.5843	
2012 年排名		15	16	15
2013 年排名		15	15	15
升降		0	1	0

①2013 年漯河市保险业规模竞争力经过标准化和加权处理后得分为 -0.5760，在整个河南省的排位为第 15 位，表明其在河南省处于绝对劣势地位，与 2012 年相比排位没有发生变化。

②从指标所处水平看，保险公司保费收入、保险赔付额这两个指标均在河南省各个地市中处于较劣势地位，即在整个省域内处于中下游区，说明该地区的保险业规模较小，保险实力及竞争力较弱。

③从排位变化的动因看，2013 年漯河市的保险公司保费收入没有发生变化，保险赔付额在河南省的排位虽然上升了 1 位，但优势并不明显。在综合作用下，2013 年漯河市保险业规模竞争力指标的综合排位保持不变。

17.3.3　漯河市金融规模竞争力的三级指标：证券业规模

2012～2013 年，漯河市证券业规模竞争力指标及其下属指标在河南省的排位变化情况，如表 17-3-3 所示。

表 17-3-3　漯河市 2012～2013 年证券业规模竞争力及其四级指标

年份		上市公司总资产（亿元）	本地区股本总数（亿股）	证券业规模竞争力
2012	原值	231.20	19.26	-0.0843
	标准化后	0.0001	-0.1649	
2013	原值	258.37	30.26	0.0785
	标准化后	0.0702	0.0838	
2012 年排名		7	8	7
2013 年排名		6	6	7
升降		1	2	0

①2013年漯河市证券业规模竞争力指标经过标准化和加权处理后得分为0.0785,在整个河南省的排第7位,表明其在河南省处于较优势地位,与2012年相比排位没有发生变化。

②从指标所处水平看,2013年漯河市上市公司总资产、本地区股本总数这两个指标在河南省各个地市的排位均为第6位,即在整个省域内处于中上游区,说明漯河市证券市场凝聚优势企业及投资者的能力为中等偏上,证券市场具有较强的融资能力。

③从排位变化的动因看,虽然2013年漯河市的上市公司总资产、本地区股本总数在河南省的排位均有小幅提升,但与其他地市相比,这两个指标的区域优势并不明显。在综合作用下,2013年漯河市的证券业规模竞争力指标在河南省的排位保持不变。

17.3.4 漯河市金融规模竞争力指标分析

2012~2013年,漯河市金融规模竞争力指标及其下属指标在河南省的排位变化和指标结构情况,如表17-3-4所示。

表17-3-4 漯河市2012~2013年金融规模竞争力指标及其三级指标

年份	银行业规模	保险业规模	证券业规模	金融规模竞争力
2012	-0.5856	-0.6351	-0.0843	-0.4566
2013	-0.5704	-0.5760	0.0785	-0.3875
2012年排位	16	15	7	14
2013年排位	16	15	7	13
升降	0	0	0	1

①2013年漯河市金融规模竞争力综合排位为第13位,表明其在河南省处于较劣势地位,与2012年相比,排位没有发生变化。

②从指标所处水平看,2013年漯河市银行业规模、保险业规模这两个指标排位均处于绝对劣势地位,证券业规模指标处于较优势地位。由此可以看出,漯河市证券市场已经粗具规模,能够促进经济良性发展,但银行业和保险业相对于其他地市来说,发展较为落后,制约了漯河市金融经济的快速提升。

③从指标变化趋势看,银行业规模、保险业规模和证券业规模排名均保持不变。

④从排位综合分析看,虽然银行业规模、保险业规模属于绝对劣势地区,但是由于双汇集团和银鸽实业两大上市公司的证券规模对地区证券业规模的影响,2013年漯河市规模竞争力综合排位为河南省第13位。这说明在整个河南省中,漯河市两大上市公司规模对地区金融业规模影响较大,但是该市银行业规模和保险业规模较小,没有产生规模效应,缺乏扩大经营的动力。

17.4 漯河市金融效率竞争力分析

17.4.1 漯河市金融效率竞争力的三级指标:宏观金融效率

2012~2013年,漯河市宏观金融效率竞争力指标及其下属指标在河南省的排位变化情况，如表 17-4-1 所示。

①2013 年漯河市宏观金融效率竞争力指标经过标准化和加权处理后得分为 -0.4988，在整个河南省的排第 12 位，表明其在河南省处于较劣势地位，与 2012 年相比排位上升了 1 位。

表 17-4-1　漯河市 2012~2013 年宏观金融效率竞争力及其四级指标

年　　份		经济储蓄动员力	储蓄投资转化系数	宏观金融效率竞争力
2012	原值（%）	46.09	69.74	-0.6282
	标准化后	-0.7515	-0.4702	
2013	原值（%）	50.90	67.64	-0.4988
	标准化后	-0.5859	-0.3852	
2012 年排名		13	12	13
2013 年排名		13	12	12
升降		0	0	1

②从指标所处水平看，2013 年经济储蓄动员力、储蓄投资转化系数这两个指标在河南省的排位分别为第 13 位、第 12 位，排位较为靠后，仍处于较劣势地位。

③从排位变化的动因看，虽然漯河市的经济储蓄动员力、储蓄投资转化系数在河南省的排位不变，但其在宏观金融效率方面的区域优势相对来说较为明显，2013 年漯河市的宏观金融效率竞争力指标在河南省的排位上升了 1 位，居河南省第 12 位。这表现了漯河市的宏观经济对储蓄资源的动员力较弱，储蓄向投资转化较少。漯河市的宏观金融效率仍然不高，也并没有呈明显的变动趋势，短期内仍将处于目前的水平。

17.4.2　漯河市金融效率竞争力的三级指标：微观金融效率

2012~2013 年，漯河市微观金融效率竞争力指标及其下属指标在河南省的排位变化情况，如表 17-4-2 和图 17-4-1 所示。

表 17-4-2　漯河市 2012~2013 年微观金融效率竞争力及其四级指标

年　　份		贷存比	保险深度	证券市场效率	微观金融效率竞争力
2012	原值（%）	52.37	2.88	49.41	0.9935
	标准化后	-0.4555	0.3582	3.5477	
2013	原值（%）	50.03	2.89	70.14	1.8109
	标准化后	-0.6720	0.4643	3.7862	
2012 年排名		12	7	1	2
2013 年排名		13	7	1	1
升降		-1	0	0	1

①2013 年漯河市微观金融效率竞争力指标在整个河南省的综合排位为第 1 位，表明

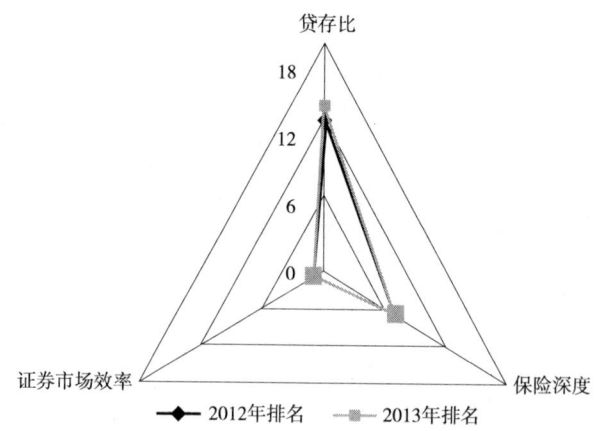

图 17-4-1 漯河市 2012~2013 年微观金融效率竞争力及其四级指标比较

其在河南省处于领先地位,与 2012 年相比排位上升了 1 位。

②从指标所处水平看,2013 年漯河市的贷存比处于比较劣势地位;保险深度指标处于较优势地位;证券市场效率指标绝对领先,属于绝对优势指标。

③从雷达图图形变化看,2013 年与 2012 年相比,面积基本保持不变,说明漯河市的微观金融效率竞争力基本保持稳定。

④从排位变化的动因看,贷存比指标排位虽然下滑了 1 位,但是由于证券市场效率排位绝对领先,在综合作用下,2013 年漯河市微观金融效率竞争力指标继续保持了领头羊的位置。

17.4.3 漯河市金融效率竞争力指标分析

2012~2013 年,漯河市金融效率竞争力指标及其下属指标在河南省的排位变化和指标结构情况,如表 17-4-3 所示。

表 17-4-3 漯河市 2012~2013 年金融效率竞争力指标及其三级指标

年份	宏观金融效率	微观金融效率	金融效率竞争力
2012	-0.6282	0.9935	-1.0746
2013	-0.4988	1.8109	1.1525
2012 年排位	13	2	16
2013 年排位	12	1	3
升降	1	1	13

①2013 年漯河市金融效率竞争力指标综合排位为第 3 位,表明其在河南省处于绝对优势地位,与 2012 年相比排位上升了 13 位。

②从指标所处水平看,2013 年漯河市宏观金融效率指标在整个河南省位于第 12 位,处于中下游区;微观金融效率指标位于第 1 位,处于绝对领先地位。

③从指标变化趋势看,宏观金融效率指标与微观金融效率指标与上年相比均提升了 1

名。这充分体现了漯河市的金融效率在2013年有了明显提升，增强了其金融业的竞争力。

④从排位综合分析看，在宏观金融效率排位和微观金融效率排位都上升1位的综合作用下，2013年漯河市金融效率竞争力指标排位为河南省第3位。这说明微观金融效率的绝对高位拉动了漯河市金融效率竞争力排名的提升，使整个漯河市的金融资源配置效率表现得十分抢眼。

17.5 漯河市金融综合竞争力指标分析

2012～2013年，漯河市金融综合竞争力指标及其下属指标在河南省的排位变化和指标结构情况，如表17－5－1所示。

表17－5－1 漯河市2012～2013年金融综合竞争力指标及其二级指标

年 份	金融生态竞争力	金融规模竞争力	金融效率竞争力	金融综合竞争力
2012	－0.2773	－0.4566	－1.0746	－0.5712
2013	－0.2742	－0.3875	1.1525	0.0955
2012年排位	10	14	16	16
2013年排位	11	13	3	3
升降	－1	1	13	13

①2013年漯河市金融综合竞争力排位为第3位，表明其在河南省处于绝对优势地位，与2012年相比，排位上升了13位。

②从指标所处水平看，2013年漯河市金融生态竞争力和金融规模竞争力两个指标排名均处于中下游区，而金融效率竞争力指标在河南省的排位为第3位，处于上游区，属于绝对优势指标。

③从指标变化趋势看，金融生态竞争力和金融规模竞争力指标排位与上年相比均有小幅波动，金融效率竞争力指标排名与上年相比上升了13位，表现十分抢眼。漯河市金融效率竞争力的增强主要得益于微观金融效率的显著提升，双汇集团和银鸽实业两大A股上市公司的优异表现成为其证券市场效率提升的主要推动力。

④从排位综合分析看，两个指标的相对劣势和一个指标的突出表现，决定了2013年漯河市金融综合竞争力排位迅速提升。这说明从金融生态、金融规模这两个方面来看，漯河市仍有很大的提升空间；金融效率方面表现卓越，竞争力十分强大，这主要归根于漯河市两大上市公司的巨大规模效应对整个地区金融效率的提升。

第18章
三门峡市2013年金融竞争力研究报告

18.1 三门峡市概述

三门峡市地处豫、晋、陕三省交界处,为豫西重镇,东与千年帝都洛阳市为邻,南依伏牛山与南阳市相接,西望古城西安,北隔黄河与三晋呼应,是历史上三省交界地区的经济、文化中心。

2013年,全市地区生产总值达1204.68亿元,按可比价格计算,同比增长9.1%;全年固定资产投资完成1138.03亿元,同比增长22.96%;进出口总额达29218万美元,同比增长26.7%;全年全市新签利用外资合同20个,合同利用外资金额63393万美元,比2012年下降19.8%,实际利用外资86857万美元,同比增长16.3%。2013年底,全市金融机构各项存款余额达936.03亿元,比年初增加110.96亿元;城乡居民储蓄余额达549.92亿元,比年初增加57.80亿元;各项贷款余额达548.16亿元,比年初增加80.81亿元。2013年,城镇人均可支配收入为20938元,农民人均纯收入为8926元,分别同比实际增长了6.4%和10.5%。

18.2 三门峡市金融生态竞争力分析

18.2.1 三门峡市金融生态环境的三级指标:区域经济实力

2012~2013年,三门峡市区域经济实力竞争力指标及其下属指标在河南省的排位变化情况,如表18-2-1和图18-2-1所示。

表18-2-1 三门峡市2012~2013年区域经济实力竞争力及其四级指标

年 份		GDP(亿元)	人均GDP(元)	财政收入(亿元)	固定资产投资(亿元)	人均固定资产投资(元)	城镇人均可支配收入(元)	农村人均纯收入(元)	区域经济实力竞争力
2012	原 值	1127.32	50406	68.62	925.54	41504.04	19184	7906	0.5945
	标准化后	-0.4571	1.1769	-0.2889	-0.2920	1.8373	-0.2433	-0.2590	
2013	原 值	1204.68	53754	81.79	1138.03	50779.97	20938	8926	0.5910
	标准化后	-0.4792	1.1547	-0.2892	-0.2983	1.8556	-0.3249	-0.2514	
2012年排名		14	3	10	12	1	12	9	5
2013年排名		14	3	10	12	1	13	9	4
升降		0	0	0	0	0	-1	0	1

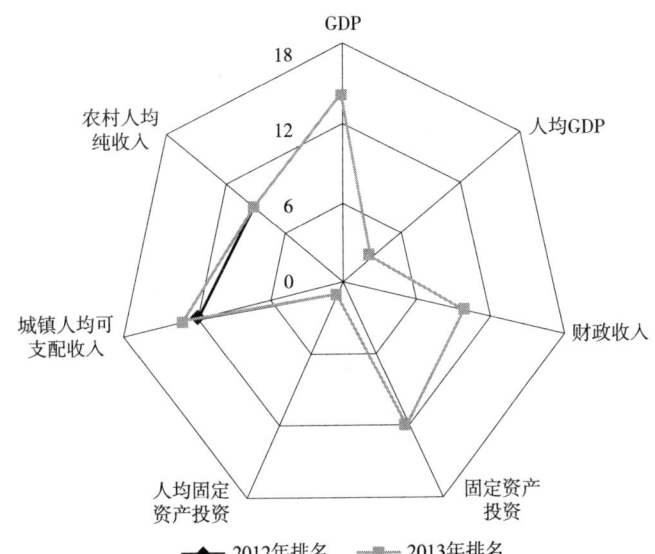

图 18-2-1 三门峡市 2012~2013 年区域经济实力竞争力及其四级指标比较

①2013 年三门峡市区域经济实力在整个河南省的综合排位为第 4 位，表明其在河南省处于较优势地位，与 2012 年相比排位没有发生变化。

②从指标所处的水平看，人均 GDP、人均固定资产投资处于绝对优势地位，财政收入、农村人均纯收入在整个河南省排位处于中势地位，GDP、固定资产投资、城镇人均可支配收入处于较劣势地位。

③从雷达图图形变化看，2013 年与 2012 年相比，面积基本不变，经济实力竞争力呈稳定态势。

④从排位变化的动因看，除城镇人均可支配收入指标排位下降了 1 位之外，其余各项指标排位保持不变，且与其他地市相比具有明显的区域优势。在综合作用下，2013 年三门峡市区域经济实力竞争力指标综合排位上升了 1 位，区域经济实力稳中有升。

18.2.2 三门峡市金融生态环境的三级指标：区域开放程度

2012~2013 年，三门峡市区域开放程度竞争力指标及其下属指标在河南省的排位变化情况，如表 18-2-2 所示。

表 18-2-2 三门峡市 2012~2013 年区域开放程度竞争力及其四级指标

年 份		实际利用外资额	进出口总额	区域开放程度竞争力
2012	原值（万美元）	74672	23062	-0.1176
	标准化后	0.0925	-0.3200	
2013	原值（万美元）	86857	29218	-0.0843
	标准化后	0.1559	-0.3172	
2012 年排名		3	16	4
2013 年排名		3	16	3
升降		0	0	1

①2013年三门峡市区域开放程度经过标准化和加权处理后得分为-0.0843,在整个河南省中排第3位,表明其区域开放程度在河南省处于绝对优势地位,与2012年相比排位上升了1位。

②从指标所处水平看,实际利用外资额处于绝对优势地位;进出口总额指标处于绝对劣势地位,说明其经济的开放程度较高,外资的利用量非常大,但进出口总额绝对值偏低,总体来看,对外贸易对地区经济发展的直接影响比较大。

③从排位变化的动因看,虽然2013年三门峡市的实际利用外资额、进出口总额排位均未发生变化,但由于其他地市各指标的相对增加或减少,2013年三门峡市区域开放程度竞争力指标的综合排位上升了1位,居河南省第3位。

18.2.3 三门峡市金融生态环境的三级指标:区域服务水平

2012~2013年,三门峡市区域服务水平竞争力指标及其下属指标在河南省的排位变化情况,如表18-2-3和图18-2-2所示。

表18-2-3 三门峡市2012~2013年区域服务水平竞争力及其四级指标

年	份	会计师事务所数量	律师事务所数量	资产评估事务所数量	区域服务水平竞争力
2012	原值(所)	12	27	5	-0.3221
	标准化后	-0.2607	-0.3755	-0.3207	
2013	原值(所)	11	27	5	-0.3338
	标准化后	-0.2747	-0.3990	-0.3202	
2012年排名		10	13	12	13
2013年排名		12	13	11	13
升降		-2	0	1	0

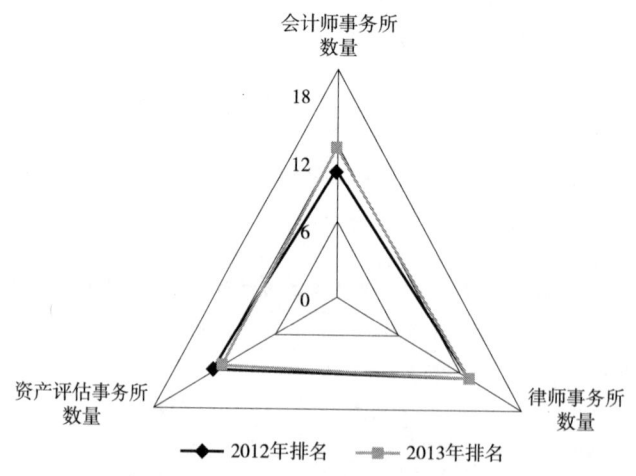

图18-2-2 三门峡市2012~2013年区域服务水平竞争力及其四级指标比较

①2013年三门峡市区域服务水平经过标准化和加权处理后得分为-0.3338,在整个河南省排第13位,表明其区域开放程度在河南省处于较劣势地位,与2012年相比排位没

有发生变化。

②从指标所处水平看，会计师事务所数量和资产评估事务所数量这两个指标均处于较劣势地位，资产评估事务所数量处于中势地位，说明其金融服务机构规模较小，金融服务水平比较低，地区金融业基础服务设施仍需加快建设。

③从雷达图图形变化看，2013年与2012年相比，面积基本保持不变，2013年的会计师事务所数量排位下滑了2位，律师事务所数量排位保持不变，资产评估事务所数量排位上升了1位。在综合作用下，三门峡市区域服务水平竞争力指标综合排位保持不变，居河南省第13位，处于较劣势地位。

18.2.4 三门峡市金融生态竞争力指标分析

2012~2013年，三门峡市金融生态竞争力指标及其下属指标在河南省的排位变化和指标结构情况，如表18-2-4所示。

表18-2-4　三门峡市2012~2013年金融生态竞争力指标及其三级指标

年　　份	区域经济实力竞争力	区域开放程度竞争力	区域服务水平竞争力	金融生态竞争力
2012	0.5945	-0.1176	-0.3221	0.0762
2013	0.5910	-0.0843	-0.3338	0.0841
2012年排位	5	4	13	5
2013年排位	4	3	13	5
升降	1	1	0	0

①2013年三门峡市金融生态竞争力综合排第5位，表明其在河南省处于较优势地位，与2012年相比排位没有发生变化。

②从指标所处水平看，2013年三门峡市区域经济实力竞争力处于较优势地位，区域开放程度竞争力处于绝对优势地位，区域服务水平竞争力处于较劣势地位。

③从指标变化趋势看，区域经济实力竞争力、区域开放程度竞争力指标与上年相比排位均上升了1位，区域服务水平竞争力指标与上年相比排位没有发生变化。

④从排位综合分析看，在三个指标的优劣互补，以及综合作用下，2013年三门峡市金融生态竞争力综合排位为河南省第5位。这说明其经济发展程度为中等偏上，在整个河南省处于中上游区，但也明显表现出三门峡市在区域服务水平竞争力上不足，仍然需要加大投入，不断提高金融基础服务水平，弥补短板。

18.3　三门峡市金融规模竞争力分析

18.3.1　三门峡市金融规模竞争力的三级指标：银行业规模

2012~2013年，三门峡市银行业规模竞争力指标及其下属指标在河南省的排位变化情况，如表18-3-1和图18-3-1所示。

表 18-3-1　三门峡市 2012~2013 年银行业规模竞争力及其四级指标

年份		金融系统存款余额	金融系统贷款余额	城乡居民储蓄余额	银行业规模竞争力
2012	原值（亿元）	825.07	467.35	492.12	-0.4636
	标准化后	-0.4091	-0.3767	-0.5955	
2013	原值（亿元）	936.03	548.16	549.92	-0.4659
	标准化后	-0.4154	-0.3559	-0.6156	
2012 年排名		15	14	15	15
2013 年排名		15	14	15	15
升降		0	0	0	0

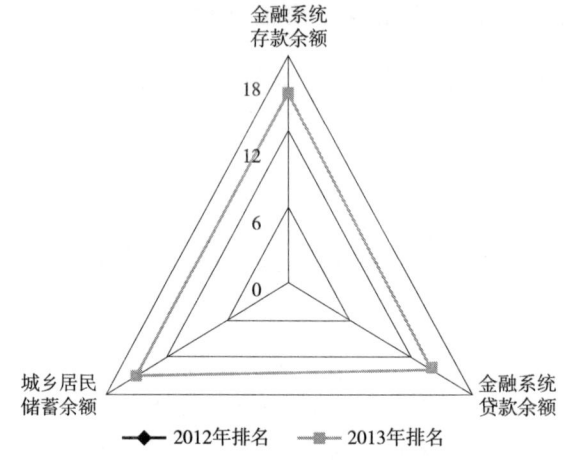

图 18-3-1　三门峡市 2012~2013 年银行业规模竞争力及其四级指标比较

①2013 年三门峡市银行业规模竞争力在整个河南省的综合排位为第 15 位，表明其在河南省处于较劣势地位，与 2012 年相比排位没有发生变化。

②从指标所处水平看，金融系统存款余额、金融系统贷款余额、城乡居民储蓄余额等指标在整个省域内处于中下游区，且均为较劣势指标，说明其金融资产在规模上较小，没有形成规模效应，资金操作成本较高，金融资源配置效率较低。

③从雷达图图形变化看，2013 年与 2012 年相比，面积保持不变，2013 年的金融系统存款余额、城乡居民储蓄余额、金融系统贷款余额这三个指标的排位均未发生变化。在综合作用下，三门峡市银行业规模竞争力指标综合排位仍然保持不变，居河南省第 15 位。

18.3.2　三门峡市金融规模竞争力的三级指标：保险业规模

2012~2013 年，三门峡市保险业规模竞争力指标及其下属指标在河南省的排位变化情况，如表 18-3-2 所示。

表 18-3-2　三门峡市 2012~2013 年保险业规模竞争力及其四级指标

年份		保险公司保费收入	保险赔付额	保险业规模竞争力
2012	原值（亿元）	19.72	5.26	-0.6624
	标准化后	-0.7324	-0.5896	

续表

年 份		保险公司保费收入	保险赔付额	保险业规模竞争力
2013	原值（亿元）	21.51	7.07	-0.6502
	标准化后	-0.6387	-0.6595	
2012 年排名		16	15	16
2013 年排名		16	16	16
升降		0	-1	0

①2013年三门峡市保险业规模竞争力经过标准化和加权处理后得分为-0.6502，在整个河南省排第16位，表明其在河南省处于绝对劣势地位，与2012年相比排位没有发生变化。

②从指标所处水平看，保险公司保费收入和保险赔付额这两个指标在河南省各个地市中均处于绝对劣势地位，即在整个省域内处于下游区，说明该地区的保险业保险规模非常小，保险实力及竞争力非常弱。

③从排位变化的动因看，2013年三门峡市的保险公司保费收入排位没有发生变化，保险赔付额在河南省的排位下降了1位。在综合作用下，2013年三门峡市保险业规模竞争力指标的综合排位继续保持劣势地位，说明与其他地市相比，三门峡市保险业规模小，其规模效应对地区金融业发展贡献不足。

18.3.3 三门峡市金融规模竞争力的三级指标：证券业规模

2012～2013年，三门峡市证券业规模竞争力指标及其下属指标在河南省的排位变化情况，如表18-3-3所示。

表18-3-3 三门峡市2012～2013年证券业规模竞争力及其四级指标

年 份		上市公司总资产（亿元）	本地区股本总数（亿股）	证券业规模竞争力
2012	原 值	105.94	8.34	-0.4573
	标准化后	-0.4069	-0.4871	
2013	原 值	154.35	23.91	-0.2109
	标准化后	-0.3018	-0.1120	
2012 年排名		9	11	10
2013 年排名		9	8	9
升降		0	3	1

①2013年三门峡市证券业规模竞争力指标经过标准化和加权处理后得分为-0.2109，在整个河南省排第9位，表明其在河南省处于中势地位，与2012年相比排位上升了1位。

②从指标所处水平看，2013年三门峡市上市公司总资产、本地区股本总数这两个指标排位在河南省各个地级市中均处于中势地位，说明三门峡市证券市场凝聚优势企业及投资者的能力为中等，该区域证券市场的融资能力一般。

③从排位变化的动因看，2013年三门峡市的上市公司总资产排位不变，本地区股本总数在河南省的排位有小幅提升，综合带动三门峡市的证券业规模竞争力指标在河南省的排位上升了1位。

18.3.4 三门峡市金融规模竞争力指标分析

2012~2013年，三门峡市金融规模竞争力指标及其下属指标在河南省的排位变化和指标结构情况，如表18-3-4所示。

表18-3-4 三门峡市2012~2013年金融规模竞争力指标及其三级指标

年 份	银行业规模	保险业规模	证券业规模	金融规模竞争力
2012	-0.4636	-0.6624	-0.4573	-0.5475
2013	-0.4659	-0.6502	-0.2109	-0.4723
2012年排位	15	16	10	16
2013年排位	15	16	9	14
升降	0	0	1	2

①2013年三门峡市金融规模竞争力综合排位为第14位，表明其在河南省处于较劣势地位，与2012年相比排位上升了2位。

②从指标所处水平看，2013年三门峡市银行业规模指标处于较劣势地位，保险业规模指标处于绝对劣势地位，证券业规模指标则处于中势地位，各个指标所处水平存在一定差异。

③从指标变化趋势看，银行业规模和保险业规模排位保持不变，证券业规模排位上升了1位。

④从排位综合分析看，银行业规模和保险业规模指标均处于绝对劣势地位，证券规模处于中势地位，均未体现出明显的优势，2013年三门峡市金融规模竞争力综合排位为河南省第14位。这说明在整个河南省中，三门峡市银行、保险和证券三个行业的规模效应对地区金融业发展影响都较一般。

18.4 三门峡市金融效率竞争力分析

18.4.1 三门峡市金融效率竞争力的三级指标：宏观金融效率

2012~2013年，三门峡市宏观金融效率竞争力指标及其下属指标在河南省的排位变化情况，如表18-4-1所示。

①2013年三门峡市宏观金融效率竞争力指标经过标准化和加权处理后得分为-1.1646，在整个河南省排第15位，表明其在河南省处于较劣势地位，与2012年相比排位没有发生变化。

表 18－4－1　三门峡市 2012～2013 年宏观金融效率竞争力及其四级指标

年　　份		经济储蓄动员力	储蓄投资转化系数	宏观金融效率竞争力
2012	原值（%）	43.65	53.17	－1.1098
	标准化后	－0.9381	－1.2202	
2013	原值（%）	45.65	48.32	－1.1646
	标准化后	－0.9684	－1.2993	
2012 年排名		14	16	15
2013 年排名		14	17	15
升降		0	－1	0

②从指标所处水平看，2013 年经济储蓄动员力、储蓄投资转化系数这两个指标当年在河南省的排位分别为第 14 位、第 17 位，排位均较为靠后。

③从排位变化的动因看，2013 年三门峡市的经济储蓄动员力在河南省的排位保持不变，储蓄投资转化系数更进一步恶化，2013 年三门峡市的宏观金融效率竞争力指标在河南省的排位保持低位，位于河南省第 15 位。这体现了，三门峡市的宏观经济对储蓄资源的动员力比较弱，储蓄向投资转化较少。三门峡市的宏观金融效率仍然较弱，更是表现出恶化的变动趋势，目前排位仍然靠后。

18.4.2　三门峡市金融效率竞争力的三级指标：微观金融效率

2012～2013 年，三门峡市微观金融效率竞争力指标及其下属指标在河南省的排位变化情况，如表 18－4－2 和图 18－4－1 所示。

表 18－4－2　三门峡市 2012～2013 年微观金融效率竞争力及其四级指标

年　　份		贷存比	保险深度	证券市场效率	微观金融效率竞争力
2012	原值（%）	56.64	1.75	2.33	0.2344
	标准化后	－0.1313	－1.4273	－0.5560	
2013	原值（%）	58.56	1.79	2.07	－0.7637
	标准化后	－0.0429	－1.6538	－0.4875	
2012 年排名		10	17	12	8
2013 年排名		10	18	12	16
升降		0	－1	0	－8

①2013 年三门峡市微观金融效率竞争力指标在整个河南省的综合排位为第 16 位，表明其在河南省处于绝对劣势地位，与 2012 年相比排位大幅下降了 8 位。

②从指标所处水平看，2013 年三门峡市的贷存比指标处于中势地位，保险深度指标处于绝对劣势地位，证券市场效率指标则处于较劣势地位。

③从雷达图图形变化看，2013 年与 2012 年相比，面积基本保持不变。

④从排位变化的动因看，贷存比和证券市场效率指标排位没有发生变化，保险深度指

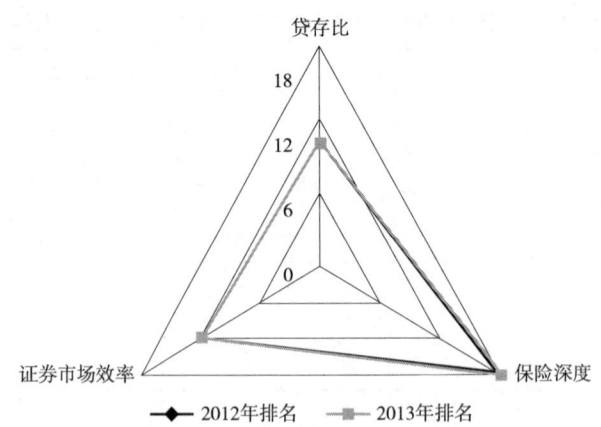

图 18-4-1　三门峡市 2012~2013 年微观金融效率竞争力及其四级指标比较

标排位下降了 1 位，但与其他地市相比，保险深度绝对值差距较大。在综合作用下，2013 年三门峡市微观金融效率竞争力指标排位大幅度下滑。

18.4.3　三门峡市金融效率竞争力指标分析

2012~2013 年，三门峡市金融效率竞争力指标及其下属指标在河南省的排位变化和指标结构情况，如表 18-4-3 所示。

表 18-4-3　三门峡市 2012~2013 年金融效率竞争力指标及其三级指标

年　份	宏观金融效率	微观金融效率	金融效率竞争力
2012	-1.1098	0.2344	-0.7723
2013	-1.1646	-0.7637	-1.2759
2012 年排位	15	8	13
2013 年排位	15	16	16
升降	0	-8	-3

①2013 年三门峡市金融效率竞争力指标综合排位为第 16 位，表明其在河南省处于绝对劣势地位，与 2012 年相比排位下降了 3 位。

②从指标所处水平看，2013 年三门峡市宏观金融效率指标在整个河南省的排位为第 15 位，处于中下游区，微观金融效率指标排位为第 16 位，处于下游区。

③从指标变化趋势看，宏观金融效率指标排位保持不变，微观金融效率指标与上年相比排位下降了 8 位。

④从排位综合分析看，微观金融效率指标的排位大幅度下降，导致 2013 年三门峡市金融效率竞争力指标排位下滑至第 16 位，金融效率急剧降低。

18.5　三门峡市金融综合竞争力指标分析

2012~2013 年，三门峡市金融综合竞争力指标及其下属指标在河南省的排位变化和指标结构情况，如表 18-5-1 所示。

表 18-5-1　三门峡市 2012~2013 年金融综合竞争力指标及其二级指标

年　份	金融生态竞争力	金融规模竞争力	金融效率竞争力	金融综合竞争力
2012	0.0762	-0.5475	-0.7723	-0.4138
2013	0.0841	-0.4723	-1.2759	-0.5002
2012 年排位	5	16	13	15
2013 年排位	5	14	16	16
升降	0	2	-3	-1

①2013 年三门峡市金融综合竞争力排位为第 16 位，表明其在河南省处于绝对劣势地位，与 2012 年相比排位下降了 1 位。

②从指标所处水平看，2013 年三门峡市金融生态竞争力指标处于较优势地位，金融规模竞争力指标处于较劣势地位，而金融效率竞争力指标在河南省排位则处于下游区，且为绝对劣势指标。

③从指标变化趋势看，金融生态竞争力指标排位保持不变，金融规模竞争力指标排位与上年相比上升了 2 位，金融效率竞争力指标排位与上年相比下降了 3 位，金融综合竞争力指标排位下降了 1 位。

④从排位综合分析看，三门峡市金融生态指标表现稳定，保持优势地位，反观金融规模竞争力指标和金融效率竞争力指标，发展状况并不乐观，仍有很大的提升空间，需要重点关注、优先发展，达到全面提升。

第19章
商丘市2013年金融竞争力研究报告

19.1 商丘市概述

商丘位于中原地区东部,被誉为"三商之源·华商之都"。商丘市区位优越、交通发达,为中国重要的综合交通枢纽和商贸物流中心,亚欧大陆桥中国段重要的中心城市,中原经济区东部经济、交通和工商业中心,国家中东部豫、鲁、苏、皖四省交界的区域性中心城市。

初步核算,2013年,全市完成地区生产总值1538.22亿元,按可比价格计算,比上年增长10.5%,其中,第一产业增加值343.17亿元,增长4.5%;第二产业增加值719.99亿元,增长13.9%;第三产业增加值475.06亿元,增长9.4%。全年居民消费价格比上年上涨了2.3%,其中,食品价格上涨了6%,家庭设备用品及维修服务价格上涨了1%,医疗保健和个人用品价格上涨了1.1%,娱乐教育文化用品及服务价格上涨了1.5%,居住类价格上涨了0.9%,商品零售价格上涨了1.5%。全年城镇新增就业92804人;城镇下岗失业人员再就业33113人,其中,就业困难人员再就业11650人,年底城镇登记失业率为3.6%。

19.2 商丘市金融生态竞争力分析

19.2.1 商丘市金融生态环境的三级指标:区域经济实力

2012~2013年,商丘市区域经济实力竞争力指标及其下属指标在河南省的排位变化情况,如表19-2-1和图19-2-1所示。

表19-2-1 商丘市2012~2013年区域经济实力竞争力及其四级指标

年 份		GDP（亿元）	人均GDP（元）	财政收入（亿元）	固定资产投资（亿元）	人均固定资产投资（元）	城镇人均可支配收入（元）	农村人均纯收入（元）	区域经济实力竞争力
2012	原 值	1418.30	19029	70.19	1005.51	13736.48	18312	6426	-0.8503
	标准化后	-0.2022	-1.0951	-0.2770	-0.1842	-1.0568	-0.6987	-1.1486	
2013	原 值	1538.22	21138	85.84	1246.79	17133.30	20214	7217	-0.8639
	标准化后	-0.2145	-1.1124	-0.2631	-0.1793	-1.0606	-0.6772	-1.1775	
2012年排名		10	17	9	9	16	14	17	16
2013年排名		12	17	9	9	16	14	17	16
升降		-2	0	0	0	0	0	0	0

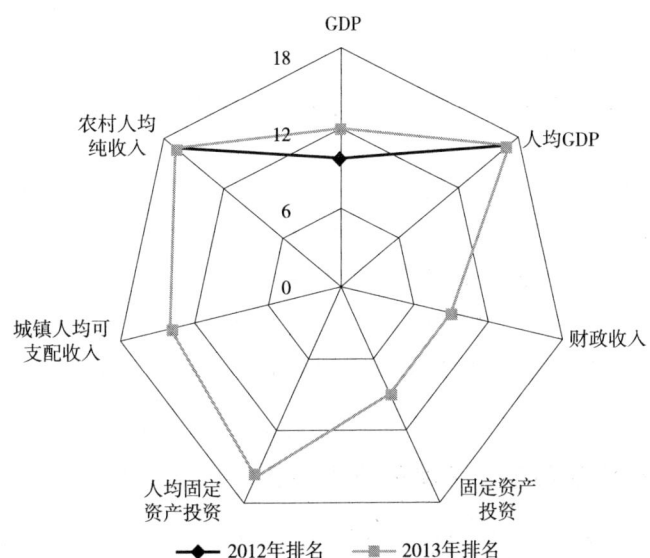

图 19-2-1 商丘市 2012~2013 年区域经济实力竞争力及其四级指标比较

①2013 年商丘市区域经济实力在整个河南省的综合排位为第 16 位，表明其在河南省处于绝对劣势地位，与 2012 年相比排位没有发生变化。

②从指标所处的水平看，GDP、人均 GPD、财政收入、固定资产投资、人均固定资产投资、城镇人均可支配收入、农村人均纯收入在整个河南省排位均很靠后，说明商丘市的区域经济实力在河南省处于落后地位。

③从雷达图图形变化看，2013 年与 2012 年相比，面积有所增大，经济实力竞争力呈下降趋势。

④从排位变化的动因看，除 GDP 这一指标外，其余各项指标排位保持不变，所以 2013 年商丘市区域经济实力竞争力指标综合排位保持不变，位居河南省第 16 位。

19.2.2 商丘市金融生态环境的三级指标：区域开放程度

2012~2013 年，商丘市区域开放程度竞争力指标及其下属指标在河南省的排位变化情况，如表 19-2-2 所示。

表 19-2-2 商丘市 2012~2013 年区域开放程度竞争力及其四级指标

年 份		实际利用外资额	进出口总额	区域开放程度竞争力
2012	原值（万美元）	24596	21536	-0.4444
	标准化后	-0.5377	-0.3219	
2013	原值（万美元）	27649	25218	-0.4845
	标准化后	-0.6054	-0.3212	
2012 年排名		17	17	18
2013 年排名		17	18	18
升降		0	-1	0

①2013 年商丘市区域开放程度经过标准化和加权处理后得分为 -0.4845，在整个河南省中排第 18 位，表明其区域开放程度在河南省处于绝对劣势地位，与 2012 年相比排位没有发生变化。

②从指标所处水平看，实际利用外资额、进出口总额这两个指标在当年的河南省各个地市中的排位分别为第 17 位和第 18 位，即在整个省域内处于绝对劣势地位，说明其经济开放程度低，外资利用效率低，对经济发展的直接影响力有限。

③从排位变化的动因看，2013 年商丘市的实际利用外资额、进出口总额在河南省的排位均未发生明显变化，这使其区域开放程度竞争力指标的综合排位保持不变，仍居河南省第 18 位。

19.2.3 商丘市金融生态环境的三级指标：区域服务水平

2012~2013 年，商丘市区域服务水平竞争力指标及其下属指标在河南省的排位变化情况，如表 19-2-3 和图 19-2-2 所示。

表 19-2-3 商丘市 2012~2013 年区域服务水平竞争力及其四级指标

年 份		会计师事务所数量	律师事务所数量	资产评估事务所数量	区域服务水平竞争力
2012	原值（所）	5	38	6	-0.2701
	标准化后	-0.4080	-0.1252	-0.2677	
2013	原值（所）	4	38	6	-0.2913
	标准化后	-0.4245	-0.1727	-0.2692	
2012 年排名		16	6	8	10
2013 年排名		17	7	8	11
升降		-1	-1	0	-1

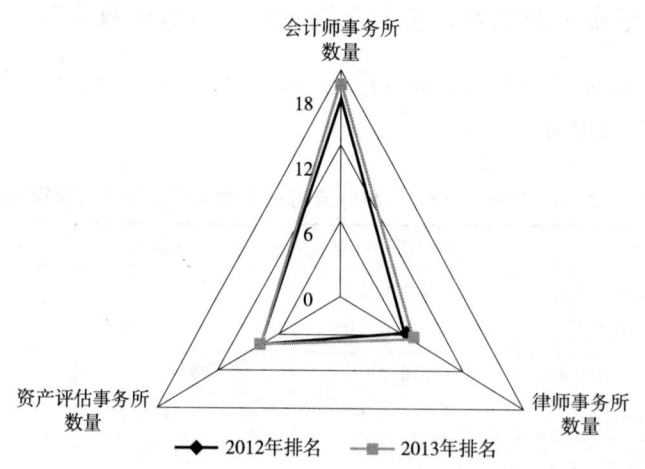

图 19-2-2 商丘市 2012~2013 年区域服务水平竞争力及其四级指标比较

①2013年商丘市区域服务水平经过标准化和加权处理后得分为 -0.2913，在整个河南省排第11位，表明其区域服务水平在河南省处于中游区，与2012年相比排位下降1位。

②从指标所处水平看，会计师事务所数量指标在当年的河南省各个地市中排第17位，即在整个省域内处于绝对劣势地位；律师事务所数量指标排第7位，处于中上游区，且为较优势指标；资产评估事务所数量指标排第8位，处于中游区，且为中势指标。

③从雷达图图形变化看，2013年与2012年相比，面积稍有增大，2013年商丘市会计师事务所数量和律师事务所数量在河南省的排位均下降了1位。在综合作用下，商丘市区域服务水平竞争力指标综合排位下降了1位，居河南省第11位。说明其金融服务水平低，不能为金融业的发展提供良好的保障。

19.2.4 商丘市金融生态竞争力指标分析

2012~2013年，商丘市金融生态竞争力指标及其下属指标在河南省的排位变化和指标结构情况，如表19-2-4所示。

表19-2-4 商丘市2012~2013年金融生态竞争力指标及其三级指标

年 份	区域经济实力竞争力	区域开放程度竞争力	区域服务水平竞争力	金融生态竞争力
2012	-0.8503	-0.4444	-0.2701	-0.6241
2013	-0.8639	-0.4845	-0.2913	-0.6528
2012年排位	16	18	10	16
2013年排位	16	18	11	17
升降	0	0	-1	-1

①2013年商丘市金融生态竞争力综合排位为第17位，表明其在河南省处于绝对劣势地位，与2012年相比排位下降了1位。

②从指标所处水平看，2013年区域经济实力竞争力、区域开放程度竞争力两个指标排位分别为第16位、第18位，处于下游区，且为绝对劣势指标；区域服务水平竞争力指标排位为第11位，处于中游区，且为中势指标。

③从指标变化趋势看，区域服务水平竞争力指标与上年相比排位下降了1位，保持了中势地位。

④从排位综合分析看，两个指标的绝对劣势地位和一个指标的中势地位，决定了2013年商丘市金融生态竞争力综合排位为河南省第17位。这说明其经济发展程度很低，在整个河南省处于明显的落后地位。

19.3 商丘市金融规模竞争力分析

19.3.1 商丘市金融规模竞争力的三级指标：银行业规模

2012~2013年，商丘市银行业规模竞争力指标及其下属指标在河南省的排位变化情况，如表 19-3-1 和图 19-3-1 所示。

①2013 年商丘市银行业规模竞争力在整个河南省的综合排位为第 9 位，表明其在河南省处于中游区，与 2012 年相比排位没有发生变化。

②从指标所处水平看，金融系统存款余额、金融系统贷款余额两个指标在河南省各个地市中的排位分别为第 10 位、第 8 位，处于中游区；城乡居民储蓄余额指标排位为第 7 位，处于中上游区。这说明其金融资产已经粗具规模，但与郑州等城市相比还存在很大差距。

表 19-3-1 商丘市 2012~2013 年银行业规模竞争力及其四级指标

年 份		金融系统存款余额	金融系统贷款余额	城乡居民储蓄余额	银行业规模竞争力
2012	原值（亿元）	1355.25	704.86	969.88	-0.1318
	标准化后	-0.1743	-0.2161	-0.0009	
2013	原值（亿元）	1559.11	833.41	1098.58	-0.1448
	标准化后	-0.1840	-0.2170	-0.0285	
2012 年排名		9	8	7	9
2013 年排名		10	8	7	9
升降		-1	0	0	0

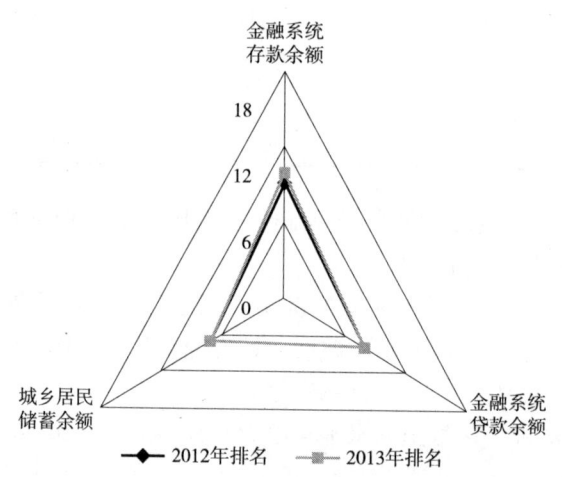

图 19-3-1 商丘市 2012~2013 年银行业规模竞争力及其四级指标比较

③从雷达图图形变化看，2013 年与 2012 年相比，面积稍有增大，2013 年商丘市金融系统存款余额指标的排位下降了 1 位，其余两个指标排位保持不变。在综合作用下，商丘市银行业规模竞争力指标的综合排位不变，居河南第 9 位。

19.3.2 商丘市金融规模竞争力的三级指标：保险业规模

2012~2013 年，商丘市保险业规模竞争力指标及其下属指标在河南省的排位变化情况，如表 19-3-2 所示。

表 19-3-2 商丘市 2012~2013 年保险业规模竞争力及其四级指标

年 份		保险公司保费收入	保险赔付额	保险业规模竞争力
2012	原值（亿元）	50.30	10.13	0.0004
	标准化后	0.0970	-0.0962	
2013	原值（亿元）	50.01	13.65	-0.0819
	标准化后	-0.0194	-0.1440	
2012 年排名		5	6	5
2013 年排名		5	8	7
升降		0	-2	-2

①2013 年商丘市保险业规模竞争力经过标准化和加权处理后得分为 -0.0819，在整个河南省排第 7 位，表明其在河南省处于中上游，与 2012 年相比排位下降了 2 位。

②从指标所处水平看，保险公司保费收入指标在整个河南省内排位为第 5 位，处于中上游区；保险赔付额指标排位为第 8 位，处于中游区。这说明该地区的保险业规模处于中等水平，保险实力及竞争力一般。

③从排位变化的动因看，2013 年商丘市的保险公司保费收入在河南省的排位不变，保险赔付额指标排位下降了 2 位，这使其保险业规模竞争力指标的综合排位下降了 2 位，居河南省第 7 位。

19.3.3 商丘市金融规模竞争力的三级指标：证券业规模

2012~2013 年，商丘市证券业规模竞争力指标及其下属指标在河南省的排位变化情况，如表 19-3-3 所示。

表 19-3-3 商丘市 2012~2013 年证券业规模竞争力及其四级指标

年 份		上市公司总资产（亿元）	本地区股本总数（亿股）	证券业规模竞争力
2012	原 值	399.32	20.29	0.2108
	标准化后	0.5465	-0.1345	
2013	原 值	436.47	20.29	0.2466
	标准化后	0.7072	-0.2236	
2012 年排名		3	6	5
2013 年排名		3	9	5
升降		0	-3	0

①2013 年商丘市证券业规模竞争力指标经过标准化和加权处理后得分为 0.2466，在整个河南省排第 5 位，表明其在河南省处于较优势地位，与 2012 年相比排位没有发生变化。

②从指标所处水平看，2013 年商丘市上市公司总资产在河南省各个地市中排位为第 3

位，处于上游区；本地区股本总数指标排位为第9位，处于中游区。这说明商丘市证券市场凝聚优势企业及投资者的能力较强，从侧面体现了该区域证券市场具有较强的融资能力。

③从排位变化的动因看，虽然2013年商丘市本地区股本总数指标在河南省的排位下降了3位，但在上市公司总资产这一指标的拉动作用下，商丘市证券业规模竞争力指标在河南省的排位保持不变，仍居第5位。

19.3.4 商丘市金融规模竞争力指标分析

2012~2013年，商丘市金融规模竞争力指标及其下属指标在河南省的排位变化和指标结构情况，如表19-3-4所示。

表19-3-4 商丘市2012~2013年金融规模竞争力指标及其三级指标

年 份	银行业规模	保险业规模	证券业规模	金融规模竞争力
2012	-0.1318	0.0004	0.2108	0.0239
2013	-0.1448	-0.0819	0.2466	-0.0002
2012年排位	9	5	5	6
2013年排位	9	7	5	6
升降	0	-2	0	0

①2013年商丘市金融规模竞争力综合排位为第6位，表明其在河南省处于较优势地位，与2012年相比排位没有发生变化。

②从指标所处水平看，2013年商丘市银行业规模指标在河南省各个地市中的排位为第9位，处于中上游区；保险业规模和证券业规模两个指标排位分别为第7位和第5位，处于中游区。

③从指标变化趋势看，保险业规模指标与上年相比下降了2位，其余两个指标排位没有发生变化。

④从排位综合分析看，证券业规模指标的较优势地位和其余两个指标的中势地位，决定了2013年商丘市规模竞争力综合排位仍然为河南省第6位。

19.4 商丘市金融效率竞争力分析

19.4.1 商丘市金融效率竞争力的三级指标：宏观金融效率

2012~2013年，商丘市宏观金融效率竞争力指标及其下属指标在河南省的排位变化情况，如表19-4-1所示。

①2013年商丘市宏观金融效率竞争力指标经过标准化和加权处理后得分为0.7664，在整个河南省中排第5位，表明其在河南省处于较优势地位，与2012年相比排位没有发生变化。

表19-4-1 商丘市2012~2013年宏观金融效率竞争力及其四级指标

年 份		经济储蓄动员力	储蓄投资转化系数	宏观金融效率竞争力
2012	原值（%）	68.38	89.24	0.7021
	标准化后	0.9530	0.4124	
2013	原值（%）	71.42	88.11	0.7664
	标准化后	0.9089	0.5834	
2012年排名		5	6	5
2013年排名		5	5	5
升降		0	1	0

②从指标所处水平看，2013年经济储蓄动员力、储蓄投资转化系数这两个指标在河南省的排位均为第5位，排位较为靠前，处于较优势地位。

③从排位变化的动因看，由于2013年商丘市的经济储蓄动员力、储蓄投资转化系数在河南省的排位相对稳定，商丘市的宏观金融效率竞争力指标在河南省的排位不变，居河南省第5位。

19.4.2 商丘市金融效率竞争力的三级指标：微观金融效率

2012~2013年，商丘市微观金融效率竞争力指标及其下属指标在河南省的排位变化情况，如表19-4-2和图19-4-1所示。

表19-4-2 商丘市2012~2013年微观金融效率竞争力及其四级指标

年 份		贷存比	保险深度	证券市场效率	微观金融效率竞争力
2012	原值（%）	52.01	1.92	9.51	0.2478
	标准化后	-0.4828	-1.1587	0.0699	
2013	原值（%）	53.45	3.25	6.79	0.4799
	标准化后	-0.4198	1.1575	-0.1911	
2012年排名		13	16	7	7
2013年排名		12	3	9	3
升降		1	13	-2	4

①2013年商丘市微观金融效率竞争力指标在整个河南省的综合排位处于第3位，表明其在河南省处于绝对优势地位，与2012年相比排位上升了4位。

②从指标所处水平看，2013年商丘市的贷存比指标在河南省各个地市排第12位，属于较劣势指标，证券市场效率指标排第9位，属于中势指标；保险深度指标比较靠前，属于绝对优势指标。

③从雷达图图形变化看，2013年与2012年相比，面积明显变小，说明微观效率竞争力上升。

④从排位变化的动因看，在贷存比和保险深度指标排位显著上升和证券市场效率排位

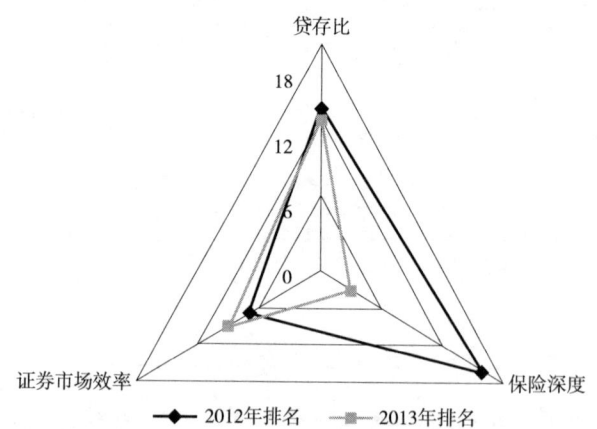

图 19-4-1　商丘市 2012~2013 年微观金融效率竞争力及其四级指标比较

略微有所下降的综合作用下，2013 年商丘市微观金融效率竞争力指标综合排位上升了 4 位，居河南省第 3 位。

19.4.3　商丘市金融效率竞争力指标分析

2012~2013 年，商丘市金融效率竞争力指标及其下属指标在河南省的排位变化和指标结构情况，如表 19-4-3 所示。

表 19-4-3　商丘市 2012~2013 年金融效率竞争力指标及其三级指标

年　份	宏观金融效率	微观金融效率	金融效率竞争力
2012	0.7021	0.2478	0.1953
2013	0.7664	0.4799	0.8216
2012 年排位	5	7	8
2013 年排位	5	3	5
升降	0	4	3

①2013 年商丘市金融效率竞争力指标综合排位为第 5 位，表明其在河南省处于较优势地位，与 2012 年相比排位上升了 3 位。

②从指标所处水平看，2013 年商丘市宏观金融效率指标在整个河南省的排位为第 5 位，属于较优势指标，微观金融效率指标排位为第 3 位，属于绝对优势指标。

③从指标变化趋势看，宏观金融效率指标与上年相比排位不变，保持较优势地位，而微观金融效率指标与上年相比有上升趋势，指标排位上升了 4 位。

④从排位综合分析看，在商丘市宏观金融效率排位不变和微观金融效率排位上升了 4 位的综合作用下，2013 年商丘市金融效率竞争力指标排位为河南省第 5 位。这说明微观金融效率的提高拉动了商丘市金融效率竞争力的提升，使整个商丘市的金融资源配置效率有所提高。

19.5 商丘市金融综合竞争力指标分析

2012~2013年,商丘市金融综合竞争力指标及其下属指标在河南省的排位变化和指标结构情况,如表19-5-1所示。

表19-5-1 商丘市2012~2013年金融综合竞争力指标及其二级指标

年　份	金融生态竞争力	金融规模竞争力	金融效率竞争力	金融综合竞争力
2012	-0.6241	0.0239	0.1953	-0.1096
2013	-0.6528	-0.0002	0.8216	0.0347
2012年排位	16	6	8	10
2013年排位	17	6	5	6
升降	-1	0	3	4

①2013年商丘市金融综合竞争力排位为第6位,表明其在河南省处于较优势地位,与2012年相比排位上升了4位。

②从指标所处水平看,2013年商丘市金融生态竞争力指标排第17位,处于绝对劣势地位,而金融规模竞争力和金融效率竞争力指标在河南省的排位分别为第6位和第5位,处于较优势地位。

③从指标变化趋势看,金融生态竞争力排位下降了1位,金融规模竞争力排位保持不变,金融效率竞争力指标排位上升了3位。

④从排位综合分析看,两个指标的较优势地位和一个指标的绝对劣势地位,决定了2013年商丘市金融综合竞争力排位为河南省第6位。可以发现,商丘市金融综合竞争力较2012年排位有所上升,这主要得益于其金融效率的显著提高,同时也必须注意到,其金融生态竞争力薄弱,应把大力发展经济、鼓励对外开放、提高区域服务水平作为商丘市金融发展的重要任务。

第 20 章
周口市 2013 年金融竞争力研究报告

20.1 周口市概述

周口市位于河南省东南部，东临安徽省阜阳市，西接河南省漯河市、许昌市，南与驻马店市相连，北和开封市、商丘市接壤。周口市农业资源丰富，是全国重要的粮、棉、油、肉、烟生产基地。

2013 年，全市完成地区生产总值 1790.65 亿元，其中规模以上工业完成增加值672.84 亿元；固定资产投资完成 1151.55 亿元；社会消费品零售总额完成 756.8 亿元；进出口总额为 7.75 亿美元，其中出口总额为 5.89 亿美元；实际利用外资 4.424 亿美元；财政收入完成 76.05 亿元。截至 2013 年底，金融机构各项存款余额达 1655.62 亿元，城乡居民储蓄余额达 1311.63 亿元，各项贷款余额为 703.71 亿元。

20.2 周口市金融生态竞争力分析

20.2.1 周口市金融生态环境的三级指标：区域经济实力

2012~2013 年，周口市区域经济实力竞争力指标及其下属指标在河南省的排位变化情况，如表 20-2-1 和图 20-2-1 所示。

表 20-2-1 周口市 2012~2013 年区域经济实力竞争力及其四级指标

年 份		GDP（亿元）	人均 GDP（元）	财政收入（亿元）	固定资产投资（亿元）	人均固定资产投资（元）	城镇人均可支配收入（元）	农村人均纯收入（元）	区域经济实力竞争力
2012	原 值	1574.72	17734	60.13	931.22	10570.03	16503	6199	-1.1280
	标准化后	-0.0651	-1.1888	-0.3537	-0.2843	-1.3868	-1.6434	-1.2851	
2013	原 值	1790.65	20385	76.05	1151.55	13109.63	18046	6950	-1.1534
	标准化后	-0.0142	-1.1647	-0.3261	-0.2835	-1.4094	-1.7324	-1.3222	
2012 年排名		6	18	12	11	18	18	18	18
2013 年排名		5	18	12	11	18	18	18	18
升降		1	0	0	0	0	0	0	0

①2013 年周口市区域经济实力在整个河南省的综合排位为第 18 位，表明其在河南省

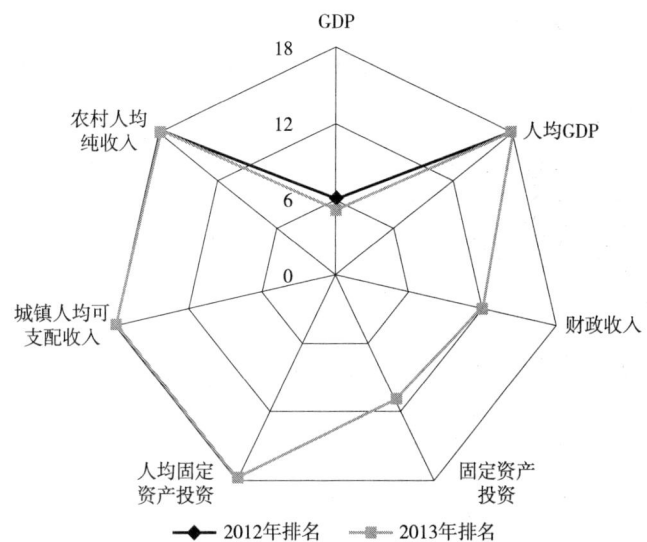

图 20-2-1 周口市 2012~2013 年区域经济实力竞争力及其四级指标比较

处于绝对劣势地位，与 2012 年相比排位没有发生变化。

②从指标所处的水平看，尽管 GDP 在河南省排第 5 位，处于较优势地位，但人均 GDP、人均固定资产投资、城镇人均可支配收入、农村人均纯收入在整个河南省的排位均为第 18 位，处于绝对劣势地位，这导致周口市的区域经济实力在河南省处于第 18 位。

③从雷达图图形变化看，2013 年与 2012 年相比，面积有所减小，经济实力竞争力呈上升趋势。

④从排位变化的动因看，除 GDP 这一指标排位上升了 1 位之外，其余各项指标排位均保持不变，所以 2013 年周口市区域经济实力竞争力指标综合排位保持不变，居河南省第 18 位，处于绝对劣势地位。

20.2.2 周口市金融生态环境的三级指标：区域开放程度

2012~2013 年，周口市区域开放程度竞争力指标及其下属指标在河南省的排位变化情况，如表 20-2-2 所示。

表 20-2-2 周口市 2012~2013 年区域开放程度竞争力及其四级指标

年 份		实际利用外资额	进出口总额	区域开放程度竞争力
2012	原值（万美元）	36341	56052	-0.3464
	标准化后	-0.3899	-0.2801	
2013	原值（万美元）	44241	77493	-0.3452
	标准化后	-0.3920	-0.2681	
2012 年排名		11	11	12
2013 年排名		11	9	11
升降		0	2	1

①2013 年周口市区域开放程度经过标准化和加权处理后得分为 -0.3452，在整个河南省中排第 11 位，表明其区域开放程度在河南省处于中势地位，与 2012 年相比排位上升了 1 位。

②从指标所处水平看，实际利用外资额、进出口总额这两个指标在当年的河南省各个地市中的排位分别为第 11 位和第 9 位，即均在整个省域内处于中游区，且均为中势指标，说明其经济开放程度一般，外资利用效率优势并不明显，对经济发展具有一定的影响力。

③从排位变化的动因看，2013 年周口市的实际利用外资额排位没有发生变化，而进出口总额在河南省的排位上升了 2 位，这使其区域开放程度竞争力指标的综合排位上升了 1 位，居河南省第 11 位。

20.2.3 周口市金融生态环境的三级指标：区域服务水平

2012~2013 年，周口市区域服务水平竞争力指标及其下属指标在河南省的排位变化情况，如表 20-2-3 和图 20-2-2 所示。

表 20-2-3 周口市 2012~2013 年区域服务水平竞争力及其四级指标

年	份	会计师事务所数量	律师事务所数量	资产评估事务所数量	区域服务水平竞争力
2012	原值（所）	10	31	3	-0.3418
	标准化后	-0.3028	-0.2845	-0.4266	
2013	原值（所）	8	33	3	-0.3485
	标准化后	-0.3389	-0.2756	-0.4222	
2012 年排名		15	11	15	14
2013 年排名		15	11	15	15
升降		0	0	0	-1

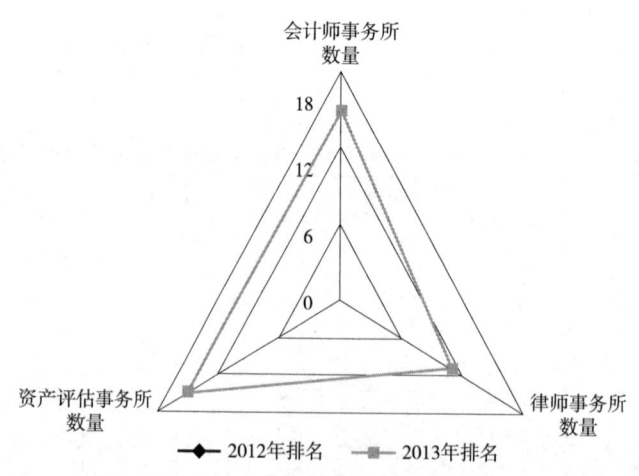

图 20-2-2 周口市 2012~2013 年区域服务水平竞争力及其四级指标比较

①2013年周口市区域服务水平经过标准化和加权处理后得分为-0.3485,在整个河南省中排第15位,表明其区域开放程度在河南省处于较劣势地位,与2012年相比排位下降了1位。

②从指标所处水平看,除了律师事务所数量这一指标排第11位,处于中游水平外,会计师事务所数量、资产评估事务所数量这两个指标的排位在河南省各个地市中均为第15位,即在整个省域内处于中下游区,且为较劣势指标,说明其金融服务水平较低,为金融业发展提供的保障相对有限。

③从雷达图图形变化看,2013年与2012年相比,面积保持不变,2013年的会计师事务所数量、律师事务所数量、资产评估事务所数量在河南省的排位均未发生变化。在三个指标排位均比较靠后的综合作用下,周口市区域服务水平竞争力指标综合排位下降了1位,居河南省第15位。

20.2.4 周口市金融生态竞争力指标分析

2012~2013年,周口市金融生态竞争力指标及其下属指标在河南省的排位变化和指标结构情况,如表20-2-4所示。

表20-2-4 周口市2012~2013年金融生态竞争力指标及其三级指标

年 份	区域经济实力竞争力	区域开放程度竞争力	区域服务水平竞争力	金融生态竞争力
2012	-1.1280	-0.3464	-0.3418	-0.7266
2013	-1.1534	-0.3452	-0.3485	-0.7389
2012年排位	18	12	14	18
2013年排位	18	11	15	18
升降	0	1	-1	0

①2013年周口市金融生态竞争力综合排第18位,表明其在河南省处于绝对劣势地位,与2012年相比排位没有发生变化。

②从指标所处水平看,2013年区域经济实力竞争力指标排第18位,处于整个河南省的下游区;区域开放程度竞争力指标排第11位,处于中游区;区域服务水平竞争力指标排第15位,处于中下游区。

③从指标变化趋势看,区域经济实力竞争力指标的排位保持不变;区域开放程度竞争力指标的排位与上年相比上升了1位;而区域服务水平竞争力指标比上年下降了1位。

④从排位综合分析看,区域开放程度竞争力指标处于中势地位,区域经济实力竞争力指标处于绝对劣势地位,区域服务水平竞争力指标处于较劣势地位,决定了2013年周口市金融生态竞争力综合排位仍然为河南省第18位。这说明其经济发展程度很低,金融服务业水平相对落后,金融生态环境在整个河南省中处于绝对劣势地位。

20.3 周口市金融规模竞争力分析

20.3.1 周口市金融规模竞争力的三级指标：银行业规模

2012~2013年，周口市银行业规模竞争力指标及其下属指标在河南省的排位变化情况，如表20-3-1和图20-3-1所示。

表20-3-1 周口市2012~2013年银行业规模竞争力及其四级指标

年 份		金融系统存款余额	金融系统贷款余额	城乡居民储蓄余额	银行业规模竞争力
2012	原值（亿元）	1403.50	638.45	1115.65	-0.0792
	标准化后	-0.1529	-0.2610	0.1805	
2013	原值（亿元）	1655.62	703.71	1311.63	-0.0778
	标准化后	-0.1481	-0.2802	0.1995	
2012年排名		8	12	4	5
2013年排名		8	12	4	5
升降		0	0	0	0

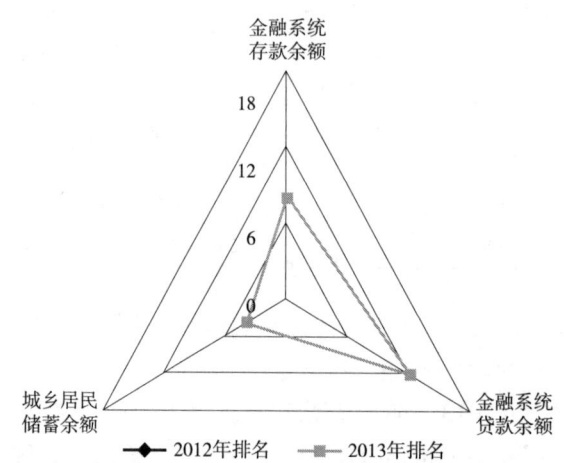

图20-3-1 周口市2012~2013年银行业规模竞争力及其四级指标比较

①2013年周口市银行业规模竞争力在整个河南省的综合排位为第5位，表明其在河南省处于较优势地位，与2012年相比排位没有发生变化。

②从指标所处水平看，城乡居民储蓄余额指标在当年的河南省各个地市中排第4位，处于中上游区且为较优势指标，而金融系统存款余额排第8位，处于中游区；金融系统贷款余额指标排第12位，处于中下游区。三个指标的综合作用导致周口市金融资产在规模上较大，银行业的规模竞争力具有相对优势。

③从雷达图图形变化看，2013年与2012年相比，面积保持不变，2013年的金融系统存款余额、金融系统贷款余额、城乡居民储蓄余额三个指标的排位均未发生变化。在综合

作用下,周口市银行业规模竞争力指标综合排位保持不变,居河南省第5位。

20.3.2 周口市金融规模竞争力的三级指标:保险业规模

2012~2013年,周口市保险业规模竞争力指标及其下属指标在河南省的排位变化情况,如表20-3-2所示。

表20-3-2 周口市2012~2013年保险业规模竞争力及其四级指标

年 份		保险公司保费收入	保险赔付额	保险业规模竞争力
2012	原值(亿元)	57.99	11.71	0.1851
	标准化后	0.3055	0.0639	
2013	原值(亿元)	53.17	15.07	0.0082
	标准化后	0.0493	-0.0328	
2012年排名		4	4	4
2013年排名		4	5	4
升降		0	-1	0

①2013年周口市保险业规模竞争力经过标准化和加权处理后得分为0.0082,在整个河南省中排第4位,表明其在河南省处于较优势地位,与2012年相比排位没有发生变化。

②从指标所处水平看,保险公司保费收入、保险赔付额这两个指标的排位在河南省各个地市中分别为第4位和第5位,即在整个省域内处于中上游区,且均为较优势指标,说明该地区的保险业规模较大,保险实力及竞争力较强。

③从排位变化的动因看,2013年周口市保险公司保费收入排位保持不变,保险赔付额在河南省的排位下降了1位,下降幅度较小。在综合作用下,2013年周口市保险业规模竞争力指标的综合排位保持不变,居河南省第4位。

20.3.3 周口市金融规模竞争力的三级指标:证券业规模

2012~2013年,周口市证券业规模竞争力指标及其下属指标在河南省的排位变化情况,如表20-3-3所示。

表20-3-3 周口市2012~2013年证券业规模竞争力及其四级指标

年 份		上市公司总资产(亿元)	本地区股本总数(亿股)	证券业规模竞争力
2012	原 值	28.01	10.62	-0.5524
	标准化后	-0.6602	-0.4198	
2013	原 值	27.86	10.62	-0.6504
	标准化后	-0.7542	-0.5217	
2012年排名		16	10	13
2013年排名		16	11	14
升降		0	-1	-1

①2013年周口市证券业规模竞争力指标经过标准化和加权处理后得分为-0.6504，在整个河南省中排第14位，表明其在河南省处于较劣势地位，与2012年相比排位下降了1位。

②从指标所处水平看，2013年周口市上市公司总资产指标排第16位，在整个河南省处于下游区；本地区股本总数这一指标排第11位，处于中游区，且为中势指标。这说明周口市证券市场凝聚优势企业及投资者的能力相对薄弱，从侧面体现了该区域证券市场的融资能力较弱。

③从排位变化的动因看，2013年周口市的上市公司总资产在河南省的排位保持不变，本地区股本总数的排位下降了1位。在综合作用下，2013年证券业规模竞争力指标在河南省的排位下降了1位，居第14位。

20.3.4 周口市金融规模竞争力指标分析

2012~2013年，周口市金融规模竞争力指标及其下属指标在河南省的排位变化和指标结构情况，如表20-3-4所示。

表20-3-4 周口市2012~2013年金融规模竞争力指标及其三级指标

年　份	银行业规模	保险业规模	证券业规模	金融规模竞争力
2012	-0.0792	0.1851	-0.5524	-0.1474
2013	-0.0778	0.0082	-0.6504	-0.2402
2012年排位	5	4	13	7
2013年排位	5	4	14	10
升降	0	0	-1	-3

①2013年周口市金融规模竞争力综合排位为第10位，表明其在河南省处于中势地位，与2012年相比排位下降了3位。

②从指标所处水平看，2013年周口市银行业规模、保险业规模的排位分别为第5位和第4位，处于较优势地位；证券业规模这个指标排位为第14位，处于较劣势地位。

③从指标变化趋势看，银行业规模、保险业规模这两个指标排位与上年相比均没有变化，保持较优势地位；证券业规模指标排位下降了1位，处于较劣势地位。

④从排位综合分析看，银行业规模、保险业规模这两个指标均处于较优势地位，证券业规模这一指标处于相对劣势，决定了2013年周口市规模竞争力综合排位为河南省第10位。这说明在整个河南省中，周口市居民具有较强的储蓄偏好，银行业、保险业的融资能力较强，但证券业的规模较小，使得周口市在吸纳优异的资金供求者和实现区域内资金需求的表现平平。

20.4 周口市金融效率竞争力分析

20.4.1 周口市金融效率竞争力的三级指标：宏观金融效率

2012~2013年，周口市宏观金融效率竞争力指标及其下属指标在河南省的排位变化情况，如表20-4-1所示。

表 20-4-1　周口市 2012~2013 年宏观金融效率竞争力及其四级指标

年　份		经济储蓄动员力	储蓄投资转化系数	宏观金融效率竞争力
2012	原值（%）	70.85	119.81	1.5108
	标准化后	1.1419	1.7961	
2013	原值（%）	73.25	113.90	1.4616
	标准化后	1.0422	1.8036	
2012 年排名		3	2	2
2013 年排名		3	2	2
升降		0	0	0

①2013 年周口市宏观金融效率竞争力指标经过标准化和加权处理后得分为 1.4616，在整个河南省中排第 2 位，表明其在河南省处于绝对优势地位，与 2012 年相比排位没有发生变化。

②从指标所处水平看，2013 年经济储蓄动员力、储蓄投资转化系数这两个指标在河南省的排位分别为第 3 位、第 2 位，排位较为靠前，处于绝对优势地位。

③从排位变化的动因看，由于 2013 年周口市的经济储蓄动员力、储蓄投资转化系数在河南省的排位均保持不变，周口市的宏观金融效率竞争力指标在河南省的排位不变，居河南省第 2 位。这表明周口市宏观经济对储蓄资源的动员力仍然较强，储蓄向投资转化的渠道仍然较为通畅。因此，周口市的宏观金融效率仍然较高，在河南省宏观金融效率方面的优势地位十分稳固。

20.4.2　周口市金融效率竞争力的三级指标：微观金融效率

2012~2013 年，周口市微观金融效率竞争力指标及其下属指标在河南省的排位变化情况，如表 20-4-2 和图 20-4-1 所示。

表 20-4-2　周口市 2012~2013 年微观金融效率竞争力及其四级指标

年　份		贷存比	保险深度	证券市场效率	微观金融效率竞争力
2012	原值（%）	45.49	3.68	1.79	-1.0954
	标准化后	-0.9778	1.6222	-0.6030	
2013	原值（%）	42.50	2.97	1.53	0.4240
	标准化后	-1.2274	0.6183	-0.5216	
2012 年排名		16	2	15	17
2013 年排名		17	5	14	4
升降		-1	-3	1	13

①2013 年周口市微观金融效率竞争力指标在整个河南省的综合排位为第 4 位，表明其在河南省处于较优势地位，与 2012 年相比排位上升了 13 位。

②从指标所处水平看，2013 年周口市的贷存比、证券市场效率指标排位均很靠后，

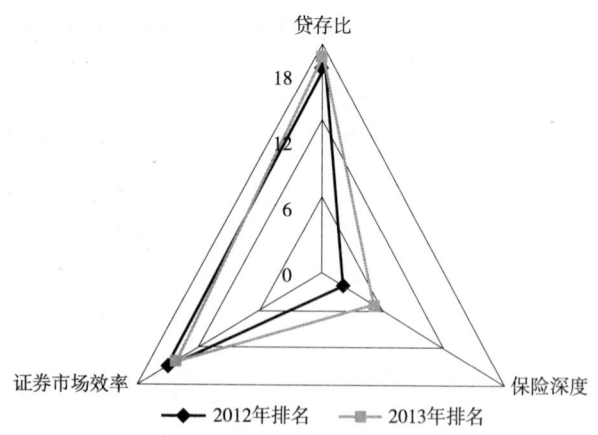

图 20-4-1 周口市 2012~2013 年微观金融效率竞争力及其四级指标比较

属于劣势指标;保险深度指标排位比较靠前,属于较优势指标。

③从雷达图图形变化看,2013 年与 2012 年相比,面积有所扩大,说明微观效率竞争力有下降趋势。其中,贷存比和保险深度指标排位的下降成为图形扩张的动力点。

④从排位变化的动因看,在贷存比和保险深度指标排位下降和证券市场效率排位有所上升及其他地市指标大幅变动的综合作用下,2013 年周口市微观金融效率竞争力指标综合排位上升了 13 位,居河南省第 4 位。

20.4.3 周口市金融效率竞争力指标分析

2012~2013 年,周口市金融效率竞争力指标及其下属指标在河南省的排位变化和指标结构情况,如表 20-4-3 所示。

表 20-4-3 周口市 2012~2013 年金融效率竞争力指标及其三级指标

年 份	宏观金融效率	微观金融效率	金融效率竞争力
2012	1.5108	-1.0954	1.6261
2013	1.4616	0.424	1.1766
2012 年排位	2	17	2
2013 年排位	2	4	2
升降	0	13	0

①2013 年周口市金融效率竞争力指标综合排位为第 2 位,表明其在河南省处于绝对优势地位,与 2012 年相比排位保持不变。

②从指标所处水平看,2013 年周口市宏观金融效率指标在整个河南省中排第 2 位,属于绝对优势指标;微观金融效率指标排位为第 4 位,属于较优势指标。

③从指标变化趋势看,宏观金融效率指标排位与上年相比没有变化,保持了绝对优势地位;而微观金融效率指标与上年相比有较大上升,指标排位上升了 13 位。

④从排位综合分析看,在宏观金融效率排位不变和微观金融效率排位上升了 13 位的

综合作用下，2013年周口市金融效率竞争力指标排位为河南省第2位。这说明2013年周口市微观金融效率有很大提升，但整体金融效率与排第1位的驻马店市还存在一定差距。

20.5 周口市金融综合竞争力指标分析

2012~2013年，周口市金融综合竞争力指标及其下属指标在河南省的排位变化和指标结构情况，如表20-5-1所示。

表20-5-1 周口市2012~2013年金融综合竞争力指标及其二级指标

年 份	金融生态竞争力	金融规模竞争力	金融效率竞争力	金融综合竞争力
2012	-0.7266	-0.1474	1.6261	0.2276
2013	-0.7389	-0.2402	1.1766	0.0195
2012年排位	18	7	2	4
2013年排位	18	10	2	8
升降	0	-3	0	-4

①2013年周口市金融综合竞争力排位为第8位，表明其在河南省处于中势地位，与2012年相比排位下降了4位。

②从指标所处水平看，2013年周口市金融生态竞争力排位为第18位，处于绝对劣势地位；金融规模竞争力指标排位为第10位，处于中势地位；金融效率竞争力指标排位为第2位，处于绝对优势地位。

③从指标变化趋势看，金融生态竞争力和金融效率竞争力指标排位与上年相比均没有变化，金融规模竞争力指标排位与上年相比下降了3位。

④从排位综合分析看，金融效率竞争力指标处于绝对优势地位，金融规模竞争力指标处于中势地位，金融生态竞争力指标处于绝对劣势地位，因此决定了2013年周口市金融综合竞争力排位为河南省第8位，与2012年相比下降了4位。不难发现，金融综合竞争力排位的下降主要是金融规模竞争力指标的恶化造成的，这也从侧面反映了周口市要提升金融综合竞争力，就必须从扩大金融规模着手。

第 21 章
驻马店市 2013 年金融竞争力研究报告

21.1 驻马店市概述

驻马店市位于河南省中南部,地处淮河流域。2006 年 8 月,驻马店市被评为跨国公司眼中最具投资潜力的 20 个中国城市之一,2008 年入选中国提升竞争力最佳案例城市。

2013 年,全市完成地区生产总值 1542.02 亿元,同比增长 12.27%,其中规模以上工业完成增加值 489.90 亿元,同比增长 14.70%;财政收入完成 71.93 亿元,同比增长 22.10%;社会消费品零售总额达 585.50 亿元,同比增长 13.90%;金融机构各项存款余额 1710.03 亿元,同比增长 19.62%,金融机构贷款余额达 757.68 亿元,同比增长 17.68%;居民消费价格上涨了 2.70%;城镇人均可支配收入达 19431 元,农村人均纯收入为 7437 元,分别同比增长 9.96% 和 12.70%;节能减排完成省定目标。

21.2 驻马店市金融生态竞争力分析

21.2.1 驻马店市金融生态环境的三级指标:区域经济实力

2012~2013 年,驻马店市区域经济实力竞争力指标及其下属指标在河南省的排位变化情况,如表 21-2-1 和图 21-2-1 所示。

表 21-2-1 驻马店市 2012~2013 年区域经济实力竞争力及其四级指标

年 份		GDP（亿元）	人均 GDP（元）	财政收入（亿元）	固定资产投资（亿元）	人均固定资产投资（元）	城镇人均可支配收入（元）	农村人均纯收入（元）	区域经济实力竞争力
2012	原 值	1373.55	19592	58.91	817.58	11780.69	17671	6599	-0.9249
	标准化后	-0.2414	-1.0543	-0.3630	-0.4375	-1.2606	-1.0334	-1.0446	
2013	原 值	1542.02	22296	71.93	1014.62	14715.30	19431	7437	-0.9328
	标准化后	-0.2115	-1.0319	-0.3526	-0.4334	-1.2702	-1.0583	-1.0583	
2012 年排名		12	16	13	13	17	15	16	17
2013 年排名		11	16	13	13	17	16	16	17
升降		1	0	0	0	0	-1	0	0

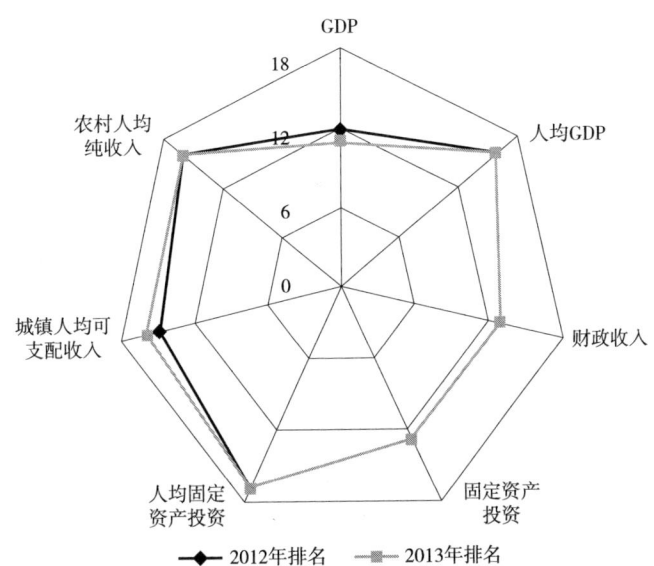

图 21-2-1　驻马店市 2012~2013 年区域经济实力竞争力及其四级指标比较

①2013 年驻马店市区域经济实力在整个河南省的综合排位为第 17 位，表明其在河南省处于绝对劣势地位，与 2012 年相比排位没有发生变化。

②从指标所处的水平看，GDP 在整个河南省排位处于中游区；固定资产投资和财政收入在整个河南省的排位处于中下游区；人均 GDP、人均固定资产投资、城镇人均可支配收入、农村人均纯收入在整个河南省的排位均很靠后，处于下游区。这说明驻马店市的区域经济实力在河南省处于非常靠后的地位。

③从雷达图图形变化看，2013 年与 2012 年相比，面积基本不变。

④从排位变化的动因看，GDP 排位上升了 1 位，城镇人均可支配收入排位下降了 1 位，而其余各项指标排位保持不变。在综合作用下，2013 年驻马店市区域经济实力竞争力指标综合排位保持不变，居河南省第 17 位。

21.2.2　驻马店市金融生态环境的三级指标：区域开放程度

2012~2013 年，驻马店市区域开放程度竞争力指标及其下属指标在河南省的排位变化情况，如表 21-2-2 所示。

表 21-2-2　驻马店市 2012~2013 年区域开放程度竞争力及其四级指标

年　　份		实际利用外资额	进出口总额	区域开放程度竞争力
2012	原值（万美元）	27020	27210	-0.4251
	标准化后	-0.5072	-0.3150	
2013	原值（万美元）	31590	40439	-0.4499
	标准化后	-0.5547	-0.3058	

续表

年份	实际利用外资额	进出口总额	区域开放程度竞争力
2012 年排名	16	15	17
2013 年排名	16	15	17
升降	0	0	0

①2013 年驻马店市区域开放程度经过标准化和加权处理后得分为 -0.4499，在整个河南省排第 17 位，表明其区域开放程度在河南省处于绝对劣势地位，与 2012 年相比排位没有发生变化。

②从指标所处水平看，实际利用外资额、进出口总额这两个指标在河南省各个地市中分别处于第 16 位和第 15 位，即分别在整个省域内处于下游区和中下游区，说明其经济开放程度很低，外资利用效率很低，对经济发展的直接影响很小。

③从排位变化的动因看，2013 年驻马店市的实际利用外资额、进出口总额在河南省的排位均未发生变化，这使其区域开放程度竞争力指标的综合排位保持不变，居河南省第 17 位。

21.2.3 驻马店市金融生态环境的三级指标：区域服务水平

2012~2013 年，驻马店市区域服务水平竞争力指标及其下属指标在河南省的排位变化情况，如表 21-2-3 和图 21-2-2 所示。

表 21-2-3 驻马店市 2012~2013 年区域服务水平竞争力及其四级指标

年份		会计师事务所数量	律师事务所数量	资产评估事务所数量	区域服务水平竞争力
2012	原值（所）	14	35	7	-0.2112
	标准化后	-0.2186	-0.1935	-0.2148	
2013	原值（所）	15	36	7	-0.2087
	标准化后	-0.1891	-0.2138	-0.2182	
2012 年排名		8	8	7	7
2013 年排名		5	8	7	6
升降		3	0	0	1

①2013 年驻马店市区域服务水平经过标准化和加权处理后得分为 -0.2087，在整个河南省排第 6 位，表明其区域开放程度在河南省处于较优势地位，与 2012 年相比排位上升了 1 位。

②从指标所处水平看，会计师事务所数量、资产评估事务所数量这两个指标在河南省各个地市中分别处于第 5 位和第 7 位，即在整个省域内处于中上游区，且均为较优势指标；律师事务所数量排位为第 8 位，处于中游区，且为中势指标。说明其金融服务水平较高，为金融业的发展提供了良好的保障。

③从雷达图图形变化看，2013 年与 2012 年相比，面积有所减小，2013 年的会计师事

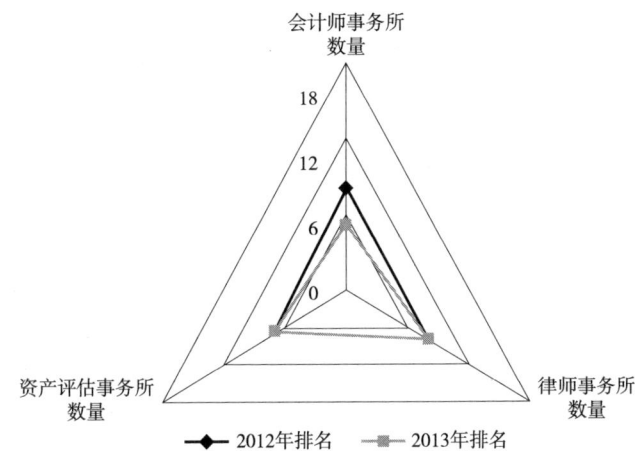

图 21 - 2 - 2　驻马店市 2012~2013 年区域服务水平竞争力及其四级指标比较

务所数量排位上升了 3 位,律师事务所数量和资产评估事务所数量在河南省的排位均未发生变化。在综合作用下,使驻马店市区域服务水平竞争力指标综合排位上升了 1 位。

21.2.4　驻马店市金融生态竞争力指标分析

2012~2013 年,驻马店市金融生态竞争力指标及其下属指标在河南省的排位变化和指标结构情况,如表 21 - 2 - 4 所示。

表 21 - 2 - 4　驻马店市 2012~2013 年金融生态竞争力指标及其三级指标

年　　份	区域经济实力竞争力	区域开放程度竞争力	区域服务水平竞争力	金融生态竞争力
2012	-0.9249	-0.4251	-0.2112	-0.6249
2013	-0.9328	-0.4499	-0.2087	-0.6366
2012 年排位	17	17	7	17
2013 年排位	17	17	6	16
升降	0	0	1	1

①2013 年驻马店市金融生态竞争力综合排第 16 位,表明其在河南省处于绝对劣势地位,与 2012 年相比排位上升了 1 位。

②从指标所处水平看,2013 年区域经济实力竞争力、区域开放程度竞争力两个指标排位均为第 17 位;处于下游区,区域服务水平竞争力排位为第 6 位,处于中上游区。

③从指标变化趋势看,区域经济实力竞争力、区域开放程度竞争力两个指标与上年相比排位均没有发生变化,处于绝对劣势地位;区域服务水平竞争力排位上升了 1 位,保持较优势地位。

④从排位综合分析看,区域经济实力竞争力、区域开放程度竞争力的绝对劣势地位和区域服务水平竞争力的较优势地位,使得 2013 年驻马店市金融生态竞争力综合排位为河南省第 16 位,比 2012 年上升了 1 位。

21.3 驻马店市金融规模竞争力分析

21.3.1 驻马店市金融规模竞争力的三级指标：银行业规模

2012~2013年，驻马店市银行业规模竞争力指标及其下属指标在河南省的排位变化情况，如表21-3-1和图21-3-1所示。

表21-3-1 驻马店市2012~2013年银行业规模竞争力及其四级指标

年 份		金融系统存款余额	金融系统贷款余额	城乡居民储蓄余额	银行业规模竞争力
2012	原值（亿元）	1429.50	643.87	1020.39	-0.1136
	标准化后	-0.1414	-0.2573	0.0620	
2013	原值（亿元）	1710.03	757.68	1196.83	-0.1031
	标准化后	-0.1279	-0.2539	0.0766	
2012年排名		7	11	6	8
2013年排名		6	10	6	7
升降		1	1	0	1

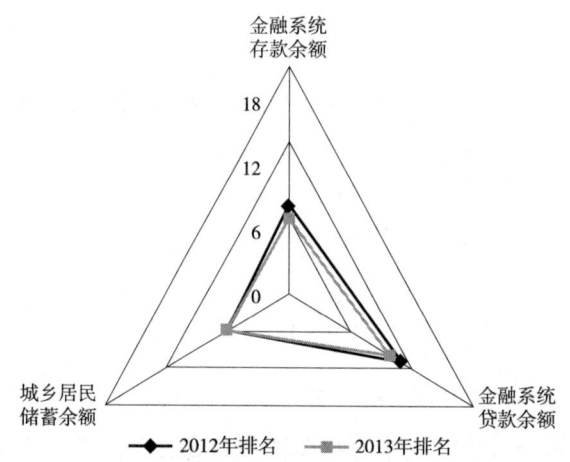

图21-3-1 驻马店市2012~2013年银行业规模竞争力及其四级指标比较

①2013年驻马店市银行业规模竞争力在整个河南省的综合排位为第7位，表明其在河南省处于较优势地位，与2012年相比排位上升了1位。

②从指标所处水平看，金融系统存款余额、城乡居民储蓄余额两个指标在河南省各个地市中均处于第6位，即在整个省域内处于中上游区，且为较优势指标，说明驻马店市居民具有较强的储蓄偏好，该市金融资产在规模上较大，容易形成规模效应；金融系统贷款余额在河南省各个地市中处于第10位，在整个省域内处于中游区，且为中势指标，说明其融资能力不强，扩大再生产的积极性一般。

③从雷达图图形变化看，2013年与2012年相比，面积有所减小，2013年的金融系统

存款余额、金融系统贷款余额排位均上升了1位，城乡居民储蓄余额排位不变。在综合作用下，驻马店市银行业规模竞争力指标综合排位上升了1位，居河南省第7位。

21.3.2 驻马店市金融规模竞争力的三级指标：保险业规模

2012~2013年，驻马店市保险业规模竞争力指标及其下属指标在河南省的排位变化情况，如表21-3-2所示。

表21-3-2 驻马店市2012~2013年保险业规模竞争力及其四级指标

年	份	保险公司保费收入	保险赔付额	保险业规模竞争力
2012	原值（亿元）	47.76	9.67	-0.0575
	标准化后	0.0281	-0.1428	
2013	原值（亿元）	45.87	15.35	-0.0602
	标准化后	-0.1094	-0.0109	
2012年排名		6	8	6
2013年排名		7	4	6
升降		-1	4	0

①2013年驻马店市保险业规模竞争力经过标准化和加权处理后得分为-0.0602，在整个河南省中排第6位，表明其在河南省处于较优势地位，与2012年相比排位没有发生变化。

②从指标所处水平看，保险公司保费收入、保险赔付额这两个指标在河南省各个地市中的排位分别为第7位、第4位，即在整个省域内处于中上游区，且均为较优势指标，说明该地区的保险业保险规模较大，保险实力及竞争力较强。

③从排位变化的动因看，2013年驻马店市的保险公司保费收入排位下降了1位，保险赔付额在河南省的排位上升了4位，升降互抵，在综合作用下，保险业规模竞争力指标的综合排位保持不变，居河南省第6位。

21.3.3 驻马店市金融规模竞争力的三级指标：证券业规模

2012~2013年，驻马店市证券业规模竞争力指标及其下属指标在河南省的排位变化情况，如表21-3-3所示。

表21-3-3 驻马店市2012~2013年证券业规模竞争力及其四级指标

年	份	上市公司总资产（亿元）	本地区股本总数（亿股）	证券业规模竞争力
2012	原值	39.15	4.20	-0.6308
	标准化后	-0.6240	-0.6092	

续表

年　　份		上市公司总资产（亿元）	本地区股本总数（亿股）	证券业规模竞争力
2013	原　值	0	0	-0.8682
	标准化后	-0.8539	-0.8492	
2012年排名		14	16	16
2013年排名		17	17	17
升降		-3	-1	-1

①2013年驻马店市证券业规模竞争力指标经过标准化和加权处理后得分为-0.8682，在整个河南省中排第17位，表明其在河南省处于绝对劣势地位，与2012年相比排位下降了1位。

②从指标所处水平看，2013年驻马店市上市公司总资产、本地区股本总数这两个指标在河南省各个地市中均处于第17位，即在整个省域内处于下游区，且均为绝对劣势指标，说明驻马店市证券市场凝聚优势企业及投资者的能力很弱，从侧面体现了该区域证券市场具有非常弱的融资能力。

③从排位变化的动因看，2013年驻马店市的上市公司总资产排位下降了3位，本地区股本总数排位下降了1位。在综合作用下，驻马店市的证券业规模竞争力指标在河南省的排位下降了1位。

21.3.4　驻马店市金融规模竞争力指标分析

2012~2013年，驻马店市金融规模竞争力指标及其下属指标在河南省的排位变化和指标结构情况，如表21-3-4所示。

表21-3-4　驻马店市2012~2013年金融规模竞争力指标及其三级指标

年　　份	银行业规模	保险业规模	证券业规模	金融规模竞争力
2012	-0.1136	-0.0575	-0.6308	-0.2704
2013	-0.1031	-0.0602	-0.8682	-0.3460
2012年排位	8	6	16	12
2013年排位	7	6	17	12
升降	1	0	-1	0

①2013年驻马店市金融规模竞争力综合排位为第12位，表明其在河南省处于较劣势地位，与2012年相比排位没有发生变化。

②从指标所处水平看，2013年驻马店市银行业规模、保险业规模在河南省各个地市中的排位分别为第7位、第6位，均处于较优势地位；证券业规模在河南省各个地市中的排位为第17位，处于绝对劣势地位。

③从指标变化趋势看，银行业规模与上年相比排位上升了1位，保险业规模与上年相比排位没有变化，证券规模与上年相比排位下降了1位。

④从排位综合分析看，银行业规模和保险业规模指标处于较优势地位，以及证券业规模的绝对劣势地位，决定了2013年驻马店市规模竞争力综合排位居河南省第12位，处于较劣势地位。

21.4 驻马店市金融效率竞争力分析

21.4.1 驻马店市金融效率竞争力的三级指标：宏观金融效率

2012~2013年，驻马店市宏观金融效率竞争力指标及其下属指标在河南省的排位变化情况，如表21-4-1所示。

表21-4-1 驻马店市2012~2013年宏观金融效率竞争力及其四级指标

年	份	经济储蓄动员力	储蓄投资转化系数	宏观金融效率竞争力
2012	原值（%）	74.28	124.80	1.7618
	标准化后	1.4042	2.0220	
2013	原值（%）	77.61	117.96	1.7233
	标准化后	1.3598	1.9957	
2012年排名		2	1	1
2013年排名		2	1	1
升降		0	0	0

①2013年驻马店市宏观金融效率竞争力指标经过标准化和加权处理后得分为1.7233，在整个河南省中排第1位，表明其在河南省处于绝对优势地位，与2012年相比排位没有发生变化。

②从指标所处水平看，2013年经济储蓄动员力、储蓄投资转化系数这两个指标在河南省的排位分别为第2位和第1位，均处于绝对优势地位。

③从排位变化的动因看，由于2013年驻马店的经济储蓄动员力、储蓄投资转化系数在河南省的排位不变，所以驻马店的宏观金融效率竞争力指标在河南省的排位不变，居河南省第1位。这表现了在河南省的各地市中，驻马店市的宏观经济对储蓄资源的动员力仍然很强，储蓄向投资转化的渠道仍然非常通畅，驻马店市的宏观金融效率仍然很高，在河南省宏观金融效率方面的优势十分明显。

21.4.2 驻马店市金融效率竞争力的三级指标：微观金融效率

2012~2013年，驻马店市微观金融效率竞争力指标及其下属指标在河南省的排位变化情况，如表21-4-2和图21-4-1所示。

表 21-4-2　驻马店市 2012~2013 年微观金融效率竞争力及其四级指标

年 份		贷存比	保险深度	证券市场效率	微观金融效率竞争力
2012	原值（%）	45.04	3.47	1.85	-0.9940
	标准化后	-1.0119	1.2904	-0.5978	
2013	原值（%）	44.30	2.97	0	0.3447
	标准化后	-1.0946	0.6183	-0.6177	
2012 年排名		17	3	14	16
2013 年排名		16	5	17	5
升降		1	-2	-3	11

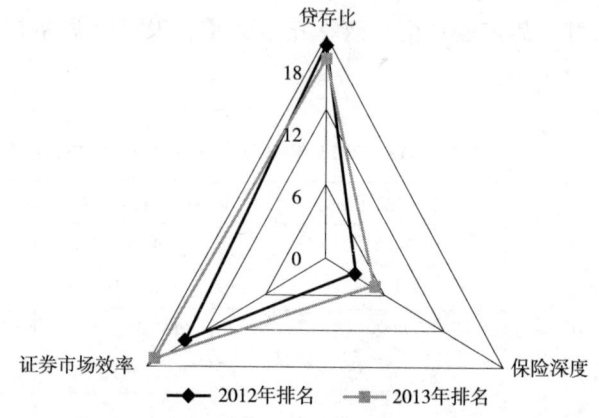

图 21-4-1　驻马店市 2012~2013 年微观金融效率竞争力及其四级指标比较

①2013 年驻马店市微观金融效率竞争力指标在整个河南省的综合排位处于第 5 位，表明其在河南省处于较优势地位，与 2012 年相比排位上升了 11 位。

②从指标所处水平看，2013 年驻马店市的贷存比、证券市场效率指标排位均很靠后，属于绝对劣势指标；保险深度指标排位比较靠前，属于较优势指标。

③从雷达图图形变化看，2013 年与 2012 年相比，面积有所扩大，说明微观效率竞争力有下降的趋势。

④从排位变化的动因看，贷存比指标排位上升和保险深度、证券市场效率的排位有所下降，且其他地市各指标在一定程度上相对增加或减少，使得 2013 年驻马店市微观金融效率竞争力指标的综合排位上升了 11 位，居河南省第 5 位。

21.4.3　驻马店市金融效率竞争力指标分析

2012~2013 年，驻马店市金融效率竞争力指标及其下属指标在河南省的排位变化和指标结构情况，如表 21-4-3 所示。

①2013 年驻马店市金融效率竞争力指标综合排位为第 1 位，表明其在河南省处于绝对优势地位，与 2012 年相比排位没有发生变化。

表 21-4-3　驻马店市 2012~2013 年金融效率竞争力指标及其三级指标

年　份	宏观金融效率	微观金融效率	金融效率竞争力
2012	1.7618	-0.9940	1.6864
2013	1.7233	0.3447	1.2640
2012 年排位	1	16	1
2013 年排位	1	5	1
升降	0	11	0

②从指标所处水平看,2013 年驻马店市宏观金融效率指标在整个河南省的排位为第 1 位,属于绝对优势指标;微观金融效率指标的排位为第 5 位,属于较优势指标。

③从指标变化趋势看,宏观金融效率指标与上年相比排位没有发生变化,保持绝对优势地位;而微观金融效率指标与上年相比排位有大幅度上升,排位上升了 11 位。

④从排位综合分析看,驻马店市宏观金融效率排位不变,微观金融效率排位上升了 11 位,且其他地级市各指标在一定程度上相对增加或减少。在综合作用下,2013 年驻马店市金融效率竞争力指标排位保持不变,仍居河南省第 1 位。

21.5　驻马店市金融综合竞争力指标分析

2012~2013 年,驻马店市金融综合竞争力指标及其下属指标在河南省的排位变化和指标结构情况,如表 21-5-1 所示。

表 21-5-1　驻马店市 2012~2013 年金融综合竞争力指标及其二级指标

年　份	金融生态竞争力	金融规模竞争力	金融效率竞争力	金融综合竞争力
2012	-0.6249	-0.2704	1.6864	0.2289
2013	-0.6366	-0.3460	1.2640	0.0349
2012 年排位	17	12	1	3
2013 年排位	16	12	1	5
升降	1	0	0	-2

①2013 年驻马店市金融综合竞争力排位为第 5 位,表明其在河南省处于较优势地位,与 2012 年相比排位下降了 2 位。

②从指标所处水平看,2013 年驻马店市金融生态竞争力排位为第 16 位,处于绝对劣势地位;金融规模竞争力排位为第 12 位,处于较劣势地位;金融效率竞争力排位为第 1 位,处于绝对优势地位。

③从指标变化趋势看,虽然金融规模竞争力和金融效率竞争力指标排位与上年相比均未发生变化,金融生态竞争力指标排位与上年相比上升了 1 位,但由于其他地级市各指标在一定程度上相对增加或减少,2013 年驻马店市金融综合竞争力与 2012 年相比,排位下降了 2 位。

④从排位综合分析看,金融效率竞争力指标的绝对优势,金融规模竞争力指标的较为劣势和金融生态竞争力指标的绝对劣势,决定了2013年驻马店市金融综合竞争力排位为河南省第5位,处于较优势地位。虽然其金融综合竞争力排位比较理想,但是在金融生态、金融规模方面的表现并不十分令人满意,驻马店市必须把改善金融生态环境、扩大金融规模作为其金融发展的重中之重。

第 22 章
南阳市 2013 年金融竞争力研究报告

22.1 南阳市概述

南阳古称宛，位于河南省西南部，豫、鄂、陕三省交界处，地处承东启西、连南贯北的优越地理位置。南阳机场是全省三大航空港之一，国家东西、南北通信光缆干线在南阳交会。随着国家西部大开发战略的实施和东部产业的梯次转移，南阳作为开拓西部市场的桥头堡和承接东部产业转移的接受地的区位优势将会进一步凸显。

初步核算，2013 年，南阳市完成地区生产总值 2498.66 元，比上年增长 5.55%，人均 GDP 为 24764 元；完成财政收入 123.63 亿元，比上年增长 19.28%；完成固定资产投资 2121.40 亿元，比上年增长 23.26%；进出口总额达 17.96 亿美元，比上年增长 36.68%；年底全市金融机构各项存款余额为 2476.73 亿元，同比增长 17.68%，各项贷款余额为 1326.19 亿元，同比增长 19.12%。

22.2 南阳市金融生态竞争力分析

22.2.1 南阳市金融生态环境的三级指标：区域经济实力

2012～2013 年，南阳市区域经济实力竞争力指标及其下属指标在河南省的排位变化情况，如表 22-2-1 和图 22-2-1 所示。

表 22-2-1 南阳市 2012～2013 年区域经济实力竞争力及其四级指标

年份		GDP（亿元）	人均 GDP（元）	财政收入（亿元）	固定资产投资（亿元）	人均固定资产投资（元）	城镇人均可支配收入（元）	农村人均纯收入（元）	区域经济实力竞争力
2012	原值	2367.20	23086	103.65	1721.11	16956.75	19544	7752	-0.4297
	标准化后	0.6292	-0.8013	-0.0217	0.7805	-0.7211	-0.0554	-0.3516	
2013	原值	2498.66	24764	123.63	2121.40	21024.78	21653	8729	-0.4411
	标准化后	0.5477	-0.8604	-0.0200	0.7782	-0.7233	0.2320	-0.3582	
2012 年排名		3	14	5	3	14	9	11	13
2013 年排名		3	14	4	3	14	9	11	13
升降		0	0	1	0	0	0	0	0

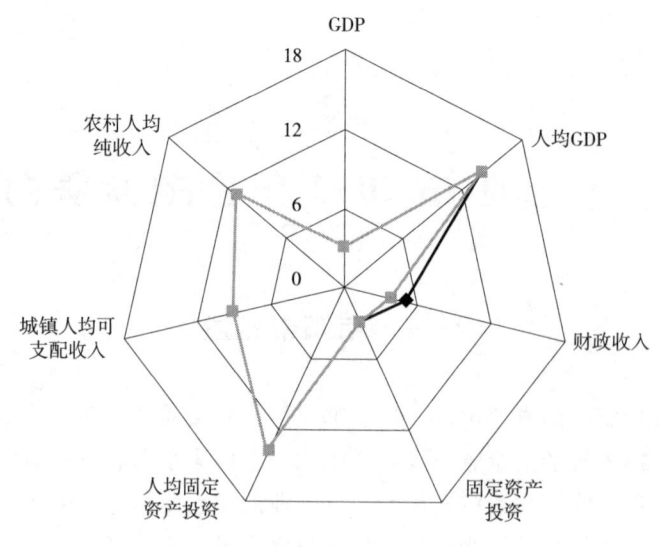

图 22-2-1 南阳市 2012~2013 年区域经济实力竞争力及其四级指标比较

①2013 年南阳市区域经济实力在整个河南省的综合排位为第 13 位,表明其在河南省处于较劣势地位,与 2012 年相比排位没有发生变化。

②从指标所处的水平看,GPD、固定资产投资、财政收入指标排位均较靠前,说明南阳市总量经济实力在河南省处于优势地位;人均 GDP、人均固定资产投资、城镇人均可支配收入、农村人均纯收入在整个河南省的排位均较靠后,这主要是因为南阳市常住人口较多,较大的人口基数拉低了人均指标的排位。

③从雷达图图形变化看,2013 年与 2012 年相比,面积有所减小,经济实力竞争力呈上升趋势。

④从排位变化的动因看,除财政收入这一指标外,其余各项指标排位均保持不变,所以 2013 年南阳市区域经济实力竞争力指标综合排位保持不变,居河南省第 13 位。

22.2.2 南阳市金融生态环境的三级指标:区域开放程度

2012~2013 年,南阳市区域开放程度竞争力指标及其下属指标在河南省的排位变化情况,如表 22-2-2 所示。

表 22-2-2 南阳市 2012~2013 年区域开放程度竞争力及其四级指标

年 份		实际利用外资额	进出口总额	区域开放程度竞争力
2012	原值(万美元)	41700	131400	-0.2644
	标准化后	-0.3224	-0.1889	
2013	原值(万美元)	50400	179600	-0.2496
	标准化后	-0.3129	-0.1645	
2012 年排名		9	6	8

续表

年份	实际利用外资额	进出口总额	区域开放程度竞争力
2013年排名	9	6	8
升降	0	0	0

①2013年南阳市区域开放程度经过标准化和加权处理后得分为-0.2496，在整个河南省中排第8位，表明其区域开放程度在河南省处于中游区，与2012年相比排位没有发生变化。

②从指标所处水平看，实际利用外资额在河南省各个地市中的排位为第9位，即在整个省域内处于中游区；进出口总额的排位为第6位，处于中上游区。这说明其经济的开放程度较高，外资的利用效率一般，有待于进一步提高。

③从排位变化的动因看，2013年南阳市的实际利用外资额、进出口总额在河南省的排位均未发生变化，这使其区域开放程度竞争力指标的综合排位保持不变，仍居河南省第8位。

22.2.3 南阳市金融生态环境的三级指标：区域服务水平

2012~2013年，南阳市区域服务水平竞争力指标及其下属指标在河南省的排位变化情况，如表22-2-3和图22-2-2所示。

表22-2-3 南阳市2012~2013年区域服务水平竞争力及其四级指标

年份		会计师事务所数量	律师事务所数量	资产评估事务所数量	区域服务水平竞争力
2012	原值（所）	24	62	16	0.2267
	标准化后	-0.0082	0.4211	0.2618	
2013	原值（所）	24	62	16	0.1899
	标准化后	0.0036	0.3213	0.2408	
2012年排名		3	3	2	3
2013年排名		3	3	2	3
升降		0	0	0	0

①2013年南阳市区域服务水平经过标准化和加权处理后得分为0.1899，在整个河南省中排第3位，表明其区域服务水平在河南省处于绝对优势地位，与2012年相比排位没有发生变化。

②从指标所处水平看，会计师事务所数量、律师事务所数量、资产评估事务所数量这三个指标在河南省各个地市中的排位分别为第3位、第3位、第2位，即在整个省域内处于上游区，且均为绝对优势指标，说明其金融服务水平较高，为金融业的发展提供了良好的保障。

③从雷达图图形变化看，2013年与2012年相比，面积保持不变，2013年的会计师事务所数量、律师事务所数量、资产评估事务所数量在河南省的排位均未发生变化。在综合

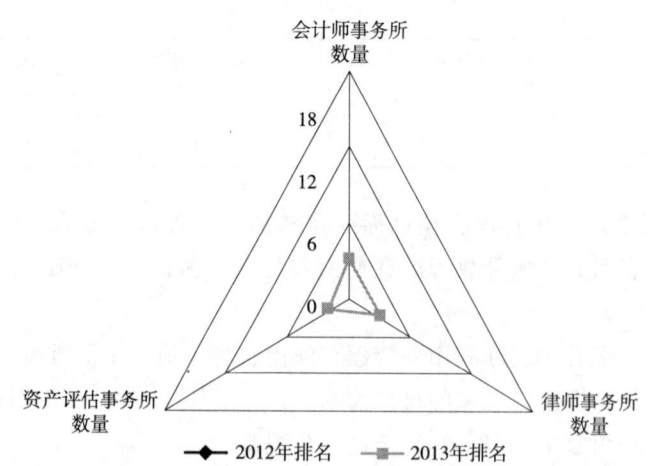

图 22 - 2 - 2　南阳市 2012～2013 年区域服务水平竞争力及其四级指标比较

作用下,南阳市区域服务水平竞争力指标综合排位保持不变,居河南省第 3 位。

22.2.4　南阳市金融生态竞争力指标分析

2012～2013 年,南阳市金融生态竞争力指标及其下属指标在河南省的排位变化和指标结构情况,如表 22 - 2 - 4 所示。

表 22 - 2 - 4　南阳市 2012～2013 年金融生态竞争力指标及其三级指标

年　份	区域经济实力竞争力	区域开放程度竞争力	区域服务水平竞争力	金融生态竞争力
2012	-0.4297	-0.2644	0.2267	-0.1941
2013	-0.4411	-0.2496	0.1899	-0.2069
2012 年排位	13	8	3	9
2013 年排位	13	8	3	9
升降	0	0	0	0

①2013 年南阳市金融生态竞争力综合排第 9 位,表明其在河南省处于中势地位,与 2012 年相比排位没有发生变化。

②从指标所处水平看,2013 年区域经济实力竞争力在河南省各个地市中排第 13 位,处于中下游区;区域开放程度竞争力排第 8 位,处于中游区;区域服务水平竞争力排第 3 位,处于上游区。南阳市金融生态竞争力各方面水平存在较大的差异。

③从指标变化趋势看,区域经济实力竞争力、区域开放程度竞争力、区域服务水平竞争力三个指标与上年相比排位均未发生变化。

④从排位综合分析看,三个指标的综合作用决定了 2013 年南阳市金融生态竞争力综合排位仍然是河南省第 9 位。这说明其经济发展程度一般,在整个河南省中处于中间位置。

22.3 南阳市金融规模竞争力分析

22.3.1 南阳市金融规模竞争力的三级指标：银行业规模

2012~2013年，南阳市银行业规模竞争力指标及其下属指标在河南省的排位变化情况，如表22-3-1和图22-3-1所示。

表22-3-1 南阳市2012~2013年银行业规模竞争力及其四级指标

年 份		金融系统存款余额	金融系统贷款余额	城乡居民储蓄余额	银行业规模竞争力
2012	原值（亿元）	2104.68	1113.33	1366.92	0.2381
	标准化后	0.1578	0.0600	0.4932	
2013	原值（亿元）	2476.73	1326.19	1586.56	0.2257
	标准化后	0.1568	0.0230	0.4936	
2012年排名		3	3	3	3
2013年排名		3	3	3	3
升降		0	0	0	0

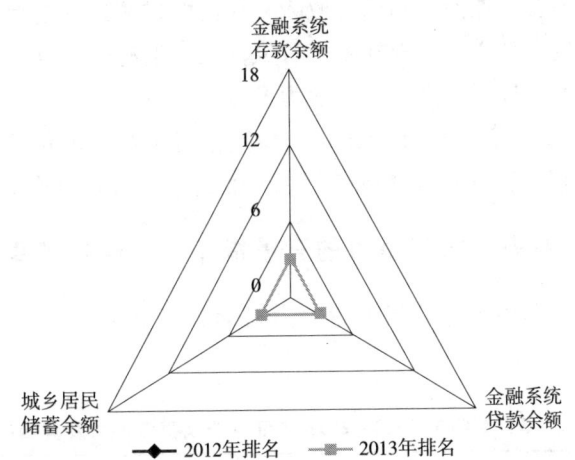

图22-3-1 南阳市2012~2013年银行业规模竞争力及其四级指标比较

①2013年南阳市银行业规模竞争力在整个河南省的综合排位为第3位，表明其在河南省处于绝对优势地位，与2012年相比排位没有发生变化。

②从指标所处水平看，金融系统存款余额、金融系统贷款余额、城乡居民储蓄余额等指标在河南省各个地市中的排位均为第3位，各个指标在整个省域内处于上游区，且均为绝对优势指标。这说明南阳市居民具有较高的储蓄意愿，再生产积极性高，金融资产规模较大，易形成规模效应。

③从雷达图图形变化看，2013年与2012年相比，面积保持不变，2013年的金融系统存款余额、金融系统贷款余额、城乡居民储蓄余额三个指标的排位均未发生变化。在综合

作用下,南阳市银行业规模竞争力指标综合排位保持不变,居河南省第3位。

22.3.2 南阳市金融规模竞争力的三级指标:保险业规模

2012~2013年,南阳市保险业规模竞争力指标及其下属指标在河南省的排位变化情况,如表22-3-2所示。

表22-3-2 南阳市2012~2013年保险业规模竞争力及其四级指标

年 份		保险公司保费收入	保险赔付额	保险业规模竞争力
2012	原值(亿元)	69.77	15.43	0.5340
	标准化后	0.6250	0.4408	
2013	原值(亿元)	74.71	22.87	0.5487
	标准化后	0.5173	0.5782	
2012年排名		2	3	2
2013年排名		2	3	3
升降		0	0	-1

①2013年南阳市保险业规模竞争力经过标准化和加权处理后得分为0.5487,在整个河南省中排第3位,表明其在河南省处于绝对优势地位,与2012年相比排位下降了1位。

②从指标所处水平看,保险公司保费收入、保险赔付额这两个指标在河南省各个地市中的排位分别为第2位和第3位,即在整个省域内处于上游区,且均为绝对优势指标。这说明该地区的保险业保险规模较大,保险实力及竞争力较强。

③从排位变化的动因看,2013年南阳市的保险公司保费收入和保险赔付额在河南省的排位均未发生变化,这使其保险业规模竞争力指标的综合排位相对稳定,居河南省第3位。

22.3.3 南阳市金融规模竞争力的三级指标:证券业规模

2012~2013年,南阳市证券业规模竞争力指标及其下属指标在河南省的排位变化情况,如表22-3-3所示。

表22-3-3 南阳市2012~2013年证券业规模竞争力及其四级指标

年 份		上市公司总资产(亿元)	本地区股本总数(亿股)	证券业规模竞争力
2012	原 值	73.55	8.15	-0.5140
	标准化后	-0.5122	-0.4927	
2013	原 值	79.54	8.15	-0.5950
	标准化后	-0.5694	-0.5979	
2012年排名		12	12	12
2013年排名		11	12	12
升降		1	0	0

①2013年南阳市证券业规模竞争力指标经过标准化和加权处理后得分为 -0.5950，在整个河南省中排第12位，表明其在河南省处于较劣势地位，与2012年相比排位没有发生变化。

②从指标所处水平看，2013年南阳市上市公司总资产指标在河南省各个地市中的排位为第11位，处于中游区；本地区股本总数的排位为第12位，处于中下游。这说明南阳市证券市场凝聚优势企业及投资者的能力一般，从侧面体现了该区域证券市场的融资能力一般。

③从排位变化的动因看，2013年南阳市的上市公司总资产、本地区股本总数在河南省的排位相对稳定，南阳市的证券业规模竞争力指标在河南省的排位也保持不变，仍为第12位。

22.3.4 南阳市金融规模竞争力指标分析

2012~2013年，南阳市金融规模竞争力指标及其下属指标在河南省的排位变化和指标结构情况，如表22-3-4所示。

表22-3-4 南阳市2012~2013年金融规模竞争力指标及其三级指标

年 份	银行业规模	保险业规模	证券业规模	金融规模竞争力
2012	0.2381	0.5340	-0.5140	0.0993
2013	0.2257	0.5487	-0.5950	0.0825
2012年排位	3	2	12	3
2013年排位	3	3	12	3
升降	0	-1	0	0

①2013年南阳市金融规模竞争力综合排位为第3位，表明其在河南省处于绝对优势地位，与2012年相比排位没有发生变化。

②从指标所处水平看，2013年南阳市银行业规模和保险业规模这两个指标的排位均为第3位，处于绝对优势地位；证券业规模指标的排位为第12位，处于较劣势地位。

③从指标变化趋势看，银行业规模和证券业规模这两个指标与上年相比排位保持不变，保险业规模指标排位下降了1位。

④从排位综合分析看，三个指标的综合作用，决定了2013年南阳市金融规模竞争力综合排位仍然居河南省第3位。这说明在整个河南省中，南阳市居民具有较强的储蓄偏好，投资偏好则相对较弱；银行业和保险业具有较强的融资能力，但证券业发展相对落后。

22.4 南阳市金融效率竞争力分析

22.4.1 南阳市金融效率竞争力的三级指标：宏观金融效率

2012~2013年，南阳市宏观金融效率竞争力指标及其下属指标在河南省的排位变化情况，如表22-4-1所示。

表 22-4-1　南阳市 2012~2013 年宏观金融效率竞争力及其四级指标

年　份		经济储蓄动员力	储蓄投资转化系数	宏观金融效率竞争力
2012	原值（%）	57.74	75.14	-0.0444
	标准化后	0.1394	-0.2258	
2013	原值（%）	63.50	74.79	0.1464
	标准化后	0.3319	-0.0469	
	2012 年排名	8	10	10
	2013 年排名	7	9	8
	升降	1	1	2

①2013 年南阳市宏观金融效率竞争力指标经过标准化和加权处理后得分为 0.1464，在整个河南省中排第 8 位，表明其在河南省处于中势地位，与 2012 年相比排位上升 2 位。

②从指标所处水平看，2013 年经济储蓄动员力指标在河南省的排位为第 7 位，处于中上游区；储蓄投资转化系数的排位为第 9 位，处于中游区。

③从排位变化的动因看，由于 2013 年南阳市的经济储蓄动员力、储蓄投资转化系数在河南省的排位稍有提升，南阳市的宏观金融效率竞争力指标在河南省的排位上升了 2 位，居河南省第 8 位。这表现了南阳市的宏观经济对储蓄资源的动员力较强，储蓄向投资转化的渠道较为通畅。

22.4.2　南阳市金融效率竞争力的三级指标：微观金融效率

2012~2013 年，南阳市微观金融效率竞争力指标及其下属指标在河南省的排位变化情况，如表 22-4-2 和图 22-4-1 所示。

表 22-4-2　南阳市 2012~2013 年微观金融效率竞争力及其四级指标

年　份		贷存比	保险深度	证券市场效率	微观金融效率竞争力
2012	原值（%）	52.90	3.11	1.31	-0.6153
	标准化后	-0.4152	0.7216	-0.6449	
2013	原值（%）	53.55	2.99	1.76	0.1787
	标准化后	-0.4124	0.6568	-0.5075	
	2012 年排名	11	5	16	14
	2013 年排名	11	4	13	7
	升降	0	1	3	7

①2013 年南阳市微观金融效率竞争力指标在整个河南省的综合排位为第 7 位，表明其在河南省处于中上游区，与 2012 年相比排位上升了 7 位。

②从指标所处水平看，2013 年南阳市的贷存比指标在河南省各个地市中排第 11 位，属于中势指标；保险深度指标排第 4 位，属于较优势指标；证券市场效率指标排第 13 位，

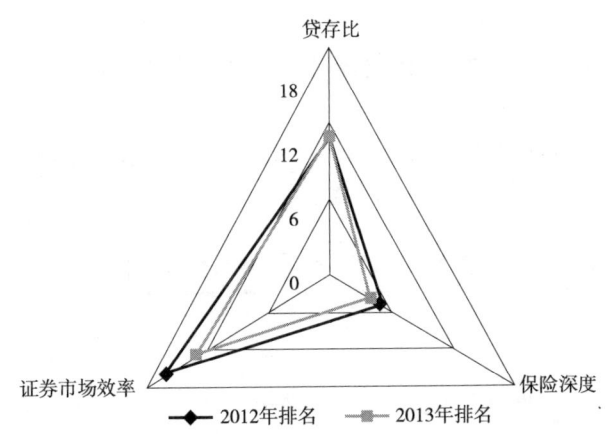

图 22-4-1 南阳市 2012~2013 年微观金融效率竞争力及其四级指标比较

属于较劣势指标。

③从雷达图图形变化看,2013 年与 2012 年相比,面积有所缩小,说明微观效率竞争力呈上升趋势。

④从排位变化的动因看,在保险深度和证券市场效率指标排位上升的综合作用下,2013 年南阳市微观金融效率竞争力指标综合排位上升了 7 位,居河南省第 7 位。

22.4.3 南阳市金融效率竞争力指标分析

2012~2013 年,南阳市金融效率竞争力指标及其下属指标在河南省的排位变化和指标结构情况,如表 22-4-3 所示。

表 22-4-3 南阳市 2012~2013 年金融效率竞争力指标及其三级指标

年 份	宏观金融效率	微观金融效率	金融效率竞争力
2012	-0.0444	-0.6153	0.4317
2013	0.1464	0.1787	0.2262
2012 年排位	10	14	6
2013 年排位	8	7	10
升降	2	7	-4

①2013 年南阳市金融效率竞争力指标综合排位为第 10 位,表明其在河南省处于中势地位,与 2012 年相比排位下降了 4 位。

②从指标所处水平看,2013 年南阳市宏观金融效率指标在河南省各个地市中的排位为第 8 位,属于中势指标;微观金融效率指标排第 7 位,属于较优势指标。

③从排位综合分析看,虽然 2013 年南阳市宏观金融效率和微观金融效率指标排位均有不同程度的上升,但与其他地市相比,指标的区域优势并不明显。在综合作用下,2013 年南阳市金融效率竞争力指标排位下降了 4 位,居河南省第 10 位。

22.5 南阳市金融综合竞争力指标分析

2012~2013年,南阳市金融综合竞争力指标及其下属指标在河南省的排位变化和指标结构情况,如表22-5-1所示。

表22-5-1 南阳市2012~2013年金融综合竞争力指标及其二级指标

年份	金融生态竞争力	金融规模竞争力	金融效率竞争力	金融综合竞争力
2012	-0.1941	0.0993	0.4317	0.1115
2013	-0.2069	0.0825	0.2262	0.0318
2012年排位	9	3	6	5
2013年排位	9	3	10	7
升降	0	0	-4	-2

①2013年南阳市金融综合竞争力的排位为第7位,表明其在河南省处于较优势地位,与2012年相比排位下降了2位。

②从指标所处水平看,2013年南阳市金融规模竞争力指标排第3位,处于绝对优势地位;而金融生态竞争力、金融效率竞争力指标在河南省的排位分别为第9位、第10位,处于中势地位。

③从指标变化趋势看,金融生态竞争力和金融规模竞争力指标排位与上年相比均未变化,金融效率竞争力指标排位与上年相比下降了4位。

④从排位综合分析看,一个指标的绝对优势地位和两个指标的中势地位,决定了2013年南阳市金融综合竞争力排位为河南第7位。这说明南阳市金融规模较大,带动了南阳市金融综合竞争力的提升,但是金融生态和金融效率的发展较为一般,阻碍了其金融综合竞争力的提升。南阳市应该制定明确的金融发展政策,采取措施提升其总量指标,优化金融业结构,保证银行业、保险业、证券业齐头并进,共同发展,最终使自身成为经济强市。

第 23 章
信阳市 2013 年金融竞争力研究报告

23.1 信阳市概述

信阳市位于河南省南部,是河南省下辖的一个地级市,因在唐代时称为"申州",故又称"申城"。信阳市是中部粮仓、国家粮食核心产区、河南省农村改革综合试验区。

2013 年,全市完成地区生产总值 1581.16 亿元,其中规模以上工业完成增加值 420.49 亿元;固定资产投资完成 1472.38 亿元;社会消费品零售总额完成 674.76 亿元;进出口总额为 6.82 亿美元,其中出口总额 2.9 亿美元;实际利用外资 42237 万美元;财政收入完成 67.93 亿元。截至 2013 年底,金融机构各项存款余额达 1830.06 亿元,居民储蓄余额达 1306.03 亿元,各项贷款余额为 909.49 亿元。

23.2 信阳市金融生态竞争力分析

23.2.1 信阳市金融生态环境的三级指标:区域经济实力

2012~2013 年,信阳市区域经济实力竞争力指标及其下属指标在河南省的排位变化情况,如表 23-2-1 和图 23-2-1 所示。

表 23-2-1 信阳市 2012~2013 年区域经济实力竞争力及其四级指标

年 份		GDP(亿元)	人均 GDP(元)	财政收入(亿元)	固定资产投资(亿元)	人均固定资产投资(元)	城镇人均可支配收入(元)	农村人均纯收入(元)	区域经济实力竞争力
2012	原 值	1397.32	22347	55.46	1197.52	18711.25	17256	7008	-0.6964
	标准化后	-0.2206	-0.8548	-0.3893	0.0747	-0.5383	-1.2501	-0.7988	
2013	原 值	1581.16	24762	67.93	1472.38	23088.55	19150	7982	-0.6849
	标准化后	-0.1804	-0.8605	-0.3783	0.0677	-0.5445	-1.1951	-0.7630	
2012 年排名		11	15	14	5	13	17	14	15
2013 年排名		9	15	14	5	13	17	14	15
升降		2	0	0	0	0	0	0	0

①2013 年信阳市区域经济实力在整个河南省的综合排位为第 15 位,表明其在河南省中处于较劣势地位,与 2012 年相比排位没有发生变化。

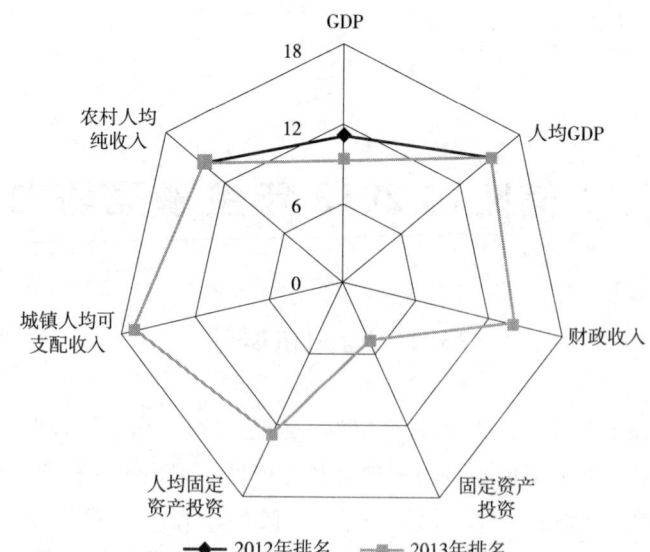

图 23-2-1　信阳市 2012~2013 年区域经济实力竞争力及其四级指标比较

②从指标所处的水平看,除固定资产投资额指标排位比较靠前,GDP 处于中等水平外,人均 GDP、财政收入、人均固定资产投资、城镇人均可支配收入、农村人均纯收入在整个河南省的排位均比较靠后。这说明信阳市的区域经济实力在河南省中处于较劣势地位。

③从雷达图图形变化看,2013 年与 2012 年相比,面积有所减小,经济实力竞争力呈现上升趋势。

④从排位变化的动因看,除 GDP 这一指标外,其余各项指标排位均保持不变,所以 2013 年信阳市区域经济实力竞争力指标综合排位保持不变,居河南省第 15 位。

23.2.2　信阳市金融生态环境的三级指标:区域开放程度

2012~2013 年,信阳市区域开放程度竞争力指标及其下属指标在河南省的排位变化情况,如表 23-2-2 所示。

表 23-2-2　信阳市 2012~2013 年区域开放程度竞争力及其四级指标

年　　份		实际利用外资额	进出口总额	区域开放程度竞争力
2012	原值（万美元）	34961	69312	-0.3471
	标准化后	-0.4072	-0.2640	
2013	原值（万美元）	42237	68219	-0.3636
	标准化后	-0.4178	-0.2776	
2012 年排名		13	9	13
2013 年排名		13	11	14
升降		0	-2	-1

①2013年信阳市区域开放程度经过标准化和加权处理后得分为-0.3636，在整个河南省中排第14位，表明其区域开放程度在河南省处于较劣势地位，与2012年相比排位下降了1位。

②从指标所处水平看，实际利用外资额指标在河南省各个地市中排位为第13位，属于较劣势指标；进出口总额的排位为第11位，属于中势指标，说明其经济的开放程度较低，实际利用外资的绝对值较小，区域开放程度有待于进一步提升。

③从排位变化的动因看，2013年信阳市实际利用外资额指标在河南省的排位保持不变，进出口总额在河南省的排位下降了2位，使其区域开放程度竞争力指标的综合排位下降了1位，居河南省第14位。

23.2.3 信阳市金融生态环境的三级指标：区域服务水平

2012~2013年，信阳市区域服务水平竞争力指标及其下属指标在河南省的排位变化情况，如表23-2-3和图23-2-2所示。

表23-2-3 信阳市2012~2013年区域服务水平竞争力及其四级指标

年 份		会计师事务所数量	律师事务所数量	资产评估事务所数量	区域服务水平竞争力
2012	原值（所）	18	34	6	-0.2083
	标准化后	-0.1344	-0.2162	-0.2677	
2013	原值（所）	18	35	6	-0.2112
	标准化后	-0.1248	-0.2344	-0.2692	
2012年排名		4	9	8	6
2013年排名		4	10	8	7
升降		0	-1	0	-1

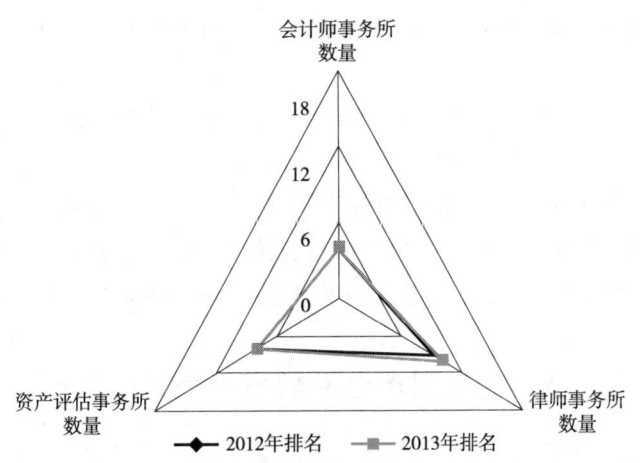

图23-2-2 信阳市2012~2013年区域服务水平竞争力及其四级指标比较

①2013年信阳市区域服务水平经过标准化和加权处理后得分为-0.2112，在整个河南省中排第7位，表明其区域开放程度在河南省处于较优势地位，与2012年相比排位下

降了1位。

②从指标所处水平看，会计师事务所数量这一指标在河南省的排位为第4位，处于较优势地位；律师事务所数量和资产评估事务所数量两个指标的排位分别为第10位和第8位，处于中势地位。

③从雷达图图形变化看，2013年与2012年相比，面积略微扩大，2013年会计师事务所数量、资产评估事务所数量在河南省的排位均未发生变化，律师事务所数量指标排位下降，使得信阳市区域服务水平竞争力指标综合排位下降了1位，居河南省第7位。

23.2.4 信阳市金融生态竞争力指标分析

2012～2013年，信阳市金融生态竞争力指标及其下属指标在河南省的排位变化和指标结构情况，如表23-2-4所示。

表23-2-4 信阳市2012～2013年金融生态竞争力指标及其三级指标

年份	区域经济实力竞争力	区域开放程度竞争力	区域服务水平竞争力	金融生态竞争力
2012	-0.6964	-0.3471	-0.2083	-0.4997
2013	-0.6849	-0.3636	-0.2112	-0.5021
2012年排位	15	13	6	14
2013年排位	15	14	7	14
升降	0	-1	-1	0

①2013年信阳市金融生态竞争力综合排位为第14位，表明其在河南省处于较劣势地位，与2012年相比排位没有发生变化。

②从指标所处水平看，2013年区域经济实力竞争力、区域开放程度竞争力在河南省的排位分别为第15位、第14位，处于中下游区；区域服务水平竞争力的排位为第7位，处于中上游区。

③从指标变化趋势看，区域经济实力竞争力排位保持不变，区域开放程度竞争力、区域服务水平竞争力两个指标与上年相比均下降了1位。

④从排位综合分析看，两个指标的较劣势地位和一个指标的较优势地位，决定了2013年信阳市金融生态竞争力综合排位为河南省第14位。这说明其经济实力较弱，开放程度较低，金融服务水平一般，金融生态竞争力在整个河南省中处于较劣势地位。

23.3 信阳市金融规模竞争力分析

23.3.1 信阳市金融规模竞争力的三级指标：银行业规模

2012～2013年，信阳市银行业规模竞争力指标及其下属指标在河南省的排位变化情况，如表23-3-1和图23-3-1所示。

表23-3-1 信阳市2012~2013年银行业规模竞争力及其四级指标

年 份		金融系统存款余额	金融系统贷款余额	城乡居民储蓄余额	银行业规模竞争力
2012	原值（亿元）	1536.44	740.80	1105.89	-0.0401
	标准化后	-0.0940	-0.1918	0.1684	
2013	原值（亿元）	1830.06	909.49	1306.03	-0.0241
	标准化后	-0.0833	-0.1800	0.1935	
2012年排名		4	7	5	4
2013年排名		4	7	5	4
升降		0	0	0	0

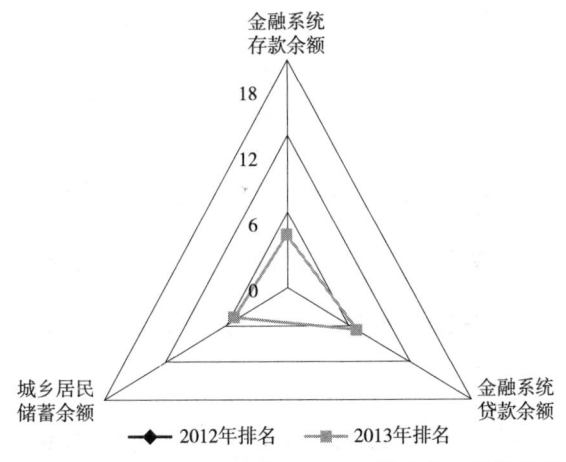

图23-3-1 信阳市2012~2013年银行业规模竞争力及其四级指标比较

①2013年信阳市银行业规模竞争力在整个河南省的综合排位为第4位，表明其在河南省处于较优势地位，与2012年相比排位没有发生变化。

②从指标所处水平看，金融系统存款余额、金融系统贷款余额、城乡居民储蓄余额等指标在河南省各个地市中的排位分别为第4位、第7位、第5位，各个指标在整个省域内处于中上游区，且均为较优势指标，说明信阳市居民具有较强的储蓄偏好，投资和再生产积极性较高，金融资产规模较大，易形成规模效应，银行业发展态势良好。

③从雷达图图形变化看，2013年与2012年相比，面积保持不变，金融系统存款余额、金融系统贷款余额、城乡居民储蓄余额三个指标的排位均未发生变化。在综合作用下，信阳市银行业规模竞争力指标综合排位保持不变，居河南省第4位。

23.3.2 信阳市金融规模竞争力的三级指标：保险业规模

2012~2013年，信阳市保险业规模竞争力指标及其下属指标在河南省的排位变化情况，如表23-3-2所示。

①2013年信阳市保险业规模竞争力经过标准化和加权处理后得分为-0.1746，在整个河南省中排第10位，表明其在河南省处于中势地位，与2012年相比排位下降了1位。

表 23-3-2 信阳市 2012~2013 年保险业规模竞争力及其四级指标

年 份		保险公司保费收入	保险赔付额	保险业规模竞争力
2012	原值（亿元）	42.52	9.60	-0.1323
	标准化后	-0.1140	-0.1499	
2013	原值（亿元）	42.21	13.45	-0.1746
	标准化后	-0.1889	-0.1597	
2012 年排名		8	9	9
2013 年排名		10	9	10
升降		-2	0	-1

②从指标所处水平看，保险公司保费收入、保险赔付额这两个指标在河南省各个地市中的排位分别为第 10 位、第 9 位，即在整个省域内处于中游区，说明该地区的保险业已粗具规模，但与许多城市相比还存在较大差距，保险实力及竞争力有待于继续增强。

③从排位变化的动因看，2013 年信阳市的保险公司保费收入排位下滑了 2 位，保险赔付额排位不变，这使保险业规模竞争力指标的综合排位下降了 1 位。

23.3.3 信阳市金融规模竞争力的三级指标：证券业规模

2012~2013 年，信阳市证券业规模竞争力指标及其下属指标在河南省的排位变化情况，如表 23-3-3 所示。

表 21-3-3 信阳市 2012~2013 年证券业规模竞争力及其四级指标

年 份		上市公司总资产（亿元）	本地区股本总数（亿股）	证券业规模竞争力
2012	原 值	40.71	4.95	-0.6169
	标准化后	-0.6189	-0.5871	
2013	原 值	52.02	7.83	-0.6503
	标准化后	-0.6678	-0.6077	
2012 年排名		13	15	15
2013 年排名		13	14	13
升降		0	1	2

①2013 年信阳市证券业规模竞争力指标经过标准化和加权处理后得分为 -0.6503，在整个河南省中排第 13 位，表明其在河南省处于较劣势地位，与 2012 年相比排位上升了 2 位。

②从指标所处水平看，2013 年信阳市上市公司总资产、本地区股本总数这两个指标在河南省各个地市中的排位分别为第 13 位、第 14 位，即在整个省域内处于中下游区，且均为较劣势指标，这主要是因为信阳市只有华英农业和羚锐制药两家 A 股上市公司，且规模较小，说明其证券市场凝聚优势企业及投资者的能力不强。

③从排位变化的动因看,由于2013年信阳市的上市公司总资产排位不变、本地区股本总数在河南省的排位上升了1位,信阳市的证券业规模竞争力指标在河南省的排位上升了2位,居河南省第13位。

23.3.4 信阳市金融规模竞争力指标分析

2012~2013年,信阳市金融规模竞争力指标及其下属指标在河南省的排位变化和指标结构情况,如表23-3-4所示。

表23-3-4 信阳市2012~2013年金融规模竞争力指标及其三级指标

年 份	银行业规模	保险业规模	证券业规模	金融规模竞争力
2012	-0.0401	-0.1323	-0.6169	-0.2660
2013	-0.0241	-0.1746	-0.6503	-0.2867
2012年排位	4	9	15	11
2013年排位	4	10	13	11
升降	0	-1	2	0

①2013年信阳市金融规模竞争力综合排位为第11位,表明其在河南省处于中势地位,与2012年相比排位没有发生变化。

②从指标所处水平看,2013年信阳市银行业规模排第4位,处于较优势地位;保险业规模排第10位,处于中势地位;证券业规模排第13位,处于较劣势地位。

③从指标变化趋势看,银行业规模与上年排位相比没有发生变化,保险业规模排位下降了1位,证券业规模指标与上年相比排位上升了2位。

④从排位综合分析看,2013年信阳市规模竞争力综合排位为河南省第11位。这说明在整个河南省中,信阳市居民的投资偏好处于中游水平,银行业的融资能力处于中等偏上水平,保险业的融资能力处于中等水平,证券业的筹融资能力处于中等偏下水平。这使得信阳市不能有效地吸纳优势的资金供求者,从而不容易实现区域内资金需求的对接。这些指标都体现了信阳市金融规模竞争力在全省处于中等水平,亟须提高。

23.4 信阳市金融效率竞争力分析

23.4.1 信阳市金融效率竞争力的三级指标:宏观金融效率

2012~2013年,信阳市宏观金融效率竞争力指标及其下属指标在河南省的排位变化情况,如表23-4-1所示。

①2013年信阳市宏观金融效率竞争力指标经过标准化和加权处理后得分为1.1990,在整个河南省中排第3位,表明其在河南省处于绝对优势地位,与2012年相比排位没有发生变化。

②从指标所处水平看,2013年经济储蓄动员力、储蓄投资转化系数这两个指标在河

表 23-4-1 信阳市 2012~2013 年宏观金融效率竞争力及其四级指标

年 份		经济储蓄动员力	储蓄投资转化系数	宏观金融效率竞争力
2012	原值（%）	79.14	92.35	1.1976
	标准化后	1.7758	0.5532	
2013	原值（%）	82.60	88.70	1.1990
	标准化后	1.7233	0.6113	
2012 年排名		1	4	3
2013 年排名		1	4	3
升降		0	0	0

南省的排位分别为第 1 位、第 4 位，排位较为靠前，处于优势地位。

③从排位变化的动因看，由于 2013 年信阳市的经济储蓄动员力、储蓄投资转化系数在河南省的排位均保持不变，信阳市宏观金融效率竞争力指标在河南省的排位不变，仍居第 3 位。这表明信阳市的宏观经济对储蓄资源的动员力仍然较强，储蓄向投资转化的渠道仍然较为通畅。信阳市的宏观金融效率仍然较高，在河南省宏观金融效率方面始终保持优势地位。

23.4.2 信阳市金融效率竞争力的三级指标：微观金融效率

2012~2013 年，信阳市微观金融效率竞争力指标及其下属指标在河南省的排位变化情况，如表 23-4-2 和图 23-4-1 所示。

表 23-4-2 信阳市 2012~2013 年微观金融效率竞争力及其四级指标

年 份		贷存比	保险深度	证券市场效率	微观金融效率竞争力
2012	原值（%）	48.22	3.04	2.95	-0.6490
	标准化后	-0.7705	0.6110	-0.5019	
2013	原值（%）	49.70	2.67	2.99	0.0787
	标准化后	-0.6964	0.0407	-0.4297	
2012 年排名		15	6	11	15
2013 年排名		14	10	11	9
升降		1	-4	0	6

①2013 年信阳市微观金融效率竞争力指标在整个河南省的综合排位为第 9 位，表明其在河南省处于中势地位，与 2012 年相比排位上升了 6 位。

②从指标所处水平看，2013 年信阳市的贷存比排位比较靠后，保险深度和证券市场效率指标的排位分别为第 10 位和第 11 位，属于中势指标。

③从雷达图图形变化看，2013 年与 2012 年相比，面积有所扩大，说明微观效率竞争力呈下降趋势。

④从排位变化的动因看，在贷存比指标排位上升和保险深度指标排位下降的综合作用下，2013 年信阳市微观金融效率竞争力指标综合排位上升了 6 位，居河南省第 9 位。

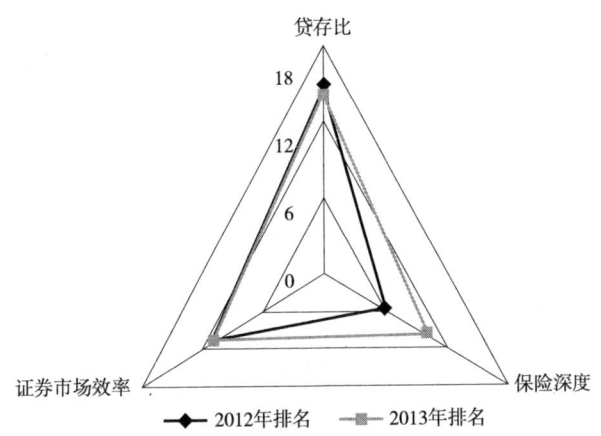

图 23 - 4 - 1　信阳市 2012~2013 年微观金融效率竞争力及其四级指标比较

23.4.3　信阳市金融效率竞争力指标分析

2012~2013 年，信阳市金融效率竞争力指标及其下属指标在河南省的排位变化和指标结构情况，如表 23 - 4 - 3 所示。

表 23 - 4 - 3　信阳市 2012~2013 年金融效率竞争力指标及其三级指标

年　　份	宏观金融效率	微观金融效率	金融效率竞争力
2012	1.1976	-0.6490	1.1266
2013	1.199	0.0787	0.7514
2012 年排位	3	15	3
2013 年排位	3	9	6
升降	0	6	-3

①2013 年信阳市金融效率竞争力指标综合排位为第 6 位，表明其在河南省处于较优势地位，与 2012 年相比排位下降了 3 位。

②从指标所处水平看，2013 年信阳市宏观金融效率在整个河南省的排位为第 3 位，处于绝对优势地位；而微观金融效率排第 9 位，处于中势地位。

③从指标变化趋势看，宏观金融效率指标与上年相比排位没有变化，保持绝对优势地位；而微观金融效率指标与上年相比有所上升，排位上升了 6 位。

④从排位综合分析看，微观金融效率指标排位虽有大幅变动，但是与其他地市相比，区域优势并不明显，且微观金融效率的影响因子较小，宏观金融效率排位不变。这些导致了 2013 年信阳市金融效率竞争力指标排位为河南省第 6 位，与 2012 年相比综合排位下降了 3 位。

23.5　信阳市金融综合竞争力指标分析

2012~2013 年，信阳市金融综合竞争力指标及其下属指标在河南省的排位变化和指标结构情况，如表 23 - 5 - 1 所示。

表23-5-1　信阳市2012~2013年金融综合竞争力指标及其二级指标

年份	金融生态竞争力	金融规模竞争力	金融效率竞争力	金融综合竞争力
2012	-0.4997	-0.2660	1.1266	0.0978
2013	-0.5021	-0.2867	0.7514	-0.0453
2012年排位	14	11	3	6
2013年排位	14	11	6	10
升降	0	0	-3	-4

①2013年信阳市金融综合竞争力排第10位，表明其在河南省处于中势地位，与2012年相比排位下降了4位。

②从指标所处水平看，2013年信阳市金融生态竞争力指标排第14位，处于较劣势地位；金融规模竞争力指标排第11位，处于中势地位；金融效率竞争力指标在河南省排第6位，处于较优势地位。

③从指标变化趋势看，金融生态竞争力和金融规模竞争力指标排位与上年相比均未发生变化，金融效率竞争力指标排位与上年相比下降了3位。

④从排位综合分析看，三个指标的综合作用决定了2013年信阳市金融综合竞争力综合排位为河南第10位。这说明信阳市的金融效率较高，但金融生态和金融规模的不发达阻碍了金融综合竞争力的提升，信阳市要想实现金融竞争力的迅速提升，必须把改善金融生态环境、扩大金融业规模作为当前的首要任务。

第 24 章
济源市 2013 年金融竞争力研究报告

24.1 济源市概述

济源市是河南 18 个省辖市之一，因济水发源地而得名（古时济水与黄河、淮河、长江并称"四渎"）。济源市位于黄河北岸，北隔太行山与山西省晋城市相接，西临王屋山，南临洛阳市，东接焦作市。

2013 年，全市完成地区生产总值 460.10 亿元，同比增长 13.93%，其中规模以上工业增加值 295 亿元，同比增长 15.90%；财政收入完成 34.61 亿元，同比增长 19.92%；固定资产投资完成 345.90 亿元，同比增长 22.97%；社会消费品零售总额完成 106.30 亿元，同比增长 13.10%；城镇人均可支配收入达 23185 元，同比增长 9.16%；农村人均纯收入达 11958 元，同比增长 12.30%。

24.2 济源市金融生态竞争力分析

24.2.1 济源市金融生态环境的三级指标：区域经济实力

2012~2013 年，济源市区域经济实力竞争力指标及其下属指标在河南省的排位变化情况，如表 24-2-1 和图 24-2-1 所示。

表 24-2-1 济源市 2012~2013 年区域经济实力竞争力及其四级指标

年 份		GDP（亿元）	人均 GDP（元）	财政收入（亿元）	固定资产投资（亿元）	人均固定资产投资（元）	城镇人均可支配收入（元）	农村人均纯收入（元）	区域经济实力竞争力
2012	原 值	403.86	62358	28.86	281.29	40184.29	21240	10648	1.2419
	标准化后	-1.0910	2.0424	-0.5923	-1.1605	1.6997	0.8303	1.3893	
2013	原 值	460.10	64350	34.61	345.90	48377.62	23185	11958	1.2047
	标准化后	-1.0701	1.8912	-0.5927	-1.1655	1.6474	0.7688	1.3916	
2012 年排名		18	1	18	18	2	3	2	2
2013 年排名		18	2	18	18	2	3	2	2
升降		0	-1	0	0	0	0	0	0

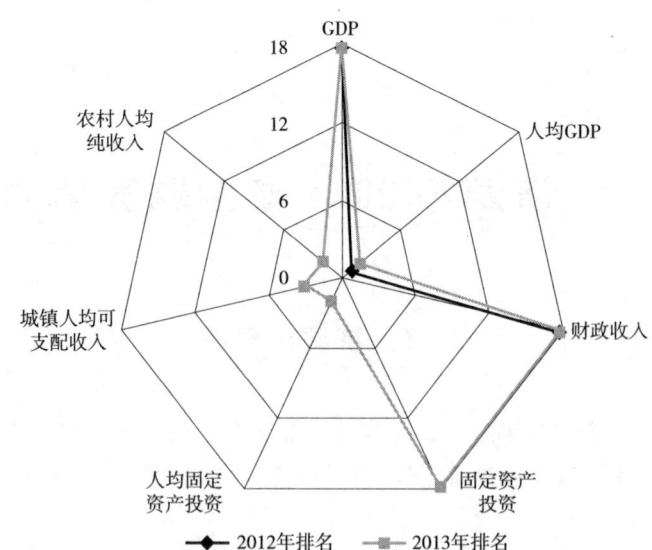

图 24-2-1　济源市 2012~2013 年区域经济实力竞争力及其四级指标比较

①2013 年济源市区域经济实力在整个河南省的综合排位为第 2 位，表明其在河南省处于绝对优势地位，与 2012 年相比排位没有发生变化。

②从指标所处的水平看，人均 GDP、人均固定资产投资和农村人均纯收入在整个河南省的排位均为第 2 位；城镇人均可支配收入在整个河南省排第 3 位。这说明济源市人均指标在河南省处于较领先地位。但 GDP、财政收入和固定资产投资在河南省的排位均为第 18 位，处于末位，说明济源市规模指标在河南省处于末位，济源市应从总量上提升其区域经济实力竞争力。

③从雷达图图形变化看，2013 年与 2012 年相比，面积有所增大，区域经济实力竞争力呈下降趋势。

④从排位变化的动因看，由于人均 GDP 指标排位下降了 1 位，其余各项指标排位保持不变，且其他地市各指标在一定程度上相对增加或减少，所以 2013 年济源市区域经济实力竞争力指标综合排位保持不变，居河南省第 2 位。

24.2.2　济源市金融生态环境的三级指标：区域开放程度

2012~2013 年，济源市区域开放程度竞争力指标及其下属指标在河南省的排位变化情况，如表 24-2-2 所示。

表 24-2-2　济源市 2012~2013 年区域开放程度竞争力及其四级指标

年　份		实际利用外资额	进出口总额	区域开放程度竞争力
2012	原值（万美元）	19904	239474	-0.3386
	标准化后	-0.5967	-0.0581	
2013	原值（万美元）	22508	294000	-0.3764
	标准化后	-0.6714	-0.0484	

续表

年　份	实际利用外资额	进出口总额	区域开放程度竞争力
2012 年排名	18	2	11
2013 年排名	18	2	15
升降	0	0	-4

①2013 年济源市区域开放程度经过标准化和加权处理后得分为 -0.3764，在整个河南省中排第 15 位，表明其区域开放程度在河南省处于较劣势地位，与 2012 年相比排位下降了 4 位。

②从指标所处水平看，实际利用外资额在河南省各个地市中的排位为第 18 位，说明济源市未能有效引进外资，招商引资不到位；进出口总额在河南省各个地市中排第 2 位。这说明济源市的对外贸易很发达，在一定程度上提升了其区域开发程度竞争力。

③从排位变化的动因看，2013 年济源市的实际利用外资额、进出口总额在河南省的排位均未发生变化，而其他地市各指标在一定程度上相对增加或减少，使得济源市区域开放程度竞争力指标的综合排位有所下降，居河南省第 15 位。

24.2.3　济源市金融生态环境的三级指标：区域服务水平

2012～2013 年，济源市区域服务水平竞争力指标及其下属指标在河南省的排位变化情况，如表 24-2-3 和图 24-2-2 所示。

表 24-2-3　济源市 2012～2013 年区域服务水平竞争力及其四级指标

年　份		会计师事务所数量	律师事务所数量	资产评估事务所数量	区域服务水平竞争力
2012	原值（所）	3	6	1	-0.6175
	标准化后	-0.4501	-0.8535	-0.5325	
2013	原值（所）	3	6	1	-0.6048
	标准化后	-0.4459	-0.8312	-0.5242	
2012 年排名		18	18	18	18
2013 年排名		18	18	18	18
升降		0	0	0	0

①2013 年济源市区域服务水平经过标准化和加权处理后得分为 -0.6048，在整个河南省中排第 18 位，表明其区域开放程度在河南省处于绝对劣势地位，与 2012 年相比排位没有发生变化。

②从指标所处水平看，会计师事务所数量、律师事务所数量、资产评估事务所数量这三个指标在河南省各个地市中的排位均为第 18 位，即在整个省域内处于下游区，且均为绝对劣势指标，说明其金融服务水平整体很低。

③从雷达图图形变化看，2013 年与 2012 年相比，面积保持不变，会计师事务所数量、律师事务所数量、资产评估事务所数量在河南省的排位均未发生变化，这使得济源市

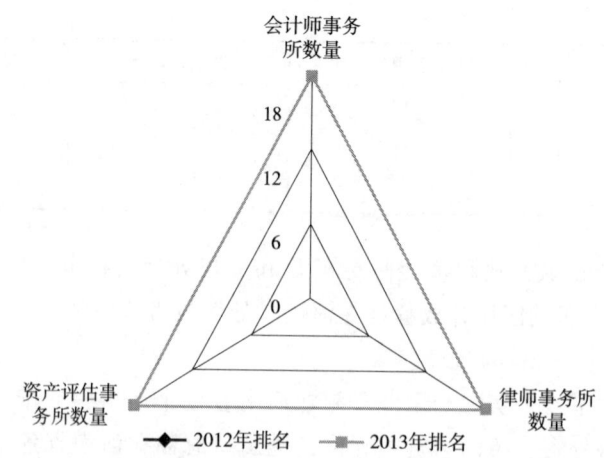

图 24 – 2 – 2　济源市 2012~2013 年区域服务水平竞争力及其四级指标比较

区域服务水平竞争力指标综合排位保持不变，仍居河南省第 18 位。

24.2.4　济源市金融生态竞争力指标分析

2012~2013 年，济源市金融生态竞争力指标及其下属指标在河南省的排位变化和指标结构情况，如表 24 – 2 – 4 所示。

表 24 – 2 – 4　济源市 2012~2013 年金融生态竞争力指标及其三级指标

年份	区域经济实力竞争力	区域开放程度竞争力	区域服务水平竞争力	金融生态竞争力
2012	1.2419	-0.3386	-0.6175	0.1437
2013	1.2047	-0.3764	-0.6048	0.1203
2012 年排位	2	11	18	3
2013 年排位	2	15	18	3
升降	0	-4	0	0

①2013 年济源市金融生态竞争力综合排位为第 3 位，表明其在河南省处于绝对优势地位，与 2012 年相比排位没有发生变化。

②从指标所处水平看，2013 年区域经济实力竞争力排位为第 2 位，处于上游区；区域开放程度竞争力排位为第 15 位，处于中下游区；区域服务水平竞争力排位为第 18 位，处于下游区。

③从指标变化趋势看，区域经济实力竞争力和区域服务水平竞争力两个指标与上年相比排位均未发生变化，区域开放程度竞争力与上年相比排位有所下降，下降了 4 位。

④从排位综合分析看，虽然区域开放程度竞争力和区域服务水平竞争力分别处于较劣势地位和绝对劣势地位，但区域经济实力竞争力处于绝对优势地位。综合作用使得 2013 年济源市金融生态竞争力综合排位仍然居河南省第 3 位，在整个河南省中处于相对领先地位。济源市内部经济发展程度较高，但对外经济发展程度较低，服务水平也较低，需要大

力发展对外经济、优化服务环境。

24.3 济源市金融规模竞争力分析

24.3.1 济源市金融规模竞争力的三级指标：银行业规模

2012~2013年，济源市银行业规模竞争力指标及其下属指标在河南省的排位变化情况，如表24-3-1和图24-3-1所示。

表24-3-1 济源市2012~2013年银行业规模竞争力及其四级指标

年 份		金融系统存款余额	金融系统贷款余额	城乡居民储蓄余额	银行业规模竞争力
2012	原值（亿元）	222.63	175.26	134.58	-0.7687
	标准化后	-0.6760	-0.5741	-1.0404	
2013	原值（亿元）	256.40	198.00	154.00	-0.7502
	标准化后	-0.6678	-0.5265	-1.0392	
2012年排名		18	18	18	18
2013年排名		18	18	18	18
升降		0	0	0	0

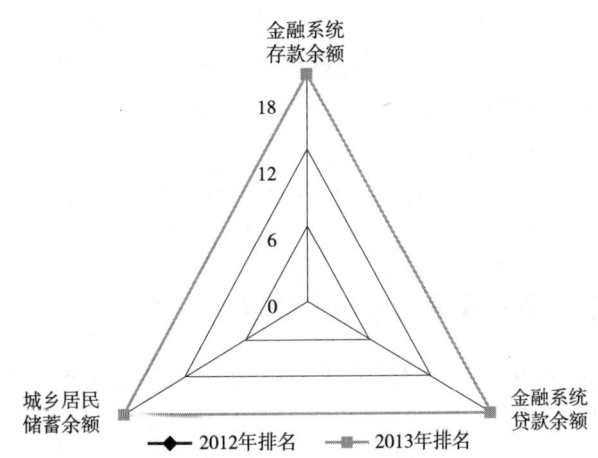

图24-3-1 济源市2012~2013年银行业规模竞争力及其四级指标比较

①2013年济源市银行业规模竞争力在整个河南省的综合排位为第18位，表明其在河南省处于绝对劣势地位，与2012年相比排位没有发生变化。

②从指标所处水平看，金融系统存款余额、金融系统贷款余额、城乡居民储蓄余额等指标在河南省各个地市中的排位均为第18位，即各个指标在整个省域内处于下游区，且均为绝对劣势指标，说明其金融资产在规模上很小，不易形成规模效应。

③从雷达图图形变化看，2013年与2012年相比，面积保持不变，金融系统存款余额、金融系统贷款余额、城乡居民储蓄余额三个指标的排位均未发生变化。在综合作用

下，济源市银行业规模竞争力指标综合排位保持不变，居河南省第18位。

24.3.2 济源市金融规模竞争力的三级指标：保险业规模

2012～2013年，济源市保险业规模竞争力指标及其下属指标在河南省的排位变化情况，如表24-3-2所示。

表24-3-2 济源市2012～2013年保险业规模竞争力及其四级指标

年 份		保险公司保费收入	保险赔付额	保险业规模竞争力
2012	原值（亿元）	6.59	1.73	-1.0201
	标准化后	-1.0885	-0.9472	
2013	原值（亿元）	8.35	2.86	-0.9586
	标准化后	-0.9246	-0.9892	
2012年排名		18	18	18
2013年排名		18	18	18
升降		0	0	0

①2013年济源市保险业规模竞争力经过标准化和加权处理后得分为-0.9586，在整个河南省中排第18位，表明其在河南省处于绝对劣势地位，与2012年相比排位没有发生变化。

②从指标所处水平看，保险公司保费收入、保险赔付额这两个指标在当年的河南省各个地市中的排位均为第18位，即在整个省域内处于下游区，且均为绝对劣势指标，说明该地区的保险业保险规模很小，保险实力及竞争力很弱。

③从排位变化的动因看，2013年济源市的保险公司保费收入和保险赔付额在河南省的排位均未发生变化，这使其保险业规模竞争力指标的综合排位保持不变，居河南省第18位。

24.3.3 济源市金融规模竞争力的三级指标：证券业规模

2012～2013年，济源市证券业规模竞争力指标及其下属指标在河南省的排位变化情况，如表24-3-3所示。

表24-3-3 济源市2012～2013年证券业规模竞争力及其四级指标

年 份		上市公司总资产（亿元）	本地区股本总数（亿股）	证券业规模竞争力
2012	原 值	98.50	7.61	-0.4807
	标准化后	-0.4311	-0.5086	
2013	原 值	110.30	7.61	-0.5474
	标准化后	-0.4594	-0.6145	
2012年排名		10	13	11

续表

年　　份	上市公司总资产（亿元）	本地区股本总数（亿股）	证券业规模竞争力
2013年排名	10	15	11
升降	0	-2	0

①2013年济源市证券业规模竞争力指标经过标准化和加权处理后得分为-0.5474，在整个河南省中排第11位，表明其在河南省处于中势地位，与2012年相比排位没有发生变化。

②从指标所处水平看，2013年济源市上市公司总资产在河南省各个地市中的排位为第10位，即在整个省域内处于中游区，且为中势指标；本地区股本总数排第15位，即在整个省域内处于中下游区，且为较劣势指标。这说明济源市证券市场凝聚优势企业及投资者的能力较弱，从侧面体现了该区域证券市场具有较低融资能力。

③从排位变化的动因看，虽然济源市本地区股本总数排位与2012年相比稍有下降，但2013年其上市公司总资产在河南省的排位不变，且其他地市各指标在一定程度上相对增加或减少。综合作用使得2013年济源市的证券业规模竞争力指标在河南省的排位保持不变。

24.3.4　济源市金融规模竞争力指标分析

2012~2013年，济源市金融规模竞争力指标及其下属指标在河南省的排位变化和指标结构情况，如表24-3-4所示。

表24-3-4　济源市2012~2013年金融规模竞争力指标及其三级指标

年　　份	银行业规模	保险业规模	证券业规模	金融规模竞争力
2012	-0.7687	-1.0201	-0.4807	-0.7878
2013	-0.7502	-0.9586	-0.5474	-0.7974
2012年排位	18	18	11	17
2013年排位	18	18	11	17
升降	0	0	0	0

①2013年济源市金融规模竞争力综合排位为第17位，表明其在河南省处于绝对劣势地位，与2012年相比排位没有发生变化。

②从指标所处水平看，2013年济源市银行业规模、保险业规模两个指标的排位均为第18位，处于绝对劣势地位；证券业规模排第11位，处于中势地位。

③从指标变化趋势看，银行业规模、保险业规模两个指标与上年相比排位均未发生变化，保持绝对劣势地位；证券业规模与上年相比排位也没有发生变化，仍处于中势地位。

④从排位综合分析看，虽然证券业规模指标处于中势地位，但银行业规模、保险业规模两个指标处于绝对劣势，且保持不变。这决定了2013年济源市规模竞争力综合排位仍

然居河南省第 17 位。这说明在整个河南省中,济源市居民具有较小的投资偏好,银行业、保险业和证券业融资能力很低。

24.4 济源市金融效率竞争力分析

24.4.1 济源市金融效率竞争力的三级指标:宏观金融效率

2012~2013 年,济源市宏观金融效率竞争力指标及其下属指标在河南省的排位变化情况,如表 24-4-1 所示。

表 24-4-1 济源市 2012~2013 年宏观金融效率竞争力及其四级指标

年 份		经济储蓄动员力	储蓄投资转化系数	宏观金融效率竞争力
2012	原值(%)	33.32	47.84	-1.6401
	标准化后	-1.7280	-1.4615	
2013	原值(%)	33.47	44.52	-1.7127
	标准化后	-1.8557	-1.4790	
2012 年排名		18	18	18
2013 年排名		18	18	18
升降		0	0	0

①2013 年济源市宏观金融效率竞争力指标经过标准化和加权处理后得分为 -1.7127,在整个河南省中排第 18 位,表明其在河南省处于绝对劣势地位,与 2012 年相比排位没有发生变化。

②从指标所处水平看,2013 年经济储蓄动员力、储蓄投资转化系数这两个指标在河南省的排位均为第 18 位,排位靠后,仍处于绝对劣势地位。

③从排位变化的动因看,由于 2013 年济源市的经济储蓄动员力、储蓄投资转化系数在河南省的排位保持不变,济源市的宏观金融效率竞争力指标在河南省的排位不变,居河南省第 18 位。这表明济源市的宏观经济对储蓄资源的动员力仍然很弱,储蓄向投资转化的渠道仍然不畅通,宏观金融效率仍然很低。

24.4.2 济源市金融效率竞争力的三级指标:微观金融效率

2012~2013 年,济源市微观金融效率竞争力指标及其下属指标在河南省的排位变化情况,如表 24-4-2 和图 24-4-1 所示。

表 24-4-2 济源市 2012~2013 年微观金融效率竞争力及其四级指标

年 份		贷存比	保险深度	证券市场效率	微观金融效率竞争力
2012	原值(%)	78.71	1.63	14.25	1.2451
	标准化后	1.5442	-1.6169	0.4830	

续表

年 份		贷存比	保险深度	证券市场效率	微观金融效率竞争力
2013	原值（%）	77.22	1.81	14.70	-0.8978
	标准化后	1.3333	-1.6153	0.3051	
2012年排名		2	18	3	1
2013年排名		2	17	3	17
升降		0	1	0	-16

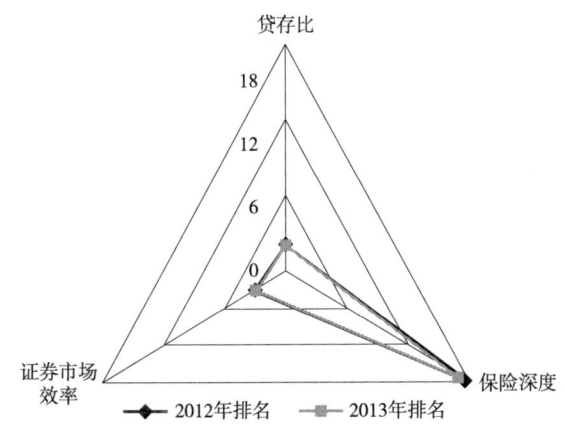

图 24-4-1　济源市 2012~2013 年微观金融效率竞争力及其四级指标比较

①2013 年济源市微观金融效率竞争力指标在整个河南省的综合排位为第 17 位，表明其在河南省处于绝对劣势地位，与 2012 年相比排位下降了 16 位。

②从指标所处水平看，2013 年济源市的贷存比、证券市场效率均很靠前，属于绝对优势指标；保险深度指标排位靠后，属于绝对劣势指标。

③从雷达图图形变化看，2013 年与 2012 年相比，面积有所缩小，说明微观效率竞争力呈上升趋势。

④从排位变化的动因看，虽然济源市保险深度指标排位略有上升，但与其他地区相比，各个指标的区域优势并不明显。在综合作用下，2013 年济源市微观金融效率竞争力指标综合排位下降了 16 位，居河南省第 17 位。

24.4.3　济源市金融效率竞争力指标分析

2012~2013 年，济源市金融效率竞争力指标及其下属指标在河南省的排位变化和指标结构情况，如表 24-4-3 所示。

表 24-4-3　济源市 2012~2013 年金融效率竞争力指标及其三级指标

年 份	宏观金融效率	微观金融效率	金融效率竞争力
2012	-1.6401	1.2451	-1.8067
2013	-1.7127	-0.8978	-1.6974

续表

年 份	宏观金融效率	微观金融效率	金融效率竞争力
2012 年排位	18	1	18
2013 年排位	18	17	17
升降	0	-16	1

①2013年济源市金融效率竞争力指标综合排位为第17位，表明其在河南省处于绝对劣势地位，与2012年相比排位上升了1位。

②从指标所处水平看，2013年济源市宏观金融效率和微观金融效率在整个河南省的排位分别为第18位和第17位，均属于绝对劣势指标。

③从指标变化趋势看，宏观金融效率指标与上年相比排位没有发生变化，保持绝对劣势地位；而微观金融效率指标与上年相比有大幅度下降，指标排名下降了16位。

④从排位综合分析看，虽然微观金融效率指标排位下降了16位，但济源市宏观金融效率排位不变，且其他地市各指标在一定程度上相对增加或减少，使得2013年济源市金融效率竞争力指标排位上升了1位，居河南省第17位。

24.5 济源市金融综合竞争力指标分析

2012~2013年，济源市金融综合竞争力指标及其下属指标在河南省的排位变化和指标结构情况，如表24-5-1所示。

表24-5-1 济源市2012~2013年金融综合竞争力指标及其二级指标

年 份	金融生态竞争力	金融规模竞争力	金融效率竞争力	金融综合竞争力
2012	0.1437	-0.7878	-1.8067	-0.7947
2013	0.1203	-0.7974	-1.6974	-0.7248
2012 年排位	3	17	18	18
2013 年排位	3	17	17	17
升降	0	0	1	1

①2013年济源市金融综合竞争力排位为第17位，表明其在河南省处于绝对劣势地位，与2012年相比排位上升了1位。

②从指标所处水平看，2013年济源市金融规模竞争力和金融效率竞争力两个指标排位均处于第17位，居绝对劣势地位；而金融生态竞争力指标在河南省排第3位，处于较优势地位。

③从指标变化趋势看，金融生态竞争力和金融规模竞争力指标排位与上年相比均未发生变化；金融效率竞争力指标排位与上年相比上升了1位。

④从排位综合分析看，虽然金融生态竞争力指标处于较优势地位，但金融规模竞争力和金融效率竞争力两个指标均处于绝对劣势地位，且金融效率竞争力排位上升了1位。这

决定了2013年济源市金融综合竞争力排第17位，处于绝对劣势地位，与2012年相比上升了1位。这说明虽然济源市的金融生态竞争力具有明显优势，但其金融规模和金融效率都具有明显劣势，这导致其金融综合竞争力很低，处于劣势地位，在河南省整体排位中处于绝对劣势地位。济源市需从规模、效率等方面提升自身实力，使自身从河南新秀逐步转变为经济强市。

区域篇（山西、河北、山东、安徽部分）

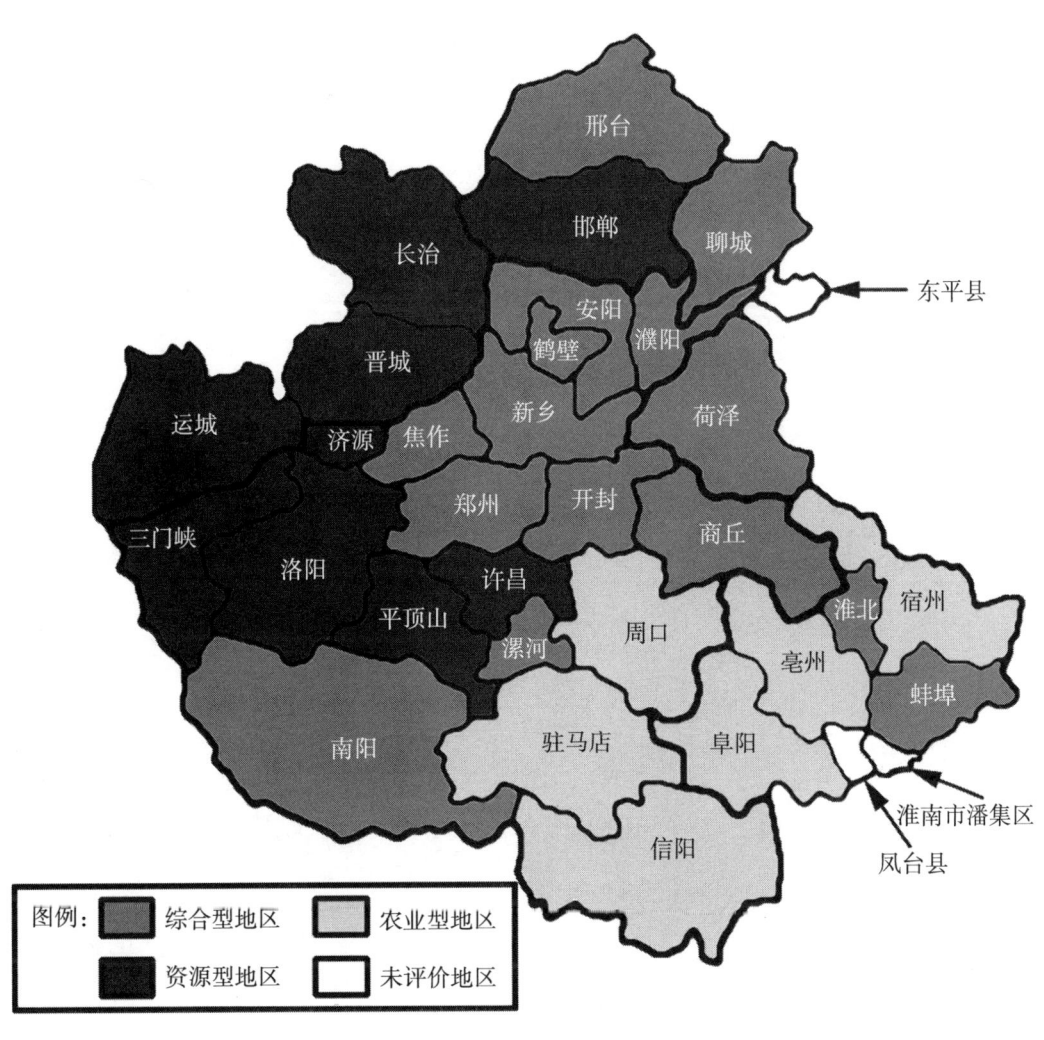

第 25 章
运城市 2013 年金融竞争力研究报告

25.1 运城市概述

运城市位于山西省西南部,北依吕梁山与临汾市接壤,东峙中条山和晋城市毗邻。运城市历史悠久,是中华民族最早的发祥地之一。运城市辖 1 区 2 市 10 县 133 个乡镇(办事处)3338 个行政村。

2013 年全市完成地区生产总值 1140.1 亿元。第一、第二和第三产业增加值占全市生产总值的比重分别为 17.2%、44.3% 和 38.5%,对经济增长的贡献率分别为 7.9%、58.9% 和 33.2%。全年固定资产投资达 1008.9 亿元,比上年增长 22.02%;全年社会消费品零售总额达 552.1 亿元,比上年增长 14.3%;全年货物进出口总额达 174567 万美元,比上年增长 64.0%。此外,2013 年底,运城市全部金融机构各项存款余额达 1510.30 亿元,金融机构各项贷款余额达 838.2 亿元,比年初增长 17.5%。全年城镇人均可支配收入达 20718 元,农村人均纯收入为 7198 元。

25.2 运城市金融生态竞争力评价分析

25.2.1 运城市区域经济实力评价分析

2009~2013 年运城市区域经济实力指标组的数据变化情况如表 25-2-1 所示。

表 25-2-1 运城市 2009~2013 年区域经济实力指标及数据

年份	GDP (亿元)	固定 资产投资 (亿元)	财政收入 (亿元)	人均 GDP (元)	人均固定 资产投资 (元)	城镇人均可 支配收入 (元)	农村人均 纯收入 (元)	财政支出/GDP (%)
2009	723.01	481.5	26.27	14218	9450.44	13416	4111	14.28
2010	827.43	596.6	35.54	16170	11608.77	14952	4685	16.29
2011	1016.82	664.2	40.82	19733	12855.23	17346	5622	16.30
2012	1068.65	826.8	41.54	20628	15916.55	19661	6381	18.03
2013	1140.10	1008.9	45.40	21825	19313.16	20718	7198	20.10

资料来源:2009~2013 年《山西统计年鉴》和《2013 年运城市国民经济和社会发展统计公报》及相关计算。

由表 25-2-1 可知,运城市 2013 年全年实现 GDP1140.1 亿元,比上年增长 6.69%;

固定资产投资1008.9亿元,比上年增长22.02%;全年财政收入45.40亿元,比上年增长9.29%;人均GDP 21825元,比上年增长5.82%,按2013年平均汇率计算为3524美元。2013年运城市人均固定资产投资为19313.16元,比上年增长21.34%;城镇人均可支配收入为20718元,比上年增长5.38%;农村人均纯收入为7198元,比上年增长12.80%。2013年运城市财政支出/GDP为20.10%,比上年增加了2.07个百分点,说明运城市的金融内生能力有所下降。总之,运城市2013年区域经济实力的各项指标与2012年相比均有不同程度的上升。从全市2009~2013年区域经济实力的相关数据看,各项指标呈逐渐上升趋势,说明运城市的经济实力正在逐渐增强,发展态势良好,为金融生态竞争力的提升带来了积极的影响。

运城市2009~2013年区域经济实力变化情况如图25-2-1、图25-2-2所示。

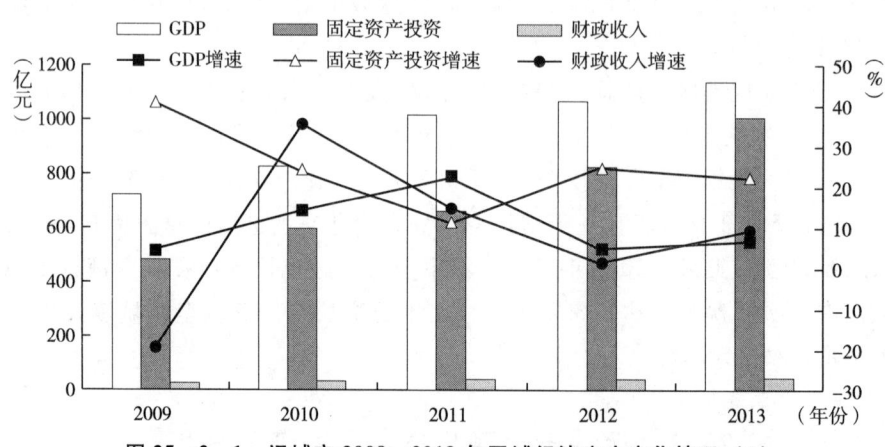

图25-2-1 运城市2009~2013年区域经济实力变化情况（1）

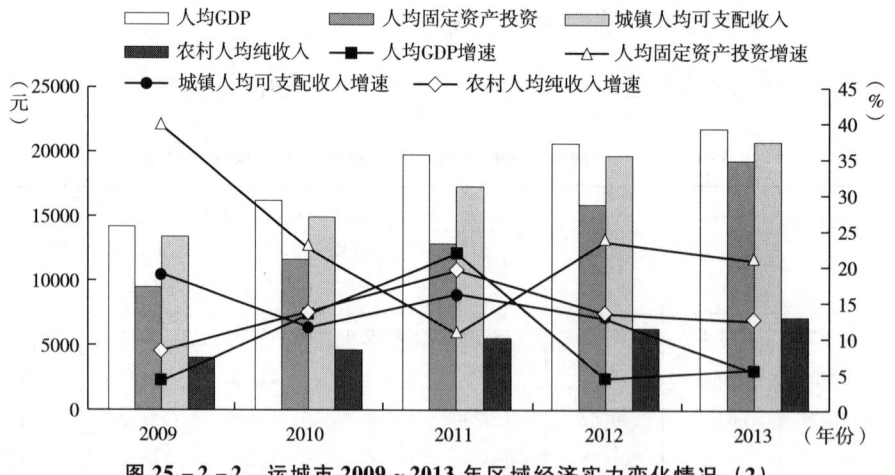

图25-2-2 运城市2009~2013年区域经济实力变化情况（2）

25.2.2 运城市区域开放程度评价分析

2009~2013年运城市区域开放程度指标的数据变化情况如表25-2-2所示。

表 25-2-2 运城市 2009~2013 年区域开放程度指标及数据

单位：万美元

年 份	实际利用外资额	出口总额	进口总额
2009	4215	15702	66277
2010	13965	28327	76155
2011	20089	38964	86502
2012	897	38847	67558
2013	1351	48257	126310

资料来源：2009~2013 年《山西统计年鉴》和《2013 年运城市国民经济和社会发展统计公报》。

由表 25-2-2 可知，运城市 2013 年实际利用外资额为 1351 万美元，比上年增长 50.61%。2013 年全市出口总额为 48257 万美元，比上年增长 24.22%；进口总额为 126310 万美元，比上年增长 86.97%。从 2009~2013 年运城市区域开放程度指标数据来看，实际利用外资额呈先上升后下降再上升的趋势，2010 年增速达 231.32%；全市进出口总额虽然在 2012 年有所回落，但总体呈递增趋势。这说明运城市区域开放程度不断加深，开放形势良好，金融生态竞争力不断增强。

运城市 2009~2013 年区域开放程度相关变化情况如图 25-2-3 所示。

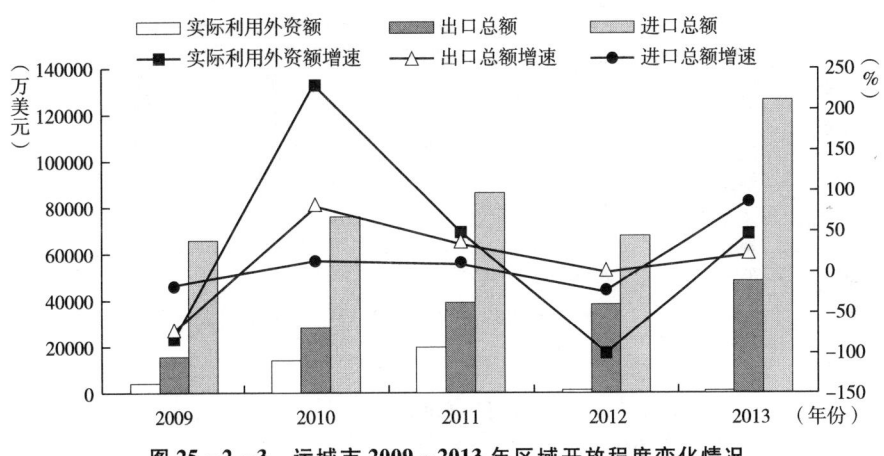

图 25-2-3 运城市 2009~2013 年区域开放程度变化情况

25.3 运城市金融规模竞争力评价分析

2009~2013 年运城市金融规模竞争力指标组的数据变化情况如表 25-3-1 所示。

由表 25-3-1 可知，2013 年运城市各项存款余额为 1510.30 亿元，比上年增加了 14.36%；各项贷款余额为 838.20 亿元，比上年增加 17.49%；居民储蓄余额为 1001.80 亿元，比上年增加了 14.07%。在保险市场上，2013 年运城市保险业全年保费收入达 45.40 亿元，比上年增长 12.66%；全年全市支付各类保险赔付额为 15.30 亿元，比上年增长 31.90%。从 2009~2013 年的金融规模竞争力指标数据来看，借贷市场和保险市场

表 25-3-1 运城市 2009~2013 年金融市场规模竞争力指标及数据

单位：亿元

年份	借贷市场			保险市场	
	存款余额	贷款余额	居民储蓄余额	保费收入	保险赔付额
2009	830.00	482.90	579.40	27.70	5.70
2010	953.20	501.50	655.20	36.40	6.80
2011	1118.20	605.30	757.50	39.00	9.40
2012	1320.60	713.40	878.20	40.30	11.60
2013	1510.30	838.20	1001.80	45.40	15.30

资料来源：2009~2013 年《山西统计年鉴》和《2013 年运城市国民经济和社会发展统计公报》。

规模逐渐扩大。这直接说明了运城市的金融规模在不断扩张，增长强劲，且仍然有较大发展空间。

1. 2009~2013 年运城市金融规模变化情况如图 25-3-1、图 25-3-2 所示。

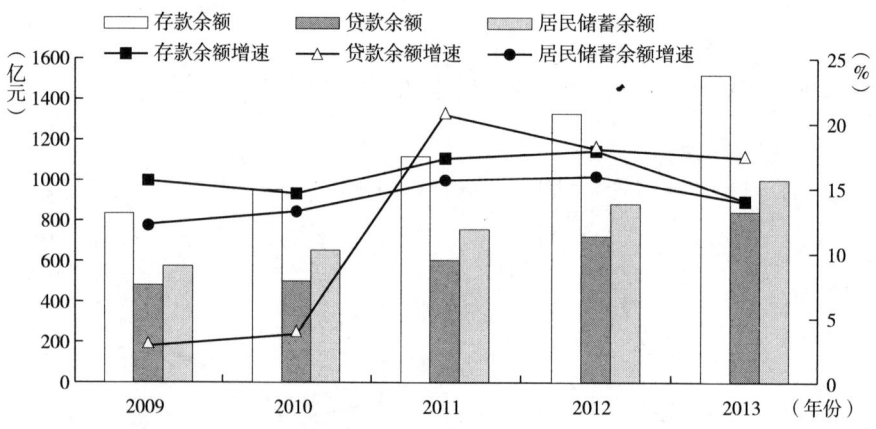

图 25-3-1 运城市 2009~2013 年借贷市场规模变化情况

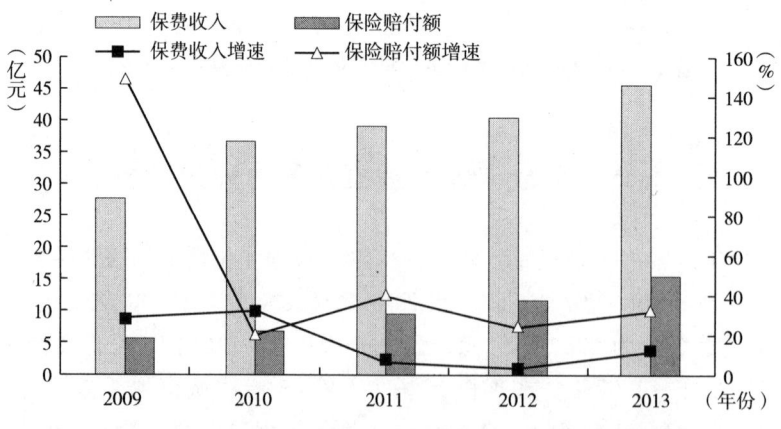

图 25-3-2 运城市 2009~2013 年保险市场规模变化情况

25.4 运城市金融效率竞争力评价分析

25.4.1 运城市宏观金融效率评价分析

2009~2013年运城市宏观金融效率指标组的数据变化情况如表25-4-1所示。

表25-4-1 运城市2009~2013年宏观金融效率指标数据

年份	储蓄总额（亿元）	固定资产投资总额（亿元）	GDP（亿元）	储蓄投资转化系数	经济储蓄动员力
2009	579.40	481.50	723.01	1.2033	0.8014
2010	655.20	596.60	827.43	1.0982	0.7918
2011	757.50	664.20	1016.82	1.1405	0.7450
2012	878.20	826.80	1068.65	1.0622	0.8218
2013	1001.80	1008.90	1140.10	0.9930	0.8787

资料来源：前三列数据摘自2009~2013年《山西统计年鉴》和《2013年运城市国民经济和社会发展统计公报》，后两列数据根据上述文献计算得到。

由表25-4-1可知，2013年运城市储蓄投资转化系数为0.9930，比上年下降了6.51%，即与2012年相比，每单位固定资产投资所需的城乡居民积累的资金数量减少，资金使用效率提升；与此同时，2013年运城市的经济储蓄动员力为0.8787，比上年增长了6.92%。从2009~2013年宏观金融效率的指标数据看，运城市的宏观金融效率总体提升。

运城市2009~2013年宏观金融效率相关变化情况如图25-4-1所示。

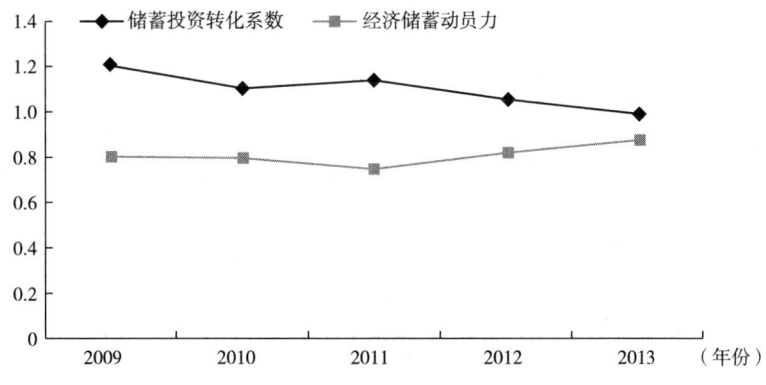

图25-4-1 运城市2009~2013年宏观金融效率变化情况

25.4.2 运城市微观金融效率评价分析

2009~2013年运城市微观金融效率指标组的数据变化情况如表25-4-2所示。

表 25-4-2　运城市 2009~2013 年微观金融效率指标及数据

年　份	存款余额占 GDP 比重（%）	贷款余额占 GDP 比重（%）	贷存比（%）	保险深度（%）	保险密度（元）
2009	114.80	66.79	58.18	3.83	544
2010	115.20	60.61	52.61	4.40	708
2011	109.97	59.53	54.13	3.84	755
2012	123.58	66.76	54.02	3.77	776
2013	132.47	73.52	55.50	3.98	869

资料来源：2009~2013 年《山西统计年鉴》和《2013 年运城市国民经济和社会发展统计公报》及相关数据计算。

由表 25-4-2 可知，2013 年运城市存款余额占 GDP 比重为 132.47%，比上年上升了 8.89 个百分点；贷款余额占 GDP 比重为 73.52%，比上年上升了 6.76 个百分点；贷存比为 55.50%，比上年上升了 1.48 个百分点；保险深度为 3.98%，比上年上升了 0.21 个百分点；保险密度为 869 元，增长了 11.98%。总之，2013 年运城市的微观金融效率指标水平较 2012 年有不同程度的提高。从运城市 2009~2013 年的微观金融效率相关数据来看，以贷存比为主要指标的银行业微观金融效率总体呈上升趋势；保险深度和保险密度不断提高，保险业的微观金融效率有所提升。这说明运城市的微观金融效率有所提升，对经济的贡献不断增大。

运城市 2009~2013 年微观金融效率相关变化情况如图 25-4-2、图 25-4-3 所示。

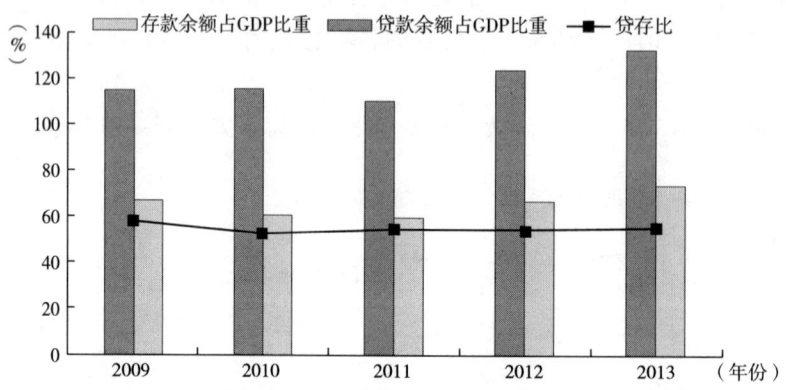

图 25-4-2　运城市 2009~2013 年银行业微观金融效率变化情况

25.5　运城市金融竞争力综合评价

通过对运城市金融生态竞争力、金融规模竞争力及金融效率竞争力的分析，我们得到如下结论。

①运城市的经济实力不断增强，区域开放程度明显增大，其 2013 年金融生态环境与 2012 年相比有了明显改善，为运城金融业的发展营造了良好的金融环境。

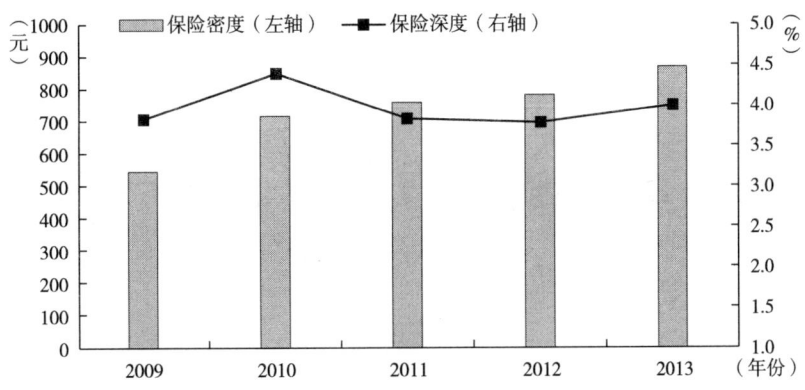

图 25-4-3　运城市 2009~2013 年保险业微观金融效率变化情况

②运城市借贷市场和保险市场的规模均有所扩大，发展态势良好，直接说明了运城市的金融规模竞争力处于不断提升阶段。

③运城市储蓄资源的使用效率以及宏观经济对储蓄资源的动员力都在提高，宏观金融效率竞争力是增强的；与此同时，保险业和银行业的效率均有所提高，运城市的微观金融效率竞争力也是增强的。

第 26 章
晋城市 2013 年金融竞争力研究报告

26.1 晋城市概述

晋城市位于山西省东南部,陆路交通四通八达,全市总面积9490平方千米,占全省总面积的6%,总人口为228万。

2013年,全市完成地区生产总值1031.8亿元,其中,第一产业增加值43.2亿元,占GDP的4.2%;第二产业增加值644.4亿元,占GDP的62.4%;第三产业增加值344.2亿元,占GDP的33.4%。2013年全市人均GDP为44940元,按2013年平均汇率计算,为7256美元。

26.2 晋城市金融生态竞争力评价分析

26.2.1 晋城市区域经济实力评价分析

2009~2013年晋城市区域经济实力指标组的数据变化情况如表26-2-1所示。

表 26-2-1 晋城市 2009~2013 年区域经济实力指标及数据

年份	GDP（亿元）	固定资产投资（亿元）	财政收入（亿元）	人均GDP（元）	人均固定资产投资（元）	城镇人均可支配收入（元）	农村人均纯收入（元）	财政支出/GDP（%）
2009	606.05	366.60	48.07	27108	16372.65	15161	5255	12.62
2010	730.54	432.60	55.49	32329	18967.03	17353	5899	12.25
2011	894.98	504.10	67.92	39205	22056.44	20127	7043	12.65
2012	1012.81	655.00	82.91	44257	28585.14	22539	8037	12.82
2013	1031.80	837.70	94.60	44940	36412.24	23250	9026	15.25

资料来源:2009~2013年《山西统计年鉴》和《2013年晋城市国民经济和社会发展统计公报》及相关计算。

由表26-2-1可知,晋城市2013年全年实现GDP1031.80亿元,比上年增长1.87%;固定资产投资达837.70亿元,比上年增长27.89%;全年财政收入为94.60亿元,比上年增长14.10%;人均GDP为44940元,比上年增长1.54%。2013年晋城市人均固定资产投资为36412.24元,比上年增长27.38%;城镇人均可支配收入为23250元,比上年增长3.15%;农村人均纯收入为9026元,比上年增长12.31%;财政支出/GDP为

15.25%，比上年提高了 2.43 个百分点，说明政府投资拉动的 GDP 比重上升。综上所述，晋城市 2013 年经济环境的各项指标与 2012 年相比均有不同程度的上升。从全市 2009～2013 年经济环境的相关数据看，各项指标呈逐渐上升趋势，说明晋城市的经济环境发展态势良好，金融生态发展水平稳步提高。晋城市 2009～2013 年区域经济实力变化情况如图 26－2－1、图 26－2－2 所示。

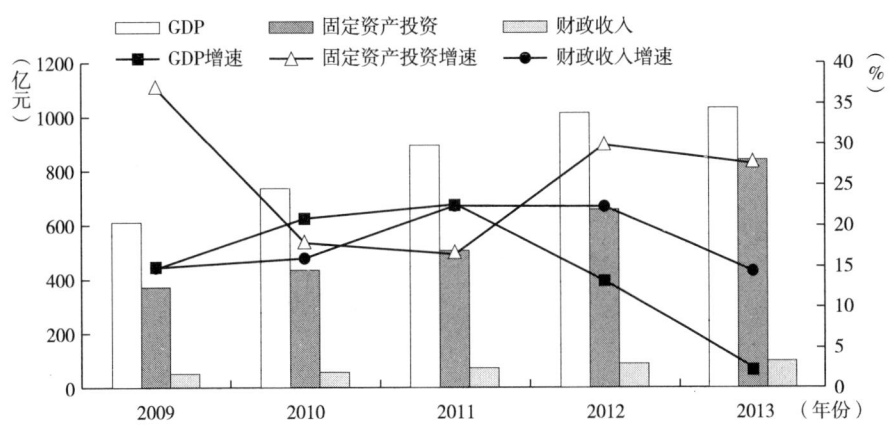

图 26－2－1　晋城市 2009～2013 年区域经济实力变化情况（1）

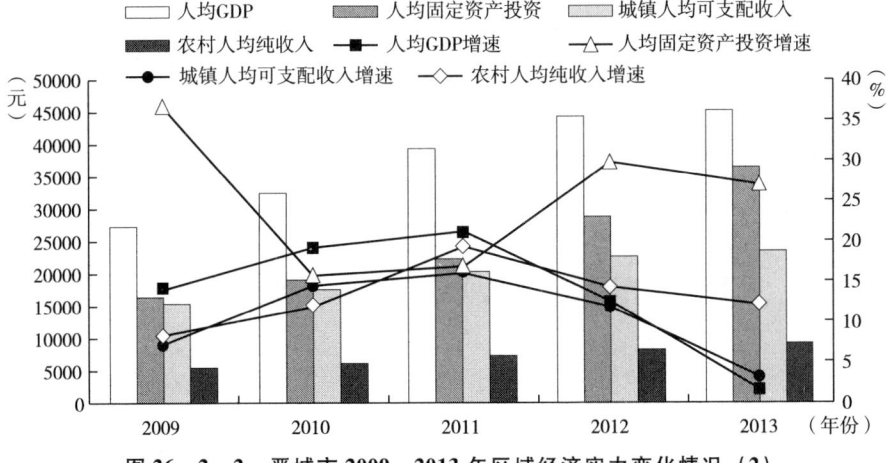

图 26－2－2　晋城市 2009～2013 年区域经济实力变化情况（2）

26.2.2　晋城市区域开放程度评价分析

2009～2013 年晋城市区域开放程度指标的数据变化情况如表 26－2－2 所示。

由表 26－2－2 可知，晋城市 2013 年实际利用外资额为 28400 万美元，比上年增长 10.18%。2013 年全市出口总额为 25890 万美元，比上年增长 5.49%；进口总额为 65965 万美元，比上年下降了 33.34%。从 2009～2013 年晋城市区域开放程度指标数据来看，实际利用外资额逐渐稳步上升，2010 年增速达 1000.74%；全市出口总额在 2012 年有所下滑，进口总额在 2013 年有较大回落。这说明晋城市区域开放程度不断加深，但对外贸易波动较大。

表 26-2-2 晋城市 2009~2013 年区域开放程度指标及数据

单位：万美元

年 份	实际利用外资额	出口总额	进口总额
2009	539	12025	11936
2010	5933	21160	32044
2011	21799	28177	85340
2012	25775	24543	98954
2013	28400	25890	65965

资料来源：2009~2013 年《山西统计年鉴》和《2013 年晋城市国民经济和社会发展统计公报》。

晋城市 2009~2013 年区域开放程度相关变化情况如图 26-2-3 所示。

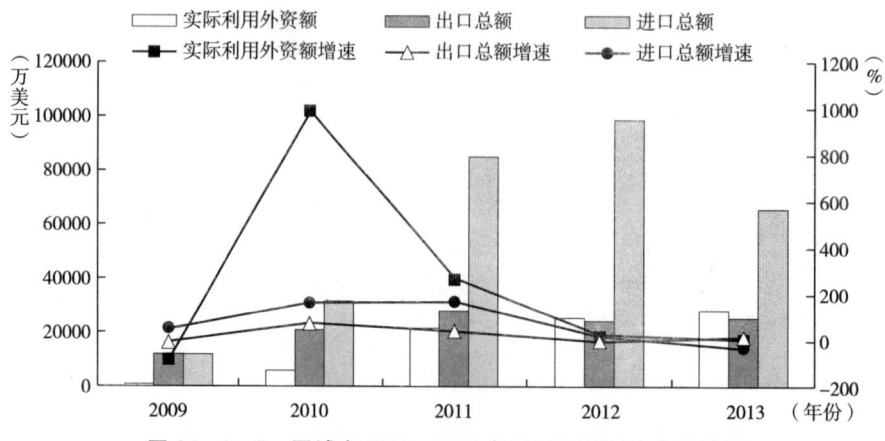

图 26-2-3 晋城市 2009~2013 年区域开放程度变化情况

26.3 晋城市金融规模竞争力评价分析

2009~2013 年晋城市金融规模竞争力指标组的数据变化情况如表 26-3-1 所示。

表 26-3-1 晋城市 2009~2013 年金融规模竞争力指标及数据

单位：亿元

年 份	借贷市场			保险市场	
	存款余额	贷款余额	居民储蓄余额	保费收入	保险赔付额
2009	1108.60	427.90	544.60	22.90	5.20
2010	1326.70	526.20	615.30	28.00	3.06
2011	1501.13	635.46	638.50	29.59	—
2012	1729.58	776.95	756.50	30.95	—
2013	1759.50	864.80	825.50	31.90	—

资料来源：2009~2013 年《山西省统计年鉴》和《2013 年晋城市国民经济和社会发展统计公报》。

由表 26-3-1 可知，2013 年晋城市各项存款余额为 1759.50 亿元，比上年增加了 1.73%；各项贷款余额为 864.80 亿元，比上年增加了 11.31%；居民储蓄余额为 825.50 亿元，比上年增加了 9.12%。在保险市场上，2013 年晋城市保险业全年保费收入达 31.90 亿元，比上年增长了 3.07%。综上所述，从 2009~2013 年晋城市金融规模竞争力指标数据来看，借贷市场规模逐渐扩大；在保险市场上，虽然 2010 年保险赔付额有所下降，但在保费收入的高速增长和 2011~2013 年稳步增长拉动下，保险规模总体呈不断扩大趋势。这说明晋城市金融市场规模不断提升。

2009~2013 年晋城市金融规模竞争力指标变化情况如图 26-3-1、图 26-3-2 所示。

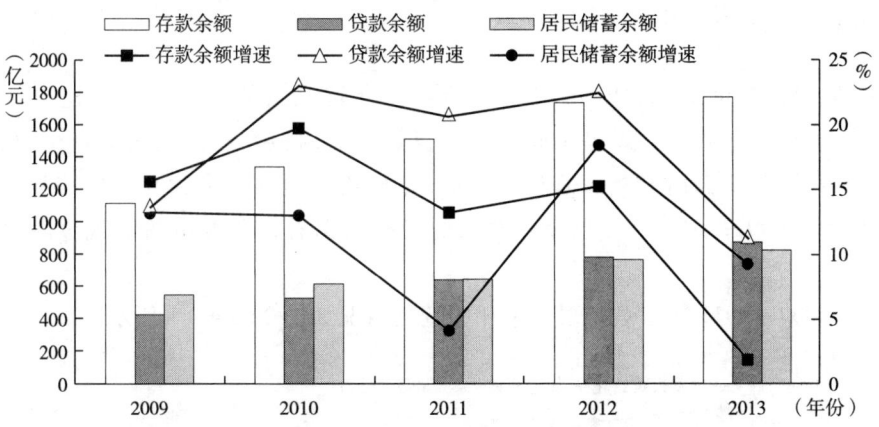

图 26-3-1 晋城市 2009~2013 年借贷市场规模变化情况

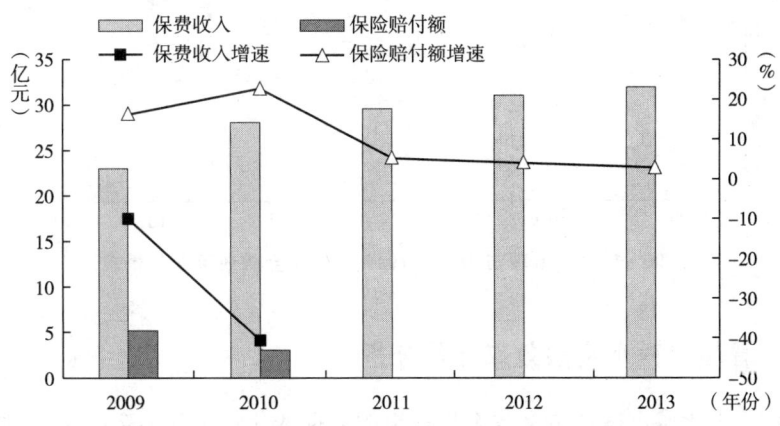

图 26-3-2 晋城市 2009~2013 年保险市场规模变化情况

26.4 晋城市金融效率竞争力评价分析

26.4.1 晋城市宏观金融效率评价分析

2009~2013 年晋城市宏观金融效率指标组的数据变化情况如表 26-4-1 所示。

表 26 - 4 - 1　晋城市 2009 ~ 2013 年宏观金融效率指标数据

年　份	储蓄总额（亿元）	固定资产投资总额（亿元）	GDP（亿元）	储蓄投资转化系数	经济储蓄动员力
2009	544.60	366.60	606.05	1.4855	0.8986
2010	615.30	432.60	730.54	1.4223	0.8423
2011	638.50	504.10	894.98	1.2666	0.7134
2012	756.50	654.95	1012.81	1.1551	0.7469
2013	825.50	837.70	1031.80	0.9854	0.8001

资料来源：前三列数据来自 2009 ~ 2013 年《山西统计年鉴》和《2013 年晋城市国民经济和社会发展统计公报》，后两列数据根据上述文献计算得到。

由表 26 - 4 - 1 可知，2013 年晋城市储蓄投资转化系数为 0.9854，比上年下降了 0.1697，即与 2012 年相比，每单位固定资产投资所需的城乡居民积累的资金数量减少，资金使用效率提升；与此同时，2013 年晋城市的经济储蓄动员力为 0.8001，比上年增加了 0.0532。从 2009 ~ 2013 年宏观金融效率的指标数据看，晋城市的宏观金融效率总体提升。

晋城市 2009 ~ 2013 年宏观金融效率相关变化情况如图 26 - 4 - 1 所示。

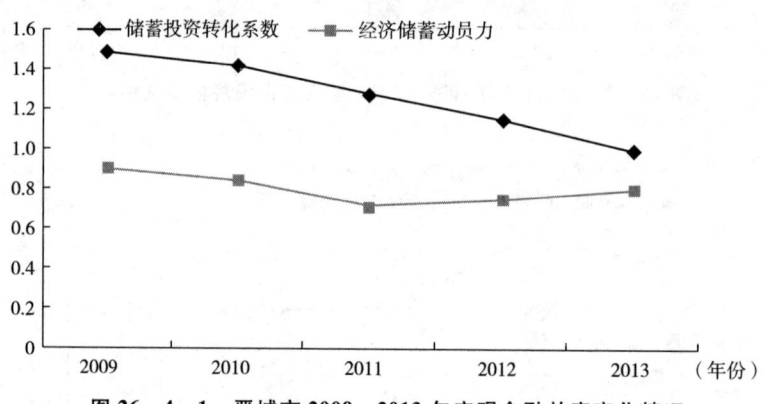

图 26 - 4 - 1　晋城市 2009 ~ 2013 年宏观金融效率变化情况

26.4.2　晋城市微观金融效率评价分析

2009 ~ 2013 年晋城市微观金融效率指标组的数据变化情况如表 26 - 4 - 2 所示。

表 26 - 4 - 2　晋城市 2009 ~ 2013 年微观金融效率指标及数据

年　份	存款余额占 GDP 比重（%）	贷款余额占 GDP 比重（%）	贷存比（%）	保险深度（%）	保险密度（元）
2009	182.94	70.61	38.60	3.78	1022.73
2010	181.62	72.03	39.66	3.83	1227.64
2011	167.73	71.00	42.33	3.31	1295.00

续表

年份	存款余额占GDP比重（%）	贷款余额占GDP比重（%）	贷存比（%）	保险深度（%）	保险密度（元）
2012	170.77	76.71	44.92	3.06	1350.76
2013	170.53	83.81	49.15	3.09	1386.59

资料来源：2009~2013年《山西统计年鉴》和《2013年晋城市国民经济和社会发展统计公报》及相关数据计算。

由表26-4-2可知，2013年晋城市存款余额占GDP比重为170.53%，比上年下降了0.24个百分点；贷款余额占GDP比重为83.81%，比上年增长了7.10个百分点；贷存比为49.15%，比上年增长了4.23个百分点；保险深度为3.09%，比上年增长了0.03个百分点；保险密度为1386.59元，比上年增长了2.65%。综上所述，2013年晋城市的微观金融效率指标水平总体上较2012年有所提高。

晋城市2009~2013年微观金融效率相关变化情况如图26-4-1、图26-4-2所示。

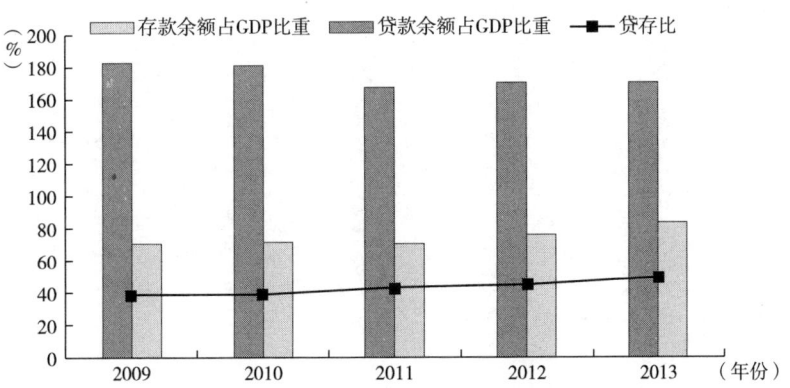

图26-4-2 晋城市2009~2013年银行业微观金融效率变化情况

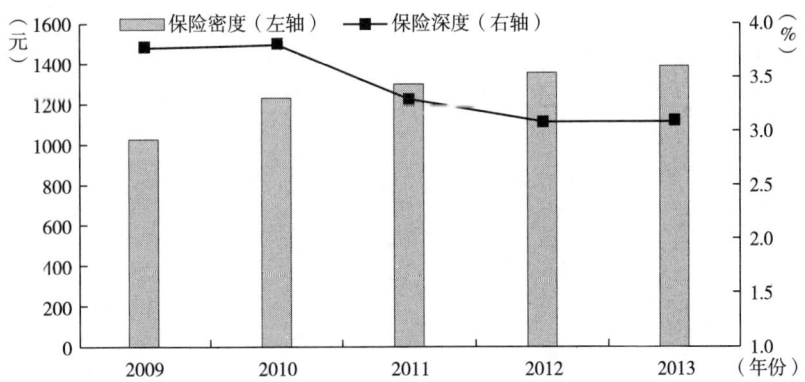

图26-4-3 晋城市2009~2013年保险业微观金融效率变化情况

26.5 晋城市金融竞争力综合评价

通过对晋城市金融生态竞争力、金融规模竞争力及金融效率竞争力的分析,我们得到如下结论。

①晋城市的经济环境提升,区域开放程度逐渐扩大,因此,晋城市的金融生态竞争力增强。

②晋城市的投融资规模在扩大,尤其是在借贷市场和保险市场方面发展良好,因此,晋城市的金融规模竞争力增强。

③2013年,晋城市储蓄资源的使用效率及宏观经济对储蓄的动员力都在提高,宏观金融效率竞争力是增强的;由于保险业和银行业的效率均有所提高,晋城市的微观金融效率也是增强的。

第 27 章
长治市 2013 年金融竞争力研究报告

27.1 长治市概述

长治市地处山西省东南部,总面积 13896 平方千米,总人口 335.36 万,是山西省传统能源重化工基地的重要组成部分和新兴能源产业的重要基地。

2013 年,全市完成地区生产总值 1333.70 亿元,其中,第一产业增加值 56.60 亿元,比上年增长 3.9%,占 GDP 的 4.2%;第二产业增加值 867.10 亿元,比上年增长 9.9%,占 GDP 的 65.0%;第三产业增加值 410.00 亿元,比上年增长 5.8%,占 GDP 的 30.7%。在第三产业中,金融保险业增加值为 52.80 亿元,比上年增长 13.6%;交通运输、仓储和邮政业增加值为 85.30 亿元,比上年增长 7.1%;批发和零售业增加值为 90.10 亿元,比上年增长 3.0%。人均 GDP 为 39474 元,按 2013 年平均汇率计算为 6374 美元。

27.2 长治市金融生态竞争力评价分析

27.2.1 长治市区域经济实力评价分析

2009~2013 年长治市区域经济实力指标组的数据变化情况如表 27-2-1 所示。

表 27-2-1 长治市 2009~2013 年区域经济实力指标及数据

年份	GDP（亿元）	固定资产投资（亿元）	财政收入（亿元）	人均 GDP（元）	人均固定资产投资（元）	城镇人均可支配收入（元）	农村人均纯收入（元）	财政支出/GDP（%）
2009	775.29	425.00	69.57	23500	12882.30	15494	5337	14.53
2010	920.23	534.00	77.90	27574	16000.96	17123	5960	14.76
2011	1218.60	686.90	104.40	36337	20482.47	20131	7092	14.45
2012	1328.60	867.00	133.49	39428	25729.29	22545	8120	15.19
2013	1333.70	1086.80	148.70	39474	32079.82	22803	9119	18.42

资料来源:2009~2013 年《山西统计年鉴》和《2013 年长治市国民经济和社会发展统计公报》及相关计算。

由表 27-2-1 可知,长治市 2013 年实现 GDP1333.70 亿元,比上年增长 0.38%;固定资产投资达 1086.80 亿元,比上年增长 25.35%;全年财政收入为 148.70 亿元,比上年增长 11.39%;人均 GDP 为 39474 元,比上年下降 0.12%。2013 年长治市人均固定资产投资为32079.82元，比上年增长24.68%；城镇人均可支配收入为22803元，比上年增长1.14%；农村人均纯收入为9119元，比上年增长12.30%；财政支出/GDP为18.42%，上升了3.23个百分点，说明政府投资拉动的GDP比重上升。综上所述，长治市2013年区域经济实力的各项指标与2012年相比均有不同程度的上升。从全市2009～2013年区域经济实力的相关数据看，长治市的区域经济实力稳步增强，经济发展态势良好。

长治市2009～2013年区域经济实力变化情况如图27-2-1、图27-2-2所示。

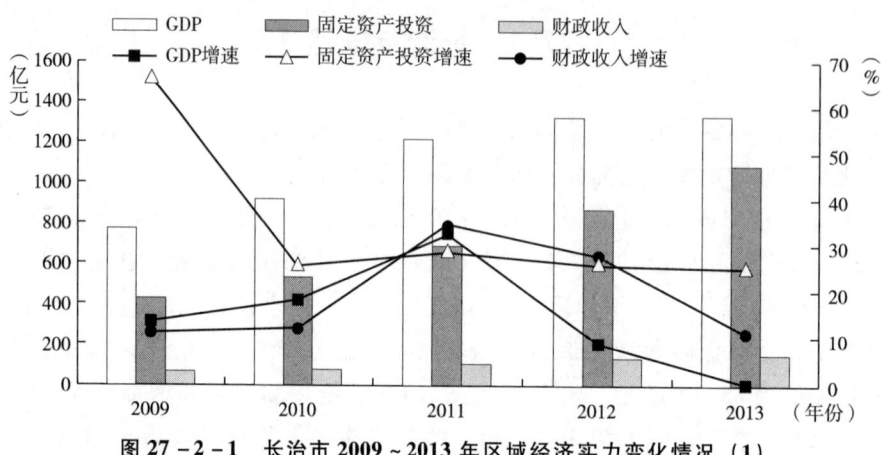

图27-2-1　长治市2009～2013年区域经济实力变化情况（1）

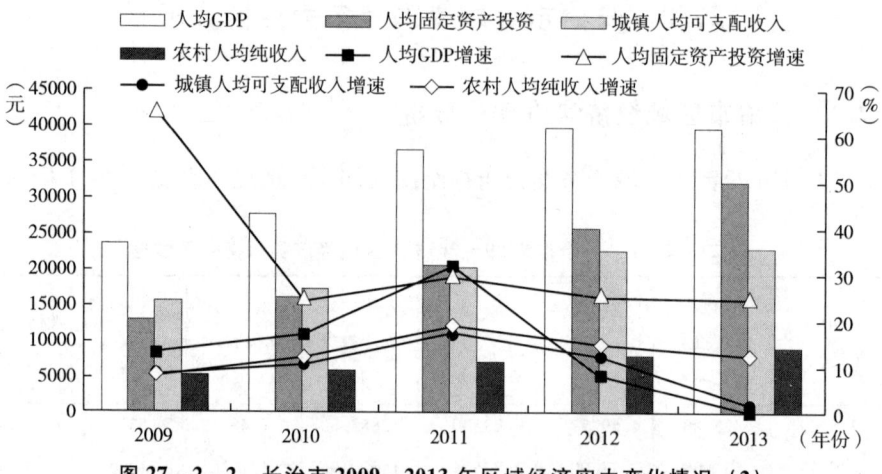

图27-2-2　长治市2009～2013年区域经济实力变化情况（2）

27.2.2　长治市区域开放程度评价分析

2009～2013年长治市区域开放程度指标的数据变化情况如表27-2-2所示。

由表27-2-2可知，长治市2013年实际利用外资额为31262万美元，比上年增长11.93%。2013年全市出口总额为83741万美元，比上年下降了4.44%；进口总额为21716万美元，比上年下降20.32%。从2009～2013年长治市区域开放程度指标数据来看，长治市实际利用外资额较往年有所上升，在2011年增速达到了49.12%；全市出口

表 27 – 2 – 2 长治市 2009～2013 年区域开放程度指标及数据

单位：万美元

年　份	实际利用外资额	出口总额	进口总额
2009	10967	2417	25502
2010	13893	4297	32911
2011	20717	4809	73073
2012	27929	87636	27254
2013	31262	83741	21716

资料来源：2009～2013 年《山西统计年鉴》和《2013 年长治市国民经济和社会发展统计公报》。

总额在 2012 年经历了 1722.33% 的高速增长之后，2013 年有所回落；全市进口总额增速在 2011 年高达 122.03%，但从 2012～2013 年均有较大幅度的下跌。总体来看，长治市区域开放程度不断加深，但对外贸易需进一步发展。

长治市 2009～2013 年区域开放程度相关变化情况如图 27 – 2 – 3 所示。

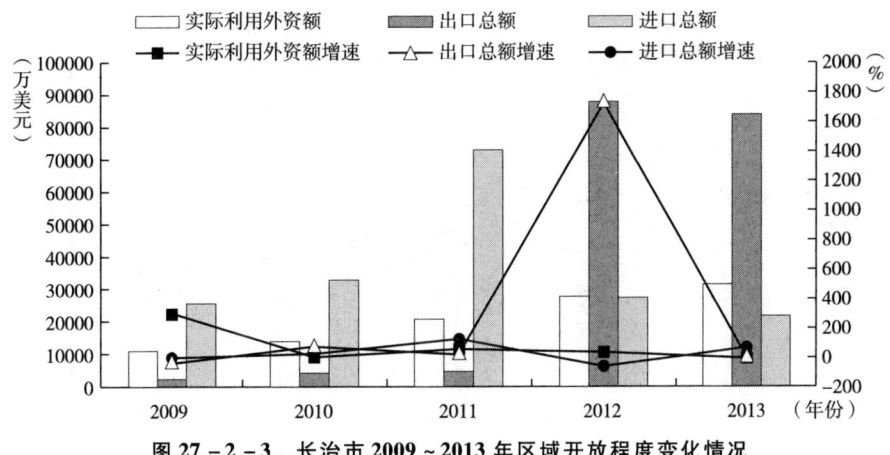

图 27 – 2 – 3 长治市 2009～2013 年区域开放程度变化情况

27.3 长治市金融规模竞争力评价分析

2009～2013 年长治市金融规模竞争力指标组的数据变化情况如表 27 – 3 – 1 所示。

表 27 – 3 – 1 长治市 2009～2013 年金融规模竞争力指标及数据

单位：亿元

年　份	借贷市场			保险市场	
	存款余额	贷款余额	居民储蓄余额	保费收入	保险赔付额
2009	1131.50	475.80	636.90	22.23	5.24
2010	1367.63	631.17	726.88	27.48	4.89
2011	1574.20	730.76	849.60	29.27	7.16

续表

年 份	借贷市场			保险市场	
	存款余额	贷款余额	居民储蓄余额	保费收入	保险赔付额
2012	1724.05	841.48	981.33	30.96	10.90
2013	1848.00	918.80	1109.00	32.10	13.60

资料来源：2009～2013年《山西统计年鉴》和《2013年长治市国民经济和社会发展统计公报》。

由表27-3-1可知，2013年长治市各项存款余额为1848.00亿元，比上年增加了7.19%；各项贷款余额为918.80亿元，比上年增加9.19%；居民储蓄余额为1109.00亿元，比上年增加了13.01%。在保险市场上，2013年长治市保险业全年保费收入达32.10亿元，比上年增长3.68%；全年全市支付各类保险赔付额为13.60亿元，比上年增长24.77%。从2009～2013年的金融规模竞争力指标数据来看，借贷市场规模逐渐扩大，保险市场规模也呈现出不断扩大的趋势，这说明长治市金融规模不断提升，竞争力不断增强。

2009～2013年金融市场规模变化情况如图27-3-1、图27-3-2所示。

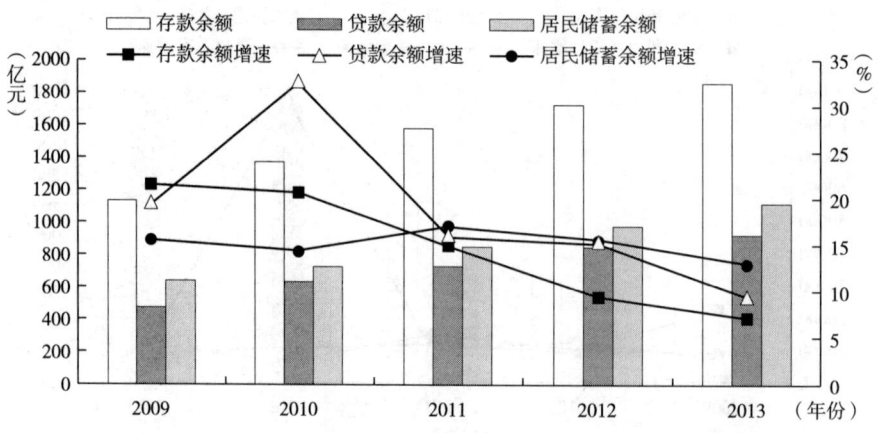

图27-3-1　长治市2009～2013年借贷市场规模变化情况

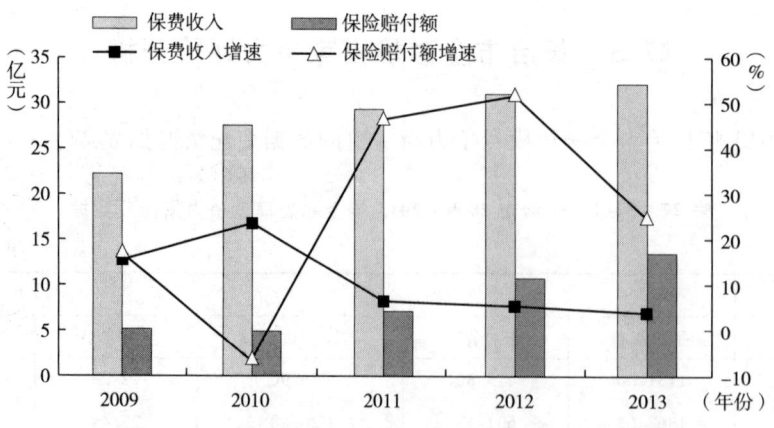

图27-3-2　长治市2009～2013年保险市场规模变化情况

27.4 长治市金融效率竞争力评价分析

27.4.1 长治市宏观金融效率评价分析

2009~2013年长治市宏观金融效率指标组的数据变化情况如表27-4-1所示。

表27-4-1 长治市2009~2013年宏观金融效率指标数据

年 份	储蓄总额（亿元）	固定资产投资总额（亿元）	GDP（亿元）	储蓄投资转化系数	经济储蓄动员力
2009	636.90	425.00	775.29	1.4986	0.8215
2010	726.88	534.00	920.23	1.3612	0.7899
2011	849.60	686.90	1218.60	1.2369	0.6972
2012	981.33	867.00	1328.60	1.1319	0.7386
2013	1109.00	1086.80	1333.70	1.0204	0.8315

资料来源：前三列数据摘自2009~2013年《山西统计年鉴》和《2013年长治市国民经济和社会发展统计公报》，后两列数据根据上述文献计算得到。

由表27-4-1可知，2013年长治市储蓄投资转化系数为1.0204，比上年下降了0.1115，即与2012年相比，每单位固定资产投资所需的城乡居民积累的资金数量减少，资金使用效率提升；与此同时，2013年长治市的经济储蓄动员力为0.8315，比上年增长了0.0929。从2009~2013年宏观金融效率的指标数据看，长治市的宏观金融效率总体提升。

长治市2009~2013年宏观金融效率相关变化情况如图27-4-1所示。

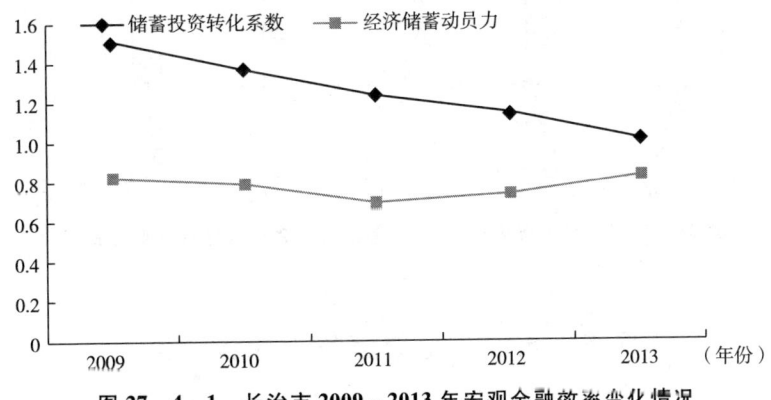

图27-4-1 长治市2009~2013年宏观金融效率变化情况

27.4.2 长治市微观金融效率评价分析

2009~2013年长治市微观金融效率指标组的数据变化情况如表27-4-2所示。

表 27-4-2　长治市 2009~2013 年微观金融效率竞争力指标及数据

年份	存款余额占 GDP 比重（%）	贷款余额占 GDP 比重（%）	贷存比（%）	保险深度（%）	保险密度（元）
2009	145.95	61.37	42.05	2.87	673.82
2010	148.62	68.59	46.15	2.99	823.42
2011	129.18	59.97	46.42	2.40	872.79
2012	129.76	63.34	48.81	2.33	918.78
2013	138.56	68.89	49.72	2.41	947.52

资料来源：2009~2013 年《山西统计年鉴》和《2013 年长治市国民经济和社会发展统计公报》及相关计算。

由表 27-4-2 可知，2013 年长治市存款余额占 GDP 比重为 138.56%，比上年增长了 8.80 个百分点；贷款余额占 GDP 比重为 68.89%，比上年增长了 5.55 个百分点；贷存比为 49.72%，比上年增长了 0.91 个百分点；保险深度为 2.41%，比上年增长了 0.08 个百分点；保险密度为 947.52 元，比上年增长了 3.13%。总之，2013 年长治市的微观金融效率指标水平较 2012 年有不同程度的提高。从长治市 2009~2013 年的微观金融效率相关数据来看，以贷存比为主要指标的银行业微观金融效率总体呈上升趋势；保险深度指标也呈总体上升的趋势，保险密度不断提高，保险业的微观金融效率有所提升。这说明长治市银行业和保险业的整体效率不断提升。

长治市 2009~2013 年微观金融效率相关变化情况如图 27-4-1、图 27-4-2 所示。

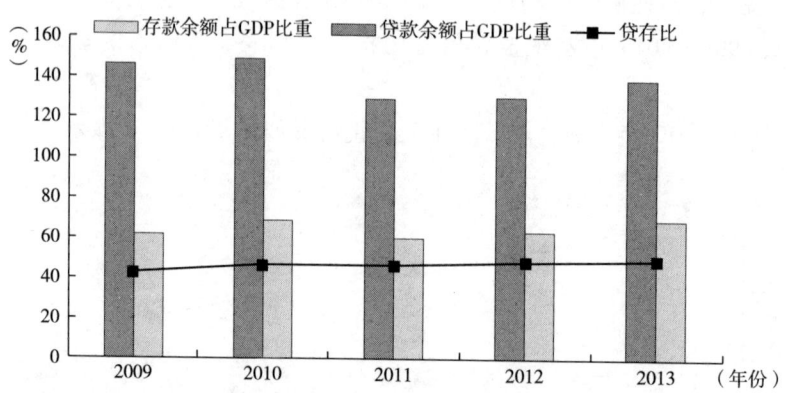

图 27-4-2　长治市 2009~2013 年银行业微观金融效率变化情况

27.5　长治市金融竞争力综合评价

通过对长治市金融生态竞争力、金融规模竞争力及金融效率竞争力的分析，我们得到如下结论。

①长治市的区域经济实力提升，区域开放程度明显增大，但 2011~2013 年对外贸易规模有所缩小。

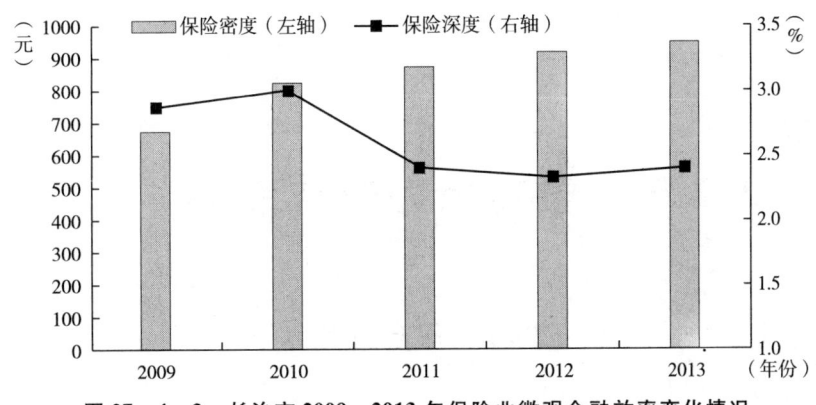

图 27-4-3　长治市 2009~2013 年保险业微观金融效率变化情况

②长治市借贷市场和保险市场的规模扩大，发展态势良好，因此，长治市的金融规模竞争力增强。

③长治市储蓄资源的使用效率及宏观经济对储蓄资源的动员力都在提高，宏观金融效率竞争力是增强的；由于保险业和银行业的效率有所提高，长治市的微观金融效率也是增强的。

第 28 章
邢台市 2013 年金融竞争力研究报告

28.1 邢台市概述

邢台市位于河北省中南部、华北平原中部，市域东西最长 185 千米，南北最宽 80 千米，常住人口 710 万，总面积 12456 平方千米。邢台市是全国优质粮和棉花生产基地，素有"粮仓棉海"之称。工业以新能源、建材、机械制造、汽车、食品等为主，已经形成县县都有省级工业园区的局面。

2013 年，全市完成地区生产总值 1604.60 亿元，比 2012 年增长 4.74%；人均 GDP 为 22277 元；固定资产投资达 1417.80 亿元，比上年增长 19.49%；财政收入为 167.10 亿元，比上年减少 2.22%。2013 年邢台市金融机构各项存款余额为 2397.20 亿元；居民储蓄余额为 1655.90 亿元；金融机构各项贷款余额为 1377.60 亿元，比上年增长 18.35%。全年城镇居民人均可支配收入达 20634 元，比上年增长了 10.70%；农村人均纯收入为 7477 元，比上年增长了 13.27%。

28.2 邢台市金融生态竞争力评价分析

28.2.1 邢台市区域经济实力评价分析

2009~2013 年邢台市区域经济实力指标组的数据变化情况如表 28-2-1 所示。

表 28-2-1 邢台市 2009~2013 年区域经济实力指标及数据

年份	GDP（亿元）	固定资产投资（亿元）	财政收入（亿元）	人均 GDP（元）	人均固定资产投资（元）	城镇人均可支配收入（元）	农村人均纯收入（元）	财政支出/GDP（%）
2009	1056.00	601.80	110.00	15110	8610.92	11922	4467	12.34
2010	1021.62	754.15	132.90	18382	11450.97	14744	4966	14.03
2011	1426.30	978.90	151.40	19992	13670.46	16592	5814	14.94
2012	1532.00	1186.50	170.90	21312	16505.30	18639	6601	15.95
2013	1604.60	1417.80	167.10	22277	19484.06	20634	7477	16.05

资料来源：2009~2013 年《河北经济年鉴》和《2013 年邢台市国民经济和社会发展统计公报》及相关计算。

由表 28-2-1 可知，邢台市 2013 年全年实现 GDP1604.60 亿元，比上年增长

4.74%；固定资产投资达 1417.80 亿元，比上年增长 19.49%；财政收入为 167.10 亿元，比上年减少 2.22%；人均 GDP 为 22277 元，比上年增长 4.53%。2013 年，邢台市人均固定资产投资为 19484.06 元，比上年增长 18.05%。城镇人均可支配收入为 20634 元，比上年增长 10.70%；农村人均纯收入为 7477 元，比上年增长 13.27%。财政支出/GDP 为 16.05%，比上年增加了 0.1 个百分点，说明政府投资拉动的 GDP 比重有所减少，民间投资拉动比重相对上升。总之，邢台市 2013 年区域经济实力的总体水平与 2012 年相比有较大程度的提高。从全市 2009~2013 年区域经济实力的相关数据看，邢台市的区域经济实力稳步增长，发展态势良好。

邢台市 2009~2013 年区域经济实力变化情况如图 28-2-1、图 28-2-2 所示。

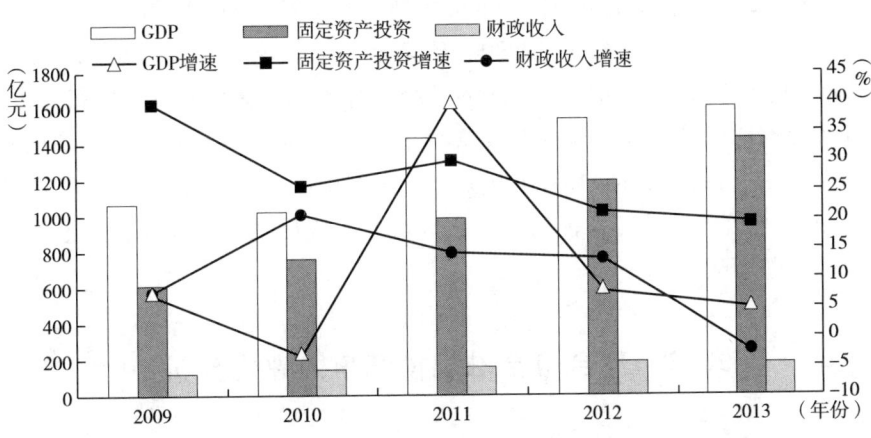

图 28-2-1 邢台市 2009~2013 年区域经济实力变化情况（1）

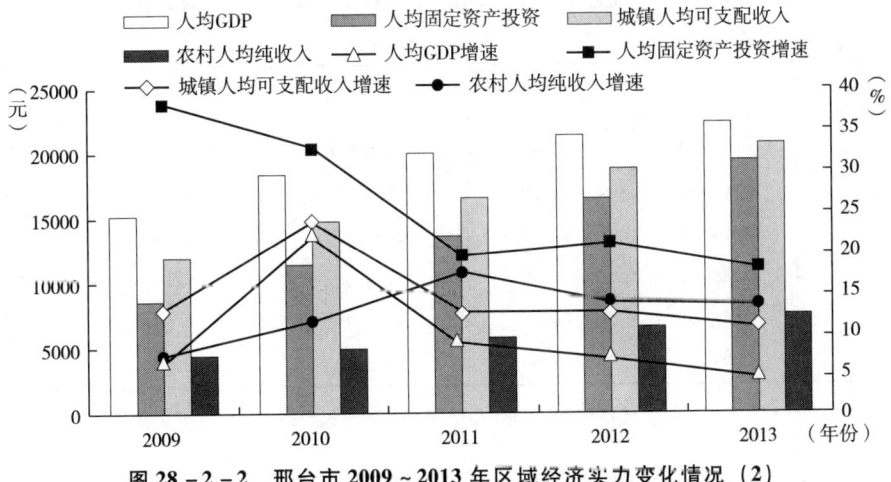

图 28-2-2 邢台市 2009~2013 年区域经济实力变化情况（2）

28.2.2 邢台市区域开放程度评价分析

2009~2013 年邢台市区域开放程度指标的数据变化情况如表 28-2-2 所示。

表 28-2-2　邢台市 2009~2013 年区域开放程度指标及数据

单位：万美元

年　份	实际利用外资额	出口总额	进口总额
2009	20600	61274	75300
2010	25600	96200	85700
2011	36200	116100	102100
2012	40000	107000	68200
2013	46000	120900	62200

资料来源：2009~2013 年《河北经济年鉴》和《2013 年邢台市国民经济和社会发展统计公报》。

由表 28-2-2 可知，邢台市 2013 年实际利用外资额为 46000 万美元，比上年增长 15.00%。2013 年全市出口总额为 120900 万美元，比上年增长 12.99%；进口总额为 62200 万美元，比上年减少 8.80%。从 2009~2013 年邢台市区域开放程度指标数据来看，实际利用外资额逐渐稳步上升；全市出口总额先呈上升趋势，在 2012 年开始回落，2013 年又有所回升，超过 2011 年的 116100 万美元，达 120900 万美元；进口总额也是先呈上升趋势，从 2012 年开始回落。这说明邢台市区域开放程度虽有所波动，但形势良好，金融生态竞争力不断增强。

28.3　邢台市金融规模竞争力评价分析

2009~2013 年邢台市金融规模竞争力指标组的数据变化情况如表 28-3-1 所示。

表 28-3-1　邢台市 2009~2013 年金融规模竞争力指标及数据

单位：亿元

年　份	借贷市场			保险市场	
	存款余额	贷款余额	居民储蓄余额	保费收入	保险赔付额
2009	1384.20	663.30	957.50	33.30	7.60
2010	1579.03	814.13	1092.10	42.30	8.10
2011	1284.70	946.90	1259.40	39.10	8.50
2012	2053.80	1164.00	1454.70	40.20	11.50
2013	2397.20	1377.60	1655.90	39.80	16.50

资料来源：2009~2013 年《河北经济年鉴》和《2013 年邢台市国民经济和社会发展统计公报》。

由表 28-3-1 可知，2013 年邢台市各项存款余额为 2397.20 亿元，比上年增加了 16.72%，从 2009~2013 年数据来看，金融机构各项存款余额在 2011 年之前呈现先上升后下降的趋势，在 2011 年达到最低值 1284.70 亿元，之后又迅速回升，2013 年达 2397.20 亿元；金融机构各项贷款余额为 1377.60 亿元，比上年增加 18.35%，总体呈稳步增加态势；城乡居民储蓄余额为 1655.90 亿元，比上年增加了 13.83%，总体也呈稳步增加态势。保险市场上，2013年邢台市保险业全年保费收入达39.80亿元，比上年减少1.00%，总体呈波动态势，但波动幅度很小；全年全市支付各类保险赔付额为16.50亿元，比上年增长43.48%，总体呈稳步增加态势。从2009~2013年的金融市场规模竞争力指标数据来看，借贷市场规模总体扩大，保险市场保费收入在2011年有略微下降，但总体呈扩大趋势。这说明邢台市金融市场规模总体提升，竞争力增强。虽然保险市场保费收入波动幅度较小，但也在一定程度上反映了邢台市保险公司保险业务发展不够稳健，保险市场的稳定性有待加强。

2009~2013年邢台市金融规模竞争力变化情况如图28-3-1、图28-3-2所示。

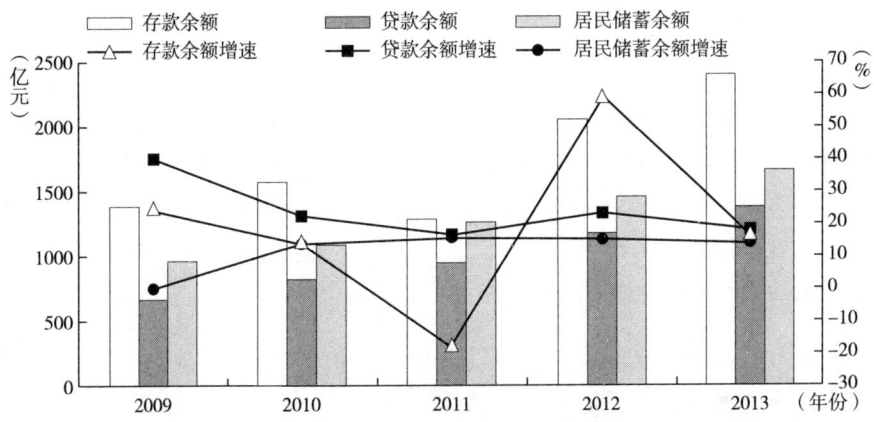

图28-3-1　邢台市2009~2013年借贷市场规模变化情况

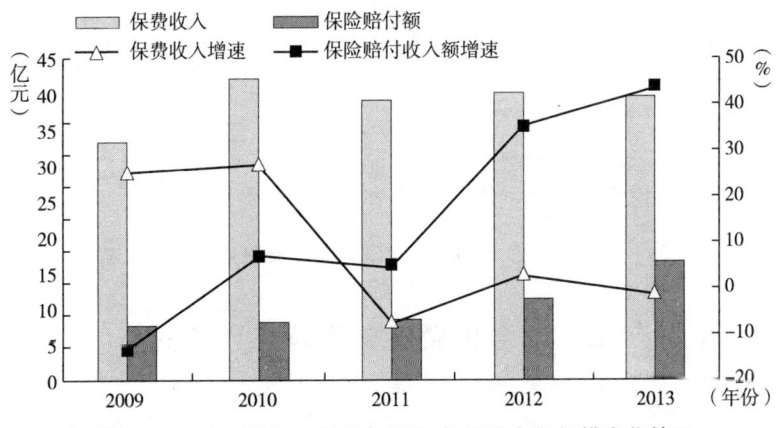

图28-3-2　邢台市2009~2013年保险市场规模变化情况

28.4　邢台市金融效率竞争力评价分析

28.4.1　邢台市宏观金融效率评价分析

2009~2013年邢台市宏观金融效率指标组的数据变化情况如表28-4-1所示。

表 28-4-1　邢台市 2009~2013 年宏观金融效率指标数据

年　份	储蓄总额（亿元）	固定资产投资总额（亿元）	GDP（亿元）	储蓄投资转化系数	经济储蓄动员力
2009	957.50	601.80	1056.00	1.5911	0.9067
2010	1092.10	754.15	1021.62	1.4481	0.9021
2011	1259.40	978.90	1426.30	1.2865	0.8830
2012	1454.70	1186.50	1532.00	1.2260	0.9495
2013	1655.90	1417.80	1604.60	1.1679	1.0320

资料来源：前三列数据摘自 2009~2013 年《河北经济年鉴》和《2013 年邢台市国民经济和社会发展统计公报》，后两列数据根据上述文献计算得到。

由表 28-4-1 可知，2013 年邢台市储蓄投资转化系数为 1.1679，比上年下降 5.81%，即与 2012 年相比，每单位固定资产投资所需的城乡居民积累的资金数量减少，资金使用效率提升；与此同时，2013 年邢台市的经济储蓄动员力为 1.0320，比上年增长了 8.69%。从 2009~2013 年宏观金融效率的指标数据看，邢台市的宏观金融效率总体提升。

邢台市 2009~2013 年宏观金融效率相关变化情况如图 28-4-1 所示。

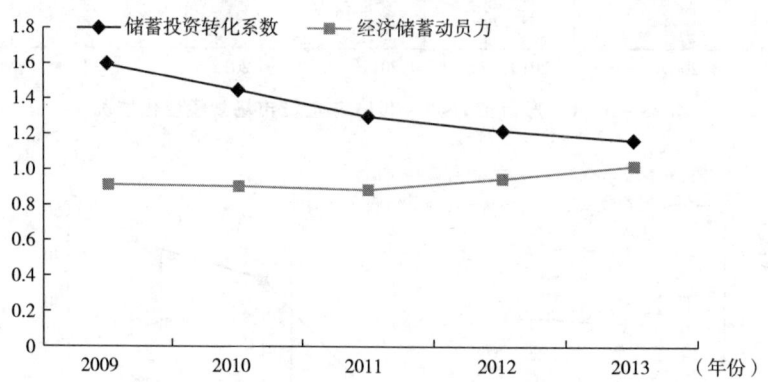

图 28-4-1　邢台市 2009~2013 年宏观金融效率变化情况

28.4.2　邢台市微观金融效率评价分析

2009~2013 年邢台市微观金融效率指标组的数据变化情况如表 28-4-2 所示。

表 28-4-2　邢台市 2009~2013 年微观金融效率指标及数据

年　份	存款余额占 GDP 比重（%）	贷款余额占 GDP 比重（%）	贷存比（%）	保险深度（%）	保险密度（元）
2009	131.08	62.81	47.92	3.15	476.48
2010	130.43	67.25	51.56	3.49	642.28

续表

年 份	存款余额占GDP比重（%）	贷款余额占GDP比重（%）	贷存比（%）	保险深度（%）	保险密度（元）
2011	127.93	66.39	51.89	2.74	546.43
2012	134.06	75.98	56.68	2.62	559.22
2013	149.40	85.85	57.47	2.48	521.71

资料来源：2009~2013年《河北经济年鉴》和《2013年邢台市国民经济和社会发展统计公报》及相关计算。

由表28-4-2可知，2013年邢台市存款余额占GDP比重为149.40%，比上年增加了15.34个百分点；贷款余额占GDP比重为85.85%，比上年上升了9.87个百分点；贷存比为57.47%，比上年增加了0.79个百分点；保险深度为2.48%，比上年下降了0.14个百分点；保险密度为521.71元，比上年下降了6.70%。从邢台市2009~2013年的微观金融效率相关数据来看，以贷存比为主要指标的银行业微观金融效率总体呈上升趋势；保险深度指标呈下降趋势，保险密度呈波动趋势。这说明邢台市银行业效率有所提升，保险业的整体效率有所下降。

邢台市2009~2013年微观金融效率相关变化情况如图28-4-2、图28-4-3所示。

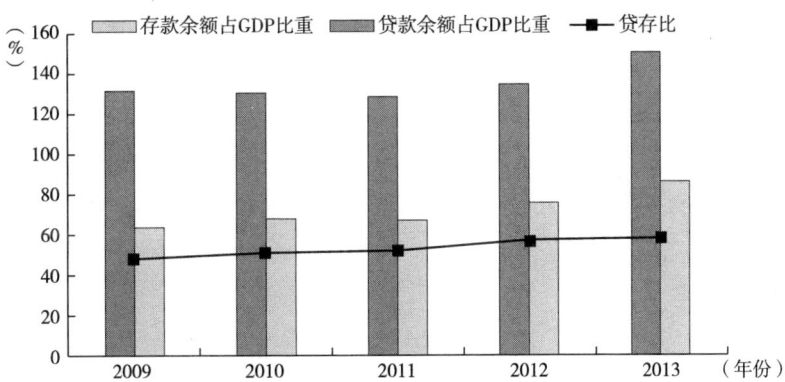

图28-4-2 邢台市2009~2013年银行业微观金融效率变化情况

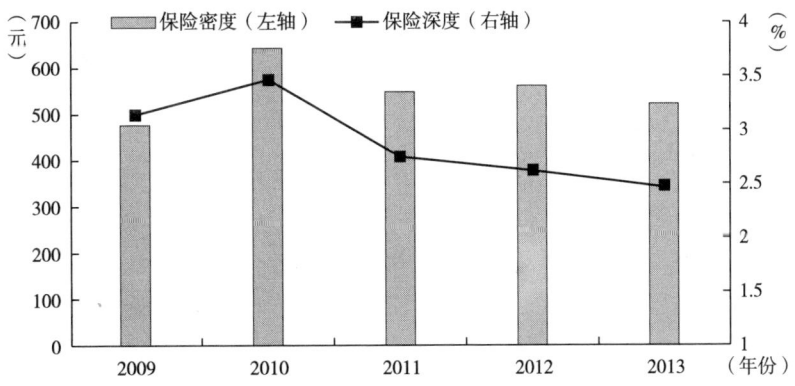

图28-4-3 邢台市2009~2013年保险业微观金融效率变化情况

28.5 邢台市金融竞争力综合评价

通过对邢台市金融生态竞争力、金融规模竞争力及金融效率竞争力的分析，我们得到如下结论。

①邢台市的区域经济实力稳步增长，发展态势良好，区域开放程度稍有波动，但开放形势良好，金融生态竞争力不断增强。但邢台市的进口规模有下降趋势，这在一定程度上反映了邢台市自身生产能力有所提高，对外国商品的依存度有所降低。

②邢台市借贷市场规模总体呈扩大趋势，保险市场保险赔付额呈逐渐扩大趋势，而保费收入呈波动态势，但波动幅度较小，这也从侧面反映了邢台市保险公司业务无大的起色，需采取措施激励各方，以达到最大限度上的事后减损。综合来看，邢台市金融市场规模不断提升，竞争力不断增强。

③邢台市储蓄资源的使用效率提升，宏观经济对储蓄资源的动员力也在提高，宏观金融效率逐步提升；银行业效率有所提升，保险业的整体效率有所下降。

第 29 章
邯郸市 2013 年金融竞争力研究报告

29.1 邯郸市概述

邯郸市是河北省省辖市,是国务院批准的具有地方立法权的 18 个城市之一,全市总面积 12062 平方千米,城市建成区面积 106 平方千米。

2013 年,全市完成地区生产总值 3061.50 亿元,比 2012 年增长 1.25%;人均 GDP 为 30253.47 元;固定资产投资达 2661.20 亿元,比上年增长 27.71%;财政收入为 301.20 亿元,比上年下降 8.48%。2013 年邯郸金融机构各项存款余额为 3431.50 亿元;居民储蓄余额为 2033.20 亿元;金融机构各项贷款余额为 2095.00 亿元,比年初增加 13.78%。城镇人均可支配收入为 23936 元,比上年增长 10.10%;农民人均纯收入为 9542 元,增长 12.96%。

29.2 邯郸市金融生态竞争力评价分析

29.2.1 邯郸区域经济实力评价分析

2009~2013 年邯郸市区域经济实力指标组的数据变化情况如表 29-2-1 所示。

表 29-2-1 邯郸市 2009~2013 年区域经济实力指标及数据

年份	GDP（亿元）	固定资产投资（亿元）	财政收入（亿元）	人均 GDP（元）	人均固定资产投资（元）	城镇人均可支配收入（元）	农村人均纯收入（元）	财政支出/GDP（%）
2009	2015.30	1276.50	201.30	21375.69	13539.45	15961	5323	9.53
2010	2342.20	1596.30	243.90	24309.29	16567.72	17562	6085	10.96
2011	2787.40	1735.60	303.70	28445.75	17712.01	19322	7366	11.81
2012	3023.70	2083.80	329.10	30447.08	20982.78	21740	8447	12.09
2013	3061.50	2661.20	301.20	30253.47	26297.74	23936	9542	11.67

资料来源:2009~2013 年《河北经济年鉴》和《2013 年邯郸市国民经济和社会发展统计公报》及相关计算。

由表 29-2-1 可知,邯郸市 2013 年全年实现 GDP3061.50 亿元,比上年增长 1.25%;固定资产投资 2661.20 亿元,比上年增长 27.71%;全年财政收入 301.20 亿元,比上年下降 8.48%;人均 GDP 为 30253.47 元,比上年下降 0.64%。2013 年邯郸市人均固定资产投资为 26297.74 元，比上年增长 25.33%；城镇人均可支配收入为 23936 元，比上年增长 10.10%；农村人均纯收入为 9542 元，比上年增长 12.96%。财政支出/GDP 为 11.67%，比上年下降了 0.42 个百分点，这说明政府投资拉动的 GDP 比重有所减少，民间投资拉动比重相对上升。

总之，邯郸市 2013 年区域经济实力的总体水平与 2012 年相比，GDP、固定资产投资、人均固定资产投资、城镇人均可支配收入、农村人均纯收入等指标稳步上涨，财政收入和人均 GDP 较 2012 年有所下降。从全市 2009～2013 年区域经济实力的相关数据看，邯郸市的区域经济实力虽然部分数据有所波动，但整体平稳上涨。

邯郸市 2009～2013 年区域经济实力变化情况如图 29-2-1、图 29-2-2 所示。

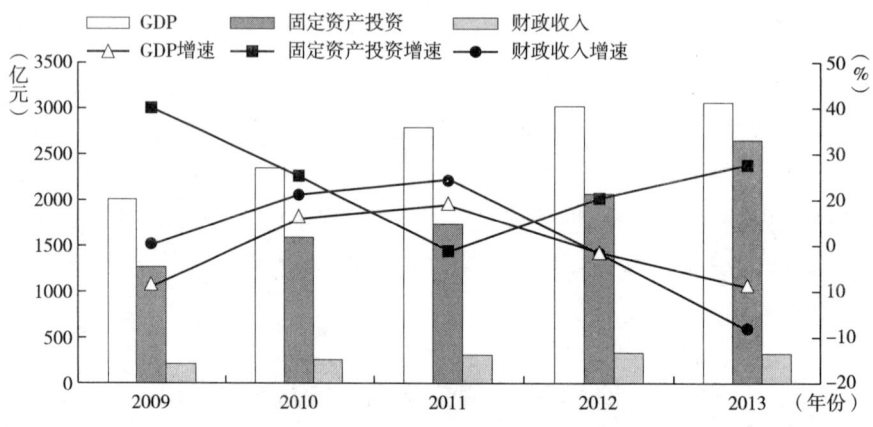

图 29-2-1　邯郸市 2009～2013 年区域经济实力变化情况（1）

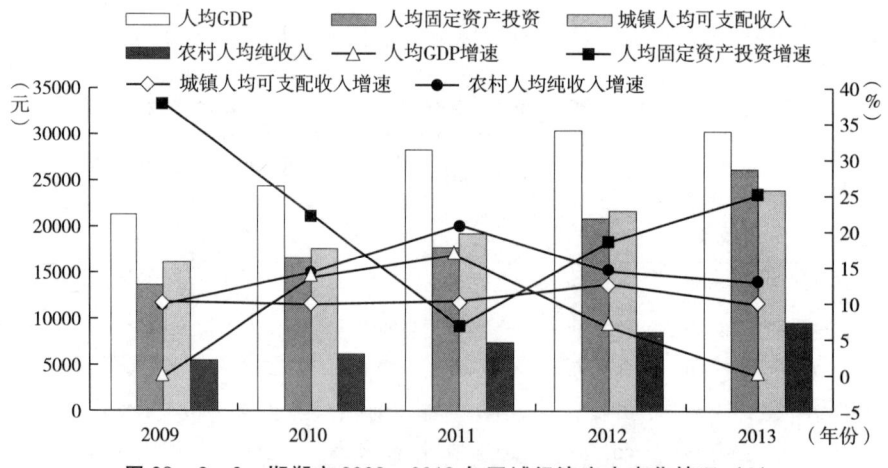

图 29-2-2　邯郸市 2009～2013 年区域经济实力变化情况（2）

29.2.2　邯郸市区域开放程度评价分析

2009～2013 年邯郸市区域开放程度指标的数据变化情况如表 29-2-2 所示。

表 29-2-2 邯郸市 2009~2013 年区域开放程度指标及数据

单位：万美元

年　份	实际利用外资额	出口总额	进口总额
2009	33282	56000	212000
2010	50646	88000	220000
2011	66000	142000	243000
2012	80000	147000	225000
2013	88000	137000	224000

资料来源：2009~2013 年《河北经济年鉴》和《2013 年邯郸市国民经济和社会发展统计公报》。

由表 29-2-2 可知，邯郸市 2013 年实际利用外资额为 88000 万美元，比上年增长 10.00%。2013 年全市出口总额为 137000 万美元，比上年下降 6.80%；进口总额为 224000 万美元，比上年下降 0.44%。从 2009~2013 年邯郸市区域开放程度指标数据来看，实际利用外资额逐渐稳步上升，2013 年达 88000 万美元；全市出口总额和进口总额在 2013 年均有所回落。这说明邯郸市区域开放进程较为缓慢，进出口带动力量不足，制约了邯郸市金融生态发展。

邯郸市 2009~2013 年区域开放程度相关变化情况如图 29-2-3 所示。

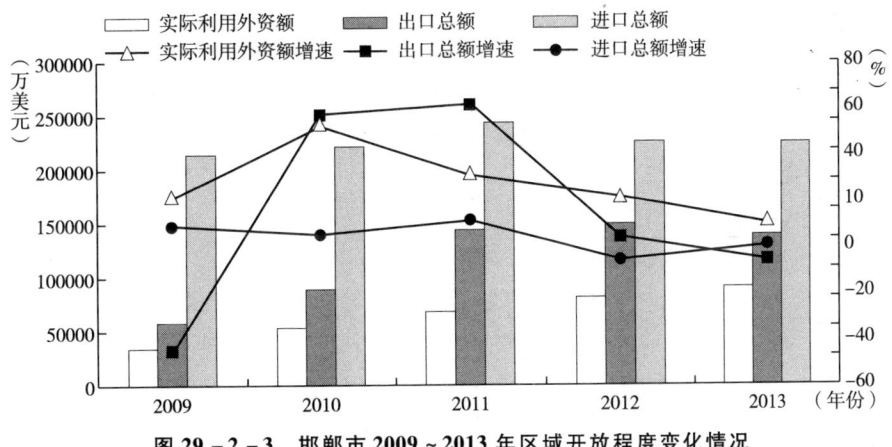

图 29-2-3　邯郸市 2009~2013 年区域开放程度变化情况

29.3　邯郸市金融规模竞争力评价分析

2009~2013 年邯郸市金融规模竞争力指标组的数据变化情况如表 29-3-1 所示。

由表 29-3-1 可知，2013 年邯郸市各项存款余额为 3431.50 亿元，比上年增加了 17.34%；各项贷款余额为 2095.00 亿元，比上年增加 13.78%；居民储蓄余额为 2033.20 亿元，比上年增加了 12.72%。在保险市场上，2013 年邯郸市保险业全年保费收入达 72.22 亿元，比上年增长 10.09%；全年全市支付各类保险赔付额为 45.92 亿元，比上年增长 133.10%。从 2009~2013 年的金融规模竞争力指标数据来看，借贷市场规模逐渐稳步扩大，保险市场规模虽有波动，但呈企稳回升态势。这说明邯郸市金融市场规模不断

表 29-3-1 邯郸市 2009~2013 年金融规模竞争力指标及数据

单位：亿元

年 份	借贷市场			保险市场	
	存款余额	贷款余额	居民储蓄余额	保费收入	保险赔付额
2009	1848.70	1133.60	1213.40	61.40	11.60
2010	2131.50	1318.70	1373.10	93.70	36.60
2011	2491.00	1535.10	1569.10	109.00	26.30
2012	2924.50	1841.20	1803.70	65.60	19.70
2013	3431.50	2095.00	2033.20	72.22	45.92

资料来源：2009~2013 年《河北经济年鉴》和《2013 年邯郸市国民经济和社会发展统计公报》。

壮大，竞争力有所增强。

2009~2013 年邯郸市金融规模竞争力变化情况如图 29-3-1、图 29-3-2 所示。

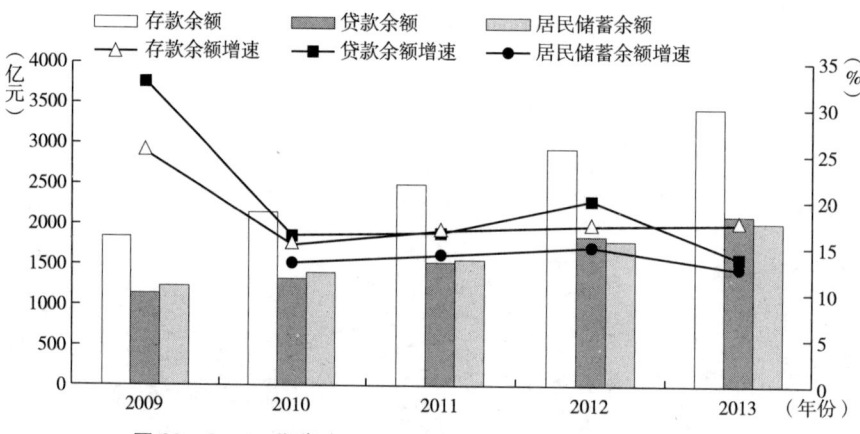

图 29-3-1 邯郸市 2009~2013 年借贷市场规模变化情况

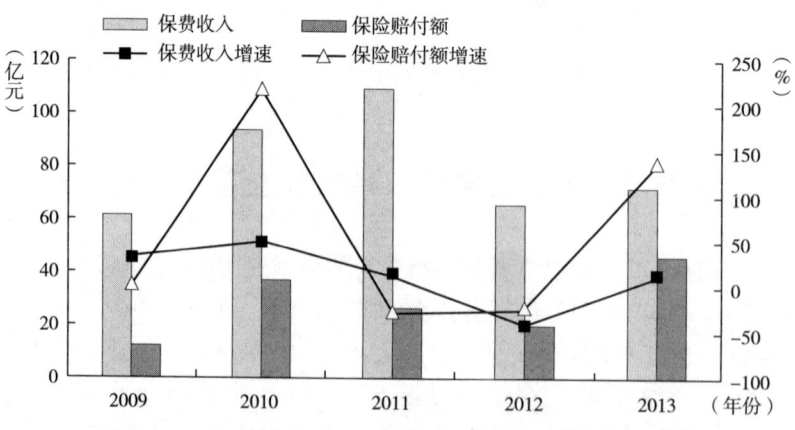

图 29-3-2 邯郸市 2009~2013 年保险市场规模变化情况

29.4 邯郸市金融效率竞争力评价分析

29.4.1 邯郸市宏观金融效率评价分析

2009~2013 年邯郸市宏观金融效率指标组的数据变化情况如表 29-4-1 所示。

表 29-4-1 邯郸市 2009~2013 年宏观金融效率指标数据

年　份	储蓄总额 （亿元）	固定资产投资总额 （亿元）	GDP （亿元）	储蓄投资转化系数	经济储蓄动员力
2009	1213.40	1276.50	2015.30	0.9506	0.6020
2010	1373.10	1596.30	2342.20	0.8602	0.5862
2011	1569.10	1735.60	2787.40	0.9041	0.5726
2012	1803.70	2083.80	3023.70	0.8656	0.5965
2013	2033.20	2661.20	3061.50	0.7640	0.6641

资料来源：2009~2013 年《河北经济年鉴》和《2013 年邯郸市国民经济和社会发展统计公报》。

由表 29-4-1 可知，2013 年邯郸市储蓄投资转化系数为 0.7640，比上年下降了 11.74%，即与 2012 年相比，每单位固定资产投资所需的城乡居民积累的资金数量减少，资金使用效率提升；与此同时，2013 年邯郸市的经济储蓄动员力为 0.6641，比上年增长了 6.76%。从 2009~2013 年宏观金融效率的指标数据看，邯郸市的宏观金融效率总体提升。

邯郸市 2009~2013 年宏观金融效率相关变化情况如图 29-4-1 所示。

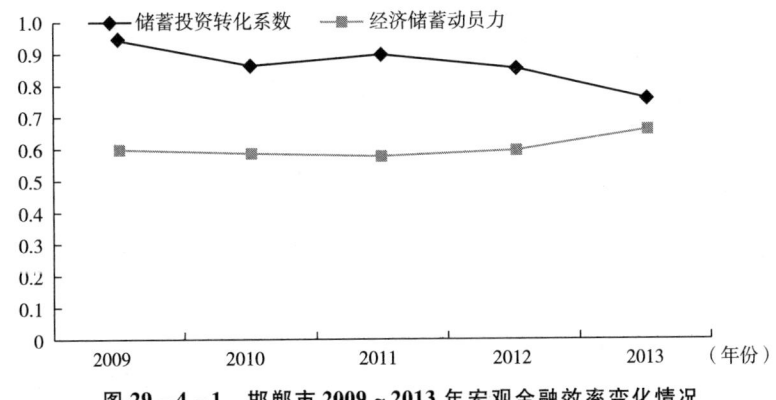

图 29-4-1　邯郸市 2009~2013 年宏观金融效率变化情况

29.4.2 邯郸市微观金融效率评价分析

2009~2013 年邯郸市微观金融效率指标组的数据变化情况如表 29-4-2 所示。

由表 29-4-2 可知，2013 年邯郸市存款余额占 GDP 比重为 112.08%，比上年增加了 15.37 个百分点；贷款余额占 GDP 比重为 68.43%，比上年增加了 7.54 个百分点；贷存

表29-4-2 邯郸市2009~2013年微观金融效率指标及数据

年份	存款余额占GDP比重（%）	贷款余额占GDP比重（%）	贷存比（%）	保险深度（%）	保险密度（元）
2009	91.73	56.24	61.32	3.04	651.25
2010	91.00	56.30	61.87	4.00	872.50
2011	89.36	55.07	61.62	3.91	1112.35
2012	96.71	60.89	62.96	2.16	660.56
2013	112.08	68.43	61.05	2.35	713.67

资料来源：2009~2013年《河北经济年鉴》和《2013年邯郸市国民经济和社会发展统计公报》及相关数据计算。

比为61.05%，比上年下降了1.91个百分点；保险深度为2.35%，比上年上升了0.19个百分点；保险密度为713.67元。总之，2013年邯郸市的微观金融效率指标水平较2012年有不同程度的提高。从邯郸市2009~2013年的微观金融效率相关数据来看，以贷存比为主要指标的银行业微观金融效率总体呈上升趋势；保险深度和保险密度指标呈现先上升后下降再上升的趋势，保险业的微观金融效率有所波动。

邯郸市2009~2013年微观金融效率相关变化情况如图29-4-2、图29-4-3所示。

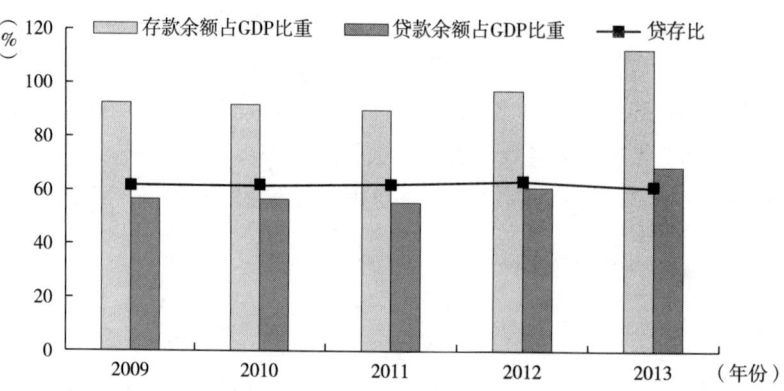

图29-4-2 邯郸市2009~2013年银行业微观金融效率变化情况

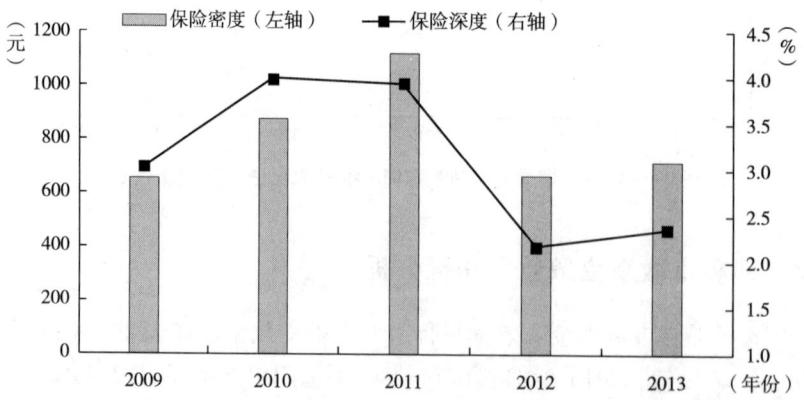

图29-4-3 邯郸市2009~2013年保险业微观金融效率变化情况

29.5 邯郸市金融竞争力综合评价

通过对邯郸市金融生态竞争力、金融规模竞争力及金融效率竞争力的分析，我们得到如下结论。

①邯郸市的区域经济实力整体发展态势虽然部分数据有所波动，但整体平稳上升。邯郸市区域开放进程较为缓慢，进出口带动力量不足，制约了邯郸市的金融生态发展。

②从邯郸市的金融市场规模来看，借贷市场规模逐渐稳步扩大，保险市场规模虽有波动，但总体呈企稳回升态势。这说明邯郸市金融市场规模不断壮大，竞争力有所增强。

③邯郸市储蓄资源的使用效率及宏观经济对储蓄资源的动员力都在提高，邯郸市的宏观金融效率逐步提升；银行业的微观金融效率逐步提高，保险业的效率有提高趋势。因此，提高保险业的效率是邯郸市提升其微观金融效率的一大方向。

第30章
聊城市2013年金融竞争力研究报告

30.1 聊城市概述

聊城市地处中原腹地，山东省西部，是与山西、河南、河北等省份经济、技术、文化交流的重要通道。聊城市总面积达8715平方千米，是著名的历史文化名城，享有"中国北方的威尼斯"之称。

2013年，聊城市实现地区生产总值2365.87亿元，其中，第一产业增加值287.15亿元，增长3.5%；第二产业增加值1258.15亿元，增长11.1%；第三产业增加值820.57亿元，增长10.3%。在农业方面，全市农业气候资源较为丰富，适合种植多种农作物。在工业方面，2013年全市规模以上工业企业2487家，比上年增加252家。在金融方面，2013年底，全市金融机构各项存款余额达1930.94亿元，比年初增加257.27亿元；各项贷款余额为1414.58亿元，比年初增加165.75亿元。

30.2 聊城市金融生态竞争力评价分析

30.2.1 聊城市区域经济实力评价分析

2009~2013年聊城市区域经济实力指标组的数据变化情况如表30-2-1所示。

表30-2-1 聊城市2009~2013年区域经济实力指标及数据

年份	GDP（亿元）	固定资产投资（亿元）	财政收入（亿元）	人均GDP（元）	人均固定资产投资（元）	城镇人均可支配收入（元）	农村人均纯收入（元）	财政支出/GDP（%）
2009	1378.37	700.00	55.38	24572	12478.61	15957	5539	7.78
2010	1622.38	887.70	70.50	27983	15311.24	17889	6377	8.91
2011	1919.42	1041.10	96.56	32831	17807.84	20649	7735	9.04
2012	2146.75	1260.70	104.49	36427	21392.09	23685	8872	10.11
2013	2365.87	1511.09	135.55	39596	25290.21	26087	10083	10.92

资料来源：2009~2013年《山东统计年鉴》和《2013年聊城市国民经济和社会发展统计公报》及相关计算。

由表30-2-1可知，聊城市2013年全年实现GDP 2365.87亿元，比上年增长10.21%；固定资产投资达1511.09亿元，比上年增长19.86%；财政收入为135.55亿元，比上年增长 29.73%；人均 GDP 为 39596 元，比上年增长 8.70%，按 2013 年平均汇率计算为 6393 美元。2013 年聊城市人均固定资产投资为 25290.21 元，比上年增长 18.22%；城镇人均可支配收入为 26087 元，比上年上升 10.14%；农村人均纯收入为 10083 元，比上年增长 13.65%。2013 年聊城市财政支出/GDP 为 10.92%，比上年增长了 0.81 个百分点，说明聊城市的金融内生能力有所下降。总之，聊城市 2013 年区域经济实力的各项指标与 2012 年相比均有不同程度的上升。从全市 2009～2013 年区域经济实力的相关数据看，各项指标呈逐渐上升趋势，说明聊城市的区域经济实力处于不断上升的阶段，经济发展态势良好，为金融生态竞争力的提升奠定了坚实的物质基础。

聊城市 2009～2013 年区域经济实力变化情况如图 30-2-1、图 30-2-2 所示。

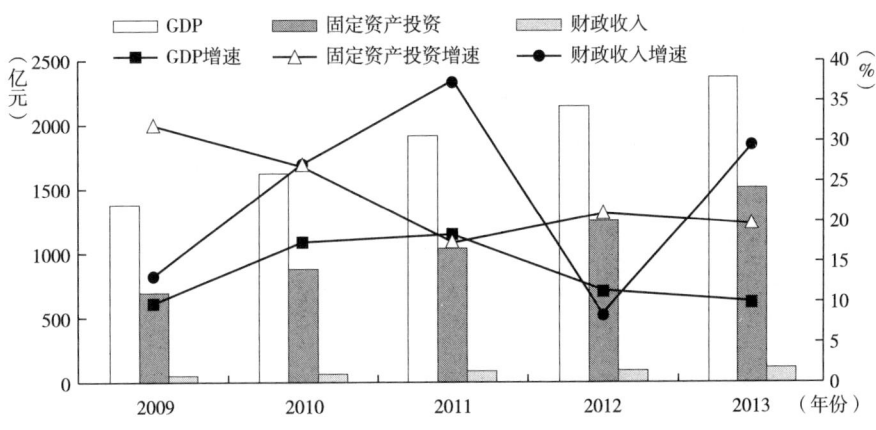

图 30-2-1　聊城市 2009～2013 年区域经济实力变化情况（1）

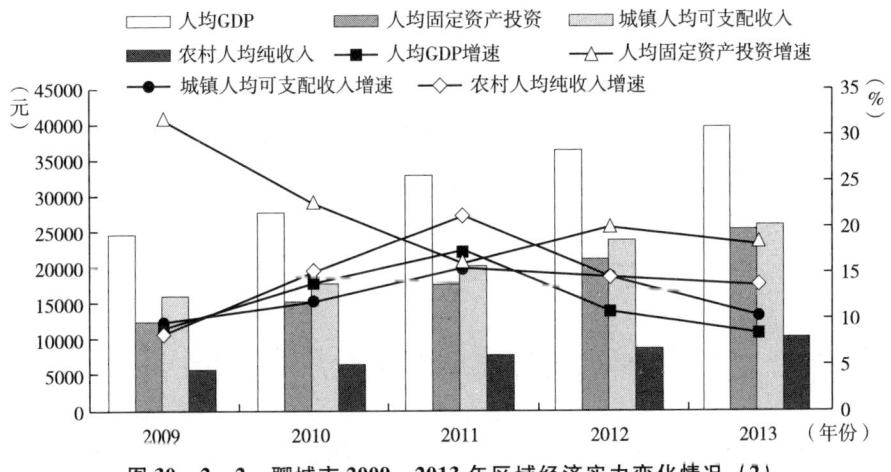

图 30-2-2　聊城市 2009～2013 年区域经济实力变化情况（2）

30.2.2　聊城市区域开放程度评价分析

2009～2013 年聊城市区域开放程度指标的数据变化情况如表 30-2-2 所示。

表30-2-2 聊城市2009~2013年区域开放程度指标及数据

单位：万美元

年份	实际利用外资额	出口总额	进口总额
2009	9076	83701	138370
2010	10064	128938	234233
2011	104274	187526	377913
2012	11521	184919	374313
2013	16300	200300	418600

资料来源：2009~2013年《山东统计年鉴》和《2013年聊城市国民经济和社会发展统计公报》。

由表30-2-2可知，聊城市2013年实际利用外资额为16300万美元，比上年增长41.48%。2013年全市出口总额为200300万美元，比上年增长8.32%；进口总额为418600万美元，比上年增长11.83%。从2009~2013年聊城市区域开放程度指标数据来看，实际利用外资额在2011年达到最高，之后两年大幅回落，恢复正常水平；全市进口及出口总额虽然在2012年有所回落，但总体呈增长趋势。这说明聊城市区域开放程度不断加深，外资的利用效率不断提高，对经济发展的积极影响更加显著。

聊城市2009~2013年区域开放程度相关变化情况如图30-2-3所示。

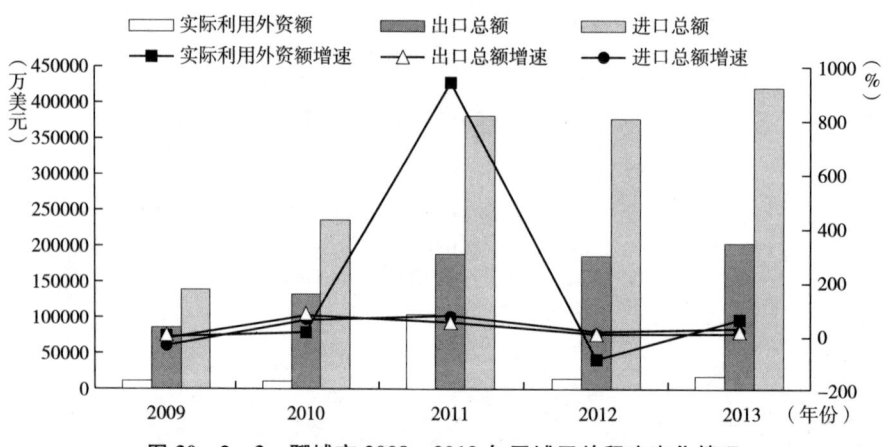

图30-2-3 聊城市2009~2013年区域开放程度变化情况

30.3 聊城市金融规模竞争力评价分析

2009~2013年聊城市金融规模竞争力指标组的数据变化情况如表30-3-1所示。

由表30-3-1可知，2013年聊城市各项存款余额为1930.94亿元，比上年增加了14.41%；各项贷款余额为1414.58亿元，比上年增加9.73%；居民储蓄余额为1290.20亿元，比上年增加了26.49%。在保险市场上，2013年聊城市保险业全年保费收入达49.64亿元，比上年增长6.32%；全年全市支付各类保险赔付额为16.77亿元，比上年增长51.76%。从2009~2013年的金融规模竞争力指标数据来看，借贷市场和保险市场规

表 30-3-1　聊城市 2009~2013 年金融规模竞争力指标及数据

单位：亿元

年　份	借贷市场			保险市场	
	存款余额	贷款余额	居民储蓄余额	保费收入	保险赔付额
2009	1074.29	771.04	668.83	29.87	7.66
2010	1232.43	919.65	752.49	37.94	7.45
2011	1366.62	1110.66	845.72	40.92	8.72
2012	1687.69	1289.20	1020.03	46.69	11.05
2013	1930.94	1414.58	1290.20	49.64	16.77

资料来源：2009~2013 年《山东统计年鉴》和《2013 年聊城市国民经济和社会发展统计公报》。

模均逐渐扩大，说明聊城市金融规模不断提升，竞争力不断增强。

2009~2013 年聊城市金融规模竞争力变化情况如图 30-3-1、图 30-3-2 所示。

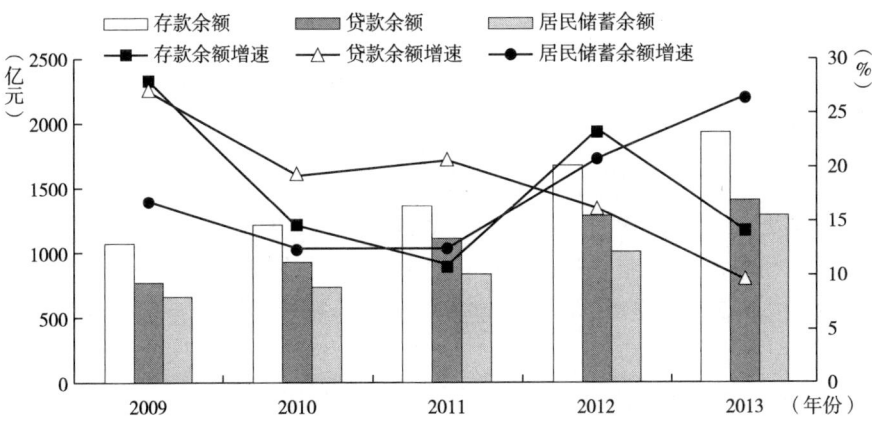

图 30-3-1　聊城市 2009~2013 年借贷市场规模变化情况

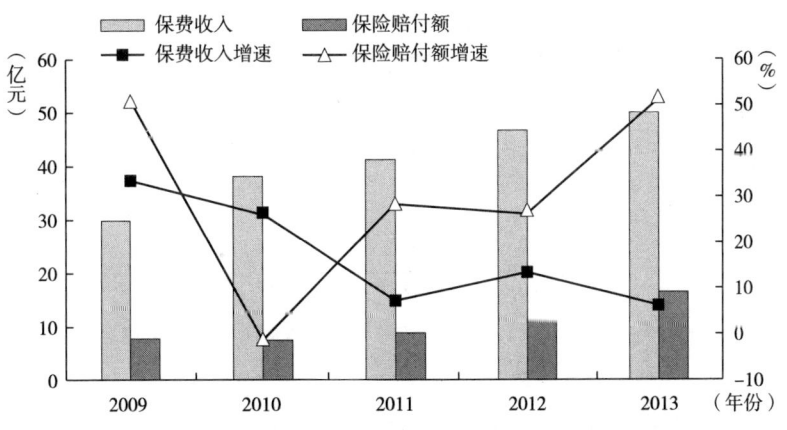

图 30-3-2　聊城市 2009~2013 年保险市场规模变化情况

30.4 聊城市金融效率竞争力评价分析

30.4.1 聊城市宏观金融效率评价分析

2009~2013年聊城市宏观金融效率指标组的数据变化情况如表30-4-1所示。

表30-4-1 聊城市2009~2013年宏观金融效率指标数据

年 份	储蓄总额（亿元）	固定资产投资总额（亿元）	GDP（亿元）	储蓄投资转化系数	经济储蓄动员力
2009	668.83	700.00	1378.37	0.9555	0.4852
2010	752.49	887.70	1622.38	0.8477	0.4638
2011	844.14	1041.10	1919.42	0.8108	0.4398
2012	1018.54	1260.70	2146.75	0.8079	0.4745
2013	1290.20	1511.09	2365.87	0.8538	0.5453

资料来源：2009~2013年《山东统计年鉴》和《2013年聊城市国民经济和社会发展统计公报》，后两列数据根据上述文献计算得到。

由表30-4-1可知，2013年聊城市储蓄投资转化系数为0.8538，比上年上升了5.68%，即与2012年相比，每单位固定资产投资所需的城乡居民积累的资金数量增加，资金使用效率有所下降；与此同时，2013年聊城市的经济储蓄动员力为0.5453，比上年增长了14.92%。从2009~2013年宏观金融效率的指标数据看，聊城市的宏观金融效率整体呈上升态势。

聊城市2009~2013年宏观金融效率相关变化情况如图30-4-1所示。

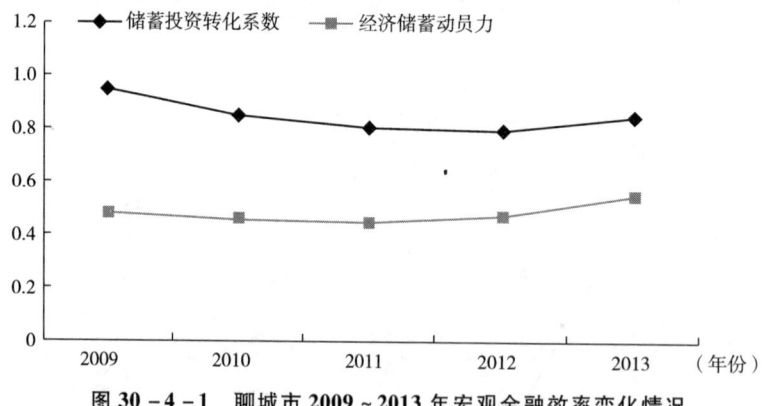

图30-4-1 聊城市2009~2013年宏观金融效率变化情况

30.4.2 聊城市微观金融效率评价分析

2009~2013年聊城市微观金融效率指标组的数据变化情况如表30-4-2所示。

表 30 - 4 - 2 聊城市 2009~2013 年微观金融效率指标及数据

年份	存款余额占 GDP 比重（%）	贷款余额占 GDP 比重（%）	贷存比（%）	保险深度（%）	保险密度（元）
2009	77.94	55.94	71.77	2.17	532
2010	75.96	56.69	74.62	2.34	654
2011	71.20	57.86	81.27	2.13	700
2012	78.62	60.05	76.39	2.17	792
2013	81.62	59.79	73.26	2.10	831

资料来源：2009~2013 年《山东统计年鉴》和《2013 年聊城市国民经济和社会发展统计公报》及相关数据计算。

由表 30 - 4 - 2 可知，2013 年聊城市存款余额占 GDP 比重为 81.62%，比上年上升了 3 个百分点；贷款余额占 GDP 比重为 59.79%，比上年下降了 0.26 个百分点；贷存比为 73.26%，比上年下降了 3.13 个百分点；保险深度为 2.10%，比上年下降 0.07 个百分点；保险密度为 831 元，比上年增长了 4.92%。总之，从聊城市 2013 年的数据来看，以贷存比为主要指标的银行业微观金融效率略有下降；保险深度有所下降，保险密度有所提高，保险业的微观金融效率总体来说有所提升。这说明聊城市银行业效率有所下降，保险业效率有所提升。

聊城市 2009~2013 年微观金融效率相关变化情况如图 30 - 4 - 2、图 30 - 4 - 3 所示。

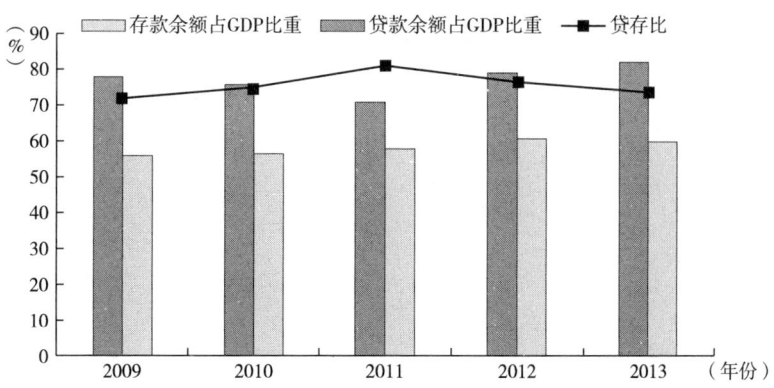

图 30 - 4 - 2 聊城市 2009~2013 年银行业微观金融效率变化情况

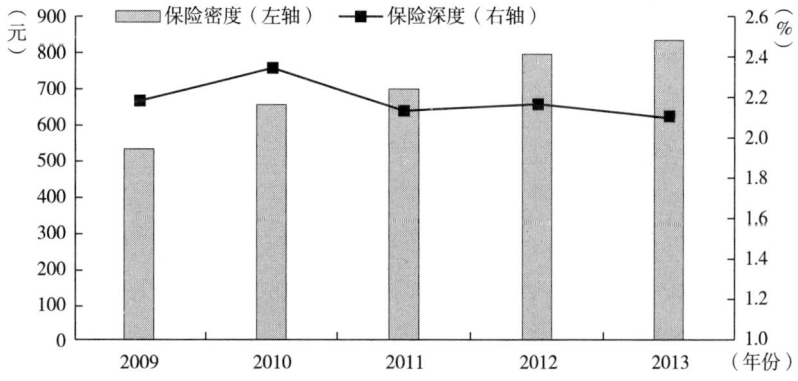

图 30 - 4 - 3 聊城市 2009~2013 年保险业微观金融效率变化情况

30.5 聊城市金融竞争力综合评价

通过对聊城市金融生态竞争力、金融规模竞争力及金融效率竞争力的分析,我们得到如下结论。

①聊城市的经济实力有所提升,区域开放程度明显增强,金融生态环境稳步优化、逐步改善,为聊城市金融业的发展营造了良好的金融环境。

②聊城市借贷市场和保险市场的规模均有所扩大,发展态势良好,因此,聊城市的金融规模竞争力增强。

③聊城市储蓄资源的使用效率有所下降,宏观经济对储蓄资源的动员力显著提升,因此,聊城市宏观金融效率增强;与此同时,由于银行业的效率有所下降,保险业的效率有所提高,且银行业效率的减幅大于保险业效率的增幅,聊城市的微观金融效率整体下降。进一步采取措施提高银行业效率是聊城市下一步提高微观金融效率所要努力的方向。

第 31 章
菏泽市 2013 年金融竞争力研究报告

31.1 菏泽市概述

菏泽市地处鲁、豫、苏、皖四省交界处，总人口 833.81 万，是中原经济区城市之一。菏泽市是全国著名的优质粮棉林畜生产基地、全国三个农区畜牧大市和首批四个平原绿化达标地区之一，也是中原经济区国家发展战略的核心城市之一。

菏泽市经济基础雄厚，2013 年，全年完成地区生产总值 2050.01 亿元，比 2012 年增长 14.69%，人均 GDP 为 24498.50 元。全年固定资产投资达 810.77 亿元，比上年增长 18.00%。全年财政收入为 159.30 亿元，比上年增长 13.54%。2013 年菏泽金融机构各项存款余额为 1918.86 亿元；居民储蓄余额为 1428.86 亿元；金融机构各项贷款余额为 1230.75 亿元，比上年增长 15.85%。全年城镇人均可支配收入为 21236 元，比上年增长 10.95%；农村人均纯收入为 9309 元，比上年增长 13.70%。

31.2 菏泽市金融生态竞争力评价分析

31.2.1 菏泽市区域经济实力评价分析

2009~2013 年菏泽市区域经济实力指标组的数据变化情况如表 31-2-1 所示。

表 31-2-1 菏泽市 2009~2013 年区域经济实力指标及数据

年份	GDP（亿元）	固定资产投资（亿元）	财政收入（亿元）	人均 GDP（元）	人均固定资产投资（元）	城镇人均可支配收入（元）	农村人均纯收入（元）	财政支出/GDP（%）
2009	957.31	475.41	60.57	11606.01	5763.66	12737	5047	14.75
2010	1227.09	582.86	84.69	14781.01	7020.89	14419	5812	15.24
2011	1556.52	552.29	111.59	18711.10	6639.14	16658	7119	14.88
2012	1787.36	687.11	140.30	21436.06	8240.61	19140	8187	15.68
2013	2050.01	810.77	159.30	24498.50	9689.05	21236	9309	15.70

资料来源：2009~2013 年《山东统计年鉴》和《2013 年菏泽市国民经济和社会发展统计公报》及相关计算。

由表 31-2-1 可知，菏泽市 2013 年全年实现 GDP 2050.01 亿元，比上年增长 14.69%；固定资产投资达 810.77 亿元，比上年增长 18.00%；财政收入为 159.30 亿元，比上年增加13.54%；人均GDP为24498.50元，比上年增长14.29%，按2013年平均汇率计算为3956美元。2013年菏泽市人均固定资产投资为9689.05元，比上年增长17.58%；城镇人均可支配收入为21236元，比上年增长10.95%；农村人均纯收入为9309元，比上年增长13.70%；财政支出占GDP的比重为15.70%，增加了0.02个百分点，说明政府投资拉动的GDP比重略微增加。总之，菏泽市2013年区域经济实力的总体水平与2012年相比有较大程度的提高。从全市2009～2013年区域经济实力的相关数据看，菏泽市的区域经济实力逐步提高，态势良好。

菏泽市2009～2013年区域经济实力变化情况如图31-2-1、图31-2-2所示。

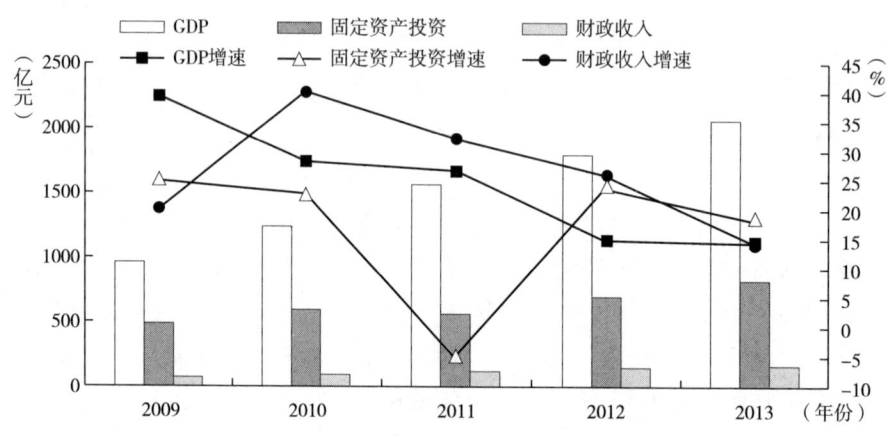

图31-2-1　菏泽市2009～2013年区域经济实力变化情况（1）

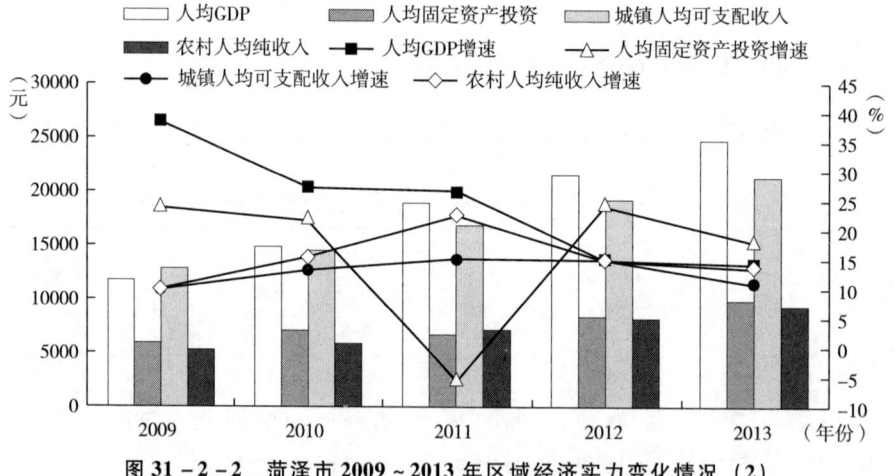

图31-2-2　菏泽市2009～2013年区域经济实力变化情况（2）

31.2.2　菏泽市区域开放程度评价分析

2009～2013年菏泽市区域开放程度指标的数据变化情况如表31-2-2所示。

由表31-2-2可知，菏泽市2013年实际利用外资额为21818万美元，比上年增长32.19%。2013年全市出口总额为175000万美元，比上年增长14.52%；进口总额为121700

表 31-2-2　菏泽市 2009~2013 年区域开放程度指标及数据

单位：万美元

年　份	实际利用外资额	出口总额	进口总额
2009	8516	87050	38749
2010	11858	121105	61237
2011	8039	144051	129954
2012	16505	152819	165234
2013	21818	175000	121700

资料来源：2009~2013 年《山东统计年鉴》和《2013 年菏泽市国民经济和社会发展统计公报》。

万美元，比上年下降 26.35%。从 2009~2013 年菏泽市区域开放程度指标数据来看，实际利用外资额总体上升，2012 年增速达 105.31%；全市出口总额逐渐增加，进口总额也保持逐渐增长，但 2013 年有所下降。这说明菏泽市区域开放程度不断加深，开放形势良好，由于受到政策和国家宏观形势影响，2013 年进口规模有所缩减。

菏泽市 2009~2013 年区域开放程度相关变化情况如图 31-2-3 所示。

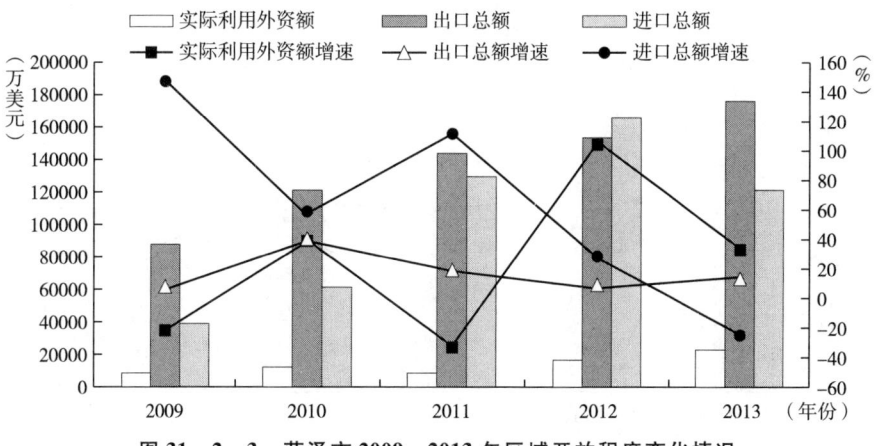

图 31-2-3　菏泽市 2009~2013 年区域开放程度变化情况

31.3　菏泽市金融规模竞争力评价分析

2009~2013 年菏泽市金融规模竞争力指标组的数据变化情况如表 31-3-1 所示。

表 31-3-1　菏泽市 2009~2013 年金融规模竞争力指标及数据

单位：亿元

年　份	借贷市场			保险市场	
	存款余额	贷款余额	居民储蓄余额	保费收入	保险赔付额
2009	898.31	657.50	645.42	26.71	6.43
2010	1089.77	797.66	804.70	38.31	7.91

续表

年 份	借贷市场			保险市场	
	存款余额	贷款余额	居民储蓄余额	保费收入	保险赔付额
2011	1326.40	877.13	984.92	42.60	9.00
2012	1607.77	1062.34	1219.92	47.30	10.50
2013	1918.86	1230.75	1428.86	60.89	15.93

资料来源：2009~2013年《山东统计年鉴》和《2013年菏泽市国民经济和社会发展统计公报》。

由表31-3-1可知，2013年菏泽市各项存款余额为1918.86亿元，比上年增加了19.35%；各项贷款余额为1230.75亿元，比上年增加了15.85%；居民储蓄余额为1428.86亿元，比上年增加了17.13%。在保险市场上，2013年菏泽市保险业全年保费收入达60.89亿元，比上年增长了28.73%；全年全市支付各类保险赔付额为15.93亿元，比上年增长51.71%。从2009~2013年的金融规模竞争力指标数据来看，借贷市场和保险市场规模逐渐稳步扩大。这说明菏泽市金融市场规模增长强劲，发展潜力和竞争力不断增强。

菏泽市2009~2013年金融规模竞争力变化情况如图31-3-1、图31-3-2所示。

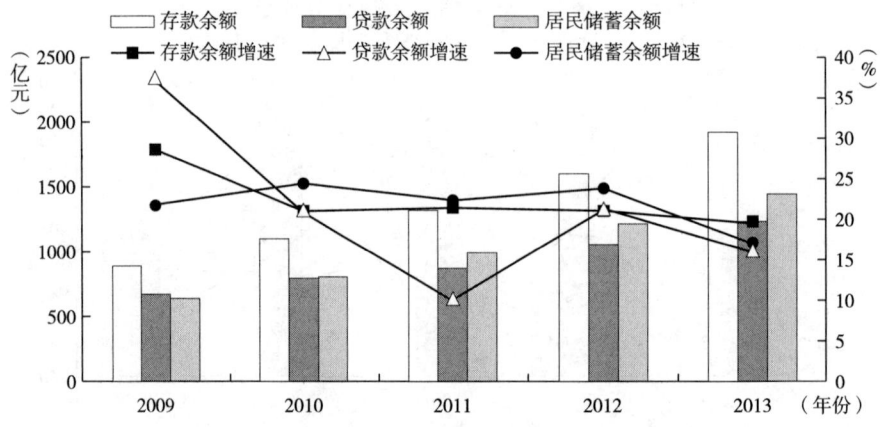

图31-3-1 菏泽市2009~2013年借贷市场规模变化情况

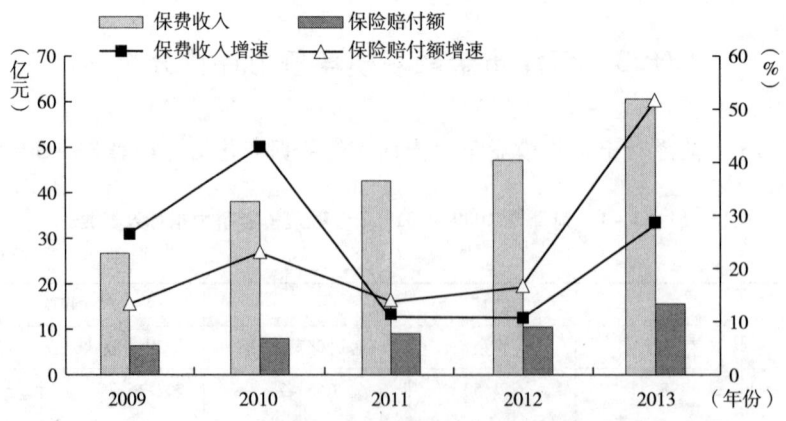

图31-3-2 菏泽市2009~2013年保险市场规模变化情况

31.4 菏泽市金融效率竞争力评价分析

31.4.1 菏泽市宏观金融效率评价分析

2009~2013年菏泽市宏观金融效率指标组的数据变化情况如表31-4-1所示。

表31-4-1 菏泽市2009~2013年宏观金融效率竞争力指标及数据

年 份	储蓄总额（亿元）	固定资产投资总额（亿元）	GDP（亿元）	储蓄投资转化系数	经济储蓄动员力
2009	645.42	475.41	957.31	1.3576	0.6742
2010	804.70	582.86	1227.09	1.3806	0.6558
2011	984.92	552.29	1556.52	1.7833	0.6328
2012	1219.92	687.11	1787.36	1.7754	0.6825
2013	1428.86	810.77	2050.01	1.7623	0.6970

资料来源：前三列数据摘自2009~2013年《山东统计年鉴》和《2013年菏泽市国民经济和社会发展统计公报》，后两列数据根据上述文献计算得到。

由表31-4-1可知，2013年菏泽市储蓄投资转化系数为1.7623，比上年下降了0.74%，即与2012年相比，每单位固定资产投资所需的城乡居民积累的资金数量略微减少，资金使用效率略微提升；与此同时，2013年菏泽市的经济储蓄动员力为0.6970，比上年增长了2.12%。从2009~2013年宏观金融效率的指标数据看，菏泽市的宏观金融效率总体提升。

菏泽市2009~2013年宏观金融效率相关变化情况如图31-4-1所示。

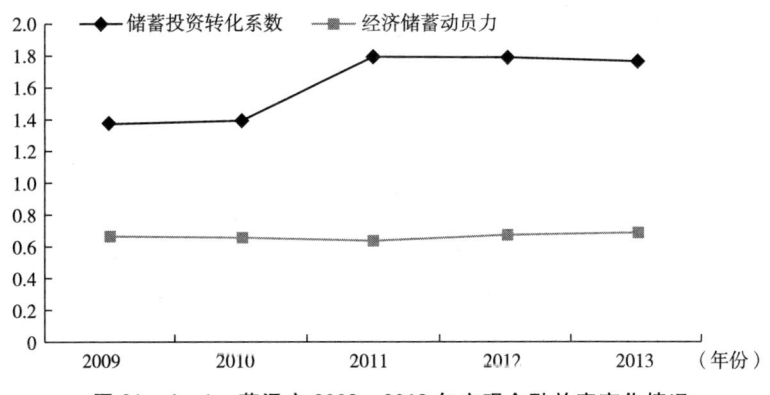

图31-4-1 菏泽市2009~2013年宏观金融效率变化情况

31.4.2 菏泽市微观金融效率评价分析

2009~2013年菏泽市微观金融效率指标组的数据变化情况如表31-4-2所示。

表 31-4-2 菏泽市 2009~2013 年微观金融效率指标及数据

年 份	存款余额占 GDP 比重 (%)	贷款余额占 GDP 比重 (%)	贷存比 (%)	保险深度 (%)	保险密度 (元)
2009	93.84	68.68	73.19	2.79	323.82
2010	88.81	65.00	73.20	3.12	461.47
2011	85.22	56.35	66.13	2.74	512.1
2012	89.95	59.44	66.08	2.65	567.28
2013	93.60	60.04	64.14	2.97	727.66

资料来源：2009~2013 年《山东统计年鉴》和《2013 年菏泽市国民经济和社会发展统计公报》及相关数据计算。

由表 31-4-2 可知，2013 年菏泽市存款余额占 GDP 比重为 93.60%，比上年增长了 3.65 个百分点；贷款余额占 GDP 比重为 60.04%，比上年增加了 0.60 个百分点；贷存比为 64.14%，比上年下降了 1.94 个百分点；保险深度为 2.97%，比上年增加了 0.32 个百分点；保险密度为 727.66 元，比上年增长了 28.27%。2013 年菏泽市的绝大部分微观金融效率指标水平较 2012 年有不同程度的提高，仅贷存比有所下降。从菏泽市 2009~2013 年的微观金融效率相关数据来看，银行业主要效率指标贷存比呈总体下降趋势；保险深度指标有所波动，保险密度逐渐提高。这说明菏泽市银行业借贷规模增加，资金利用效率降低；保险规模逐渐增大，但效率不够稳定。因此，这在一定程度上制约了菏泽金融市场效率的提升。

菏泽市 2009~2013 年微观金融效率相关变化情况如图 31-4-2、图 31-4-3 所示。

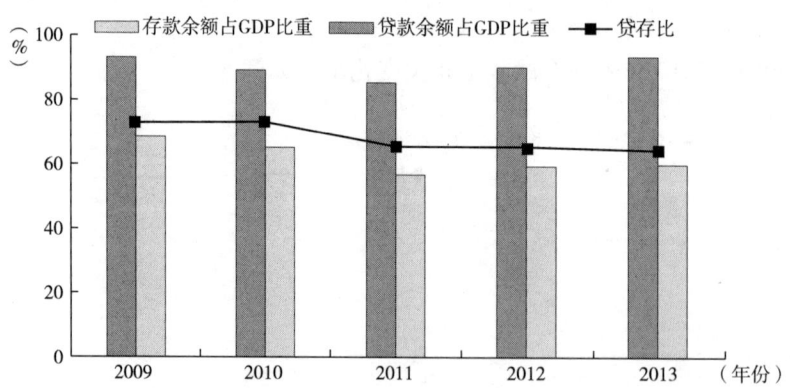

图 31-4-2 菏泽市 2009~2013 年银行业微观金融效率变化情况

31.5 菏泽市金融竞争力综合评价

通过对菏泽市金融生态竞争力、金融规模竞争力及金融效率竞争力的分析，我们得到如下结论。

①菏泽市的区域经济实力提升，区域开放程度总体加深，因此，菏泽市的金融生态竞

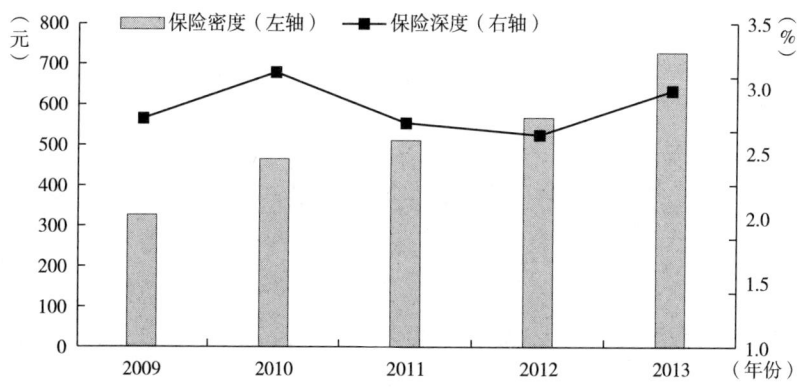

图 31-4-3 菏泽市 2009~2013 年保险业微观金融效率变化情况

争力在增强。

②菏泽市的借贷市场和保险市场的规模扩大,成长势头强劲,因此,菏泽市的金融规模竞争力显著增强。

③菏泽市储蓄金的使用效率及宏观经济对储蓄资源的动员力都有略微提高,宏观金融效率有所增强;全市银行业的效率有所下降,保险业效率不够稳定。因此,提高菏泽市资金的使用效率,大力发展保险业,不仅是菏泽市提升微观金融效率的努力方向,而且是其提升整个金融系统竞争力的重要途径。

第32章
泰安市东平县2013年金融竞争力研究报告

32.1 东平县概述

东平县位于鲁西南，西临黄河，东望泰山，隶属于山东省泰安市，总面积1343平方千米，是山东省旅游资源比较丰富的县份之一。东平县矿产资源比较丰富，具有储量大、分布相对集中等特点，现在探明的金属、非金属和能源矿藏主要有铁、水泥用灰岩、页岩、白云岩、建筑用砂、木鱼石、矿泉水、煤等品种。其中，铁矿探明储量7.35亿吨，居全省第3位埋藏浅，宜于开采；煤炭探明储量1.7亿吨。丰富的矿产资源为东平县的经济发展奠定了雄厚的基础。

2013年，全县实现地区生产总值310.83亿元；固定资产投资完成209.20亿元，同比增长22.41%；实现地方财政收入10.04亿元，比上年增长32.11%。2013年，全县城镇人均可支配收入为20509元；农村人均纯收入为9446元。

32.2 东平县金融生态竞争力评价分析

32.2.1 东平县区域经济实力评价分析

2009~2013年东平县区域经济实力指标组的数据变化情况如表32-2-1所示。

表32-2-1 东平县2009~2013年区域经济实力指标及数据

年 份	GDP（亿元）	固定资产投资（亿元）	财政收入（亿元）	人均GDP（元）	人均固定资产投资（元）	城镇人均可支配收入（元）	农村人均纯收入（元）
2009	158.10	87.60	5.30	21500	11107.50	—	5126
2010	203.50	119.50	5.85	25727	15107.46	14108	6031
2011	235.10	139.70	6.43	29722	17661.20	16277	7146
2012	—	170.90	7.60	—	—	18628	8304
2013	310.83	209.20	10.04	—	—	20509	9446

资料来源：2009~2010年《泰安统计年鉴》和2010~2013年《东平县国民经济和社会发展统计公报》及东平县统计局相关政务公告计算。

由表32-2-1可知，东平县2013年全年实现GDP 310.83亿元；固定资产投资达

209.20亿元,比上年增长22.41%;全年财政收入为10.04亿元,比上年增长32.11%。总之,东平县2013年区域经济实力的总体水平与2012年相比有较大提高。从全县2009~2013年区域经济实力的相关数据看,东平县的经济水平逐渐提高,区域经济实力不断增强。

东平县2009~2013年区域经济实力变化情况如图32-2-1、图32-2-2所示。

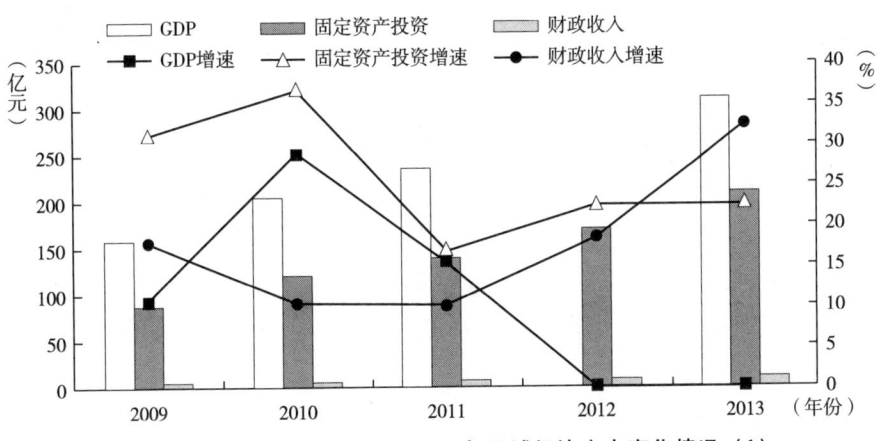

图32-2-1 东平县2009~2013年区域经济实力变化情况(1)

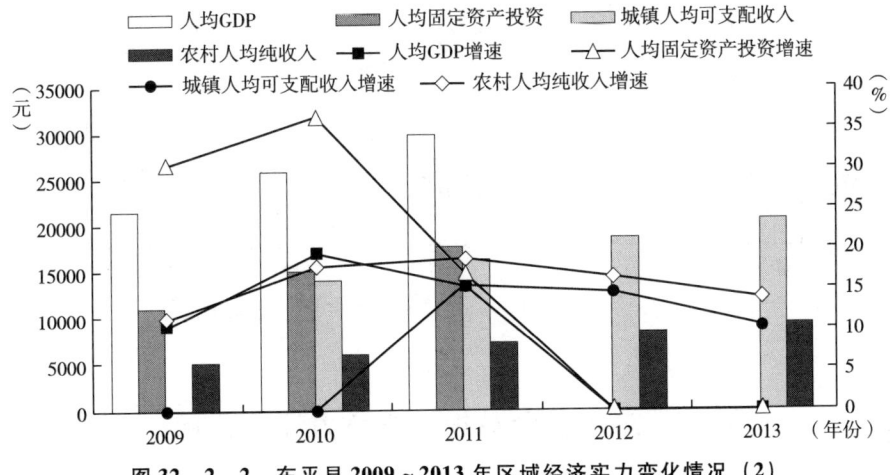

图32-2-2 东平县2009~2013年区域经济实力变化情况(2)

32.2.2 东平县区域开放程度评价分析

2009~2013年东平县区域开放程度指标的数据变化情况如表32-2-2所示。

表32-2-2 东平县2009~2013年区域开放程度指标及数据

单位:万美元

年 份	实际利用外资额	出口总额	进口总额
2009	9170	1336	3536
2010	9328	1526	6880

续表

年 份	实际利用外资额	出口总额	进口总额
2011	144	1397	9199
2012	—	—	—
2013	—	1697	55268

资料来源：2009~2010年《泰安统计年鉴》和2010~2013年《东平县国民经济和社会发展统计公报》及东平县统计局相关政务公告计算。

由表32-2-2可知，2013年全县出口总额为1697万美元，比2011年增长21.47%；进口总额为55268万美元，比2011年增长500.80%。从2009~2013年东平县区域开放程度指标数据来看，全市出口总额呈大幅波动式提高；进口总额呈递增趋势。这说明东平县区域开放程度不断加深，开放形势良好，金融生态竞争力不断增强。

东平县2009~2013年区域开放程度相关变化情况如图32-2-3所示。

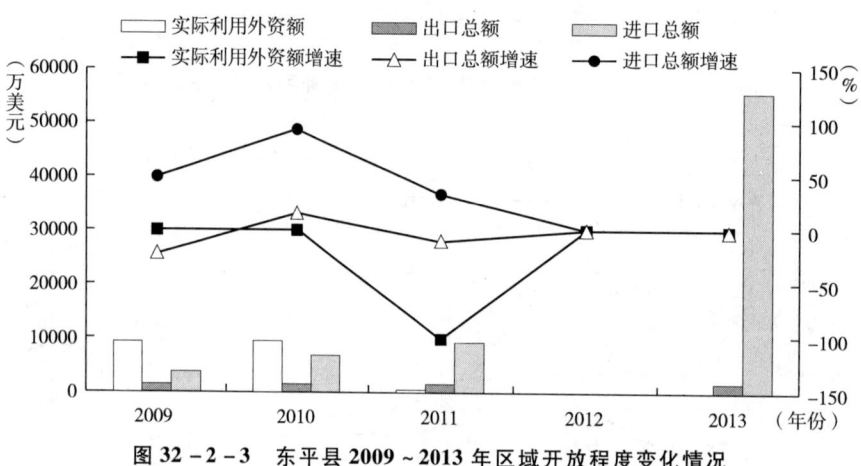

图32-2-3 东平县2009~2013年区域开放程度变化情况

32.3 东平县金融规模竞争力评价分析

2009~2013年东平县金融规模竞争力指标组的数据变化情况如表32-3-1所示。

表32-3-1 东平县2009~2013年金融规模竞争力指标及数据

单位：亿元

年 份	借贷市场			保险市场	
	存款余额	贷款余额	居民储蓄余额	保费收入	保险赔付额
2009	73.32	57.28	54.55	36.15	9.11
2010	89.10	68.60	67.57	—	—
2011	107.90	74.80	84.80	—	—
2012	139.89	90.82	—	—	—

续表

年份	借贷市场			保险市场	
	存款余额	贷款余额	居民储蓄余额	保费收入	保险赔付额
2013	170.46	108.68	—	—	—

资料来源：2009～2010 年《泰安统计年鉴》和 2010～2013 年《东平县国民经济和社会发展统计公报》及东平县统计局相关政务公告计算。

由表 32-3-1 可知，2013 年东平县各项存款余额为 170.46 亿元，比上年增长 21.85%；各项贷款余额为 108.68 亿元，比上年增长 19.67%。从 2009～2013 年的金融规模竞争力指标数据来看，借贷市场规模基本保持两位数增速逐渐扩大。这说明东平县金融市场规模不断提升，竞争力不断增强。

2009～2013 年东平县金融规模竞争力变化情况如图 32-3-1 所示。

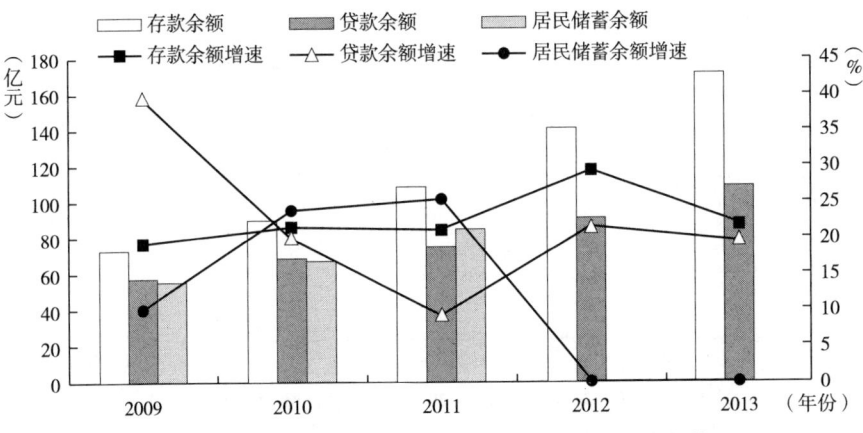

图 32-3-1　东平县 2009～2013 年借贷市场规模变化情况

32.4　东平县金融效率竞争力评价分析

32.4.1　东平县宏观金融效率评价分析

2009～2013 年东平县宏观金融效率指标组的数据变化情况如表 32-4-1 所示。

表 32-4-1　东平县 2009～2013 年宏观金融效率指标数据

年份	储蓄总额（亿元）	固定资产投资总额（亿元）	GDP（亿元）	储蓄投资转化系数	经济储蓄动员力
2009	54.55	87.60	158.10	0.6227	0.3450
2010	67.57	119.50	203.50	0.5654	0.3320
2011	84.80	139.70	235.10	0.6070	0.3607
2012	—	170.90	—	—	—

续表

年　份	储蓄总额（亿元）	固定资产投资总额（亿元）	GDP（亿元）	储蓄投资转化系数	经济储蓄动员力
2013	—	209.20	310.83	—	—

资料来源：2009~2010年《泰安统计年鉴》和2010~2013年《东平县国民经济和社会发展统计公报》及东平县统计局相关政务公告计算。

由表32-4-1可知，2009~2011年东平县储蓄投资转化系数小幅波动，即每单位固定资产投资所需的城乡居民积累的资金数量基本保持不变，资金使用效率稳定；与此同时，2009~2011年东平县的经济储蓄动员力也保持小幅波动。从2009~2013年宏观金融效率的指标数据看，东平县的宏观金融效率比较稳定。

东平县2009~2011年宏观金融效率相关变化情况如图32-4-1所示。

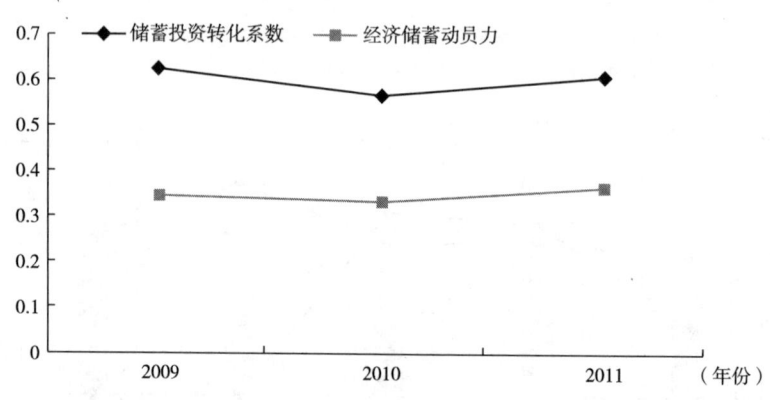

图32-4-1　东平县2009~2013年宏观金融效率变化情况

32.4.2　东平县微观金融效率评价分析

2009~2013年东平县微观金融效率指标组的数据变化情况如表32-4-2所示。

表32-4-2　东平县2009~2013年微观金融效率指标及数据

单位：%

年　份	存款余额占GDP比重	贷款余额占GDP比重	贷存比
2009	46.38	36.23	78.12
2010	43.78	33.71	76.99
2011	45.90	31.82	69.32
2012	—	—	64.92
2013	—	34.96	63.76

资料来源：2009~2010年《泰安统计年鉴》和2010~2013年《东平县国民经济和社会发展统计公报》及东平县统计局相关政务公告计算。

由表32-4-2可知，2009~2011年存款余额占GDP的比重小幅波动；2013年贷款余额占 GDP 的比重为 34.96%，比 2011 年增长了 3.14 个百分点，2009~2013 年贷款余额占 GDP 的比重呈先降后升的趋势；2013 年贷存比为 63.76%，比上年下降了 1.16 个百分点。总之，2013 年东平县的微观金融效率指标水平较 2012 年有不同程度的提高。从东平县 2009~2013 年的微观金融效率相关数据来看，以贷存比为主要指标的银行业微观金融效率总体呈持续下降趋势。

东平县 2009~2013 年银行业微观金融效率相关变化情况如图 32-4-2 所示。

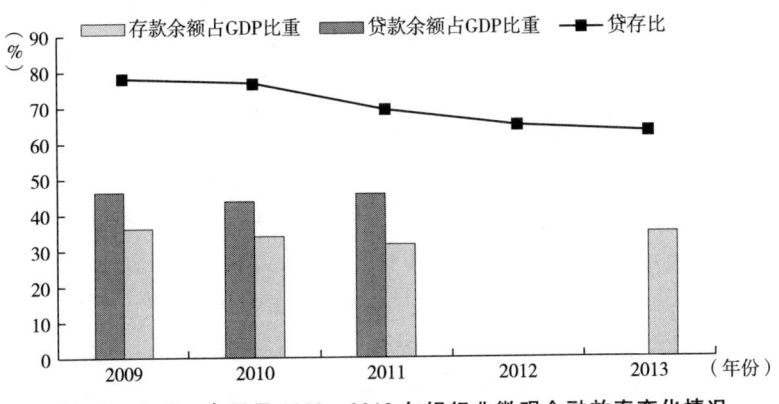

图 32-4-2 东平县 2009~2013 年银行业微观金融效率变化情况

32.5 东平县金融竞争力综合评价

通过对东平县金融生态竞争力、金融规模竞争力及金融效率竞争力的分析，我们得到如下结论。

①东平县的区域经济实力提升，区域开放程度明显加深，金融生态环境发展态势总体良好，东平县的金融生态竞争力在增强。

②东平县借贷市场的规模扩大，成长态势良好，因此，东平县借贷市场的金融规模竞争力在增强。

③东平县储蓄资源的使用效率及宏观经济对储蓄资源的动员力都保持小幅波动，宏观金融效率基本稳定；在微观金融效率方面，银行业整体效率提升，对经济的贡献增大。

第 33 章
淮北市 2013 年金融竞争力研究报告

33.1 淮北市概述

淮北市位于安徽省北部,地处苏、鲁、豫、皖四省交界,淮海经济协作区腹地,辖濉溪县、相山区、杜集区、烈山区,总面积 2741 平方千米,人口 221 万。

2013 年,全市经济运行总体平稳,转型发展成效显著。初步核算,全年全市实现地区生产总值 703.70 亿元,比上年增长 13.40%,其中,第一产业增加值 57.0 亿元,增长 3.5%;第二产业增加值 473.20 亿元,增长 10.4%;第三产业增加值 173.50 亿元,增长 7.3%。按常住人口计算,人均 GDP 达 32996 元(折合 5328 美元),比上年增加 3711 元。2013 年底城镇人口登记失业人数为 20941 人,城镇登记失业率控制在 4.1% 以内。全市金融机构存款余额为 863.90 亿元,比上年增加了 9.67%;金融机构各项贷款余额为 612.10 亿元,比上年增加 20.35%。

33.2 淮北市金融生态竞争力评价分析

33.2.1 淮北市区域经济实力评价分析

2009~2013 年淮北市区域经济实力指标组的数据变化情况如表 33-2-1 所示。

表 33-2-1 淮北市 2009~2013 年区域经济实力指标及数据

年份	GDP(亿元)	固定资产投资(亿元)	财政收入(亿元)	人均 GDP(元)	人均固定资产投资(元)	城镇人均可支配收入(元)	农村人均纯收入(元)	财政支出/GDP(%)
2009	371.87	280.30	22.12	18096	13606.80	13736	4547	14.59
2010	461.64	366.90	29.60	22309	17725.02	15191	5337	14.28
2011	554.92	450.10	38.07	26225	21231.13	17876	6313	15.73
2012	620.54	577.20	51.85	29285	27187.94	20360	7286	17.49
2013	703.70	700.50	50.70	32996	32703.08	22460	8240	15.45

资料来源:2009~2013 年《安徽统计年鉴》和《2013 年淮北市国民经济和社会发展统计公报》及相关计算。

由表 33-2-1 可知,淮北市 2013 年全年实现 GDP 703.70 亿元,比上年增长 13.40%;固定资产投资达 700.50 亿元,比上年增长 21.36%;全年财政收入为 50.70 亿元，比上年下降 2.22%；人均 GDP 达 32996 元，比上年增长 12.67%。2013 年淮北市人均固定资产投资为 32703.08 元，比上年增长 20.29%。全年城镇人均可支配收入为 22460 元，比上年增长 10.31%；农村人均纯收入为 8240 元，比上年增长 13.09%。财政支出占 GDP 的比重为 15.45%，较上年下降了 2.04 个百分点，说明政府投资拉动的 GDP 比重下降，民间投资拉动比重有所升高。综上所述，淮北市 2013 年经济环境的各项指标与 2012 年相比，除了财政收入有略微下滑之外，其余各项指标均有不同程度的上升，这说明淮北市的经济环境稳步优化，发展态势良好。

淮北市 2009~2013 年区域经济实力变化情况如图 33-2-1、图 33-2-2 所示。

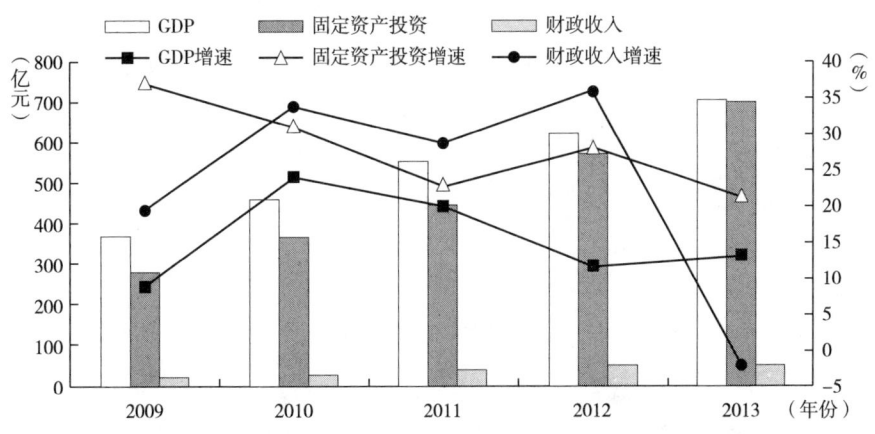

图 33-2-1 淮北市 2009~2013 年区域经济实力变化情况 (1)

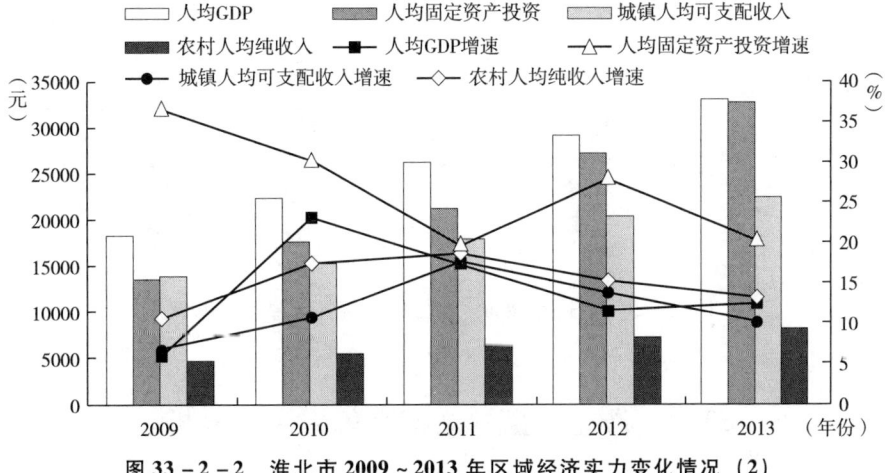

图 33-2-2 淮北市 2009~2013 年区域经济实力变化情况 (2)

33.2.2 淮北市区域开放程度评价分析

2009~2013 年淮北市区域开放程度指标的数据变化情况如表 33-2-2 所示。

由表 33-2-2 可知，淮北市 2013 年实际利用外资额为 45934 万美元，比上年增长 20.99%。2013 年全市出口总额为 43828 万美元，比上年增长 42.24%；进口总额为 3012 万

表33-2-2 淮北市2009~2013年区域开放程度指标及数据

单位：万美元

年份	实际利用外资额	出口总额	进口总额
2009	13000	9580	1503
2010	19229	14024	5982
2011	30123	17156	2993
2012	37966	30812	4042
2013	45934	43828	3012

资料来源：2009~2013年《安徽统计年鉴》和《2013年淮北市国民经济和社会发展统计公报》。

美元，比上年下降25.48%。从2009~2013年淮北市区域开放程度指标数据来看，实际利用外资额逐渐稳步上升，2011年增速达56.65%；全市出口总额逐渐增加，2012年增速达79.60%，进口总额在2009~2013年波动幅度较大，2013年下降了25.48%。综上所述，淮北市区域开放程度不断加深，虽然进口总额在2013年有所下降，但出口总额增幅超过进口总额的下降幅度，总体上看，淮北市开放形势良好，金融生态竞争力不断增强。

淮北市2009~2013年区域开放程度相关变化情况如图33-2-3所示。

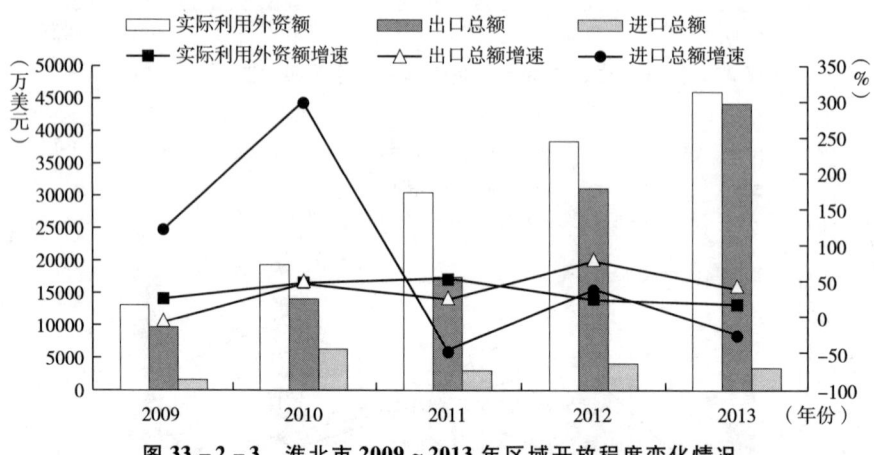

图33-2-3 淮北市2009~2013年区域开放程度变化情况

33.3 淮北市金融规模竞争力评价分析

2009~2013年淮北市金融规模竞争力指标组的数据变化情况如表33-3-1所示。

由表33-3-1可知，2013年淮北市各项存款余额为863.90亿元，比上年增加了9.67%；各项贷款余额为612.10亿元，比上年增加20.35%；居民储蓄余额为470.80亿元，比上年增加了10.88%。在保险市场上，2013年淮北市保险业全年保费收入达6.90亿元，比上年下降了62.30%；全年全市支付各类保险赔付额为3.70亿元，比上年增长54.17%。从2009~2013年的金融竞争力规模指标数据来看，借贷市场规模逐渐扩大，保

表 33 – 3 – 1　淮北市 2009～2013 年金融规模竞争力指标及数据

单位：亿元

年　份	借贷市场			保险市场	
	存款余额	贷款余额	居民储蓄余额	保费收入	保险赔付额
2009	472.20	242.40	250.90	11.90	1.40
2010	568.60	304.80	289.70	16.90	4.10
2011	695.40	405.70	353.50	18.60	4.90
2012	787.70	508.60	424.60	18.30	2.40
2013	863.90	612.10	470.80	6.90	3.70

资料来源：2009～2013 年《安徽统计年鉴》和《2013 年淮北市国民经济和社会发展统计公报》。

险市场规模有所缩小。

2009～2013 年金融规模竞争力变化情况如图 33 – 3 – 1、图 33 – 3 – 2 所示。

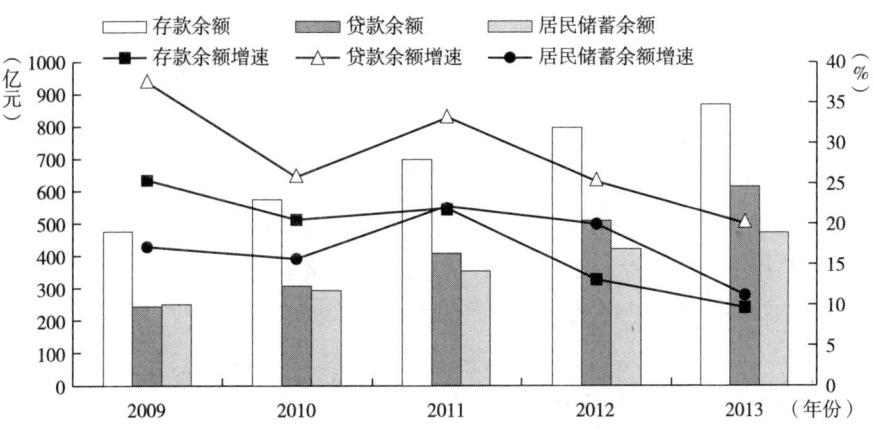

图 33 – 3 – 1　淮北市 2009～2013 年借贷市场规模变化情况

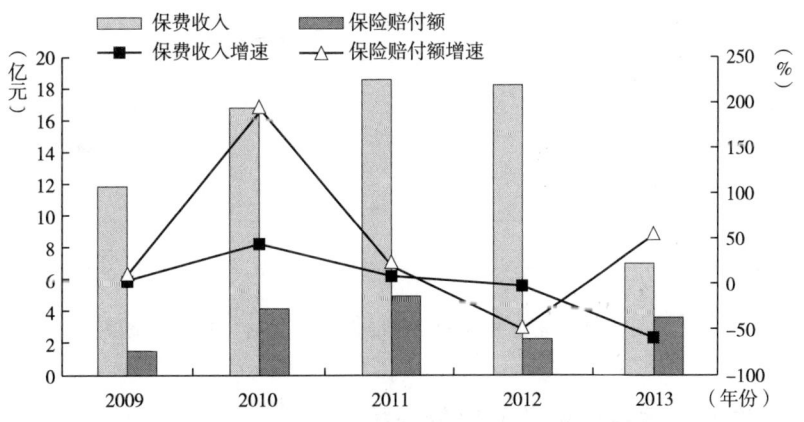

图 33 – 3 – 2　淮北市 2009～2013 年保险市场规模变化情况

33.4 淮北市金融效率竞争力评价分析

33.4.1 淮北市宏观金融效率评价分析

2009~2013年淮北市宏观金融效率指标组的数据变化情况如表33-4-1所示。

表33-4-1 淮北市2009~2013年宏观金融效率指标数据

年 份	储蓄总额（亿元）	固定资产投资总额（亿元）	GDP（亿元）	储蓄投资转化系数	经济储蓄动员力
2009	250.90	280.30	371.87	0.8951	0.6747
2010	289.70	366.90	461.64	0.7896	0.6275
2011	353.50	450.10	554.92	0.7854	0.6370
2012	424.60	577.20	620.54	0.7356	0.6842
2013	470.80	700.50	703.70	0.6721	0.6690

资料来源：前三列数据摘自2009~2013年《安徽统计年鉴》和《2013年淮北市国民经济和社会发展统计公报》，后两列数据根据上述文献计算。

由表33-4-1可知，2013年淮北市储蓄投资转化系数为0.6721，比上年下降了0.0635，即与2012年相比，每单位固定资产投资所需的城乡居民积累的资金数量减少，资金使用效率提升；与此同时，2013年淮北市的经济储蓄动员力为0.6690，比上年下降了0.0152。从2009~2013年宏观金融效率的指标数据看，淮北市的宏观金融效率在总体上提升。

淮北市2009~2013年宏观金融效率相关变化情况如图33-4-1所示。

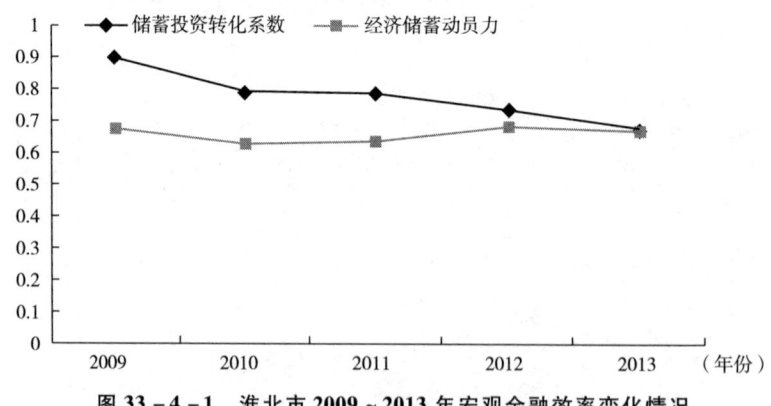

图33-4-1 淮北市2009~2013年宏观金融效率变化情况

33.4.2 淮北市微观金融效率评价分析

2009~2013年淮北市微观金融效率指标组的数据变化情况如表33-4-2所示。

表33-4-2 淮北市2009~2013年微观金融效率指标及数据

年份	存款余额占GDP比重（%）	贷款余额占GDP比重（%）	贷存比（%）	保险深度（%）	保险密度（元）
2009	126.98	65.18	51.33	3.20	577.67
2010	123.17	66.03	53.61	3.66	816.44
2011	125.32	73.11	58.34	3.35	877.36
2012	126.94	81.96	64.57	2.95	861.99
2013	122.77	86.98	70.85	0.98	322.13

资料来源：2009~2013年《安徽统计年鉴》和《2013年淮北市国民经济和社会发展统计公报》及相关计算。

由表33-4-2可知，2013年淮北市存款余额占GDP比重为122.77%，比上年下降了4.17个百分点；贷款余额占GDP比重为86.98%，比上年增长了5.02个百分点；贷存比为70.85%，比上年增长了6.28个百分点；保险深度为0.98%，比上年下降了1.97个百分点；保险密度为322.13元，比上年降低了62.63%。从淮北市2009~2013年的微观金融效率相关数据来看，以贷存比为主要指标的银行业微观金融效率总体呈上升趋势；保险深度呈下降的趋势，保险密度在2013年也有较大幅度的下滑，保险业的微观金融效率有所下降。

淮北市2009~2013年微观金融效率相关变化情况如图33-4-2、图33-4-3所示。

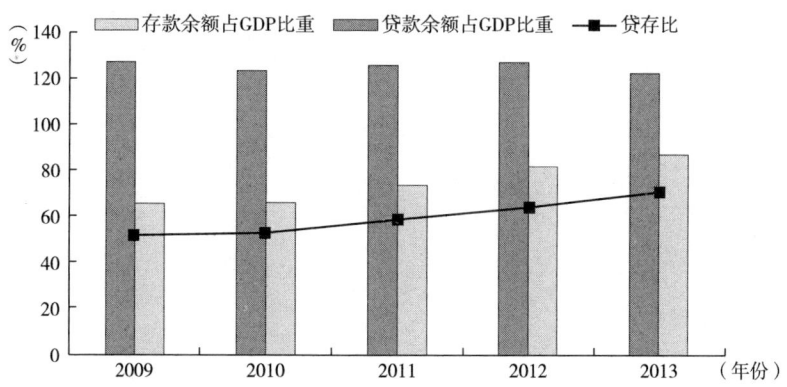

图33-4-2 淮北市2009~2013年银行业微观金融效率变化情况

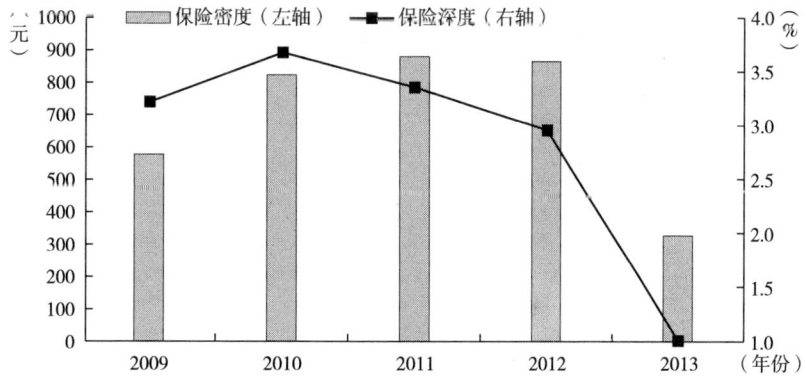

图33-4-3 淮北市2009~2013年保险业微观金融效率变化情况

33.5 淮北市金融竞争力综合评价

通过对淮北市金融生态竞争力、金融规模竞争力及金融效率竞争力的分析,我们得到如下结论。

①2013年,淮北市的经济环境提升,区域开放程度有所增强,因此,淮北市的金融生态竞争力在增强。

②2013年,淮北市的借贷市场规模扩大,但保险市场的规模有所缩小,因此,淮北市在提升金融规模方面的工作应将重点放在保险市场上。

③2013年淮北市储蓄资源的使用效率及宏观经济对储蓄资源的动员力都在提高,宏观金融效率增强;由于银行业的效率有所提高,保险业的效率有所降低,综合来看,淮北市的微观金融效率有所降低。

第 34 章
宿州市 2013 年金融竞争力研究报告

34.1 宿州市概述

宿州市位于安徽省北部，是淮海经济协作区的核心城市之一。全市总面积 9787 平方千米，常住人口 537.8 万。宿州市是全国著名的商品粮基地，拥有较多全省、全国名牌产品。

2013 年，全市完成生产总值（GDP）1014.33 亿元，比 2012 年增长 10.86%；人均 GDP 为 18677 元；全年固定资产投资达 773.3 亿元，比上年增长 26.01%；财政收入为 100.31 亿元，比上年增长 20.78%。2013 年宿州市金融机构各项存款余额为 1155.88 亿元；居民储蓄余额为 762.96 亿元；金融机构各项贷款余额为 558.60 亿元，比上年增长 20.56%。全年城镇人均可支配收入为 21713 元，比上年增长 10.05%；农村人均纯收入为 7571 元，比上年增长 14.11%。

34.2 宿州市金融生态竞争力评价分析

34.2.1 宿州市区域经济实力评价分析

2009~2013 年宿州市区域经济实力指标组的数据变化情况如表 34-2-1 所示。

表 34-2-1 宿州市 2009~2013 年区域经济实力指标及数据

年份	GDP（亿元）	固定资产投资（亿元）	财政收入（亿元）	人均 GDP（元）	人均固定资产投资（元）	城镇人均可支配收入（元）	农村人均纯收入（元）	财政支出/GDP（%）
2009	541.70	295.38	32.56	9571	5218.73	13097	4076	17.63
2010	650.60	406.36	43.15	12133	6369.28	14669	4766	17.40
2011	802.40	480.03	64.06	14970	8939.11	17384	5720	19.57
2012	914.95	613.69	83.05	17038	11411.12	19731	6635	21.18
2013	1014.33	773.30	100.31	18677	14238.63	21713	7571	21.93

资料来源：2009~2013 年《安徽省统计年鉴》和《2013 年宿州市国民经济和社会发展统计公报》及相关计算。

由表 34-2-1 可知，宿州市 2013 年实现 GDP 1014.33 亿元，比上年增长 10.86%；固定资产投资达 773.30 亿元，比上年增长 26.01%；财政收入为 100.31 亿元，比上年增长 20.78%；人均 GDP 为 18677 元，比上年增长 9.62%，按 2013 年平均汇率计算为 3016 美元。2013 年宿州市人均固定资产投资为 14238.63 元，比上年增长 24.78%；城镇人均可支配收入为 21713 元，比上年增长 10.05%；农村人均纯收入为 7571 元，比上年增长 14.11%；财政支出占 GDP 的比重为 21.93%，比上年上升了 0.75 个百分点，说明政府投资拉动的 GDP 比重有所增加，民间投资拉动比重相对下降。总之，宿州市 2013 年区域经济实力的总体水平与 2012 年相比有较大提高。从全市 2009~2013 年区域经济实力的相关数据看，宿州市的区域经济实力稳步增强，经济发展势头良好，为金融生态竞争力的提升奠定了基础。

宿州市 2009~2013 年区域经济实力变化情况如图 34-2-1、图 34-2-2 所示。

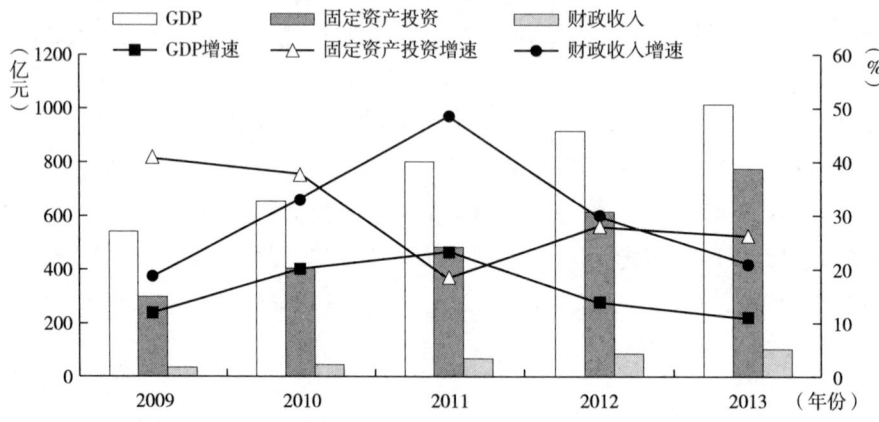

图 34-2-1　宿州市 2009~2013 年区域经济实力变化情况（1）

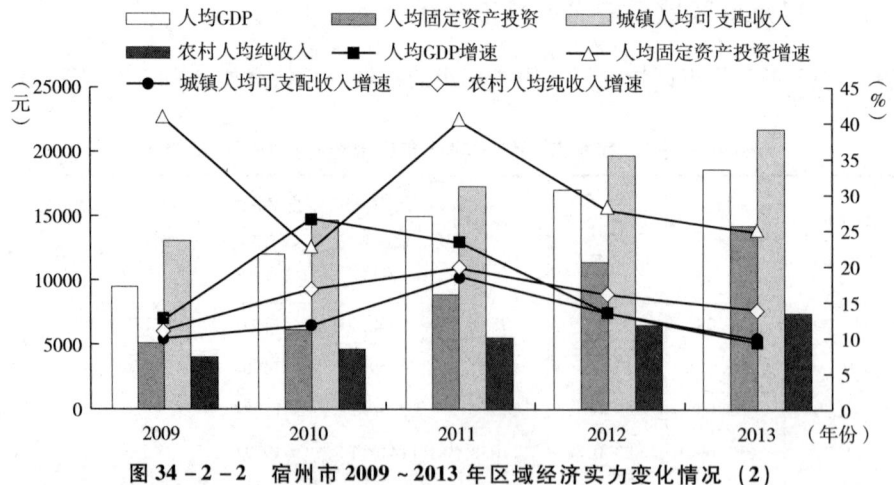

图 34-2-2　宿州市 2009~2013 年区域经济实力变化情况（2）

34.2.2　宿州市区域开放程度评价分析

2009~2013 年宿州市区域开放程度指标的数据变化情况如表 34-2-2 所示。

表 34-2-2　宿州市 2009~2013 年区域开放程度指标及数据

单位：万美元

年　份	实际利用外资额	出口总额	进口总额
2009	9632	6589	1810
2010	13429	12100	3300
2011	25206	16800	5300
2012	37049	36400	4200
2013	46800	47200	6300

资料来源：2009~2013 年《安徽省统计年鉴》和《2013 年宿州市国民经济和社会发展统计公报》。

由表 34-2-2 可知，宿州市 2013 年实际利用外资额为 46800 万美元，比上年增长 26.32%。2013 年全市出口总额为 47200 万美元，比上年增长 29.67%；进口总额为 6300 万美元，比上年增长 50.00%。从 2009~2013 年宿州市区域开放程度指标数据来看，实际利用外资额逐渐稳步上升，2011 年增速达 87.70%；全市出口总额逐渐增加，进口总额虽然在 2012 年有所回落，但总体呈增长趋势。这说明宿州市区域开放程度不断加深，开放形势良好，金融生态竞争力不断增强。

宿州市 2009~2013 年区域开放程度相关变化情况如图 34-2-3 所示。

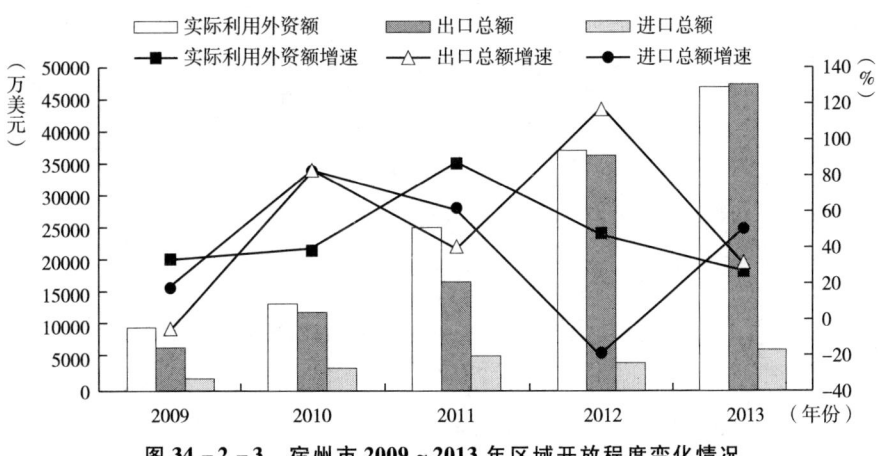

图 34-2-3　宿州市 2009~2013 年区域开放程度变化情况

34.3　宿州市金融规模竞争力评价分析

2009~2013 年宿州市金融规模竞争力指标组的数据变化情况如表 34-3-1 所示。

由表 34-3-1 可知，2013 年宿州市各项存款余额为 1155.88 亿元，比上年增加了 13.91%；各项贷款余额为 558.60 亿元，比上年增加 20.56%；居民储蓄余额为 762.96 亿元，比上年增加了 14.72%。在保险市场上，2013 年宿州市保险业全年保费收入达 36.99 亿元，比上年增长 22.00%；全年全市支付各类保险赔付额为 13.12 亿元，比上年增长 60.59%。从 2009~2013 年的金融规模竞争力指标数据来看，借贷市场规模逐渐扩大，保

表 34-3-1　宿州市 2009~2013 年金融规模竞争力指标及数据

单位：亿元

年份	借贷市场			保险市场	
	存款余额	贷款余额	居民储蓄余额	保费收入	保险赔付额
2009	566.40	256.67	390.62	18.79	3.99
2010	701.70	308.33	466.08	23.00	4.70
2011	854.23	379.14	560.36	20.86	4.52
2012	1014.77	463.32	665.08	30.32	8.17
2013	1155.88	558.60	762.96	36.99	13.12

资料来源：2009~2013 年《安徽省统计年鉴》和《2013 年宿州市国民经济和社会发展统计公报》。

险市场规模在 2011 年有略微下降，但总体呈不断扩大趋势。这说明宿州市金融市场规模不断提升，竞争力不断增强。

2009~2013 年宿州市金融市场规模竞争力变化情况如图 34-3-1、图 34-3-2 所示。

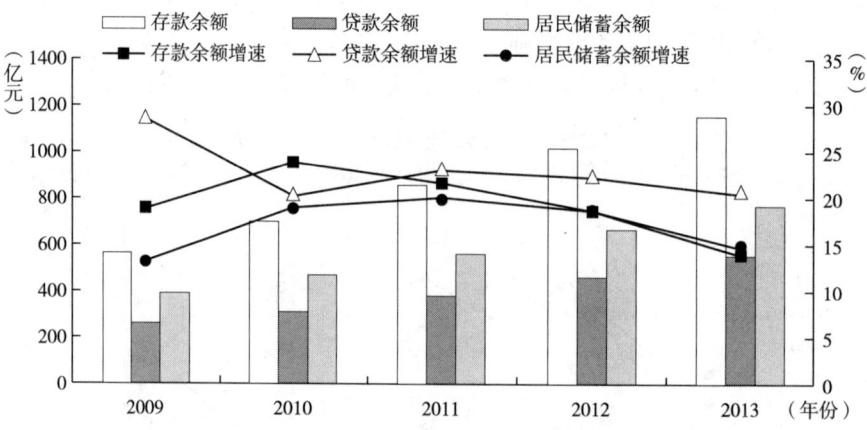

图 34-3-1　宿州市 2009~2013 年借贷市场规模变化情况

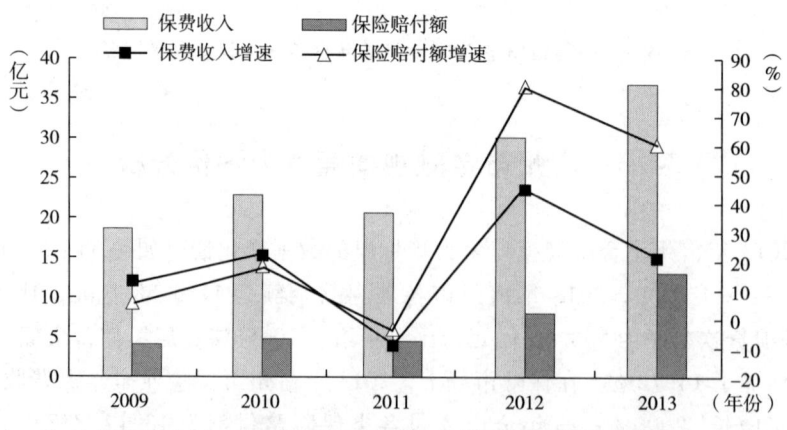

图 34-3-2　宿州市 2009~2013 年保险市场规模变化情况

34.4 宿州市金融效率竞争力评价分析

34.4.1 宿州市宏观金融效率评价分析

2009~2013年宿州市宏观金融效率指标组的数据变化情况如表34-4-1所示。

表34-4-1 宿州市2009~2013年宏观金融效率竞争力数据

年 份	储蓄总额（亿元）	固定资产投资总额（亿元）	GDP（亿元）	储蓄投资转化系数	经济储蓄动员力
2009	390.62	295.38	541.70	1.3224	0.7211
2010	466.08	406.36	650.60	1.1470	0.7164
2011	560.36	480.03	802.40	1.1673	0.6984
2012	665.08	613.69	914.95	1.0837	0.7269
2013	762.96	773.30	1014.33	0.9866	0.7522

资料来源：前三列数据来自2009~2013年《安徽省统计年鉴》和《2013年宿州市国民经济和社会发展统计公报》，后两列数据根据上述文献计算得到。

由表34-4-1可知，2013年宿州市储蓄投资转化系数为0.9866，比上年下降了8.96%，即与2012年相比，每单位固定资产投资所需的城乡居民积累的资金数量减少，资金使用效率提升；与此同时，2013年宿州市的经济储蓄动员力为0.7522，比上年增长了3.48%。从2009~2013年宏观金融效率的指标数据看，宿州市的宏观金融效率总体提升。

宿州市2009~2013年宏观金融效率相关变化情况如图34-4-1所示。

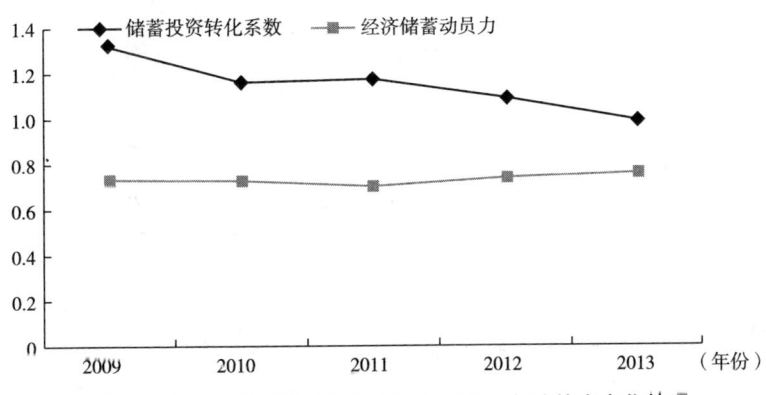

图34-4-1 宿州市2009~2013年宏观金融效率变化情况

34.4.2 宿州市微观金融效率评价分析

2009~2013年宿州市微观金融效率指标组的数据变化情况如表34-4-2所示。

表34-4-2 宿州市2009~2013年微观金融效率指标及数据

年份	存款余额占GDP比重（%）	贷款余额占GDP比重（%）	贷存比（%）	保险深度（%）	保险密度（元）
2009	104.56	47.38	45.30	3.47	331.98
2010	107.85	47.39	43.94	3.54	360.50
2011	106.11	47.25	44.53	2.60	388.45
2012	110.91	50.64	45.66	3.31	563.78
2013	113.96	55.07	48.33	3.65	681.09

资料来源：2009~2013年《安徽省统计年鉴》和《2013年宿州市国民经济和社会发展统计公报》及相关计算。

由表34-4-2可知，2013年宿州市存款余额占GDP比重为113.96%，比上年增长了3.05个百分比；贷款余额占GDP比重为55.07%，比上年增加了4.43个百分比；贷存比为48.33%，比上年增加了2.67个百分比；保险深度为3.65%，比上年上升了0.34个百分比；保险密度为681.09元，比上年增长了20.81%。总之，2013年宿州市的微观金融效率指标水平较2012年有不同程度的提高。从宿州市2009~2013年的微观金融效率相关数据来看，以贷存比为主要指标的银行业微观金融效率总体呈上升趋势；保险深度指标呈先下降后上升的趋势，保险密度不断提高，保险业的微观金融效率有所提升。这说明宿州市银行业和保险业的整体效率有所提升，对经济的贡献不断增大。

宿州市2009~2013年微观金融效率相关变化情况如图34-4-2、图34-4-3所示。

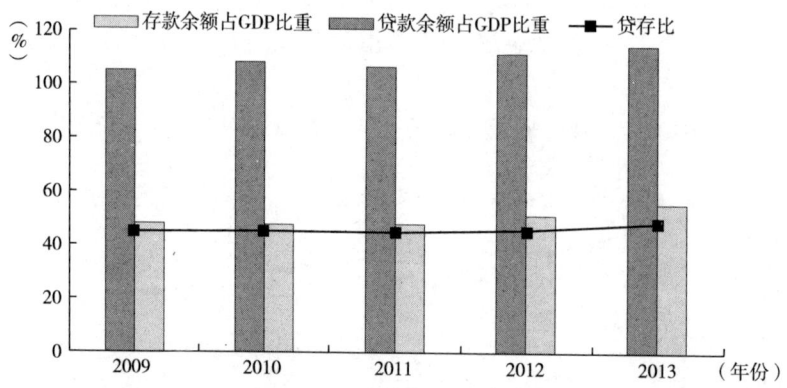

图34-4-2 宿州市2009~2013年银行业微观金融效率变化情况

34.5 宿州市金融竞争力综合评价

通过对宿州市金融生态竞争力、金融规模竞争力及金融效率竞争力的分析，我们得到如下结论。

①宿州市的区域经济实力提升，区域开放程度明显增强，因此，宿州市的金融生态竞争力在增强。

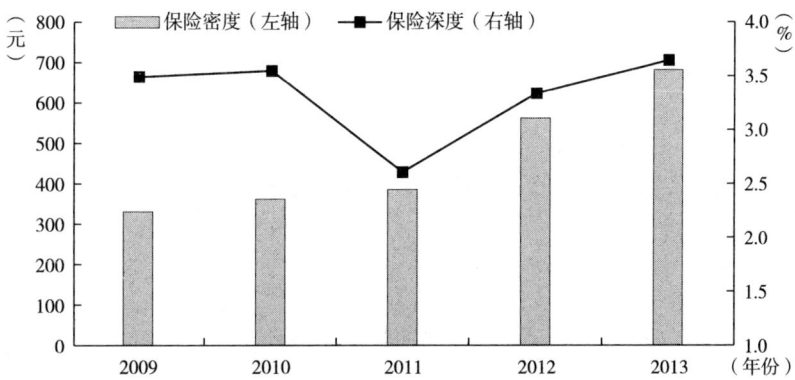

图 34-4-3 宿州市 2009~2013 年保险业微观金融效率变化情况

②宿州市的借贷市场和保险市场的规模扩大,发展态势良好,因此,宿州市的金融规模竞争力增强。

③宿州市储蓄资源的使用效率及宏观经济对储蓄资源的动员力都在提高,宏观金融效率竞争力增强;由于保险业和银行业的效率均有所提高,宿州市的微观金融效率竞争力也是增强的。

第 35 章
蚌埠市 2013 年金融竞争力研究报告

35.1 蚌埠市概述

蚌埠市地处皖北、淮河中游、京沪和淮南铁路交会点,是安徽省最大的高铁枢纽。全市总面积 5952 平方千米,总人口 367.81 万。此外,蚌埠市还是安徽省重要的综合性工业基地,经济基础雄厚。

2013 年,蚌埠市地区生产总值为 1007.85 亿元;实现财政收入 92.85 亿元;全年完成固定资产投资 1060.89 亿元。2013 年底全市金融机构各项存款余额为 1258.58 亿元,比上年底增加 282.72 亿元,增长 28.97%;城乡居民储蓄余额为 604.20 亿元;金融机构各项贷款余额为 810.18 亿元,比上年增加 178.44 亿元,增长 28.25%。

35.2 蚌埠市金融生态竞争力评价分析

35.2.1 蚌埠市区域经济实力评价分析

2009～2013 年蚌埠市区域经济实力指标组的数据变化情况如表 35-2-1 所示。

表 35-2-1 蚌埠市 2009～2013 年区域经济实力指标

年份	GDP（亿元）	固定资产投资（亿元）	财政收入（亿元）	人均 GDP（元）	人均固定资产投资（元）	城镇人均可支配收入（元）	农村人均纯收入（元）	财政支出/GDP（%）
2009	532.10	355.71	31.72	16576	11081.31	13483	5396	16.49
2010	638.05	528.73	42.90	20134	16684.44	15376	6226	16.77
2011	780.24	650.92	61.36	24564	20493.03	18143	7406	21.11
2012	890.22	890.22	78.42	27968	27967.95	20629	8340	18.55
2013	1007.85	1060.89	92.85	31482	32946.89	22739	8741	18.99

资料来源:2009～2013 年《安徽省统计年鉴》和《2013 年蚌埠市国民经济和社会发展统计公报》及相关计算。

由表 35-2-1 可知,蚌埠市 2013 年全年完成 GDP 1007.85 亿元,比上年增长 13.21%;固定资产投资达 1060.89 亿元,比上年增长 19.17%;财政收入 92.85 亿元,比上年增长 18.40%;人均 GDP 为 31482 元,比上年增长 12.56%,按 2013 年平均汇率计算为 5320 美元。2013 年蚌埠市人均固定资产投资为 32946.89 元,比上年增长 17.80%;城镇人均可支配收入为22739元，比上年增长10.23%；农村人均纯收入为8741元，比上年增长4.81%；财政支出占GDP的比重为18.99%，比上年提高了0.44个百分点，说明政府投资拉动的GDP比重有所提高，民间投资拉动比重相对下降。总之，蚌埠市2013年区域经济实力的总体水平与2012年相比有较大提高。从全市2009～2013年区域经济实力的相关数据看，蚌埠市的区域经济实力稳步提升。

蚌埠市2009～2013年区域经济实力变化情况如图35－2－1、图35－2－2所示。

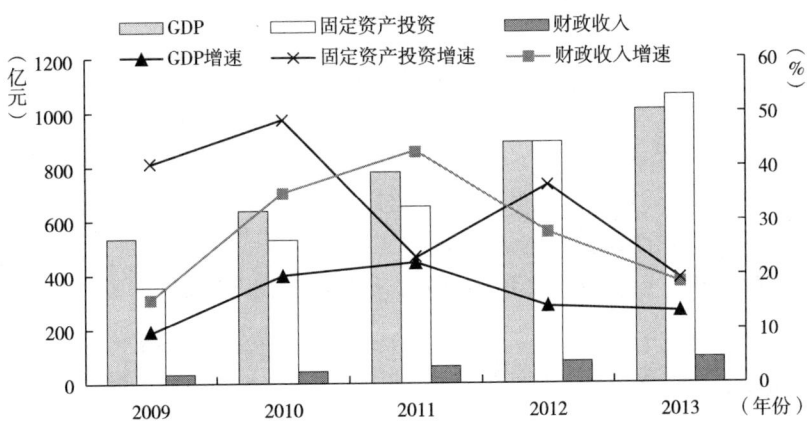

图35－2－1　蚌埠市2009～2013年区域经济实力变化情况（1）

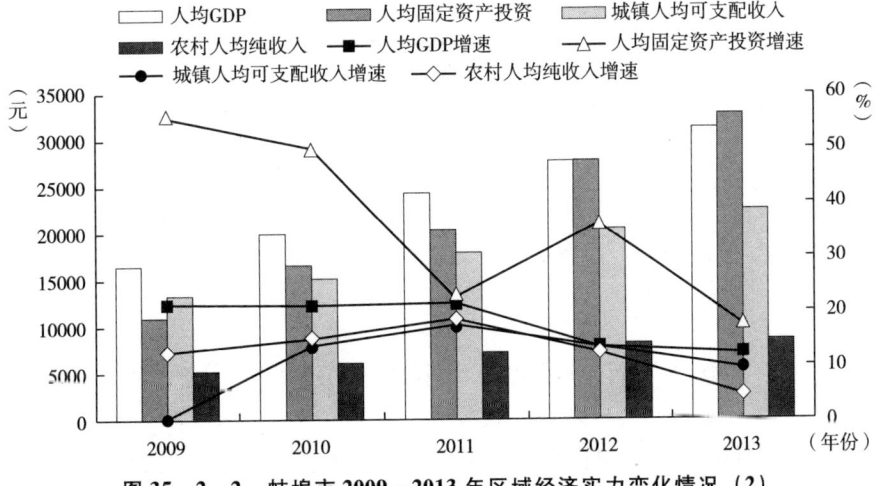

图35－2－2　蚌埠市2009～2013年区域经济实力变化情况（2）

35.2.2　蚌埠市区域开放程度评价分析

2009～2013年蚌埠市区域开放程度指标的数据变化情况如表35－2－2所示。

由表35－2－2可知，蚌埠市2013年实际利用外资额为101300万美元，比上年增长38.29%。2013年全市出口总额为115000万美元，比上年增长105.76%；进口总额为43000

表35-2-2 蚌埠市2009~2013年区域开放程度指标及数据

单位：万美元

年 份	实际利用外资额	出口总额	进口总额
2009	24069	35764	3665
2010	27262	33331	5084
2011	45574	46737	7614
2012	73250	55889	21116
2013	101300	115000	43000

资料来源：2009~2013年《安徽统计年鉴》和《2013年蚌埠市国民经济和社会发展统计公报》。

万美元，比上年增长103.64%。从2009~2013年蚌埠市区域开放程度指标数据来看，实际利用外资额逐渐稳步上升；全市出口总额总体增加，进口总额逐渐提高，进出口总额呈增长趋势。这说明蚌埠市区域开放程度不断增强。

蚌埠市2009~2013年区域开放程度相关变化情况如图35-2-3所示。

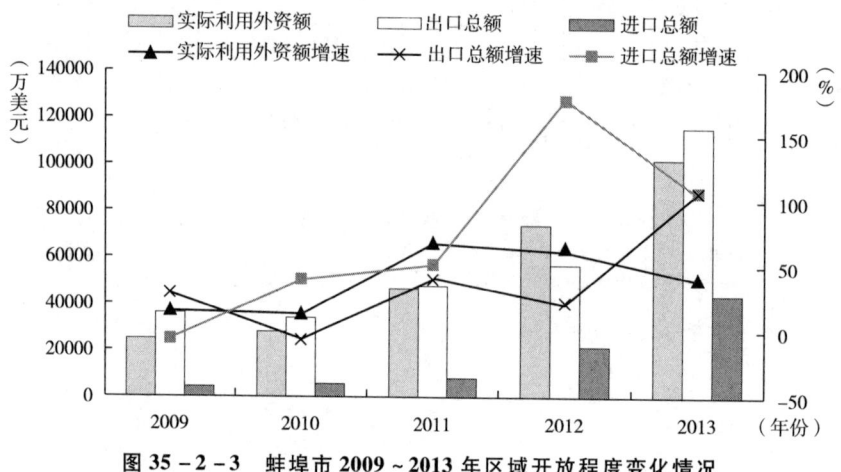

图35-2-3 蚌埠市2009~2013年区域开放程度变化情况

35.3 蚌埠市金融规模竞争力评价分析

2009~2013年蚌埠市金融规模竞争力指标组的数据变化情况如表35-3-1所示。

表35-3-1 蚌埠市2009~2013年金融规模竞争力指标及数据

单位：亿元

年 份	借贷市场			保险市场
	存款余额	贷款余额	居民储蓄余额	保费收入
2009	577.78	335.63	333.24	18.79
2010	707.65	386.92	386.80	21.82
2011	836.08	480.69	451.40	21.44

续表

年份	借贷市场			保险市场
	存款余额	贷款余额	居民储蓄余额	保费收入
2012	975.86	631.74	531.41	25.16
2013	1258.58	810.18	604.20	25.93

资料来源：2009~2013年《安徽统计年鉴》和《2013年蚌埠市国民经济和社会发展统计公报》。

由表35-3-1可知，2013年蚌埠市各项存款余额为1258.58亿元，比上年增加了28.97%；各项贷款余额为810.18亿元，比上年增加28.25%；居民储蓄余额为604.20亿元，比上年增加了13.70%。在保险市场上，2013年蚌埠市保险业全年保费收入达25.93亿元，比上年增长3.06%。从2009~2013年的金融规模竞争力指标数据来看，借贷市场规模逐渐扩大，保费收入有所波动，但总体规模呈不断扩大趋势。这说明蚌埠市金融规模不断提升，竞争力不断增强。

2009~2013年蚌埠市金融规模竞争力变化情况如图35-3-1、图35-3-2所示。

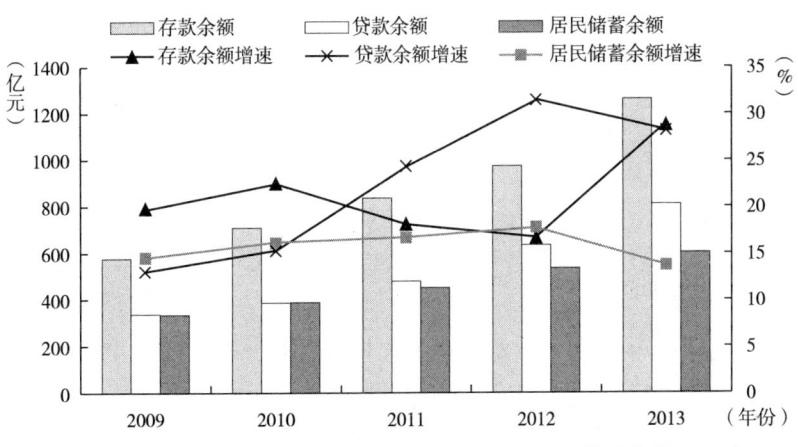

图35-3-1 蚌埠市2009~2013年借贷市场规模变化情况

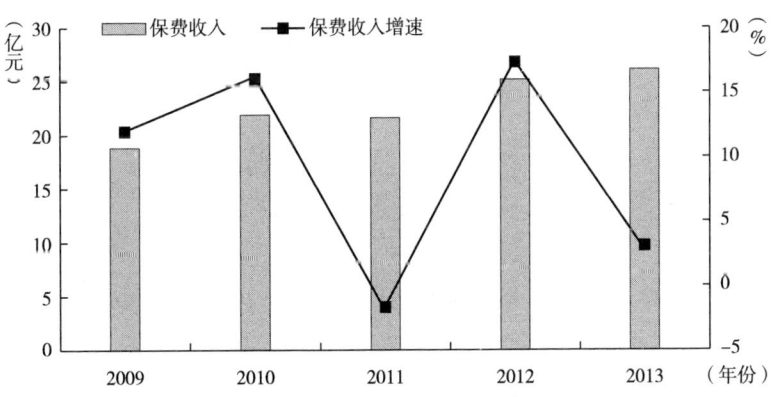

图35-3-2 蚌埠市2009~2013年保险市场规模变化情况

35.4 蚌埠市金融效率竞争力评价分析

35.4.1 蚌埠市宏观金融效率评价分析

2009~2013年蚌埠市宏观金融效率指标组的数据变化情况如表35-4-1所示。

表35-4-1 蚌埠市2009~2013年宏观金融效率指标数据

年 份	储蓄总额（亿元）	固定资产投资总额（亿元）	GDP（亿元）	储蓄投资转化系数	经济储蓄动员力
2009	333.24	265.22	532.10	0.9368	0.6263
2010	386.80	358.41	638.05	0.7316	0.6062
2011	451.40	427.07	780.24	0.6935	0.5785
2012	531.41	872.79	890.22	0.5969	0.5969
2013	604.20	1060.89	1007.85	0.5695	0.5995

资料来源：前三列数据摘自2009~2013年《安徽统计年鉴》和《2013年蚌埠市国民经济和社会发展统计公报》，后两列数据根据上述文献计算得到。

由表35-4-1可知，2013年蚌埠市储蓄投资转化系数为0.5695，比上年下滑4.60%，即与2012年相比，每单位固定资产投资所需的城乡居民积累的资金数量减少，资金使用效率略微提升；与此同时，2013年蚌埠市的经济储蓄动员力为0.5995，比上年增长了0.44%。从2009~2013年宏观金融效率的指标数据看，蚌埠市的宏观金融效率总体提升。

蚌埠市2009~2013年宏观金融效率相关变化情况如图35-4-1所示。

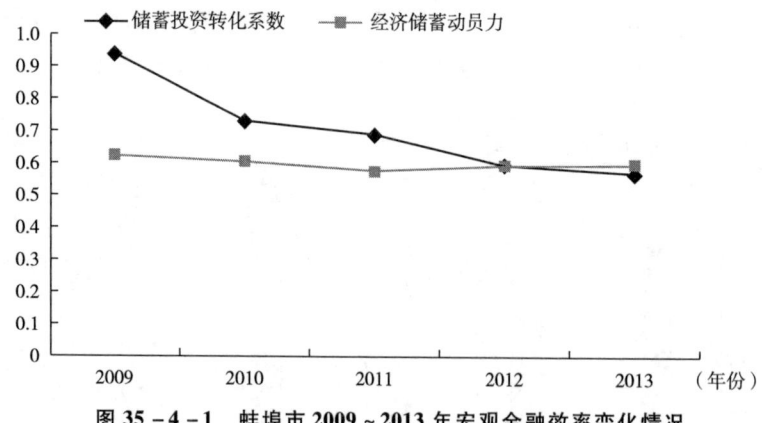

图35-4-1 蚌埠市2009~2013年宏观金融效率变化情况

35.4.2 蚌埠市微观金融效率评价分析

2009~2013年蚌埠市微观金融效率指标组的数据变化情况如表35-4-2所示。

表 35-4-2　蚌埠市 2009～2013 年微观金融效率指标及数据

年　份	存款余额占 GDP 比重（%）	贷款余额占 GDP 比重（%）	贷存比（%）	保险深度（%）	保险密度（元）
2009	108.58	63.08	58.09	3.53	585.36
2010	110.91	60.64	54.68	3.42	688.55
2011	107.16	61.61	57.49	2.75	675.00
2012	109.62	70.96	64.74	2.83	790.45
2013	124.88	80.39	64.37	2.57	805.28

资料来源：2009～2013 年《安徽统计年鉴》和《2013 年蚌埠市国民经济和社会发展统计公报》及相关数据计算。

由表 35-4-2 可知，2013 年蚌埠市存款余额占 GDP 比重为 124.88%，比上年增长了 15.26 个百分点；贷款余额占 GDP 比重为 80.39%，比上年增长了 9.43 个百分点；贷存比为 64.37%，比上年下降了 0.37 个百分点；保险深度为 2.57%，比上年下降了 0.26 个百分点；保险密度为 805.28 元，比上年增长了 1.88%。总之，2013 年蚌埠市的微观金融效率指标水平较 2012 年有不同程度的提高。从蚌埠市 2009～2013 年的微观金融效率相关数据来看，以贷存比为主要指标的银行业微观金融效率总体呈细微波动趋势；保险深度指标呈明显下降趋势，但保险密度明显提高，保险业的微观金融效率有所提升。这说明蚌埠市银行业和保险业的整体效率有所提升，对经济的贡献不断增大，银行业贡献率增长稳定，保险业贡献率趋于下降。

蚌埠市 2009～2013 年微观金融效率相关变化情况如图 35-4-2、图 35-4-3 所示。

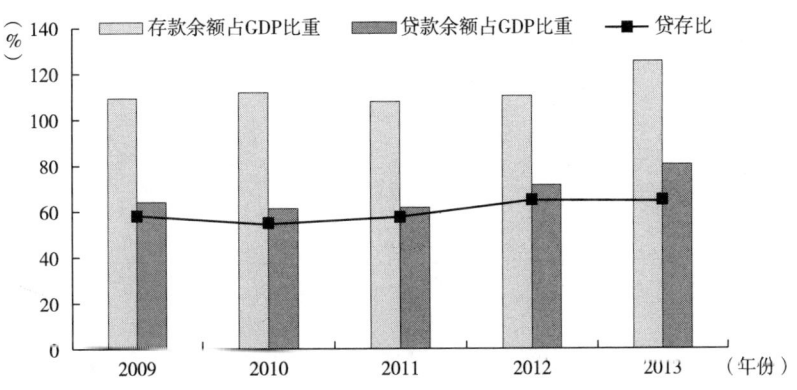

图 35-4-2　蚌埠市 2009～2013 年银行业微观金融效率变化情况

35.5　蚌埠市金融竞争力综合评价

通过对蚌埠市金融生态竞争力、金融规模竞争力及金融效率竞争力的分析，我们得到如下结论。

①蚌埠市的经济实力有所提升，区域开放程度明显加深，金融生态环境处于不断优化的过程，金融生态竞争力不断增强。

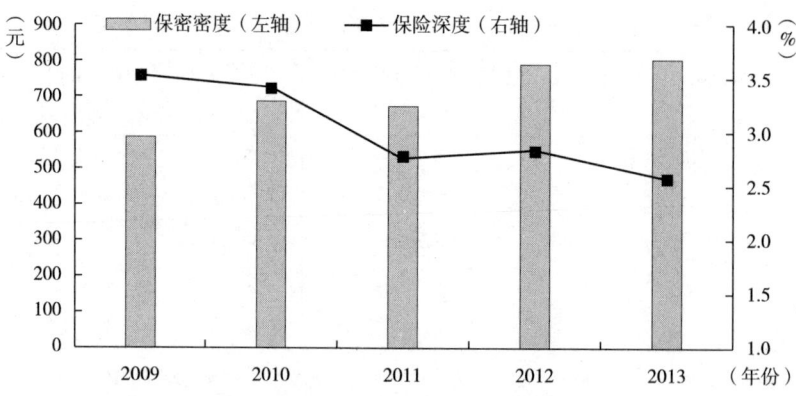

图 35-4-3　蚌埠市 2009～2013 年保险业微观金融效率变化情况

②蚌埠市的借贷市场和保险市场的规模扩大，发展态势良好，因此，蚌埠市的金融规模竞争力增强。

③蚌埠市储蓄资源的使用效率及宏观经济对储蓄资源的动员力都在提高，宏观金融效率不断增强；银行业金融效率增速保持稳定，保险业金融增速呈下降趋势，但总体来说，微观金融效率仍处于改善状态。

第 36 章
亳州市 2013 年金融竞争力研究报告

36.1 亳州市概述

亳州位于安徽省西北部、黄淮平原南端,是中原经济区成员城市、皖北旅游中心城市,是"国家历史文化名城"与"全国首批优秀旅游城市"。

经初步核算,亳州市 2013 年完成地区生产总值 791.10 亿元,按可比价格计算,比上年增长 9.7%。分产业看,第一产业增加值 195.0 亿元,增长 3.8%;第二产业增加值 320.1 亿元,增长 12.7%;第三产业增加值 276.0 亿元,增长 10.2%。三次产业结构由上年的 25.3∶40.4∶34.3 调整为 24.6∶40.5∶34.9,其中,第三产业比重提高了 0.6 个百分点;工业增加值占 GDP 比重由上年的 33.7% 提高到 34%。人均 GDP 达 16071 元(折合 2595 美元),比上年增加 1428 元。全年居民消费价格上涨 2.6%,其中,食品价格上涨 4%,商品零售价格上涨 1.1%。

36.2 亳州市金融生态竞争力评价分析

36.2.1 亳州市区域经济实力评价分析

2009~2013 年亳州市区域经济实力指标组的数据变化情况如表 36-2-1 所示。

表 36-2-1 亳州市 2009~2013 年区域经济实力指标及数据

年份	GDP（亿元）	固定资产投资（亿元）	财政收入（亿元）	人均 GDP（元）	人均固定资产投资（元）	城镇人均可支配收入（元）	农村人均纯收入（元）	财政支出/GDP（%）
2009	431.93	245.10	30.92	8477	4810.30	14042	3977	18.54
2010	512.73	271.19	42.37	10571	5590.79	15538	4689	20.15
2011	626.65	320.13	62.17	12841	6559.91	18099	5638	22.12
2012	716.00	430.00	85.10	14643	8793.98	20488	6552	24.76
2013	791.10	541.50	103.50	16071	11000.44	22605	7456	26.09

资料来源:2009~2013 年《安徽统计年鉴》和《2013 年亳州市国民经济和社会发展统计公报》及相关计算。

由表 36-2-1 可知,亳州市 2013 年全实现 GDP791.10 亿元,比上年增长 10.49%;固定资产投资达 541.5 亿元,比上年增长 25.93%;财政收入 103.50 亿元,比上年增长

21.62%；人均 GDP 为 16071 元，比上年增长 9.75%。2013 年亳州市人均固定资产投资为 11000.44 元；城镇人均可支配收入为 22605 元，比上年增长 10.33%；农村人均纯收入为 7456 元，比上年增长 13.80%；财政支出占 GDP 的比重为 26.09%，比 2012 年有所提高，说明政府投资拉动的 GDP 比重有所增大，民间投资拉动比重有所降低。总之，亳州市 2013 年区域经济实力的总体水平与 2012 年相比有较大提高。从全市 2009～2013 年区域经济实力的相关数据看，亳州市的区域经济实力稳步提升，经济发展态势良好，为金融生态竞争力的提升奠定了基础。

亳州市 2009～2013 年区域经济实力变化情况如图 36-2-1、图 36-2-2 所示。

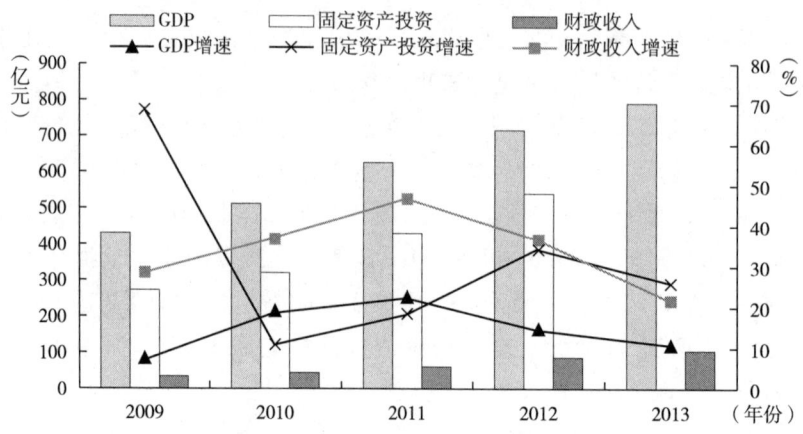

图 36-2-1 亳州市 2009～2013 年区域经济实力变化情况（1）

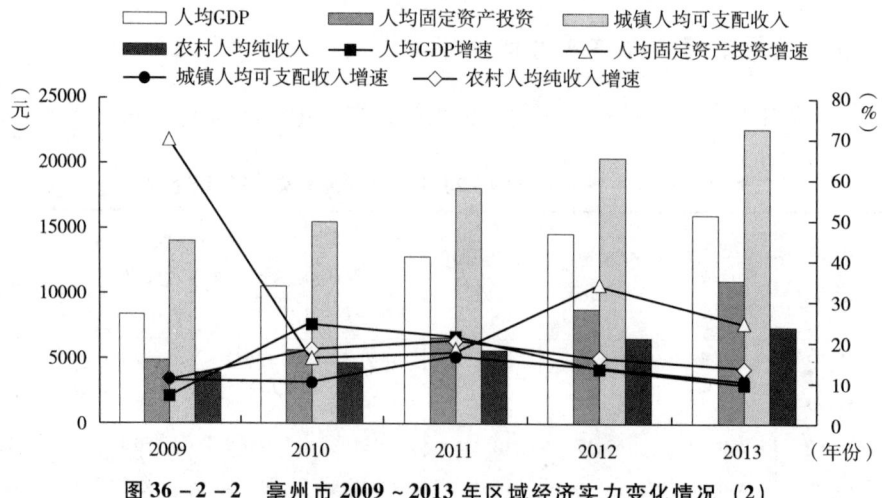

图 36-2-2 亳州市 2009～2013 年区域经济实力变化情况（2）

36.2.2 亳州市区域开放程度评价分析

2009～2013 年亳州市区域开放程度指标的数据变化情况如表 36-2-2 所示。

表 36-2-2 亳州市 2009~2013 年区域开放程度指标及数据

单位：万美元

年 份	实际利用外资额	出口总额	进口总额
2009	11026	14400	1900
2010	15881	22200	1700
2011	24617	30400	2400
2012	36000	46000	4000
2013	50000	38000	5000

资料来源：2009~2013 年《安徽统计年鉴》和《2013 年亳州市国民经济和社会发展统计公报》。

由表 36-2-2 可知，亳州市 2013 年实际利用外资额为 50000 万美元，比上年增长 38.89%。2013 年全市出口总额为 38000 万美元，比上年下降 17.39%；进口总额达 5000 万美元，比上年增长 25%。从 2009~2013 年亳州市区域开放程度指标数据来看，实际利用外资额逐渐稳步上升，出口总额先上升后下降，进口总额逐渐提高。这说明亳州市区域开放程度不断加深，开放形势良好，金融生态竞争力不断增强。

亳州市 2009~2013 年区域开放程度相关变化情况如图 36-2-3 所示。

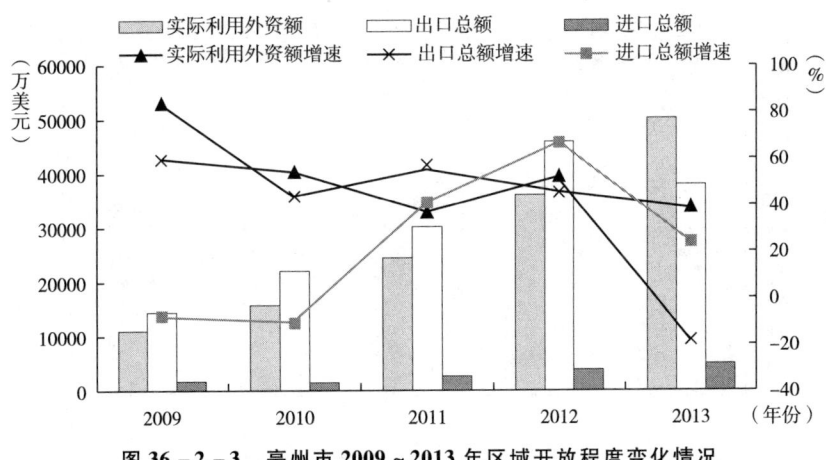

图 36-2-3 亳州市 2009~2013 年区域开放程度变化情况

36.3 亳州市金融规模竞争力评价分析

2009~2013 年亳州市金融规模竞争力指标组的数据变化情况如表 36-3-1 所示。

表 36-3-1 亳州市 2009~2013 年金融规模竞争力指标及数据

单位：亿元

年 份	借贷市场			保险市场	
	存款余额	贷款余额	居民储蓄余额	保费收入	保险赔付额
2009	433.78	202.24	302.22	18.42	4.35

续表

年 份	借贷市场			保险市场	
	存款余额	贷款余额	居民储蓄余额	保费收入	保险赔付额
2010	544.75	244.78	368.60	25.62	3.44
2011	674.90	326.31	451.79	27.40	6.60
2012	813.90	427.00	544.79	28.77	8.80
2013	927.60	521.70	639.20	33.40	12.90

资料来源：2009~2013年《安徽统计年鉴》和《2013年亳州市国民经济和社会发展统计公报》。

由表36-3-1可知，2013年亳州市各项存款余额为927.60亿元，比上年增加了13.97%；各项贷款余额为521.70亿元，比上年增加20.07%；居民储蓄余额为639.20亿元，比上年增加了17.33%。在保险市场上，2013年亳州市保险业全年保费收入达33.40亿元；全年全市支付各类保险赔付额为12.90亿元。从2009~2013年的金融规模竞争力指标数据来看，借贷市场和保险市场规模逐渐扩大。这说明亳州市金融规模不断提升，竞争力不断增强。

2009~2013年金亳州市借贷市场规模变化情况如图36-3-1所示。

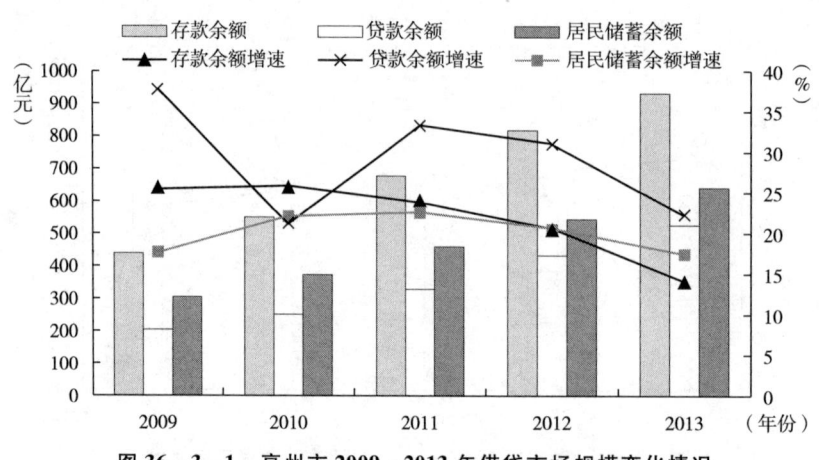

图36-3-1 亳州市2009~2013年借贷市场规模变化情况

36.4 亳州市金融效率竞争力评价分析

36.4.1 亳州市宏观金融效率评价分析

2009~2013年亳州市宏观金融效率指标组的数据变化情况如表36-4-1所示。

由表36-4-1可知，2013年亳州市储蓄投资转化系数为1.1804，比上年下降了8.51%，即与2012年相比，每单位固定资产投资所需的城乡居民积累的资金数量减少，资金使用效率提升；与此同时，2013年亳州市的经济储蓄动员力为0.8080，比上年增长了4.28%。从2009~2013年宏观金融效率的指标数据看，亳州市的宏观金融效率总体提升。

表36-4-1 亳州市2009~2013年宏观金融效率指标数据

年份	储蓄总额（亿元）	固定资产投资总额（亿元）	GDP（亿元）	储蓄投资转化系数	经济储蓄动员力
2009	302.22	245.10	431.93	1.2330	0.6997
2010	368.60	271.19	512.78	1.3592	0.7188
2011	451.79	320.13	626.65	1.4113	0.7210
2012	554.79	430.00	716.00	1.2902	0.7748
2013	639.20	541.50	791.10	1.1804	0.8080

资料来源：前三列数据摘自2009~2013年《安徽统计年鉴》和《2013年亳州市国民经济和社会发展统计公报》，后两列数据根据上述文献计算得到。

亳州市2009~2013年宏观金融效率相关变化情况如图36-4-1所示。

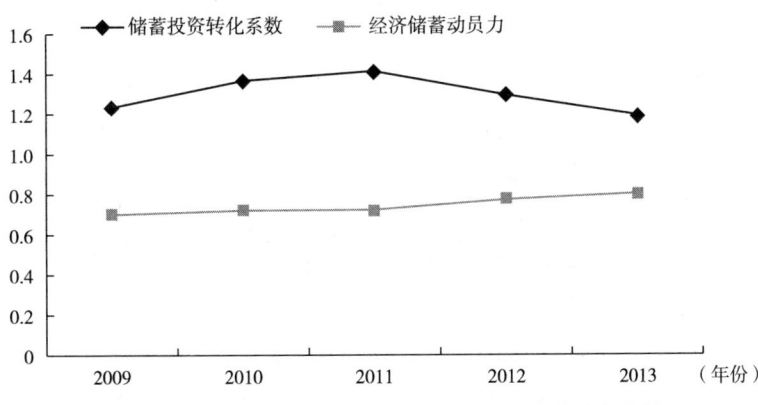

图36-4-1 亳州市2009~2013年宏观金融效率变化情况

36.4.2 亳州市微观金融效率评价分析

2009~2013年亳州市微观金融效率指标组的数据变化情况如表36-4-2所示。

表36-4-2 亳州市2009~2013年微观金融效率指标及数据

年份	存款余额占GDP比重（％）	贷款余额占GDP比重（％）	贷存比（％）	保险深度（％）	保险密度（元）
2009	100.43	46.82	46.62	4.26	361.51
2010	106.23	47.74	44.93	5.00	528.18
2011	107.70	52.07	48.35	4.37	561.46
2012	113.67	59.64	52.46	4.02	587.74
2013	117.25	65.95	56.24	4.22	678.51

资料来源：2009~2013年《安徽统计年鉴》和《2013年亳州市国民经济和社会发展统计公报》及相关计算。

由表36-4-2可知，2013年亳州市存款余额占GDP比重为117.25％，比上年增长了 3.58 个百分点；贷款余额占 GDP 的比重为 65.95%，比上年增长了 6.31 个百分点；贷存比为 56.24%，比上年增长了 3.78 个百分点；保险深度为 4.22%；保险密度为 678.51 元。总之，2013 年亳州市的微观金融效率指标水平较 2012 年有不同程度的提高。从亳州市 2009~2013 年的微观金融效率相关数据来看，以贷存比为主要指标的银行业微观金融效率总体呈上升趋势；保险深度指标呈波动趋势，保险密度不断提高，保险业的微观金融效率有所提升。这说明亳州市银行业和保险业的整体效率有所提升，对经济的贡献不断增大。

亳州市 2009~2013 年微观金融效率相关变化情况如图 36-4-2、图 36-4-3 所示。

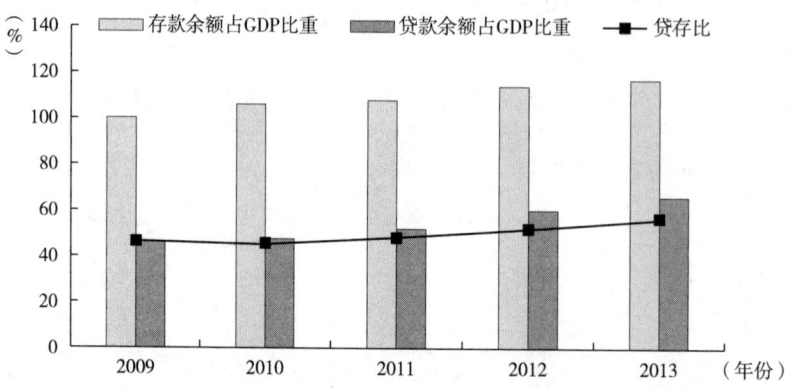

图 36-4-2　亳州市 2009~2013 年银行业微观金融效率变化情况

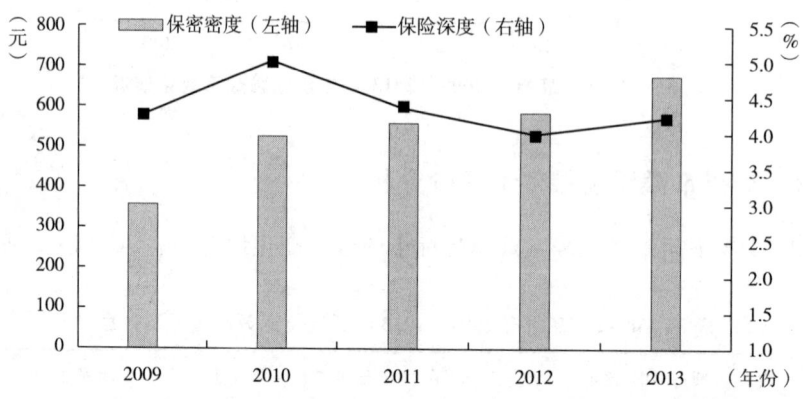

图 36-4-3　亳州市 2009~2013 年保险业微观金融效率变化情况

36.5　亳州市金融竞争力综合评价

通过对亳州市金融生态竞争力、金融规模竞争力及金融效率竞争力的分析，我们得到如下结论。

①亳州市的区域经济实力提升，区域开放程度明显加深，因此，亳州市的金融生态竞争力在增强。

②亳州市的借贷市场和保险市场的规模逐渐扩大，发展态势良好，因此，亳州市的金融规模竞争力增强。

③亳州市储蓄资源的使用效率及宏观经济对储蓄资源的动员力都在提高，宏观金融效率竞争力是增强的；由于保险业和银行业的效率均有所提高，亳州市的微观金融效率竞争力也是增强的。

第 37 章
阜阳市 2013 年金融竞争力研究报告

37.1 阜阳市概述

阜阳市位于安徽省西北部,是安徽省人口最多的城市。全市总面积 9779 平方千米,常住人口 771.6 万。

阜阳市经济基础雄厚。2013 年全年完成地区生产总值 1062.5 亿元,比 2012 年增长 10.39%;人均 GDP 为 13770 元;固定资产投资为 645.30 亿元,比上年增长 25.33%;财政收入为 85.50 亿元,比上年增长 23.36%。2013 年阜阳市金融机构各项存款余额为 1749.10 亿元;居民储蓄余额为 1216.80 亿元;金融机构各项贷款余额为 784.60 亿元,比上年增长 21.91%。2013 年城镇居民人均可支配收入为 20933 元,比上年增长 10.34%;农村居民人均纯收入为 6965 元,比上年增长 17.61%。

37.2 阜阳市金融生态竞争力评价分析

37.2.1 阜阳市区域经济实力评价分析

2009~2013 年阜阳市区域经济实力指标组的数据变化情况如表 37-2-1 所示。

表 37-2-1 阜阳市 2009~2013 年区域经济实力指标及数据

年份	GDP（亿元）	固定资产投资（亿元）	财政收入（亿元）	人均 GDP（元）	人均固定资产投资（元）	城镇人均可支配收入（元）	农村人均纯收入（元）	财政支出比/GDP（%）
2009	607.83	250.50	29.93	7305	3010.82	12693	3520	22.05
2010	721.51	349.00	41.18	9481	4586.10	13981	4187	22.78
2011	853.21	403.50	55.73	11197	5295.28	18606	5100	25.38
2012	962.53	514.89	69.31	12600	6740.28	18972	5922	28.29
2013	1062.50	645.30	85.50	13770	8363.14	20933	6965	29.43

资料来源:2009~2013 年《安徽省统计年鉴》和《2013 年阜阳市国民经济和社会发展统计公报》及相关计算。

由表 37-2-1 可知,阜阳市 2013 年全年实现 GDP1062.5 亿元,比上年增长 10.39%;固定资产投资达 645.3 亿元,比上年增长 25.33%;全年财政收入为 85.5 亿元,比上年增长 23.36%;人均 GDP 为 13770 元,比上年增长 9.29%,按 2013 年平均汇率计算为2224美元。2013年，阜阳市人均固定资产投资为8363.14元，比上年增长24.08%；城镇人均可支配收入为20933元，比上年增长10.34%；农村人均纯收入为6965元，比上年增长17.61%；财政支出占GDP比重为29.43%，比上年增长4.03个百分点，说明政府投资拉动的GDP比重有所增加，民间投资拉动比重相对下降。总之，阜阳市2013年区域经济实力的各项指标与2012年相比均有不同程度的上升。从全市2009~2013年区域经济实力的相关数据看，各项指标呈逐渐上升趋势，说明阜阳市的区域经济实力稳步增强，经济发展态势良好，这为金融生态竞争力的提升奠定了基础。

阜阳市2009~2013年区域经济实力变化情况如图37-2-1、图37-2-2所示。

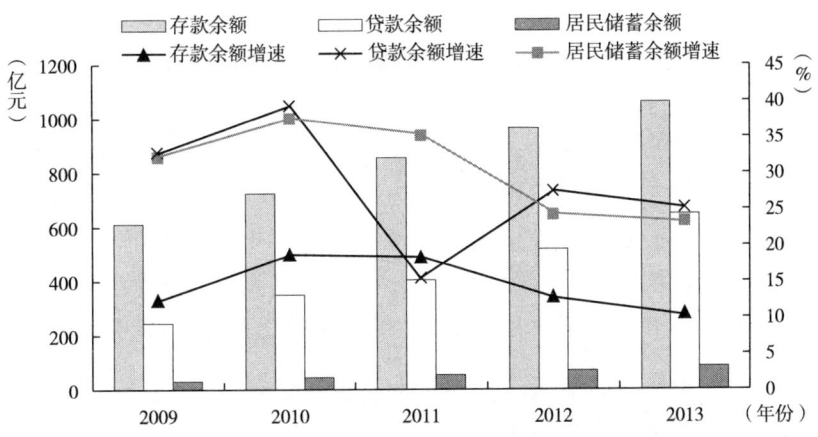

图37-2-1 阜阳市2009~2013年区域经济实力变化情况（1）

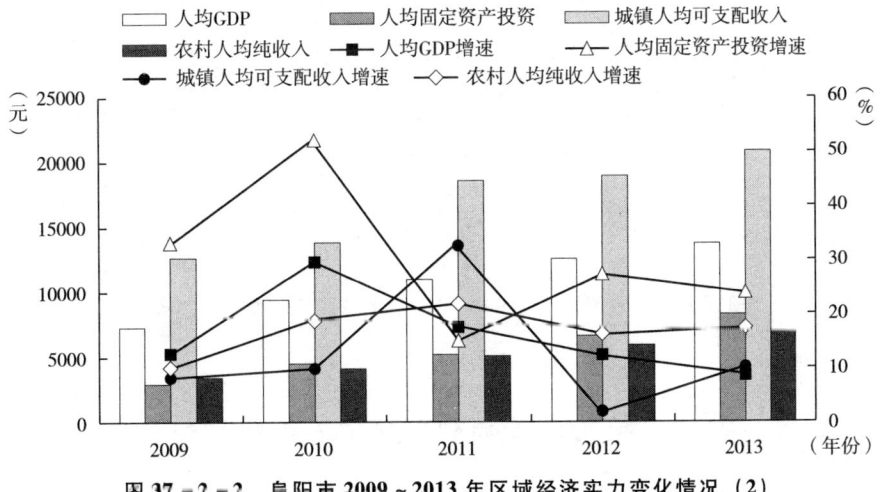

图37-2-2 阜阳市2009~2013年区域经济实力变化情况（2）

37.2.2 阜阳市区域开放程度评价分析

2009~2013年阜阳市区域开放程度指标的数据变化情况如表37-2-2所示。

表 37-2-2　阜阳市 2009~2013 年区域开放程度指标及数据

单位：万美元

年　份	实际利用外资额	出口总额	进口总额
2009	4842	14119	6710
2010	8882	28265	7310
2011	6488	50677	14001
2012	10512	89565	20153
2013	13400	111000	25000

资料来源：2009~2013 年《安徽省统计年鉴》和《2013 年阜阳市国民经济和社会发展统计公报》。

由表 37-2-2 可知，阜阳市 2013 年实际利用外资额为 13400 万美元，比上年增长 27.47%。2013 年全市出口总额为 111000 万美元，比上年增长 23.93%；进口总额为 25000 万美元，比上年增长 24.05%。从 2009~2013 年阜阳市区域开放程度指标数据来看，实际利用外资虽然在 2011 年有所回落，但总体呈增长趋势；出口总额逐渐稳步增长，2010 年增速达 100.19%；进口总额也在逐渐增加，2011 年增速达到了 91.53%。这说明阜阳市区域开放程度不断加深，开放形势良好，金融生态竞争力不断增强。

阜阳市 2009~2013 年区域开放程度相关变化情况如图 37-2-3 所示。

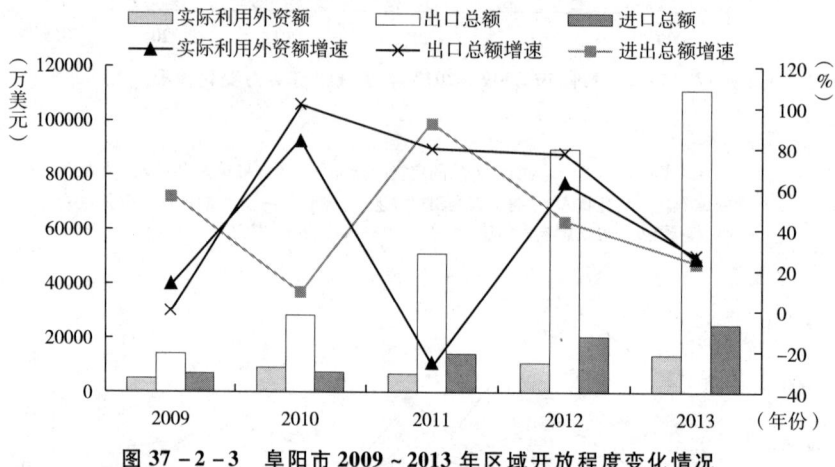

图 37-2-3　阜阳市 2009~2013 年区域开放程度变化情况

37.3　阜阳市金融规模竞争力评价分析

2009~2013 年阜阳市金融规模竞争力指标组的数据变化情况如表 37-3-1 所示。

由表 37-3-1 可知，2013 年阜阳各项存款余额为 1749.10 亿元，比上年增加了 17.28%；各项贷款余额为 784.60 亿元，比上年增加 21.91%；居民储蓄余额为 1216.80 亿元，比上年增加了 15.4%。在保险市场上，2013 年阜阳市保险业全年保费收入达 53.60 亿元，比上年增长了 3.88%；从 2009~2013 年阜阳市的金融规模竞争力指标数据

表 37 – 3 – 1　阜阳市 2009~2013 年金融规模竞争力指标及数据

单位：亿元

年份	借贷市场			保险市场
	存款余额	贷款余额	居民储蓄余额	保费收入
2009	861.33	373.88	629.49	36.40
2010	1043.37	442.79	736.09	48.10
2011	1252.42	535.76	875.74	50.50
2012	1491.41	643.60	1054.39	51.60
2013	1749.10	784.60	1216.80	53.60

资料来源：2009~2013 年《安徽省统计年鉴》和《2013 年阜阳市国民经济和社会发展统计公报》。

来看，借贷市场规模逐渐扩大；保险市场规模 2009 年以来，一直呈现不断的扩大趋势。这说明阜阳市金融规模不断提升，竞争力不断增强。

2009~2013 年阜阳市金融规模竞争力变化情况如图 37 – 3 – 1、图 37 – 3 – 2 所示。

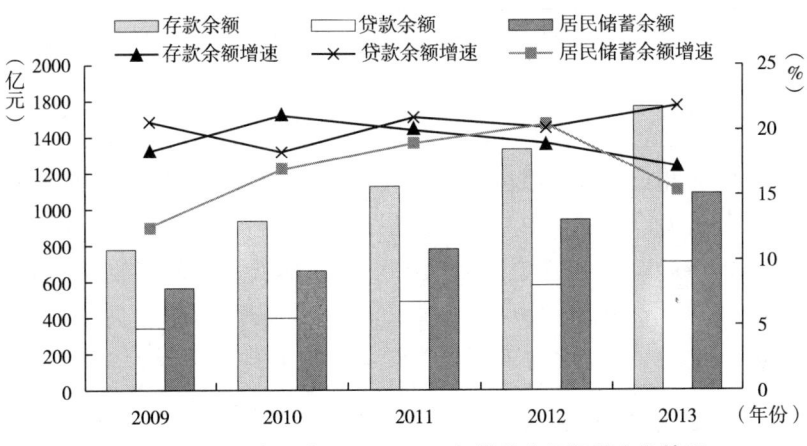

图 37 – 3 – 1　阜阳市 2009~2013 年借贷市场规模变化情况

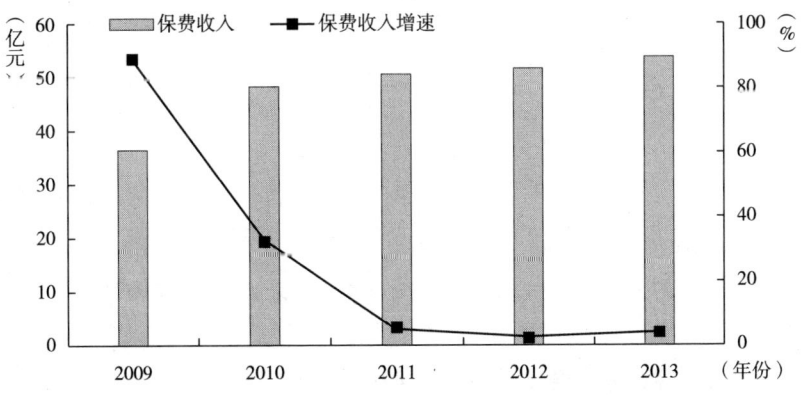

图 37 – 3 – 2　阜阳市 2009~2013 年保险市场规模变化情况

37.4 阜阳市金融效率竞争力评价分析

37.4.1 阜阳市宏观金融效率评价分析

2009~2013年阜阳市宏观金融效率指标组的数据变化情况如表37-4-1所示。

表37-4-1 阜阳市2009~2013年宏观金融效率指标数据

年 份	储蓄总额（亿元）	固定资产投资总额（亿元）	GDP（亿元）	储蓄投资转化系数	经济储蓄动员力
2009	629.49	250.50	607.83	2.5129	1.0356
2010	736.09	349.00	721.51	2.1091	1.0202
2011	875.74	403.50	853.21	2.1704	1.0264
2012	1054.39	514.89	962.53	2.0478	1.0954
2013	1216.80	645.30	1062.50	1.8856	1.1452

资料来源：前三列数据摘自2009~2013年《安徽省统计年鉴》和《2013年阜阳市国民经济和社会发展统计公报》，后两列数据根据上述文献计算得到。

由表37-4-1可知，2013年阜阳市储蓄投资转化系数为1.8856，比上年下降了7.92%，即与2012年相比，每单位固定资产投资所需的城乡居民积累的资金数量减少，资金使用效率提升；与此同时，2013年阜阳市的经济储蓄动员力为1.1452，比上年增长了4.55%。从2009~2013年宏观金融效率的指标数据看，阜阳市的宏观金融效率总体提升。

阜阳市2009~2013年宏观金融效率相关变化情况如图37-4-1所示。

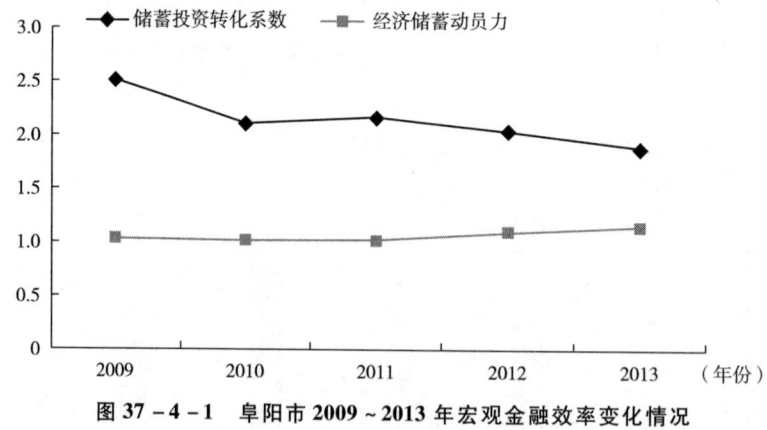

图37-4-1 阜阳市2009~2013年宏观金融效率变化情况

37.4.2 阜阳市微观金融效率评价分析

2009~2013年阜阳市微观金融效率指标组的数据变化情况如表37-4-2所示。

表 37-4-2　阜阳市 2009~2013 年微观金融效率指标及数据

年　份	存款余额占 GDP 比重（%）	贷款余额占 GDP 比重（%）	贷存比（%）	保险深度（%）	保险密度（元）
2009	141.71	61.51	43.41	5.99	437.50
2010	144.61	61.37	42.44	6.67	632.06
2011	146.79	62.79	42.78	5.92	662.73
2012	154.95	66.87	43.15	5.36	675.48
2013	164.62	73.84	44.86	5.04	694.66

资料来源：2009~2013 年《安徽省统计年鉴》和《2013 年阜阳市国民经济和社会发展统计公报》及相关计算。

由表 37-4-2 可知，2013 年阜阳市存款余额占 GDP 比重为 164.62%，比上年增长了 9.67 个百分点；贷款余额占 GDP 比重为 73.84%，比上年增长了 6.97 个百分点；贷存比为 44.86%，比上年增长了 1.71 个百分点；保险深度为 5.04%，比上年下降了 0.32 个百分点；保险密度为 694.66 元，比上年增长了 2.84%。总之，2013 年阜阳市的微观金融效率指标水平较 2012 年有不同程度的提高。从阜阳市 2009~2013 年的微观金融效率相关数据来看，以贷存比为主要指标的银行业微观金融效率总体呈平稳上升趋势；但保险深度指标呈先上升后下降的趋势，保险密度不断提高，保险业的微观金融效率有所提升。这说明阜阳市银行业和保险业的整体效率有所提升，对经济的贡献不断增大。

阜阳市 2009~2013 年微观金融效率相关变化情况如图 37-4-2、图 37-4-3 所示。

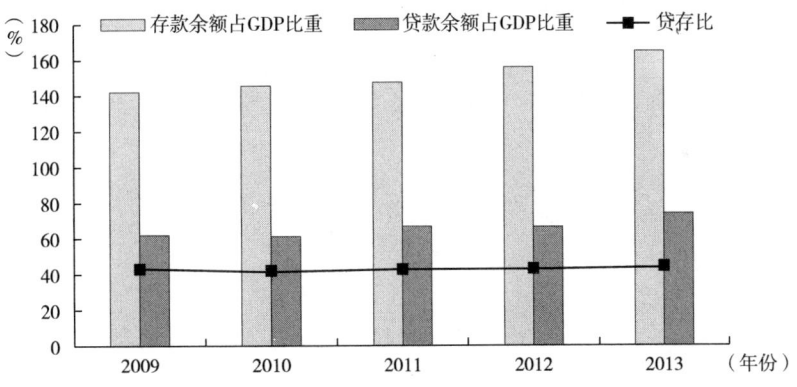

图 37-4-2　阜阳市 2009~2013 年银行业微观金融效率变化情况

37.5　阜阳市金融竞争力综合评价

通过对阜阳市金融生态竞争力、金融规模竞争力及金融效率竞争力的分析，我们得到如下结论。

①阜阳市的区域经济实力稳步提升，区域开放程度整体大幅提高，因此，阜阳市的金融生态竞争力在逐步增强。

②阜阳市的借贷市场规模迅速扩大，保险市场稳步发展，因此，阜阳市的金融规模竞

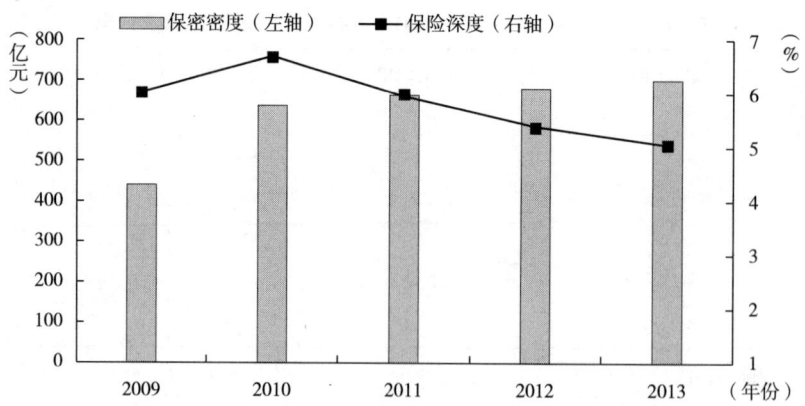

图 37-4-3 阜阳市 2009~2013 年保险业微观金融效率变化情况

争力也在不断增强。

③阜阳市投资转化能力增强,城乡居民储蓄余额稳步提升,储蓄资源的动员力和固定资产等指标都在稳步增长,说明阜阳市的宏观金融效率在不断增强;保险业的保险密度和银行业存贷余额占 GDP 比重的提高,导致阜阳市的微观金融效率竞争力整体增强的。

第38章
淮南市凤台县2013年金融竞争力研究报告

38.1 凤台县概述

凤台县临淮河，隶属于安徽省淮南市，南北长50千米，东西宽约42千米，面积1100平方千米，总人口73万。凤台县是皖西北七个地级市中唯一的全省十强县，被授予全省文明县城、全省园林县城、全省平安县等荣誉称号。

2013年，全县完成地区生产总值222.02亿元，按可比价格计算，比上年增长8.2%，其中，第一产业增加值28.55亿元，比上年增长3.7%；第二产业增加值147.72亿元，比上年增长8.6%；第三产业增加值45.76亿元，比上年增长9.1%。全县人均GDP 34583元，增长8.0%。三次产业结构由上年的12.1∶68.8∶19.1变为12.9∶66.5∶20.6，三次产业对经济增长的贡献率分别为4.8%、74.9%、20.3%，分别拉动经济增长0.4个、6.1个、1.7个百分点。其中，工业增加值对经济增长的贡献率为69.3%，拉动经济增长5.7个百分点。

38.2 凤台县金融生态竞争力评价分析

38.2.1 凤台县区域经济实力评价分析

2009~2013年凤台县区域经济实力指标组的数据变化情况如表38-2-1所示。

表38-2-1 凤台县2009~2013年区域经济实力指标及数据

年 份	GDP（亿元）	固定资产投资（亿元）	财政收入（亿元）	人均GDP（元）	人均固定资产投资（元）	城镇人均可支配收入（元）	农村人均纯收入（元）
2009	147.13	37.52	21.22	23826	6076.00	—	5103
2010	172.04	63.39	30.22	27698	10014.60	—	5955
2011	196.25	76.66	38.81	30888	12066.00	15820	7041
2012	215.20	117.62	38.27	33572	18349.45	18019	8127
2013	222.02	180.12	44.56	34583	28047.34	20510	9216

资料来源：2009~2013年《安徽省统计年鉴》和《2013年凤台县国民经济和社会发展统计公报》及相关计算。

由表38-2-1可知，凤台县2013年全年实现GDP 222.02亿元，比上年增长3.17%；

固定资产投资为 180.12 亿元,比上年增长 53.14%;财政收入为 44.56 亿元,比上年增长 16.44%。2013 年凤台县人均 GDP 为 34583 元,比上年增长 3.01%;人均固定资产投资额为 28047.34 元,比上年增长 52.85%。从全县 2009~2013 年区域经济实力的相关数据看,凤台县的区域经济实力稳步提升,经济发展环境良好,为金融生态竞争力的提升奠定了基础。

凤台县 2009~2013 年区域经济实力变化情况如图 38-2-1、图 38-2-2 所示。

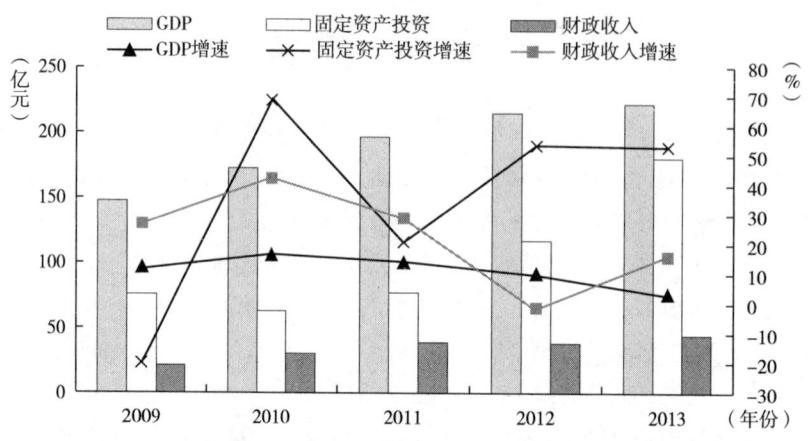

图 38-2-1 凤台县 2009~2013 年区域经济实力变化情况(1)

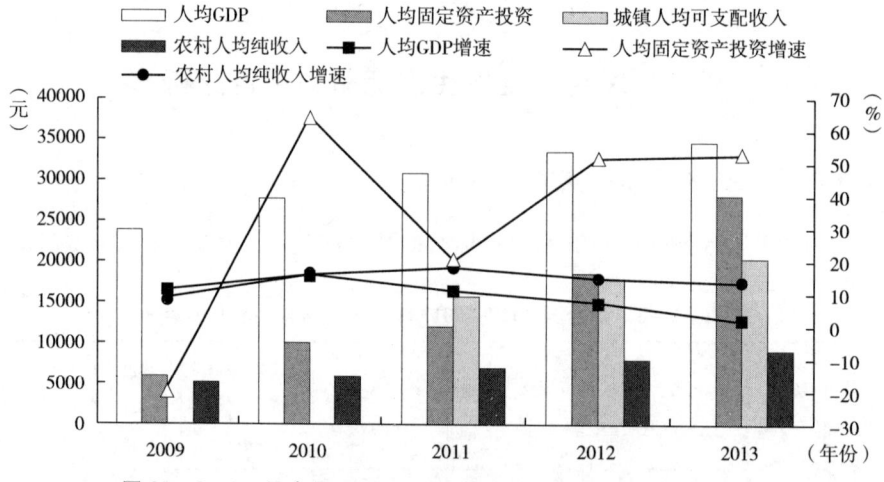

图 38-2-2 凤台县 2009~2013 年区域经济实力变化情况(2)

38.2.2 凤台县区域开放程度评价分析

2009~2013 年凤台县区域开放程度指标的数据变化情况如表 38-2-2 所示。

由表 38-2-2 可知,凤台县 2013 年实际利用外资额为 1229 万美元,比上年增长 4.06%。这说明凤台县引进外资成效显著,区域开放程度不断加深,金融生态竞争力不断增强。

表 38-2-2　凤台县 2009~2013 年区域开放程度指标及数据

单位：万美元

年　份	实际利用外资额
2009	109
2010	826
2011	1011
2012	1181
2013	1229

资料来源：2009~2013 年《凤台县国民经济和社会发展统计公报》。由于数据的不可获得性，这里只选取了实际利用外资额指标。

凤台县 2009~2013 年区域开放程度相关变化情况如图 38-2-3 所示。

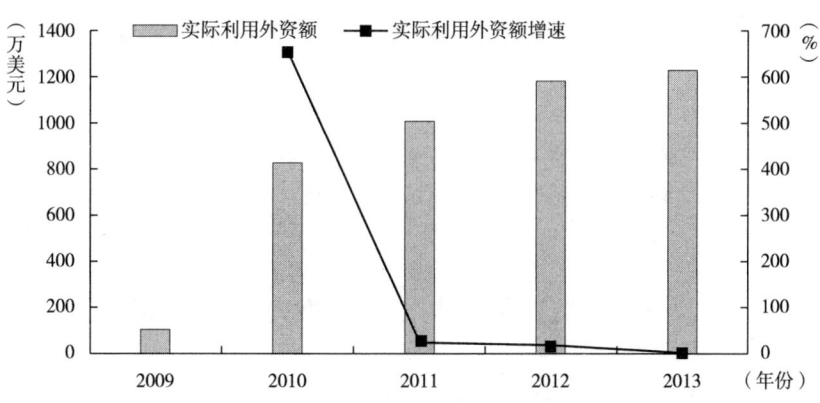

图 38-2-3　凤台县 2009~2013 年区域开放程度变化情况

38.3　凤台县金融规模竞争力评价分析

2009~2013 年凤台县金融规模竞争力指标组的数据变化情况如表 38-3-1 所示。

表 38-3-1　凤台县 2009~2013 年金融规模竞争力指标及数据

单位：亿元

年　份	借贷市场		
	存款余额	贷款余额	居民储蓄余额
2009	80.92	36.11	54.25
2010	96.12	44.92	61.94
2011	130.50	69.06	76.53
2012	155.30	91.58	95.55
2013	174.94	105.85	111.00

注：凤台凤金融规模竞争力指标仅以借贷市场指标衡量。
资料来源：2009~2013 年《凤台县国民经济和社会发展统计公报》。

由表38-3-1可知，2013年凤台县各项存款余额为174.94亿元，比上年增加了12.65%；各项贷款余额为105.85亿元，比上年增加15.58%；居民储蓄余额为111.00亿元，比上年增加了16.17%。这说明凤台县金融市场规模不断提升，发展态势良好。

2009~2013年金融市场规模变化情况如图38-3-1所示。

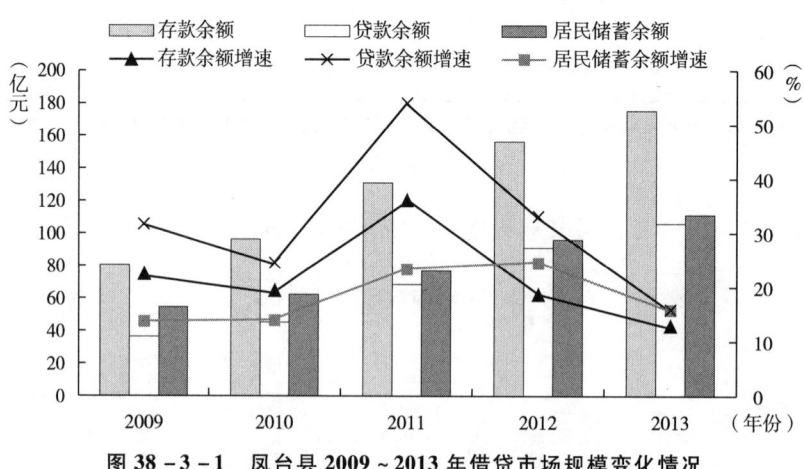

图38-3-1　凤台县2009~2013年借贷市场规模变化情况

38.4　凤台县金融效率竞争力评价分析

38.4.1　凤台县宏观金融效率评价分析

2009~2013年凤台县宏观金融效率指标组的数据变化情况如表38-4-1所示。

表38-4-1　凤台县2009~2013年宏观金融效率指标数据

年份	储蓄总额（亿元）	固定资产投资总额（亿元）	GDP（亿元）	储蓄投资转化系数	经济储蓄动员力
2009	54.25	37.52	147.13	1.4459	0.3687
2010	61.94	63.39	172.04	0.9713	0.3600
2011	76.53	76.66	196.25	0.9983	0.3900
2012	95.55	117.62	215.20	0.8124	0.4439
2013	111.00	180.12	222.02	0.7394	0.5000

资料来源：前三列数据来自2009~2013年《凤台县国民经济和社会发展统计公报》，后两列数据根据上述文献计算。

由表38-4-1可知，2013年凤台县储蓄投资转化系数为0.7394，比上年下降了8.99%，即与2012年相比，每单位固定资产投资所需的城乡居民积累的资金数量减少，资金使用效率提升；与此同时，2013年凤台县的经济储蓄动员力为0.5000，比上年增长了12.64%。从2009～2013年宏观金融效率的指标数据看，凤台县的宏观金融效率总体提升。

凤台县2009～2013年宏观金融效率相关变化情况如图38－4－1所示。

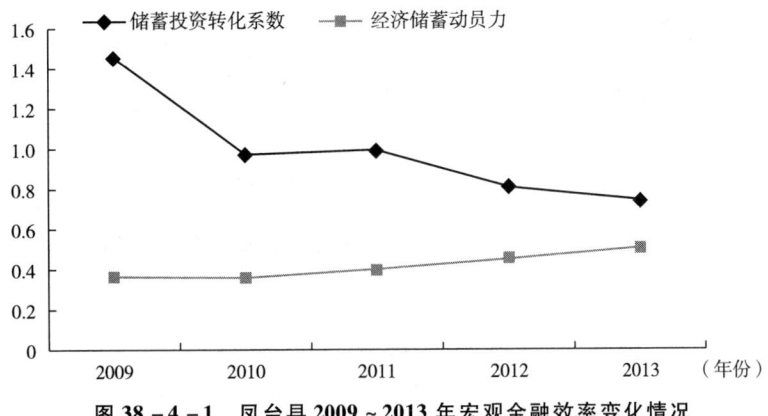

图38－4－1 凤台县2009～2013年宏观金融效率变化情况

38.4.2 凤台县微观金融效率评价分析

2009～2013年凤台县微观金融效率指标组的数据变化情况如表38－4－2所示。

表38－4－2 凤台县2009～2013年微观金融效率指标及数据

单位：%

年份	存款余额占GDP比重	贷款余额占GDP比重	贷存比
2009	55.00	24.54	44.63
2010	55.87	26.11	46.74
2011	66.50	35.19	52.92
2012	72.17	42.56	58.96
2013	78.79	47.68	60.51

注：凤台县微观金融效率指标仅以银行业相关指标来衡量。
资料来源：2009～2013年《凤台县国民经济和社会发展统计公报》及相关计算。

由表38－4－2可知，2013年凤台县存款余额占GDP比重为78.79%，比上年上升了6.62个百分点；贷款余额占GDP的比重为47.68%，比上年上升了5.12个百分点；贷存比为60.51%，比上年上升了1.55个百分点。总之，2013年凤台县的微观金融效率指标水平较2012年有不同程度的提高。从凤台县2009～2013年的微观金融效率相关数据来看，以贷存比为主要指标的银行业微观金融效率总体呈上升趋势。这说明凤台县微观金融效率有所提升，对经济的贡献有所增大。

凤台县2009～2013年微观金融效率相关变化情况如图38－4－2所示。

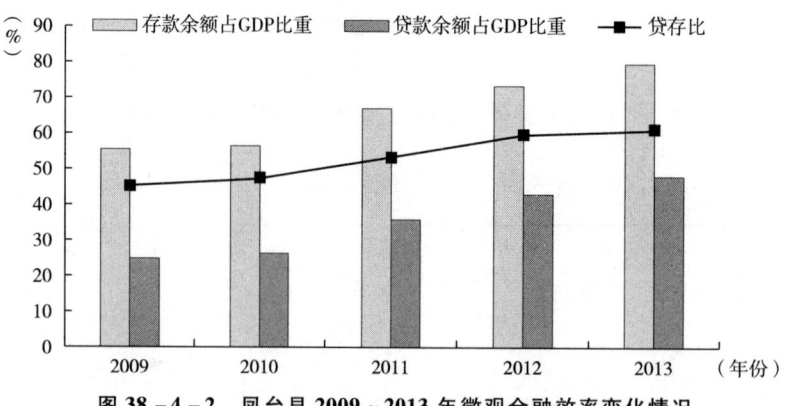

图 38-4-2　凤台县 2009~2013 年微观金融效率变化情况

38.5　凤台县金融竞争力综合评价

通过对凤台县金融生态竞争力、金融规模竞争力及金融效率竞争力的分析，我们得到如下结论。

①凤台县的区域经济实力提升，区域开放程度稳步增加，因此，凤台县的金融生态竞争力有所增强。

②凤台县的借贷市场规模扩大，发展态势良好，凤台县的金融规模竞争力有所增强。

③凤台县储蓄资源的使用效率及宏观经济对储蓄资源的动员力都在提高，宏观金融效率竞争力是增强的；由于银行业的效率有所提高，凤台县的微观金融效率竞争力可以说也是增强的。

第 39 章
淮南市潘集区 2013 年金融竞争力研究报告

39.1 潘集区概述

潘集区隶属于安徽省淮南市，地处黄淮平原南端，位于安徽省淮南市北部，总面积600平方千米，人口约45万。潘集区是一个农业大区、富饶之区，辖区内沃野平畴，雨量充沛，物产丰富。

2013年，潘集区完成地区生产总值141.58亿元，比2012年增长8.32%；固定资产投资达200.30亿元，比上年增长42.56%；财政收入为5.28亿元，比上年增长24.53%；城镇人均可支配收入达21817元，比上年增长6.04%；农村人均纯收入为8189元，比上年增长13.41%。

39.2 潘集区金融生态竞争力评价分析

39.2.1 潘集区区域经济实力评价分析

2009~2013年潘集区区域经济实力指标组的数据变化情况如表39-2-1所示。

表 39-2-1　潘集区 2009~2013 年区域经济实力指标及数据

年份	GDP（亿元）	固定资产投资（亿元）	财政收入（亿元）	人均GDP（元）	人均固定资产投资（元）	城镇人均可支配收入（元）	农村人均纯收入（元）	财政支出比（%）
2009	85.34	15.32	2.10	19265	3459	28480	4465	6.26
2010	105.50	67.61	3.05	23655	15159	14806	5283	6.61
2011	118.16	92.15	3.76	26225	20478	18064	6256	7.30
2012	130.70	140.50	4.24	29174	31362	20574	7221	8.52
2013	141.58	200.30	5.28	—	—	21817	8189	—

资料来源：2009年、2011年、2012年数据来自历年《潘集区国民经济和社会发展统计公报》；2010年数据根据2011年统计公报中的数据及其增速计算得到；2013年GDP、固定资产投资、财政收入、城镇人均可支配收入、农村人均纯收入数据来源于《2013年潘集区经济运行分析》，其他数据不可获得。

由表39-2-1可知，潘集区2013年全年实现GDP141.58亿元，比上年增长8.32%；固定资产投资为200.3亿元，比上年增长42.56%；财政收入为5.28亿元，比上年增长24.53%；城镇人均可支配收入为21817元，比上年增长6.04%；农村人均纯收入为8189

元,比上年增长 13.41%。总之,潘集区 2013 年区域经济实力的各项指标与 2012 年相比均有不同程度的上升。从全区 2009~2013 年区域经济实力的相关数据看,各项指标呈逐渐上升趋势。这说明潘集区的区域经济实力稳步增强,发展态势良好,这为金融生态竞争力的提升奠定了基础。

潘集区 2009~2013 年区域经济实力变化情况如图 39-2-1、图 39-2-2 所示。

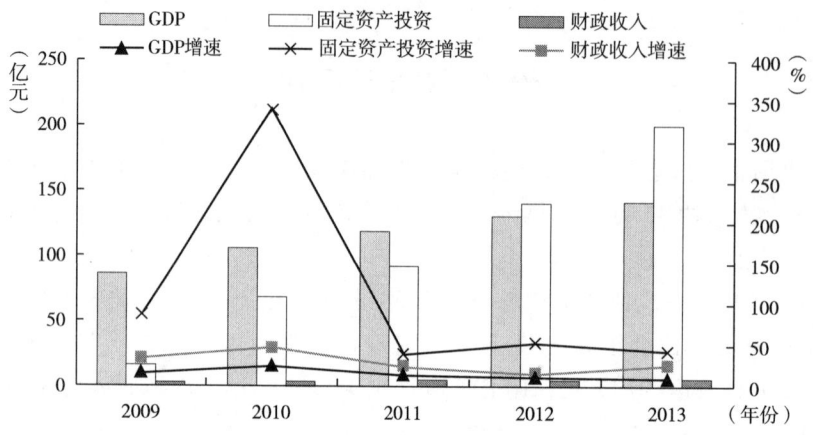

图 39-2-1 潘集区 2009~2013 年区域经济实力变化情况（1）

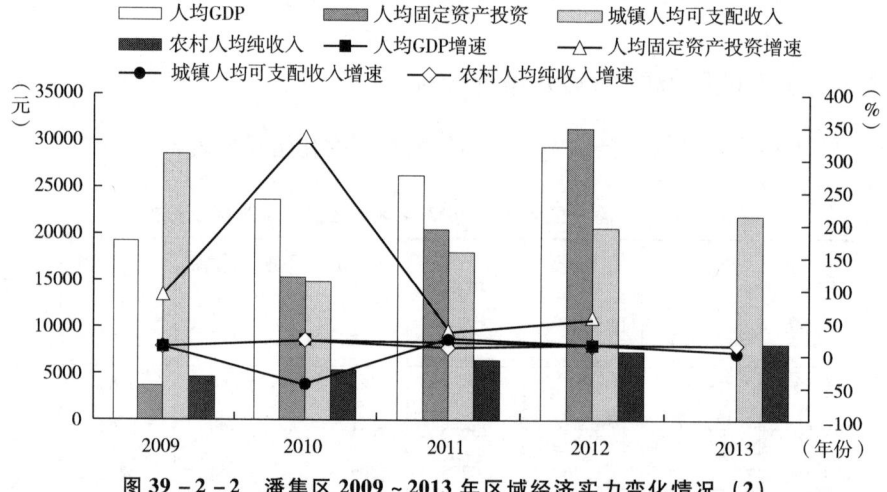

图 39-2-2 潘集区 2009~2013 年区域经济实力变化情况（2）

39.2.2 潘集区区域开放程度评价分析

2009~2012 年潘集区区域开放程度指标的数据变化情况如表 39-2-2 所示。

由表 39-2-2 可知潘集区 2012 年实际利用外资额为 1360 万美元,比上年增长 67.28%。2012 年全市出口总额为 1248 万美元,比上年增长 6833.33%；进口总额为 99 万美元,比上年下降 84.98%。从 2009~2012 年潘集区的区域开放程度指标数据来看,实际利用外资额快速上升；2012 年进口总额大幅下降,而出口总额大幅增加,但是全市

表 39-2-2 潘集区 2009~2012 年区域开放程度指标及数据

单位：万美元

年　份	实际利用外资额	出口总额	进口总额
2009	102	38	97
2010	723	—	—
2011	813	18	659
2012	1360	1248	99

资料来源：2009 年、2011 年、2012 年数据来自历年《潘集区国民经济和社会发展统计公报》；2010 年部分数据根据 2011 年统计公报中的数据及其增速计算得到。

进出口总额整体呈现上升趋势。这说明潘集区的区域外向度在上升。

潘集区 2009~2012 年区域开放程度相关变化情况如图 39-2-3 所示。

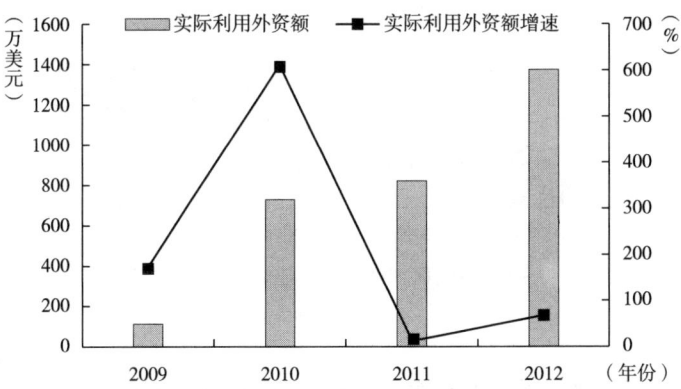

图 39-2-3 潘集区 2009~2012 年区域开放程度变化情况

39.3 潘集区金融规模竞争力评价分析

2009~2013 年潘集区金融规模竞争力指标组的数据变化情况如表 39-3-1 所示。

表 39-3-1 潘集区 2009~2013 年金融规模竞争力指标及数据

单位：亿元

年　份	借贷市场		
	存款余额	贷款余额	居民储蓄余额
2009	37.15	21.52	25.40
2010	42.13	35.60	31.40
2011	46.80	42.30	36.20
2012	67.00	79.80	49.10
2013	—	—	—

资料来源：2009~2012 年数据摘自历年《潘集区国民经济和社会发展统计公报》；由于数据的不可获得性，保险市场的数据在此并未列出。

由表 39-3-1 可知，潘集区 2009~2012 年存款余额、贷款余额及居民储蓄余额一直处于增长状态。2012 年潘集区金融机构各项存款余额为 67.00 亿元，比上年增加了 43.16%；金融机构各项贷款余额为 79.80 亿元，比上年增加了 88.65%；居民储蓄余额为 49.10 亿元，比上年增加了 35.64%。从 2009~2012 年的金融市场规模竞争力指标数据来看，借贷市场规模逐渐扩大。

2009~2012 年潘集区金融规模竞争力变化情况如图 39-3-1 所示。

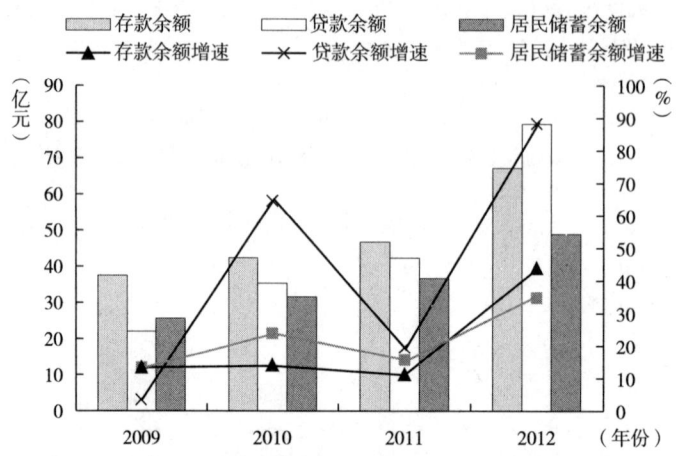

图 39-3-1　潘集区 2009~2012 年金融规模增长情况

39.4　潘集区金融效率竞争力评价分析

39.4.1　潘集区宏观金融效率评价分析

2009~2013 年潘集区宏观金融效率指标组的数据变化情况如表 39-4-1 所示。

表 39-4-1　潘集区 2009~2013 年宏观金融效率指标数据

年　份	储蓄总额（亿元）	固定资产投资总额（亿元）	GDP（亿元）	储蓄投资转化系数	经济储蓄动员力
2009	25.40	15.32	85.34	1.6580	0.2976
2010	31.40	67.61	105.50	0.4644	0.2976
2011	36.20	92.15	118.16	0.3928	0.3064
2012	49.10	140.50	130.70	0.3495	0.3757
2013	—	200.30	141.58	—	—

资料来源：前三列数据来源于历年《潘集区国民经济和社会发展统计公报》或根据公报数据及其增速计算得来；后两列数据通过上述文献计算得来。

由表 39-4-1 可知，2012 年潘集区储蓄投资转化系数为 0.3495，比上年下降了

11.02%，即与2011年相比，每单位固定资产投资所需的城乡居民积累的资金数量减少，资金使用效率提升；与此同时，2012年潘集区的经济储蓄动员力为0.3757，比上年增长了22.62%。从2009～2012年宏观金融效率的指标数据看，潘集区的宏观金融效率总体提升。

潘集区2009～2012年宏观金融效率相关变化情况如图39-4-1所示。

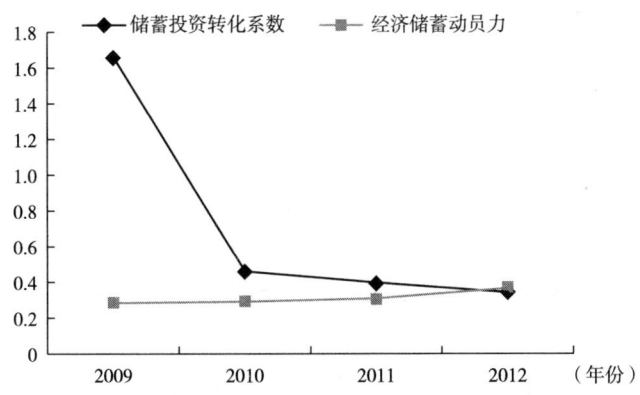

图39-4-1　潘集区2009～2012年宏观金融效率变化情况

39.4.2　潘集区微观金融效率评价分析

2009～2012年潘集区微观金融效率指标组的数据变化情况如表39-4-2所示。

表39-4-2　潘集区2009～2012年微观金融效率指标及数据

单位：%

年份	存款余额占GDP比重	贷款余额占GDP比重	贷存比
2009	43.53	25.22	57.93
2010	39.93	33.74	84.50
2011	39.61	35.80	90.38
2012	51.26	61.06	119.10

资料来源：2009～2012年数据根据历年《潘集区国民经济和社会发展统计公报》计算。

由表39-4-2可知，2012年潘集区存款余额占GDP比重为51.26%，比上年提高了11.65个百分点；贷款余额占GDP比重为61.06%，比上年提高了25.26个百分点；贷存比为119.10%，比上年提高了28.72个百分点。总之，2012年潘集区的微观金融效率指标水平较2011年有不同程度的提高。从潘集区2009～2012年的微观金融效率相关数据来看，以贷存比为主要指标的银行业微观金融效率总体呈快速上升趋势，说明潘集区银行业的整体效率快速提升，对经济的贡献不断增大。

潘集区2009～2012年微观金融效率相关变化情况如图39-4-2所示。

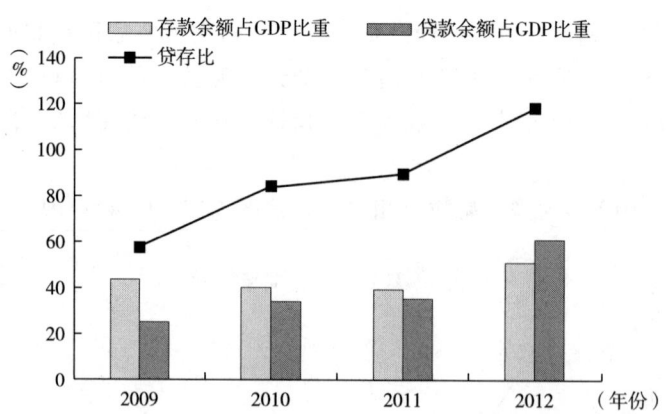

图 39-4-2 潘集区 2009~2012 年银行业微观金融效率变化情况

39.5 潘集区金融竞争力综合评价

通过对潘集区金融生态竞争力、金融规模竞争力及金融效率竞争力的分析，我们得到如下结论。

①淮南市潘集区的区域经济实力和区域开放程度大体呈上升状态。这说明淮南市的金融生态竞争力在增强。

②淮南市潘集区借贷市场的规模逐渐扩大。由于金融市场中借贷市场仍然占绝对垄断地位，因此就整体而言，淮南市潘集区的金融规模竞争力在逐渐增强。

③淮南市潘集区的宏观金融效率逐步提升，以借贷市场为代表的微观金融效率也在稳步提高。

后 记

《中原经济区金融竞争力报告（2014）》编撰工作由李燕燕教授统筹，孔张宾为学术事务总负责人，杨薇娜、张端为秘书。经过多次讨论，确立编撰思路，拟定报告框架，统一技术路线和写作规范，并选定相关章节的负责人。李燕燕教授通稿复审，耿明斋教授最后把关。

本报告的撰写工作具体分工如下：综合篇由张端总体负责，由王珅琪、巩明莉、赵锦煜（第1章），杨薇娜（第2章），张端（第3章），孔张宾（第4章及第6章），张宇（第5章）分别撰写；河南省18个地市的分报告由孔张宾整体负责，由王珅琪（洛阳市、鹤壁市），赵锦煜（新乡市、平顶山市），巩明莉（开封市、安阳市），孔张宾（郑州市、焦作市），杨薇娜（濮阳市、许昌市），张端（漯河市、三门峡市），张宇（信阳市、周口市），宋扬（驻马店市、济源市），张灵义、秦羽（南阳市、商丘市）分别撰写；外省地市（县区）的分报告由杨薇娜总体负责，由王珅琪（长治市），巩明莉（晋城市），赵锦煜（淮北市），孔张宾（聊城市、运城市），杨薇娜（菏泽市、宿州市），张端（蚌埠市、泰安市东平县），张宇（阜阳市、淮南市凤台县），宋扬（邢台市、邯郸市），张灵义（亳州市、淮南市潘集区）分别撰写。以上人员均参与了数据搜集及格式整理工作。

编 者

2014年5月5日

图书在版编目(CIP)数据

中原经济区金融竞争力报告.2014/耿明斋主编.—北京：
社会科学文献出版社，2014.8
（中原发展研究院智库丛书）
ISBN 978-7-5097-6262-2

Ⅰ.①中… Ⅱ.①耿… Ⅲ.①地方金融-竞争力-研究报告-河南省-2014 Ⅳ.①F832.761

中国版本图书馆 CIP 数据核字（2014）第 154664 号

·中原发展研究院智库丛书·
中原经济区金融竞争力报告（2014）

主　　编 / 耿明斋
执行主编 / 李燕燕

出 版 人 / 谢寿光
出 版 者 / 社会科学文献出版社
地　　址 / 北京市西城区北三环中路甲 29 号院 3 号楼华龙大厦
邮政编码 / 100029

责任部门 / 皮书出版分社　(010) 59367127　　责任编辑 / 陈　帅
电子信箱 / pishubu@ssap.cn　　　　　　　　　责任校对 / 王洪强　张蓝鹤
项目统筹 / 邓泳红　陈　帅　　　　　　　　　责任印制 / 岳　阳
经　　销 / 社会科学文献出版社市场营销中心　(010) 59367081　59367089
读者服务 / 读者服务中心　(010) 59367028

印　　装 / 北京鹏润伟业印刷有限公司
开　　本 / 787mm×1092mm　1/16　　　　　印　张 / 24
版　　次 / 2014 年 8 月第 1 版　　　　　　　　字　数 / 560 千字
印　　次 / 2014 年 8 月第 1 次印刷
书　　号 / ISBN 978-7-5097-6262-2
定　　价 / 180.00 元

本书如有破损、缺页、装订错误，请与本社读者服务中心联系更换
△ 版权所有　翻印必究